KB205794

목회와 목회상담

건강한 신학, 살리는 목회

Ministry and Pastoral Counseling
Healthy Theology, Living Ministry

목회와 목회상담

건강한 신학, 살리는 목회

초판 1쇄 인쇄 | 2025년 2월 22일
초판 1쇄 발행 | 2025년 2월 27일

지은이 홍인종
펴낸이 김운용
펴낸곳 장로회신학대학교 출판부

등록 제1979-2호
주소 (우)04965 서울시 광진구 광장로5길 25-1(광장동)
전화 02-450-0795
팩스 02-450-0797
이메일 ptpress@puts.ac.kr
홈페이지 http://www.puts.ac.kr

값 20,000원
ISBN 978-89-7369-496-9 93230

• 잘못된 책은 바꿔 드립니다.
• 이 책은 저작권법의 보호를 받는 저작물이므로 무단 전재와 복제를 금합니다.

목회와 목회상담

건강한 신학, 살리는 목회

홍인종 지음

Ministry and Pastoral Counseling Healthy Theology, Living Ministry

장로회신학대학교출판부

머리말

　"목회와 목회상담학"이전에는 목회와 상담, 장로회신학대학교 신학대학원 필수 과목을 20여 년간 가르쳤다. 가르치면서 다루었던 내용들을 교재로 출판하려고 수정작업을 하고 있던 중에 코비드 19Covid-19, 이하 코로나19를 만나게 되었다. 코로나19가 전 세계를 휩쓸면서 사회뿐 아니라 학교나 교회에도 엄청난 변화를 초래하였다. 뉴노멀New normal, 시대변화에 따른 새로운 표준 시대로의 전환은 목회 현장에도 새로운 변화에 대한 미래적 접근의 필요성을 요구하고 있다. 사회적 거리두기와 반강제적 격리 정책은 예배나 교회 모임을 더 약화시켰고 다시 이전으로 되돌아가는 것이 불가능해 보인다.

　사회적으로는 저출산과 고령사회 진입, 1인 가구의 증가와 더불어 고독과 외로움, 우울과 자살 등 정신질환 환자는 늘어가고, 독거노인뿐 아니라 청년층과 중장년층도 고독사 위험에 점점 더 노출되고 있는 실정이다. 이웃과 단절되고 가족으로부터 고립된 사람들이 늘어나는 가족 해체 현상은 정부 정책만으로는 해결하기 어려운 한계에 직면해 있다. 이러한 현실은 세계에서 유례없는 초저출산국이라는 사실에서도 잘 드러난다. 그렇기에 교회 공동체가 이러한 문제에 대해 유일하게 대응할 수 있는 최후의 대안이자 희망이다. 목회자의 역할과 목회의 실천적 대응이 시급하며 절실한 상황이다. 이에 목회와 목회상담도 변치않는 본질적인 부분에 집중하면서 변화하는 사회에 새롭게 대응해야 한다. 이러한 점을 고려하면서 이전에

썼던 글들을 과감히 수정하고 사계절 전천후 목회를 제안하였다. 그동안 『교회와 신학』, 『목회와 신학』, 『장신 논단』, 『선교와 신학』, 총회교육부, 한국교회지도자센터의 "바른신학 균형목회 세미나", 한국 성서학연구소의 『성서마당』, 여전도회 등, 교회, 신학, 목회 그리고 목회상담과 연관하여 발표했던 논문과 기고했던 글들을 수정하고 체계적으로 분류하였다.

이 책이 교재로 출판되기까지 격려하며 교정 작업을 함께 해 준 양정호 교수님께 감사드리고, 강의를 수강한 모든 학생들과 그들의 질문에 감사한다. 함께 은퇴하는 아내, 고난과 싸우고 계신 형님, 노화와 병상에서도 생명력을 보이시는 어머님, 옆에서 바른 말 해주는 딸, 모든 가족들의 기도 때문에 무사히 장신대를 은퇴하게 되어 감사할 뿐이다.

하나님의 은혜에 감사합니다.

행복했습니다.

사랑합니다.

2025년 2월 퇴임하면서
홍 인 종

목차

1부

교회와 목회 신학

한국 사회는 인구절벽을 맞고 있다. 인구 절벽이란 "저출산과 고령화 사회로 진입하면서 생산 가능 인구^{15-64세}의 비율이 급속도로 줄어드는 현상"을 일컫는다_{Dent, 『2018 인구 절벽이 온다』}. 인구자연증가율_{출생수에서 사망수를 뺀 수치}은 감소하고 있고, 혼인 건수와 출산율은 지속적으로 낮아지고 있다. 이러한 사회 변화에 따르면 교인 수의 감소는 자연스러운 현상이지만, 문제는 그 감소의 속도가 매우 빠르다는 것이다. 저출산을 극복하기 위해 국가가 나서서 저출산·고령사회위원회를 출범²⁰⁰⁵하고 대통령이 위원장을 맡아, 수백 조의 예산을 투입했다. 그러나 상황은 개선되기는커녕 세계에서 유례없는 초저출산율^{0.72명, 2023}로 계속 하락하고 있다. 2028년부터 시작될 것으로 예상했던 인구감소는 이미 2020년부터 시작되었다. 이러한 상황에서 교회는 교인 수의 변화에 대비하고, 새로운 목회 방향을 준비해야 할 것이다.

1장

성장 모델에서 생명 모델로

들어가는 말

한국갤럽조사연구소는 매 5년[1984-2001]마다 "한국인의 종교"를 조사해 왔다. 종교 변화의 추이를 보면, "현재 믿는 종교가 있다"는 응답이 2004년에 54%로 정점을 찍은 후 지속적으로 하락하여 2014년 50%, 그리고 2021년 40%로를 기록했다. 조사 결과, 남성보다는 여성이, 그리고 연령대가 높을수록 종교를 가진 비율이 높았다. 특히 20·30대에서 탈脫종교 현상이 가속화되고 있다. 2021년 현재 한국인의 종교 분포는 개신교 17%, 불교 16%, 천주교 6%다.

목회데이터 연구소[2023]의 "한국인의 종교 현황" 통계도 비슷한 경향을 보인다. 종교인의 비율은 37.1%이고, 무종교인 비율은 계속 늘어나서 62.9%에 이른다. 남성보다는 여성이, 연령대가 높을수록 종교인 비율이 높은 특징을 보였지만, 여성의 감소폭이 더 큰 것으로 나타났다. 또한 20·30대의 종교인 비율은 2023년도에 각각 16%, 19%로, 2017년 대비 절반가량 감소하였다. 개신교인 비율이 다른 종교에 비해 2배 이상 높다는 것이 그나마 긍정적인 부분이다. 2023년 현재 한국인의 종교 분포는 개신교 17%, 불교 12%, 천주교 8%이다. 장년층의 증가로 그나마 기독교인의 비율이 유지되고는 있으나, 다음 세대의 종교에 대한 무관심은 교회의 성장과 부흥을 어렵게 만들고 있다. 더욱이 반기독교 정서가 확산되는 사회 문화와, 교회^{기독교인}가 사회적 기대와 책임을 다하지 못한다는 지속적인 비판은 기독교의 이미지^{소위 브랜드 가치}를 점점 악화시키고 있다.

루스 벨 그레이엄^{Ruth Bell Graham}은 그리스도인^{성도}은 "^{다른 사람들로} 예수님을 믿기 쉽게 만드는 사람"^{Pritchard, 『생각을 뛰어넘는 기도』}이라고 정의했다. 그의 정의에 의하면 현재 한국 기독교인들은 기독교인의 삶에 실패하고 있다고 해도 과언이 아니다. 왜냐하면 기독교는 가장 열심히 전도하는데 안타깝게도 전도의 열매는 가장 적기 때문이다. 오히려 기독교인과 교회가 예수님을 믿기 쉽게 만들기는 커녕 점점 더 힘들게 만들고 있는 것은 아닐까? 그렇다면 이제는, 진정한 교회의 모습과 참된 기독교인의 모습을 어떻게 회복할 것인지 진지하게 고민해야 할 때이다.

I. 성장 모델 vs. 생명 모델

1997년까지 한국 경제의 성장 모델은 경제 개발 계획을 통한 압축 성장이었다. 그 결과 한강의 기적을 이루었지만 결국은 외환 위기와 IMF 관리 체제를 맞게 되었고, 양극화와 불균형이 더욱 심화되었다. 물론 압축 성장이 없었다면 절대 빈곤에서 벗어나는 것 자체가 불가능했을지도 모른다. 하지만 이제는 속도와 업적^앞 중심의 압축 성장 모델이 지닌 위험성이 드러났고, 이에 따라 불균형으로 소외된 계층을 위한 정책과 균형 성장에 대한 관심이 높아지고 있다. 현재 경제 정책을 둘러싸고 '선성장 후분배' 모델과 양극화·불균형 해소를 위한 '균형' 모델 사이에서 논란이 이어지고 있다. 한쪽에서는 경제 규모를 키워야 분배가 가능하다고 주장하고, 다른 쪽에서는 진정한 성장의 힘이 균형에서 나온다고 주장하고 있다.

한국 교회 성장도 한국 경제의 발전과 비슷한 압축 성장을 했다고 해도 과언이 아니다. 교회의 양적 증가와 교인의 수적 증가가 가파른 상승 곡선을 유지해 왔으나, 1980년대 후반부터 그 성장이 둔화되었으며, 최근에는 감소 추세를 보이고 있다. 더불어 교회에 대한 비판이 고조되는 현실이 안타까움을 자아낸다. 성장 모델의 교회 논리는 교회가 남을 도울 수 있는 힘을 갖추려면 적어도 양적으로 성장해야 한다는 것이다. 이 모델은 소외된 계층이나 도움이 필요한 이들에 대한 관심이 없다기보다는, 성장 중심에 밀려 그들이 우선순위에서 벗어나 있다. 문제는 교회가 성장 모델을 추구하기 시작하면 소외된 계층을 향한 비전과 사역으로 방향을 전환하기가 어렵다는 점이다. 더욱이 교회가 성장하게 되면 모든 행위가 정당화되는 경향이 있다.

언젠가 필자에게 상담을 요청했던 한 사모는 남편 목사의 여러 가지 문제들에 대해서 지적하며 회개할 것을 촉구했더니, "나는 하나님께 회개했고 나는 용서받았다. 봐라. 하나님께서는 나를 사용하신다. 나를 통해서 교회가 이렇게 성장^{부흥}했고, 여전히 교회는 나를 필요로 하지 않느냐?"라고 답하였다며 한숨을 쉬었다. 교회가 성장했다는 이유로 모든 것이 용납될 수 있다고 생각한다면, 그 목사는 성장지상주의에 매몰되어 있는 사람임이 틀림없다.

그렇다면 교회는 어떤 모델이어야 할까? 예수님의 교회 모델은 생명 모델이다. 예수님께서 마태복음 16장 18절에서 직접 "이 반석 위에 내 교회를 세우리니"라고 말씀하셨다. 예수님의 교회는 "주는 그리스도시요 살아계신 하나님의 아들"^{마 16:16}이라는 고백을 통해 새롭게 거듭난 사람들, 즉 예수님께 속한 생명들의 공동체이다. 주님께서는 또한, "성령이 너희에게

임하시면 너희가 권능을 받고 예루살렘과 온 유대와 사마리아와 땅 끝까지 이르러 내 증인이 되리라"^{행 1:8}고 말씀하셨다. 이는 예수님의 생명을 소유한 사람들의 모임인 교회가 지리적 한계와 능력의 한계를 넘어 예수의 생명을 나누는 증인이 된다는 의미이다. 따라서 진정한 교회는 경제적 관점의 성장 모델이나 균형 모델이 아닌, 생명을 살리는 생명 모델인지의 여부로 판가름 난다.

II. 나쁜 소식 vs. 좋은 소식

교회라고 문제가 없는 것은 아니다. 이는 나쁜 소식처럼 들릴 수 있다 — 완전한 교회는 없기 때문이다. 그렇지만 진정한 교회는 문제가 없는 교회가 아니라 문제를 극복하는 교회일 것이다. 초대교회는 예수님께서 이미 예언하신대로 "반석 위에 내 교회를 세울 것이다"^{마 16:16}라는 말씀의 성취로 시작되었다. 사도행전 2장에 성령께서 임하시고 교회 공동체가 형성된다. 기적과 표적이 일어나고, 함께 모여 물건을 통용하며, 날마다 모여 기도하고, 찬양하고, 칭찬하고, 식사를 같이하는 새로운 공동체가 탄생하였다. 그런데 사도행전 5장에서는 물질의 유혹에 넘어져 성령을 속이려 했던 아나니아와 삽비라의 비극적인 사건이 등장하고, 6장에서는 제자들의 수가 늘어가면서 구제에 대한 이견으로 불평과 갈등 상황이 나타난다. 고린도전후서 등 바울 사도의 목회 서신들과 옥중서신들은 성도들이 당면한 어려움과 위기를 보면서 해결책을 제시하는 목회상담적 서신이었음을 알 수 있다.

교회는 세상적인 유혹이나 문제로부터 완전히 면역된 모임이나 사람들이 아니라, 하나님의 말씀에 따라 회개하고 돌이켜 하나님의 뜻을 성취해 가는 공동체이다. 따라서 교회다운 교회를 꿈꿀 때, 문제가 있다는 것 때문에 실망할 것이 아니라, 그 해결 과정에서 하나님의 말씀과 기준에 순종하지 않는 우리의 모습을 돌아보며 회개해야 할 것이다. 예수님께서 "건강한 자에게는 의사가 쓸 데 없고 병든 자에게라야 쓸 데 있느니라 나는 의인을 부르러 온 것이 아니요 죄인을 부르러 왔노라"^{막 2:17}고 말씀하신 것은 단지 구원에 대한 초청뿐 아니라, 구원받은 자들의 모임인 교회 공동체에도 여전히 합당한 말씀이다. 즉 진정한 교회가 되기 위해서는 문제에 놀라지 말고 믿음의 근원 되시는 예수님의 치료와 회복에 끊임없이 의지하여야 함을 일깨워준다.

III. 이제 진정한 교회의 관심은 생명 중심으로

1. 찾아가는 교회

상담자로서 느끼는 필자의 고민은 내담자가 찾아와야만 한다는 한계에 있다. 반면, 교회는 아픈 자, 마음 상한 자, 상처받은 자를 찾아갈 수 있는 특권을 갖고 있다. 요한복음 4장에 보면 예수님은 당시 멸시받고 교류가 없던 사마리아 땅을 찾아가신다. "사마리아로 통행하여야 하겠는지라"^{요 4:4}는 말씀은 예수님께서 꼭 그곳으로 지나가야만 했던 이유가 있음을 밝힌다^{He had to go through}. 예수님은 남편이 다섯이나 있었으나 여전히 영적인 목마름에 낙심하고 있는 사마리아 여인을 찾아가서 만나시고 구원하셔야 했다. 본래 우리 믿음의 선조들은 심방을 중요시했다. 심방^{尋訪}은 "찾을 심"을 써서, 찾아가 방문한다는 뜻이다. 비록 이제는 심방의 개념과 방법이 보완되어야 하지만, 진정한 교회는 예수님처럼 의지를 가지고 잃어버린 영혼들을 찾아가야 한다는 점은 분명하다.

2004년도부터 건강가정기본법이 통과되었고, 정부는 전국에 건강가정지원센터와 다문화가족지원센터를 지역별로 설립했다. 당시 찬반 논란이 많았으나, 정부는 가정의 중요성을 인식하고, 맞벌이 부부, 조손가정, 다문화 가정 등 다양한 소외 그룹들을 위한 정책들과 상담 및 서비스들을 제공하기 위해서 많은 예산을 배정하고 있다. 이는 이혼율 증가와 저출산 등의 가정 문제가 심각해졌을 뿐 아니라, 이러한 문제가 사회와 국가 전체에 막대한 영향을 미치기 때문이다. 교회는 건강한 가정의 중요성을 인식하면서도 지역사회의 아픔과 소외계층에 대한 관심을 구체적으로 실천하는 데는 전략적으로 미흡했다. 더구나 교회를 구원의 방주로만 여겨 '찾아오라'는 메시지만 강조했을 뿐, 도움이 필요한 이들을 찾아가는 일에는 소홀했다.

진정한 교회는 잃어버린 자를 찾아가야 한다. 예수님의 비유에서 잃어버린 양을 찾아 나서고, 찾았을 때에 기뻐하지 않겠느냐 물으셨던 그 모습을 교회는 잃지 말아야 한다. 주님은 말씀하신다. "내가 너희에게 이르노니 이와 같이 죄인 한 사람이 회개하면 하늘에서는 회개할 것 없는 의인 아흔아홉으로 말미암아 기뻐하는 것보다 더하리라"눅 15:7.

2. 돌봄을 통하여 변화를 창조하는 교회

사회적으로 상담 영역에서는 자조 그룹self-help, 지지 그룹support, 12단계 모임 등 다양한 도움을 제공하는 모임들이 활발하게 진행되고 있다. 비슷한 문제를 갖고 있는 사람들이 스스로 문제를 해결하기 위해 서로 협력하는 것이다. 이것은 인간이 자신의 문제를 스스로 해결할 수 없다는 것을 인정함에서부터 치유가 일어남을 보여준다. 그렇다면 진정한 교회는 일대일, 소그룹, 멘토링^{mentoring}, 성경공부, 구역, 선교회, 전도회, 공동체 등 모든 모임에서 영혼을 돌보는 일을 최우선으로 삼아야 한다. 2003년 우리나라에 소개된 루터교의 "스데반 돌봄 사역"은 아픈 자들과 함께하며, 비판 없이 경청하고, 비밀을 지켜주는 사역으로, 이미 미국에서 그 효과가 입증되었다. 이는 우리나라 상황에도 매우 적합한 사역이며, 점차 많은 교회가 이를 도입하고 있다. 가정의 붕괴와 자살률 증가, 상담소 내담자의 지속적인 증가는 우리 사회가 돌봄을 절실히 호소하고 있음을 보여준다. 그러므로 진정한 교회는 성도들이 기꺼이 돌봄을 나눌 수 있도록 배움과 훈련을 통해서 지역사회와 삶의 현장으로 나아가야 한다.

진정한 교회는 찾아가 돌봄을 통하여 예수님의 복음의 능력으로 거듭난, 변화된 생명을 만들어내는 "새생명 창조회사"이다. 이것을 상실하면 교회다운 교회는 그 능력도, 그 존재 의의도 잃어버리게 된다. 진정한 교회는 날마다 변화된 생명으로 인해서 감사와 간증이 넘쳐나며, 세상을 향해서 여전히 그리스도 예수 안에서 희망이 있음을 밝히 보여주는 등불의 역할을 감당해야 한다.

경기도 양평 지역에는 교인 500여 명의 특별한 교회가 있다. 이 교회는 아름다운 원형 예배당에서 온 가족이 함께 찬양하고, 청소년들이 오케스트라를 구성해 악기를 연주하며, 예배 중에는 어린 아이들을 불러 축복기도를 한다. 주중에는 지역의 청소년들을 위한 공부방, 연주 렛슨, 노래교실 등 소외된 사람들을 돌보는 사역을 통해서 지역사회를 섬기면서 지역사회와 함께하는 건강한 교회이다. 장신대는 매년 추수감사절에 학생들과 교직원들의 헌금을 모아 교수 학생들로 팀을 짜서 광장 교회와 함께 학교 인근^{광장동} 지역 일대에 독거노인 등 외로운 어르신들을 방문하고 위로하는 사역을 20여 년간 하고 있다. 최근 몇 년간 지역사회 상권과 상생하는 프로젝트의 일환으로 부활절 후 기쁨의 50일 행사와 각종 특별 행사 후에 지역 식당, 카페 등을 이용하는 쿠폰을 활용하는데, 50개가 넘는 업체가 참여하였다. 이러한 사역이 어느 정도 인정을 받아 청년 창업 등과 연계된 캠퍼스 타운 사업에 공모하여 서울시에서 위탁[2020]을 받는 등 지역사회와의 공생에 기여하기도 했었다. 이러한 일들이 계속되어서 신학교와 기독교를 바라보는 눈이 따뜻해지고, 생명을 살리는 목회자를 양성하는 장신대와 한국교회에 대한 이미지가 좋아지기를 기대한다.

정부나 지자체, 많은 NGO 기관들이 더 나은 세상을 위해 다양한 정책과 지원을 제공하고 있다. 이들은 더 많은 예산과 시설을 갖추고 있으며, 체계적인 지원이 가능하다. 하지만 정권과 지자체장이 바뀌면 정책 방향이 변하고, 예산에 따라 사업이 단기적으로 끝나는 경우가 많다. 이러한 측면에서 교회와 신학교야말로 소외된 사람, 홀로 된 사람, 몸과 마음이 아픈 사람에게 다가가 손을 내밀고 소망을 줄 수 있는 인력과 자원, 사랑과 돌봄을 가진, 대체 불가능한 역할을 수행할 수 있다.

나가는 말

에베소 교회는 바울 사도가 2차 전도여행 때 전도하였고[행 18:19], 3차 전도 여행 때 안수하므로 성령을 받은 교회였다[행 19:6-7]. 거짓 교사와 미신이 성행하던 곳이었음에도 에베소 교회가 부흥할 수 있었던 것은, 바울 사도가 3년 동안 밤낮으로 쉬지 않고 눈물로 세우고 가르쳤기 때문이다. "그러므로 너희가 일깨워 내가 3년이나 밤낮 쉬지 않고 눈물로 각 사람을 훈계하던 것을 기억하라"[행 20:31].

예수님은 죽은 나사로에 무덤에 이르러 긍휼히 여기시며 눈물을 흘리셨고[요 11:35], 벳바게 언덕에서는 민족 심판의 안타까운 현실을 바라보시며 우셨다녹 19:41. 예수님께서는 죄로 인해 죽을 수밖에 없는 인생을 바라보며 우셨고, 회개치 않고 심판을 향해 가는 예루살렘을 바라보며 우셨다.

이제 초대교회 전통과 예수님을 닮은, 진정성이 넘치는 교회는, 잃어버린 영혼을 사랑하는 눈물을 가지고, 찾아가서 돌봄을 베푸는 교회이다. 진정한 교회에는 영혼을 위해 눈물을 흘리는 성도와 목회자가 많다. 이러한 눈물은 고통이자 인내며 정성의 표현이다. 영혼을 향한 사랑의 눈물은 자연스럽게 소외된 이들을 향하게 된다. 구약에서는 "과부와 고아, 이방인"으로, 신약에서는 "세리와 창기, 죄인"으로 소외된 계층이 표현된다. 진정한 교회는 성장모델이 아니라 생명모델에 기초한다. 긍휼과 사랑의 눈물을 가지고 잃어버린 영혼, 소외된 생명을 찾아가서 필요한 돌봄을 제공하는 새생명을 창조하는 한국 교회가 되기를 꿈꾼다.

2장
외형중심에서 영성으로

들어가는 말

유치원에 다니는 한 아이가 기도를 한다. "하나님 저를 살 빠지게 해 주세요. 만약 그렇게 하실 수 없다면 차라리 제 친구들이 살찌도록 해 주세요." 웃음을 자아내는 이 기도에는 깊은 의미가 있다. 비만이란 상대적인 것이며, 이 기도에는 하나님의 능력에 대한 이해^{신론}와 인간의 문제^{외모와 비만 등}에 대한 소망^{기도}이 담겨있다. 네 가지 사례를 살펴보면서 최첨단 문명 시대에 교회가 어떤 신학을 추구해야 할까를 살펴보자.

I. 네 가지 사례와 질문들

1. 사례 ① : 화장하지 않으면 게으른 것인가? (외모주의)

미국 첫 유학시절^{1980년대 중반}에 필자는 다양한 문화충격을 경험했다. 그 중 하나는 보수적인 신학교의 여대생들이 대부분 화장을 하고, 학교에서 화장하는 법을 가르칠 뿐만 아니라, 화장을 하지 않는 사람을 예의 없고 게으른 사람으로 여긴다는 점이었다. 화장을 안 하는 사람은 게으른 사람인가? 화장을 하고 스스로 코디를 하는 것이 다른 사람에 대한 배려와 자기 관리를 잘 하는 것인가? 아니면 화장하고 겉모양에 신경을 쓰는 것이 지나친 외모지상주의인가?

2. 사례 ② : 크고 세련된 것만이 좋은 것인가? (외형주의)

강원도 조그마한 마을 교회를 방문한 적이 있다. 예배실은 마룻바닥으로 되어 있었고, 약 40여 명이 예배를 드릴 수 있는 곳이었다. 그런데 강대상의 크기는 얼핏 보아 2.5미터가 넘어보였고, 교회의 규모에 피해 꽤 큰 편이었다. 몇 년 후 다시 방문했을 때는 놀랍게도 목회자가 강대상에 들어가기 위한 공간만을 남긴 채, 거의 4미터 정도의 엄청난 강대상으로 바뀌어 있었다. 이 작은 교회에 이렇게 큰 강대상이 왜 필요한지, 또 이전의 큰 강대상은 어떻게 되었는지 의문이 들었다.

요즘은 멀쩡한 강대상들이 없어지고, 팬시^{fancy}한 크리스탈^{crystal} 강대상으로 바뀌었다. 교회들을 방문해 보면 옛 강대상들이 예배당 복도에, 층계 한쪽 끝 모퉁이에 놓여 있는 것을 쉽게 발견할 수 있다. 큰 예배당과 큰 강대상 등 외형의 크기만을 강조하는 것도 문제지만, 비용과 관계없이 세련되고 보기 좋고 편한 것만 추구하는 것도 바람직하지 않아 보인다.

한때 통합측 교회와 합동측 교회는 예배당 안의 강대상 개수로 구분되었다. 말씀을 전하는 강단과 사회 강단이 분리되어 있으면 통합측 교회였고, 강대상이 하나면 합동측이었다. 여기에는 신학적 의미가 담겨 있었고, 강대상의 높이와 성찬상의 위치도 다양한 의미와 신학을 내포하고 있다. 그렇다면 외형과 의미 사이에서 형식주의에 빠지지 않으면서 진정성을 지키려면 어떻게 해야 할까?

3. 사례 ③ : 조화造花인가 생화生花인가? (실용주의)

청년부 시절, 교회의 사회 참여와 이웃 돌봄에 대한 논란이 많이 있었다. 당시 사회 비판적 의식을 가진 청년들은 성경공부를 하면서 교회의 대형화를 우려했다. 또한 교회의 고가 오르간 구입 필요성에 대해서도 논쟁이 있었다. 매주 강대상에 생화를 헌화하는 것도 논란의 대상이었다. 일주일도 못 가 시들어버릴 꽃에 비싼 돈을 쓰는 것이 하나님께 드린 헌금을 제대로 사용하지 않는다는 의견이 있었기 때문이다. 조화造花로 장식하면 계절마다 한두 번만 교체하면 되니 실용적이고 경비도 절약할 수 있다는 주장이 있었다. 반면, 하나님께 어떻게 가짜 꽃을 드릴 수 있냐며 실용주의와 물질주의가 신앙의 정직성을 훼손시키는 것이 아니냐는 의견을 가진 청년들도 있었다. 합리적이고 경제적인 헌금 사용이 필요한 것은 분명하지만, "최소의 노력으로 최대의 효과"라는 경제 원리를 교회에도 그대로 적용해야 하는가?

4. 사례 ④ : 진정한 영성은 형식 파괴인가? (영성주의)

이민교회에서 부교역자로 목회할 때의 일이다. 소위 말하는 찬양 사역이 유행하던 시기였고, 교회 주일 아침 예배의 형식에도 변화가 일어났다. 찬양 사역자가 주일 오전 예배 때 15-20분간 찬양을 인도했다. 기타Guitar 및 키보드keyboard 등의 악기를 활용하여, 행진곡 풍의 찬송가와 복음성가 등을 박수를 치며 부르게 되자, 몇몇 성도들은 "우리 교회는 순복음교회도 아닌데…"라며 불편한 심기를 드러냈다. 반면에 다른 쪽에서는 "다윗은 법

궤가 돌아올 때 기뻐서 춤을 추었다"라며 진정한 영성은 형식이나 전통을 뛰어넘어 자연스럽게 하나님 앞에서 표현되어야 한다고 주장하였다. 그런데 신실하게 교회를 섬기시던 한 권사님이 찬양 목회자의 "왜 박수치면서 찬양하지 않느냐?"는 말에 상처를 받아 "이 교회에서는 더 이상 은혜가 되지 않는다"라며 교회를 떠났다. 진정한 영성은 모든 형식과 전통을 뛰어넘는 것인가? 아니면 넘지 말아야 할 경계가 있는 것인가? 위의 네 가지 사례를 중심으로 외모^{형식}와 영성 사이에서 교회가 어떤 신학을 추구해야 할지 살펴보자.

II. 외형과 영성

1. 외모 차별주의에 대한 경계

외모지상주의는 결국 외모차별주의로 이어져 사회 정의를 파괴하기 때문에 교회는 이를 배격해야 한다. 외모지상주의^{lookism}는 미국 『뉴욕 타임스』의 칼럼니스트인 새파이어^{William Safire}가 처음 사용한 용어로, 외모 즉 용모가 개인의 우열뿐 아니라 인생의 성공과 실패를 결정짓는다고 믿어 지나치게 외모에 집착하는 경향이나 사회풍조를 일컫는다. 이러한 집착은 자신의 몸매나 외모 관리에 강박적으로 매달리다가 질병으로 발전하거나 심각한 부작용을 초래하기도 한다.

사실 최근에는 화장을 하고 외모를 가꾸기가 단순한 관심의 차원을 넘어 사회병리 현상으로 까지 발전하고 있다. 심지어는 성형 공화국이라는 말이 회자될 정도이다. 지나친 비만에 대한 우려와 함께 몸짱, 얼짱 등 몸에 대한 과도한 예찬과 외모 지상주의가 만연해 있다. 한때는 아줌마 몸짱

이, 그 후 나이보다 어려 보이는 동안童顏 신드롬이, 그리고 예쁜 남자, 진정한 미인을 가려내는 잣대로서 생얼 미녀 등 멋진 몸매와 예쁜 얼굴에 대한 흠모는 병적인 집착이 되어, 그 파괴력이 점점 커지고 있다. 사람들을 씁쓸하게 했던 강도 얼짱, 건강을 해치는 과도한 다이어트, 식사를 거르면서까지 몸무게를 조절하려는 거식증, 성형중독 후유증으로 고생하는 선풍기 아줌마 등 그 폐해는 계속 되고 있다.

사람들은 외모로 평가할지라도 하나님께서는 인간의 겉모습이 아니라 마음의 중심을 보신다삼상 16:16-17; 약 2:1. 따라서 외모에 대한 지나친 관심과 외모지상주의를 넘어 외모차별주의로 발전하고 있는 현상에 대해서 우리 기독교인들은 경각심을 가져야 한다.

2. 건강한 자아상의 파괴에 대한 경계

외모지상주의는 개인의 건강한 자아상을 파괴시키기 때문에 배격해야 한다. 사회에서는 외모를 유일한 능력이나 경쟁력으로 여기며, 이로 인해 외모를 가꾸기 위한 과도한 소비와 다이어트, 성형 등의 부담이 늘어나고 있다. 특히 여자 아이들의 경우, 중고등학생뿐만 아니라 초등학교 고학년 때부터 무리한 다이어트로 고통받고 있다는 통계가 있다.

통계청 통계개발원이 발간한 '아동·청소년 삶의 질 2022' 보고서 2022.12.에 의하면 삶의 만족도가 경제협력개발기구OECD 국가 중 최하위에 속하고, 12~14세의 자살률이 2020년 3.2명에서 2021년 5.0명으로 급증한 것으로 나타났다. 코로나19는 아동·청소년의 영양 상태에도 악영향을 끼쳐서 아동·청소년의 영양결핍률은 1~9세의 경우 2020년 6.5%2019년 3.4% 로 증가했다. 또한 10~18세는 같은 기간 16.7%에서 23.4%로 높아진 것으로 조사됐다. 아울러 아동·청소년의 비만율도 2019년 15.1%에서 2021년

19.0%로 2년 동안 3.9%포인트 늘어났다. 질병관리청 2021년 청소년 건강 행태 조사에 따르면, 비만율은 남자 중학생 16.8%, 남자 고등학생 18.3%, 여자 중학생 7.1%, 여자 고등학생 11.3%였다. 과체중은 남자 중학생 12.4%, 남자 고등학생 10.6%, 여자 중학생 7.9%, 여자 고등학생 8.4%였으며, 신체 이미지 인지 왜곡률은 남자 중학생 19%, 남자 고등학생 15.5%, 여자 중학생 24.7%, 여자 고등학생 28.9%였다. 여자 청소년들의 과체중이나 비만율이 더 낮음에도 불구하고 여자 청소년들은 날씬한 몸매에 대한 시선 때문에 체중 조절에 더 신경을 쓰고 있고, 따라서 신체 이미지 왜곡 인지율도 훨씬 높게 나타난다. 실제로 정상 체중임에도 불구하고, 자신이 살쪘다고 인식하는 비율이 높은 것을 알 수있다.

불필요한 다이어트나 마른 몸매에 대한 잘못된 인식은 외모에 대한 강박현상이나 콤플렉스로 발전할 가능성이 높다. 과체중이 아닌데도 비만으로 여기고, 저체중과 정상체중인데도 다이어트 강박 현상을 보이는 사람들이 늘어나고 있다. 이러한 현상은 왜곡된 신체적 외모 기준으로 인해 몸이 전부라고 여기다가 자신에 대한 부정적 자아상으로 고통받는 사람이 늘어나고 있음을 보여준다. 몸짱, 얼짱, 예쁜 남자, 동안, 생얼 신드롬은 육체를 인간의 본질로 착각하게 만들어 영적 인간관을 상실케 하는 시대적 현상의 극단적 단면이다. 사실 누구나 외모나 신체에 대한 부정적 이미지와 열등감을 어느 정도 가지고 있으며, 다른 사람을 외모로 평가하거나 판단하려는 경향이 있다. 신체적 매력, 학벌, 키 등의 외모가 수입이나 직업에 영향을 미친다는 연구 결과들이 있는 것도 사실이다. 하지만 몸이 전부인 듯 강조되는 외모지상주의는 결코 인간 존재 가치의 핵심이 될 수 없다. 몸과 얼굴이 영혼과 마음을 압도하게 되면, 부정적 신체 이미지와 열등감으로 인해 인간은 점차 파괴될 수밖에 없다. 따라서 교회는 하나님의 형상을 닮은 인간의 자아상을 회복하기 위해 외모와 외형에 집착하는 사회 가치를 경계해야 한다.

3. 진정한 영성은 디지털^{digital} 시대를 넘어 디지로그^{digilog} 영성으로

이어령은 먹는 것으로 상징되는 아날로그^{analog}의 문화 코드와 인터넷으로 대표되는 디지털^{digital} 문화 코드를 결합한 디지로그의 시대를 내다본다. 이는 청학동 사람들이나 아미쉬^{Amish: 기독교인의 삶에 도움이 되지 않는다며 전기나 전화 등 현대문명의 사용을 거부하며 사는 기독교의 한 분파}들처럼 현대문명의 이기^{利器}인 디지털 ^{digital} 문화를 배격하고 아날로그^{analog} 문화로 돌아가야만 영성적인 것은 아님을 시사한다^{이어령, 『디지로그(Digilog)』, 172-74}. 한국인의 영성과 심성에는 정보^{情報}와 통신^{通信}이란 단어에 ^{본래 영어 단어에는 포함되어 있지 않은} 사람과 사람이 나누는 따뜻한 마음^情과 서로에 대한 믿음^信을 담겨있다. 이것은 겉으로 드러나는 수치나 통계, 비교, 평가, 분석 등의 외모, 외형, 외식 뿐 아니라 여전히 그것을 주고받는 사람과 사람 사이에 정과 믿음에 근거한 아날로그적인 관계를 포함하고 있다.

영성은 단순히 외모, 외형, 외식의 반대말이 아니다. 필자가 한때 강의하던 일반대학에서 학생들에게 "기독교의 꼴불견 5가지"를 조사한 결과는 다음과 같았다. 첫째, 기독교가 너무 시끄럽다. 둘째, 교회가 돈을 강요한다. 셋째, 교회 지도자들이 존경받지 못한다. 넷째, 자기들만 구원이 있다며 배타적이다. 다섯째, 그냥 싫다는 것이었다. 반면에 기독교가 잘한 것으로는, 첫째, 사회 복지 등 어려운 이웃을 돕는다. 둘째, 주변에 삶이 희생적이고 존경스러운 기독교인들이 있다. 셋째, 일제 강점기, 한국전, 독재 시절 때 나라의 광복과 조국 수호, 민주화를 위해 기독교가 공헌을 하였다 등이었다. 이러한 평가는 현재도 기독교에 대한 일반인들의 인식을 잘 보여준다. 즉 기독교에 대한 평가는 외형적인 것^{교회의 대형화, 목회자의 비리와 세금문제, 세습, 교회의 분}

열등을 비판하면서도, 더 중요하게는 내면적인 것, 곧 기독교인의 성품에 기초하고 있다.

1904년 원산으로부터 시작되어 열화처럼 전국 각처로 번져가고, 1907년 평양 대각성에 이르기 까지 일어났던 성령운동은 외형적인 것보다는 내면적이며 영적인 것이었다. 그렇기에 1907년 장대현 교회 사경회에 참여했던 엘리스W. T. Ellis는 "지금 기독교가 한국의 품격character을 바꾸어가고 있습니다"민경배, 『한국기독교회사』, 202라고 보고한다. 진정한 영성하나님 닮음, 즉 기독교의 변화의 능력transforming power이 기독교와 교회를 넘어, 사회 전반에 영향력을 미쳐, 한국인의 심성과 품격을 바꾸었다는 것을 알 수 있다. 따라서 이 시대에 교회가 추구해야 하는 신학과 영성은 내용과 진리를 강조하되, 단순히 형식을 파괴하고 외모주의를 배격하는 것만으로는 부족하다. 문화가 그 시대의 가치를 담는 형식이라면, 교회 역시 그 시대를 반영하면서도 변하지 않는 진리의 내용과 가치를 담아내는 외형의례와 교회 문화을 필요로 하기 때문이다.

교회는 디지로그의 영성, 즉 형식과 외모를 고려하되, 외모지상주의나 물질이나 기술만능주의를 극복하는 정情과 신信을 담는 아날로그 영성을 함께 추구하여야 한다.

나가는 말

진정한 영성은 자유롭다. 예수님께서도 "진리가 너희를 자유롭게 하리라"요 8:32고 말씀하셨다. 동시에 예수님께서는 "누구든지 나를 믿는 이 작은 자 중 하나를 실족하게 하면 차라리 연자 맷돌이 그 목에 달려서 깊은 바다에 빠뜨려지는 것이 나으니라"마 18:6고도 말씀하셨다. 그렇기에 영성만 있으면 어떤 형식이나 외형이 전혀 필요없는 것인가에 대해 목회자는 고민해야 한다.

바울 사도는 디모데에게 "경건의 모양은 있으나 경건의 능력을 부인하는 자"^{딤후 3:5}를 경계하라고 말씀한다. 여기서 우리는 네 가지 경우로 나누어 볼 수 있다. 첫째는, 경건의 모양도, 경건의 능력도 없는 교회^{성도}, 둘째는, 경건의 모양은 있으나 경건의 능력은 없는 교회^{성도}, 셋째는, 경건의 모양은 없으나 경건의 능력은 있는 교회^{성도}, 그리고 마지막으로 경건의 모양도 있고 경건의 능력이 있는 교회^{성도} 이다. 여기서 경건^{하나님 닮은 영성}의 모양만 있고^{외모지상주의} 경건의 능력은 없는 것에 대해서는 철저히 경계해야 한다. 그러나 경건의 형체가 없는 경건의 능력 보다는 경건의 모양과 경건의 능력이 함께 나타나는 교회와 성도가 진정한 영성의 목표이며 교회가 추구해야 할 신학이다.

3장
영성과 상담목회

들어가는 말

인기 연예인이나 유명 인사 중에 극단적 선택을 하여 사회에 충격을 주는 일이 종종 발생하고 있다. 시간이 많이 흘렀지만, 국민배우 고 최진실 씨의 자살 사건[2008]은 큰 논란을 일으켰다. 그녀가 자살하기 2년 전까지 교회에 출석했고, 종종 우울증으로 교회 목사에게 상담을 받곤 했다는 사실이 알려졌을 때 인터넷에는 많은 댓글들이 달렸다. 그 중에는 "그러니까 죽었지. 우울증인데 왜 목사를 찾아갔니? 의사를 찾아갔어야지…"라는 댓글이 많이 달렸다. 하지만 그녀는 실제로 항우울제를 복용하고 있었다. 즉, 의사의 처방도 받고 있었던 것이다. 우울증은 단순히 생물학적, 생화학적인 의료적 모델만으로 치료될 수 있는 것이 아니다. 또한 기도나 영성적 치료도 우울증 치료에 도움이 될 수 있다. 어쩌면 다양한 치료 방법으로 전인적인 돌봄과 치료가 있었다면 그런 극단적 선택과 행동을 막을 수 있지 않았을까하는 아쉬움이 남는다. 이러한 맥락에서 영성과 상담의 접목은 매우 중요한 주제라고 생각되어진다 본 장에서는 영성과 상담이 어떻게 연결되며, 어떻게 전인적인 치료에 활용될 수 있는지 살펴보고자 한다.

I. 상담의 한 영역으로서의 영성

1. 심리학과 영성

심리학은 일반적으로 인간의 행동과 정신 과정을 과학적으로 연구하는 학문이다. 초기 미국 심리학은 과학적 접근을 강조하면서 관찰 가능한 행동 연구에 집중했다. 이후 인간의 본성에 대한 이해가 확장되어, 행동뿐 아니라 사고와 의식의 영역인 정신 과정인지와 기억이 포함되게 되었다. 최근에는 인간에 대한 심리학적 이해를 바탕으로 행동과 정신 과정을 넘어 영성적 차원에도 관심을 갖기 시작했다. 비록 이러한 변화까지 오랜 시간이 걸렸지만, 인간 본성에 영성이 내재되어 있다는 점을 고려하면 심리학 연구 주제로 영성 차원을 포함하는 것은 자연스러운 발전이라 할 수 있다.

한 기독교 초신자가 기독교 방송을 듣고 고민 해결을 위해 필자가 근무하는 학교에 찾아와 총장을 만났다. 그리고 총장은 당시 상담소를 맡고 있던 필자에게 의뢰했다. 40대 후반에 멋진 신사였던 그 남성은 다음과 같이 말했다.

제가 신앙을 가진지 1년이 되었습니다. 성경말씀대로 살아보려고 새벽기도도 빠지지 않고 나가고 성경도 열심히 읽고 성경공부도 해 왔습니다. 그런데 출석하는 교회의 목사님께서 호텔사업을 하나님께서 기뻐하지 않는 것 같다고 이야기 한 이후로 고민하기 시작했습니다. 저는 호텔사업의 재주가 있어서 강남에서 임대 호텔을 운영하는데 월 순수입이 3,000만원쯤 됩니다. 난 관공서에 뇌물도 주지 않았고, 호텔에서 매춘영업도 연결시켜 주지 않고, 객실에서 도박도 허용하지 않으면서 정당하게 운영해 왔습니다. 법대로 운영하여 수익을 내고 있는데 왜 호텔업을 그만 두어야할까요? 만약에 성경적으로, 신학적으로 호텔업이 악이라고 가르쳐 주신다면 당장이라도 그만 두겠습니다.

이 사람은 사실 신앙이 없었다면 전혀 하지 않았을 고민을 하게 되었다. 신앙의 관점에서 자신의 삶을 돌아보고, 지금의 삶으로부터 보다 높은 차원의 의미와 소명직업적 소명을 포함해서에 응답하고 싶은 영성이 그에게 작동하기 시작한 것이다. 그의 질문은 단순한 이성적 판단이나 도덕적 결단의 문제가 아니라, 그의 판단이나 이성을 뛰어넘는, 좀 더 권위 있는 초월자의 음성진리/지도을 기대하고 있었다. 그는 그 당시보다 더 나은 삶에 대한 초청이 있는지에 대한 호기심과 미지의 영성적 세계를 향한 경외감 속에 질문을 하고 있었다. 만약 그에게 신앙, 영적 세계에 대한 관심이 없었다면 고민도 없었을까?

2. 영성에 대한 관심

영성이나 종교성에 관한 관심은 상담이나 심리치료, 또는 정신의학에서는 연구의 대상보다는 경계의 대상이었던 것이 사실이다. 그렇기에 프로이트Sigmund Freud는 "종교는 인간의 집단적 신경증적 환상이고 우주적인 강박증"이라고까지 말한다. 또한 상담자의 중요한 입장은 "비판단적"non-judgmental 이며 "비종교적"nonreligious 인 입장을 가져야 한다고 필자는 배웠다.

그러나 정신과 의사이며 저술가인 스캇 팩Scott Peck은 『거짓의 사람들: 악의 심리학』이라는 책에서 과학과 초과학, 과학적 모델과 종교적 모델을 굳이 양분할 필요가 없다고 주장하면서, 그 근거로 "악의 문제"를 든다. 나아가 그는 이제 가치중립에서 벗어난 새로운 과학이 필요하며, 과학과 종교의 재통합의 작업이 진행되고 있다고 말한다[Peck, 『거짓의 사람들』, 46]. 펙은 기독교로 귀의하기 전 경험했던 바비[Bobby]의 부모 사례에서 인간의 악함[악한 영적인 힘]에 대하여 설명한다.

> 바비의 형 스튜어트[16세]는 지난 6월 구경 0.22 소총으로 머리를 쏘아 자살했다. 그는 바비에게 하나뿐인 형제였다. 바비는 처음에는 형의 죽음을 그럭저럭 잘 받아들이는 것 같았다. 그러나 9월에 개학을 하자 성적이 뚝 떨어졌다. 평소엔 평균 B 정도 했는데 전과목 모두 낙제였다. 11월 말에 접어들면서는 그는 눈에 띄게 우울해졌다. … 크리스마스 이후에는 증세가 매우 심각해졌다. 지금까지 일탈 행동 같은 건 한 번도 보인 적이 없던 그가 어제는 차를 훔쳐 몰고 다니다가 경찰에 붙잡혔다. 더군다나 그는 한 번도 운전을 해 본 적이 없었다. … 나이 탓에 재판에서 무죄로 풀려나 … 즉시 아이를 정신과 의사에게 데려가 진단을 받아보라는 권유가 있었다.[Peck, 『거짓의 사람들』, 81-82]

  그는 차를 절도한 일로 의무적 상담을 받게 된 바비를 만나면서 충격적인 이야기를 듣는다. 그것은 크리스마스 선물로 테니스 라켓을 원했던 바비에게 부모는 장남 스튜어트가 자살할 때 사용했던 바로 그 총을 크리스마스 선물로 주었다는 것이다. 형이 자살한 그 총기를 크리스마스 선물로 주는 부모, 나아가 그것의 심각성과 폐해에 대해 인정하지도 자각하지도 않는 그 아버지를 보면서 그는 인간의 악과 그것이 지닌 파괴적인 힘, 악의 존재에 대해 두려움을 갖게 되었다고 고백한다.
  인간은 문제에 직면할 때마다 질문을 던진다. 그중 가장 핵심적인 것은 "선과 악의 존재"와 "신과 악마의 존재"에 관한 질문이다. 이는 인간의 본성에 영성이 뿌리 깊게 자리 잡고 있음을 보여준다. 따라서 인간의 전인적 회복을 위해서는 종교적·영적 문제의 중요성을 간과할 수 없다. 그렇기에 맥민과 채규만은 "하나님을 소망하고 영적인 삶을 심각하게 생각하는 사람들은 항상 영적인 어둠과 외로움을 경험한다. 그것은 기독교인들에게 소중한 영적인 질문이다. 단지 심리적인 증상과 신학적 원리와 영적인 형성을 알고 있는 상담자만이 짐^{내담자, 필자 설명}을 위한 가장 좋은 치료를 할 수 있을 것이다"^{McMinn, 채규만, 『심리학, 신학, 영성이 하나 된 기독교 상담』, 29}고 말한다. 선과 악의 영적인 경험 속에 영적인 질문을 던지는 내담자를 돕기 위해서는 상담자 자신이 임상 훈련과 신학적 사고 뿐 아니라 영성 형성에 대한 통찰력을 갖고 있어야 한다는 것이다.

미국 정신의학회^{American Psychiatric Association, APA}에서 1994년도에 발간된 『DSM IV: 정신장애 진단 및 통계편람』에는 종교적 또는 영적인 문제^{spiritual problems}를 처음으로 진단명에 포함시키고, "임상적 관심의 초점이 될 수 있는 상태"라고 설명한다. 나아가 "귀신들림"과 "해리성 장애"^{다중인격장애}를 분리하고 "귀신들림"^{possession}에 대해 "영혼이나 힘, 신 혹은 다른 사람의 영향으로 인해 개인의 주체성에 대한 느낌이 새로운 주체성으로 대체되며 이로 인해 자기 뜻대로 몸을 움직일 수 없거나 기억 상실이 동반되어 나타나는 상태"^{APA, DSM IV, 74}라고 기술한다.

정신의학 영역에서는 인간의 증상을 명확하게 진단하고 분류하기 위해 영적인 부분이 필요함을 인정하게 되었다. 이러한 변화는 정신분석적 접근의 퇴조와 함께 1998년에 "전생퇴행요법"이 개정된 미국의 정신과 교과서 *Synopsis of Psychiatry*에 수록되는 등 최면의학의 발전과 밀접한 관계가 있다. 게다가 1998년 초에 UN 산하 기관인 국제보건기구^{WHO}는 "인간의 건강"이 "신체적, 정신적, 사회적 안녕 상태"라는 종래의 정의에 "영적 안녕"이라는 말을 추가하여 "신체적, 정신적, 사회적, 영적 안녕 상태"

가 건강이라는 새로운 정의를 내렸다. 이렇듯 심리학, 정신건강 또는 심리치료의 영역에 과거에는 금기시했던 종교와 영성^{영적인 영역}이 포함되면서 영성에 대한 관심이 점점 고조되고 있는 실정이다.

II. 영성과 상담의 정의와 영역

1. 심리치료와 상담

상담 분야에서는 생활지도로부터 상담, 심리치료, 정신치료 등 여러 용어가 사용되어왔다. 생활지도^{guidance}는 교육 영역에서 생활과 성장발달에 필요한 정보 제공과 지도를 주로 다룬다. 상담은 일상생활에서 발생하는 인간의 사고, 행동, 감정 문제의 해결과 변화에 초점을 맞춘다. 반면에 심리치료는 우울증 등 정서적 문제나 신경증 등 인격적, 성격적 장애의 치료에 중점을 두고, 정신 치료는 정신장애 진단에 따른 정신적 질환을 다루면서 약물치료를 병행한다. 이것은 주로 인간 문제의 경중에 따라 나누는 분류이다.

이러한 용어들의 차이에도 불구하고, 상담, 심리치료, 정신치료에는 세 가지 공통 요소가 있다. 바로 상담자^{도움을 주는 자}, 내담자^{도움을 필요로 하는 자}, 그리고 이들이 형성하는 관계이다. 즉, 모든 치료 과정에는 상담자^{치료자}, 내담자^{환자}, 그리고 이들 간의 관계가 필수적이다. 이러한 관계를 치료적으로 활용하는 방식을 고려할 때, 상담은 종합 예술이자 통합 예술이라 할 수 있다. 상담자는 관계 형성을 위해 전문적이고 다양한 활동을 수행하며, 내담자는 자신의 표현과 반응을 통해 관계 형성에 참여함으로써 치료 효과를 얻을 수 있다. 더불어 내담자와 상담자는 상담을 통해 전인적 만남의 관계를 구축해야 하므로, 영적인 만남의 측면도 간과해서는 안 된다.

2. 영성spirituality과 종교성religiosity

종교성의 사전적 의미는 "인간이 가지는 종교적 성정" 또는 "종교가 가지는 독특한 성질"이다. 반면에 일반적으로 영성은 어떠한 정신을 받아들여서 그 정신을 따라 살아가는 삶의 의미를 뜻한다. 리처드P. Scott Richards와 버긴Allen E. Bergin에 의하면 영성은 "초월적 및 실존적 삶에 관계되는 경험, 신조 및 현상들을 뜻하며, 영적 경험들은 대체로 사적private이며, 즉흥적spontaneous, 감성적affective, 내면적internal, 초교파적ecumenical 및 우주적universal 등의 특성을 지닌다"Richards and Bergin, A Spiritual Strategy for Counseling and Psychotherapy, 13. 또한 영성은 "인간의 선천적이고 독특한 능력과 경향성이다. 영성 경향은 사람이 지식, 사랑, 의미, 희망, 초월, 관계성, 열정을 향해 나가도록 만든다. 영성에는 창조력, 성장력, 가치체계를 발전시키는 능력 등이 포함된다. 영성은 종교적, 영적, 초월적 영역을 모두 포함한다." 캔들러C. K. Chandler 등은 영성은 "내재된 능력으로 현재 자신의 중심을 초월하려고 추구하는 경향과 관계되며 이러한 지식은 더 큰 사랑과 지식을 가능케 한다"라고 정의한다.Chandler, Holden, and Kolander. "Counseling for Spiritual Wellness: Theory and Practice," 168

이와 같은 정의들을 요약하면 종교성과 영성은 개인적인 독특한 능력과 경향성으로 가치체계와 신념체계를 근거로 자신의 중심성을 초월하려는 특성을 갖는다. 리챠드와 버긴은 종교성과 영성의 독특성과 그 차이점을 다음과 같이 설명한다.

우리는 영성의 부분집합subset으로 종교성을 본다. 종교성은 종종 유신론적 신념, 실천, 그리고 감정과 연관이 있는 반면에 개인적으로 또는 교파적이고 제도화된 형태로 항상 표현되는 것은 아니다. 그렇기에 종교적과 영적이라는 용어는 서로 상관이 있지만 그러나 여러 차원에서 서로 다른 독특한 부분이 있다. 종교적인 표현은 교파적, 외부지향적, 인지적, 행동적, 의식주의적^{ritualistic}이며 공적인 경향이 있다. 반면에 영적인 경험은 우주적, 초교파적, 내부지향적, 정서적, 자발적이며 또한 사적인 것이다. 그러므로 종교적이지만 영적이지 않을 수 있고, 영적이지만 종교적이지 않을 수 있다.

우리는 영성은 자체적인 독특한 영역이 있고 인지, 감정, 사회 체계 등과 같은 다른 영역 속에 포함될 수 없다고 추론한다. 영성은 완전히 다른 영역이며, 다른 실재이며 따라서 행동과학이나 실천으로는 제대로 규명하지 못해왔던 부분이다. Richards and Bergin, *A Spiritual Strategy for Counseling and Psychotherapy*, 13

이러한 내용을 중심으로 보면 영성과 종교성은 중복되기도 하지만 구별이 되며 영성은 종교성을 포함하는 것으로 볼 수 있다. 영성은 종교적 맥락에서 표현되고 이해될 수 있지만 개인의 종교성은 영성과 상관없이 나타날 수 있다. 또한 영성은 좀 더 개인적인 경험과 연관된 것이라면 종교성은 그 영적 경험이 어떤 제도적인 종교내에서 일어난 것을 체계화 하고 개념화한 것으로 볼 수 있다. 또한 종교성이나 영성을 고려할 때 단계에 대한 파악이 필요하다. 코에닉 Harold G. Koenig은 종교와 영성의 자기보고식 질문을 통해 단계를 아래와 같이 분류한다:

1. 나는 종교적인 믿음을 통해 영성을 개발해 나간다;
2. 나는 내 자신을 영적인 사람이라고 간주하지만, 종교적인 신앙체계는 가지고 있지 않다;
3. 나는 종교적인 사람이지만 나 자신을 영적인 사람이라고는 간주하지

않는다;

4. 나는 종교적이거나 혹은 영적인 사람이 아니다;

5. 나는 내가 믿고 있는 믿음이 종교나 영성에 관한 것인지를 모르겠다.

Koenig, *Multidimensional Measurement of Religiousness/Spirituality for Use in Health Research*

그는 영성에 대한 인식이 별로 없는 상태부터 종교적 믿음과 영성을 개발해 가는 단계를 5 가지로 나누었다. 물론 종교성을 갖고 있다거나 인식하고 있다는 것이 더 인격적이거나 더 우수한 사람임을 뜻하는 것은 아니다. 그렇지만 내담자의 종교성의 위치와 중요성에 비추어 상담이 진행되어야 함은 너무도 당연한 것이다. 대체적으로 영성과 종교성을 비슷한 의미로 사용하며 위에서 언급한 다양한 개념들을 요약하면, 영성이란 "최고의 가치^{의미}를 두는 것을 추구하고 닮아가는 개인의 초월적 및 실존적 삶"이라고 정의할 수 있다. 이는 인지, 정서, 행동, 사회 체계와 구별되는 독자적인 영역을 가지면서도, 전인적 측면에서 이들과 밀접하게 연결된 한 부분이다. 따라서 인간을 온전히 이해하고 치유하기 위해서는 영성의 영역을 포함하는 전인성을 다루어야 한다.

III. 영성과 심리치료

렌 스페리^{Len Sperry}와 에드워드 샤프란스크^{Edward P. Shafranske}는 "영성지향적 심리치료는 심리적 갈등과 고통에 긍휼을 제공하고 인간의 의미를 이해하기 위한 보편적으로 가능한 한 관점을 제공하는 한 방법을 제시하는 데 목표를 두고 있다"^{Sperry and Shafranske, eds., *Spiritually Oriented Psychotherapy*, 351}고 말한다. 상담에서 영성을 활용한, 영성적 접근을 한다는 것은 심리적 갈등과 고통에 대해 긍휼히 여김과 삶의 의미를 포괄적으로 수용할 수 있는 관점을 제시하는 상담법이라 볼 수 있다.

1. 내담자와 영성

일반적으로 상담자는 종교성이나 영성을 강조하지 말아야 한다, 즉 가치 중립적이어야 한다고 생각하지만 중년의 성인들을 대상으로 한 연구에 의하면 "무신론이나 불가지론을 가진 상담자보다 종교적인 면을 고려하는 상담자를 더 신뢰하며 상담받고 싶은 대상"McMinn, 채규만, 『심리학, 신학, 영성이 하나된 기독교 상담』, 21 이라고 보고하였다. 내담자는 종교적인 면을 갖고 있는, 즉 영성적인 상담자를 더 신뢰하며 그에게 도움을 청하려는 경향이 있다는 것이다. 따라서 상담자의 영성은 상담의 효율성에 긍정적 영향을 미칠 수 있음을 인식해야 한다.

2. 상담자와 영성

제럴드 코리Gerald Corey는 "심리상담/치료의 미래와 전망"이라는 글에서 중다문화적 통합과 영적/종교적 통합을 주장한다.Corey, 『심리상담과 치료의 이론과 실제』, 517-18 그는 영적/종교적 측면에 관심을 기울여야 한다는 인식이 최근 심리치료 영역에서 확장되어 가고 있다고 말한다. 그것은 상담자와 내담자. 그리고 학술적 영역논문주제에서 연구물이 증가하는 것과 맥을 같이한다고 볼 수 있다. 따라서 심리치료 장면에서 영적/종교적 신념을 무시하거나 두려워할 것이 아니라 치료적 과정에 도움이 되도록 활용할 수 있어야 한다. 코리는 이렇게 말한다.

필자의 관점에서 볼 때, 내담자가 영성에 대해 관심이 있는 경우 영성을 무시하지 않아야 한다. 어떤 관점의 영성을 지녔는지에 관계없이, 영성은 세계관을 형성하고 삶의 목적을 찾도록 하는 힘이 된다. 어떤 사람에게는 영성이 종교를 갖는 것이다. 다른 사람은 영성을 가치롭게 여기지만 특별한 공식적 종교를 갖지 않는다. 영적 욕구를 충족시킬 수 있는 통로는 많지만, 심리상담/치료자가 구체적인 방법을 제시해서는 안된다. 내담자가 그들의 신념이나 궁극적실재에 대한 관심이 있으면 검토할 필요가 있다. 이 때 심리상담/치료자는 내담자의 이야기와 심리상담/치료받으러 온 목적을 편견 없이 들어야 한다. Corey, 「심리상담과 치료의 이론과 실제」, 519

코리는 어떤 특정 종교를 갖지 않더라도 내담자의 종교성을 가치있게 보면서 그들의 신앙적 신념이나 궁극적 실재를 검토할 수 있도록 도울 수 있다면 영성을 무시하지 않는 상담자가 될 수 있다고 보았다.

3. 상담관계와 영성

프로이트는 종교를 인간의 집단적 신경증적 환상이자 우주적인 강박증으로 보았으며, 행동주의에서는 영성을 과학적으로 측정하고 검증할 수 없다는 이유로 연구 대상에서 제외해왔다. 그러나 융Carl Gustav Jung은 내적 초월 경험inner transcendent experience이 없다면 세상의 감언blandishments of the world을 견딜 자원이 없다고 보았다. 그는 단순한 지적, 도덕적 통찰만으로는 불충분하며, 35세 이상 내담자들의 진정한 문제는 영성적 조망을 추구하는 것이라고 강조했다. 의미치료자 프랭클 역시 삶의 의미를 추구하는 인간의 내적 욕구를 강조하면서 개인의 의미가 반드시 영적일 필요는 없다고 보면서도 이 영적 욕구를 강력한 통로로 인식하였다.

윌리엄 밀러[William R. Miller]와 캐서린 잭슨[Kathleen A. Jackson]은 상담이론에 상관없이 내담자와 상담자가 영성 문제를 상담에 통합함으로서 상담의 긍정적 효과를 증진시킬 수 있다고 말한다.

> 상담에 사용되는 이론적 틀이 무엇이든지 간에, 내담자의 영성 문제와 관심사를 통합하는 것은 가능하다. 심리학 이론가나 연구자들이 종교에 대하여 노골적으로 적대적이었음에도 불구하고, 영성은 세속적인 치료 환경내에서 조차도 내담자 삶의 중요한 영역으로 남아있다. 레베카 프롭스트[Rebecca Propst]의 연구에 의하면, 인지치료의 긍정적 효과는 영성 문제를 상담에 통합함으로써 대단히 증가될 수 있고, 또한 신앙이 깊은 상담자라면 더욱 효과적이라고 하였다. 두 영역이 모두 자연스러운 목회 상담자에게 심리학과 신앙의 문제, 감정적 관심사와 영성적 관심사 사이를 오가는 것은 쉬운 일이다. 건강한 개인에게 심리적인 면과 영성적인 면이 자아와 잘 통합되는 모습은 자연스러운 일이다. 훌륭한 상담도 이와 마찬가지다.
> Miller and Jackson, 『목회자를 위한 상담심리학』, 129

영성 또는 종교성을 이해하는 것은 자아와 자연스럽게 통합되며, 상담 관계에서 영성 문제와 영성적 관심사를 다룰 수 있다. 특히 영성적 접근 중 하나인 영성 지도[spiritual direction]는 성장에 초점을 두면서도 전인적 돌봄을 제공하는 상담이 될 수 있다. 제랄드 메이[Gerald G. May]는 『영성 지도와 상담』이라는 책에서 다음과 같이 말한다.

영성 인도는 결함이나 질병을 고치는 것보다 성장과 완성과 성취에 훨씬 더 많은 관심을 기울인다. 그러나 역사적으로 영성 인도는 '영혼 치유'의 한 부분이었으며, 이는 영성 인도가 사람의 전반적인 상태를 돌보는 것임을 의미한다. 분명히 영성 인도는 인간의 마음을 치유하는 돌봄과 분리될 수 없다. 지식을 갖춘 '돌봄'caring for이 반드시 조작적인 '처방'taking care of 이라고 생각할 필요는 없다. May, 『영성 지도와 상담』, 12

4. 영적 진단의 7x7 모델과 전인성

조지 피체트George Fitchett는 영적 차원과 전인적 차원을 분류하면서 영적 진단을 위한 7x7 모델을 제시한다. Fitchett, 『영적 진단을 위한 지침』, 70

[표 1] 영적 진단을 위한 7x7 모델

전인적 차원	영적 차원
의학적 차원	신념과 의미
심리학적 차원	소명과 결과
심리 사회적 차원	경험과 감정
가족 체계 차원	의식과 습관
인종적이고 문화적인 차원	의례와 행위
사회적 문제의 차원	공동체
영적 차원	권위와 지도

그는 영적 진단의 과정에서 전인적인 차원을 강조한다. 왜냐하면 영적 건강에는 각 차원들이 밀접하게 연관이 되어 있다고 보기 때문이다. 사실 우리의 영과 몸, 사고와 감정이 분리되지 않으며 그것 전체가 전인을 구성하는 요소이기 때문에 함께 다루어야 한다.

하워드 클라인벨Howard Clinebell은 『성장상담』에서 전인건강으로 그의 상담 영역을 확장해 가면서 전인건강의 7가지 차원을 제시한다. 그는 전인건강전인성의 핵심은 사랑이며 "당신 삶의 중심이 얼마나 사랑과 건강한 영성으로 통합되고 힘을 얻고 있는가 하는 정도만큼 당신은 전인성 혹은 전인 건강을 누리는 것"이라고 말한다. 그는 전인건강을 위해 기본적으로 경험하게 되는 7 차원을 통해 성장할 수 있도록 해야 한다고 주장한다. 그가 언급한 7가지 차원은 다음과 같다.

1. 영성:사랑과 해방의 성령과 점점 더 친밀한 관계를 누리는 것
2. 마음과 인격: 인간의 마음을 북돋아 주는 일
3. 신체몸: 인간의 몸의 생기를 회복시키는 일
4. 대인 관계: 다른 사람과의 친밀 관계를 갱신하고 강화하는 일
5. 일: 일이 자존감과 만족을 주는 원천인가?
6. 놀이: 자신의 시간을 건강하게 사용하고 있는가?
7. 세계: 자연 환경(지구의 치유를 돕는 일)

인간의 건강은 영성, 마음, 신체, 관계, 일, 놀이, 세계 등과 어떤 경험을 하느냐에 따라 전인적인 성장을 경험하기도 하고 고통을 받기도 한다. 클라인벨은 이러한 독자적인 영역들이 모두 건강해져야 하며 그러한 전인성의 핵심은 사랑과 건강한 영성임을 강조한다. 위에서 언급한 다양한 영역들이 각각 독자적인 형태를 가지고 있다고 하지만 서로 완전히 분리되는 것은 아니다. 예를 들면 한국인의 영성은 "밥", 즉 "먹는 것"과 함께 연결할 때 더 쉽게 이해가 된다. 즉 "먹는다"는 용어는 한국인들의 전인성을 담고 있는 표현이며 문화 코드이기조차 하다. 요즘 인터넷 개인 방송유튜브과 tv 방송의 대세는 '먹방'과 '라이브 체험방송'이다.

5. 한국인의 통합적 영성

1) 디지로그 영성

이어령은 먹는 것으로 상징되는 아날로그[analog]의 문화 코드와 인터넷으로 대표되는 디지털[digital] 문화 코드를 결합한 디지로그[digilog]의 시대를 내다본다. 그리고 IT 강국이면서도 한국인은 모든 것을 먹는 것으로 표현하는 아날로그 문화를 여전히 갖고 있다고 주장한다.

새해가 되면 떡국을 먹는다. 그리고 나이도 한살 더 먹는다. 같은 동양 문화권인데도 중국 사람들은 나이를 '첨添'한다고 하고 일본 사람들은 '도루取'한다고 하는데 유독 우리만이 먹는다고 한다. 그리스 신화의 크로노스는 이 세상 모든 것을 먹어 치우는 무시무시한 시간의 신이지만 한국에 오면 별 수 없이 떡국과 함께 먹혀 버린다. 이 지구상에는 3,000종 이상의 언어가 있다고 하지만 나이를 밥처럼 먹는다고 하는 민족은 아마 우리 밖에 없을 것 같다. … 그렇다. 음식이나 시간만이 아니다. 한국인은 마음도 먹는다. 마음 '먹기'에 따라서는 무엇이든 먹을 수가 있다. 돈도 먹고 욕도 먹고 때로는 챔피온도 먹는다. 전 세계가 한점 잃었다[로스트]고 하는 축구 경기에서도 우리 '붉은 악마'는 한 골 먹었다고 한다. 어디에서든 먹는다는 말은 다 통한다. 심리 면에서는 "겁먹고", "애먹는다"고 하고 언어소통 면에서는 "말이 먹힌다", "안 먹힌다"고 하고, 경제 면에서는 또 경비가 "얼마 먹었다", "먹혔다"고 한다. 사회면에서는 "사횟물을 먹었다"는 표현이 있고 심지어는 남녀관계에서는 "따 먹었다"는 저속한 말도 사용한다. 이어령, 『디지로그(Digilog)』, 15-16

그의 이러한 놀라운 통찰력은 한국인의 '먹는 것'에 대한 전인적 관계를 설명하기에 충분하다. 심지어는 아내를 집식구食口라 하여 '집에서 함께 식사를 하는 사람'이라 하였다. 음식 즉 먹는 것으로 신체적, 심리적, 사회적 부분들을 전달하는 한국인들의 언어는 그들의 마음과 영성도 먹는 것으로 표현한다.

2) 한국인의 상담(소통 방식)은 수신자 배려(마음)와 발신자 신뢰(영성) 문화

상담은 내담자와 상담자가 소통의 관계를 통해 목적한 변화를 만들어 가는 과정이라고 볼 때 상담의 관계형성은 의사소통 양식에 달려있다고 해도 과언이 아니다. 그런데 한국인들의 소통 방식은 다른 사람들에 대한 배려와 그 신뢰 즉 영성과 밀접하게 연관되어 있다. 이어령은 한국의 정보 마인드mind는 수신 지향적이라 말한다. 그래서 정보란 말에 정情을 담아 알리는報 것으로 듣는 사람의 입장이나 마음을 헤아려 알려야 한다는 의미라고 주장한다.이어령, 『디지로그(Digilog)』, 173-174 우연이든, 아니면 정확한 번역이든 영어의 'information'에 정情이라는 의미가 포함되어 정을 알리는 '정보'情報이고, 'communication'이라는 단어 번역에 믿음信이 들어가 믿음이 통하는 '통신'通信이라는 것은 시사하는 바가 매우 크다.

이것은 상담자나 내담자가 그 정보를 받아들이는 수신자의 입장을 먼저 고려하는 방식으로 알리는 소통이 되어야 한다는 것과 소통이 되기 전에 발신자에 대한 신뢰가 먼저 통해야 함을 상기시켜 준다. 다시 말하면 문제 해결을 위한 소통과 갈등 해결을 위해서는 정이 통하는 마음과 상대방을 믿는 신뢰영성가 바탕에 되어야 가능하다는 것이다. 그래서 선조들은 이심전심以心傳心, 마음으로 마음을 전하기과 심심상인心心相印, 마음에서 마음으로 인을 치다이라 했고,

이청득심以聽得心, 귀로 경청하므로 마음을 얻을 수 있다라고 하였다. 이러한 표현들은 한국인
들의 깊은 영성과 상담에서 영성을 어떻게 활용해야 하는지에 대한 깊은
통찰을 제공해 준다. 상담의 효과를 높이기 위해서는 상담자와 내담자 간
의 상호 신뢰가 필수적이다. 이러한 신뢰는 주로 서로의 가치체계와 신념
을 이해하는 과정에서 형성되므로, 영성적 접근이 상담의 중요한 요소가
된다.

6. 기독교 영성과 상담자의 자세

기독교에 대한 비난이 기복주의와 사회적 책임 소홀무례하고 몰상식한 기독교을
중심으로 거세지고 있는데, 기독교 영성의 근본은 "관계성 능력"이다. 신
약성경의 중요 구절 중 하나인 마태복음 22장 37-40절을 보면, "예수께서
이르시되 네 마음을 다하고 목숨을 다하고 뜻을 다하여 주 너의 하나님을
사랑하라 하셨으니, 이것이 크고 첫째 되는 계명이요, 둘째도 그와 같으니
네 이웃을 네 자신 같이 사랑하라 하셨으니, 이 두 계명이 온 율법과 선지
자의 강령이니라"라고 기록되어 있다. 이 말씀은 기독교의 핵심 가치는 초
월자이신 하나님을 사랑하고, 본능적으로 자기 자신을 사랑하듯 이웃을 사
랑하라는 말씀이다. 즉 하나님과 이웃과의 관계에서 사랑관계를 형성하는
것 그것이 기독교 영성의 중심적 사고이며 삶이다. 따라서 기독교 영성은
그러한 삶을 친히 모범으로 살아내신 예수 그리스도를 따라 사는 삶이며,
그 예수님의 삶과 말씀정신을 본받는 삶을 사는 것이다.

그러한 기독교 영성을 위한 영적 자원들 중에는 기도, 묵상, 성경, 용
서와 회개, 예배와 예식 참여, 신앙공동체 내의 교제와 봉사, 도덕적 교훈
등이 있다. 이러한 영적 자원 등을 활용해서 전인성 회복을 돕는 영성 중심
의 상담 개입을 할 때 상담자가 주의해야할 지침을 클라인벨은 다음과 같

이 제안 한다.

1. 내담자가 자신의 문제와 증상에 대해서 심리적 이해와 자각에 이르기 전까지는 종교적 언어나 자원을 사용하는 것을 자제한다.
2. 종교 자원 중 기도나 성경을 사용할 때는 내담자가 원할 때만이 사용한다.
3. 종교 자원을 사용한 후에는 가급적 내담자의 반응을 확인하는 기회를 가진다.
4. 종교자원들은 지지상담, 위기상담, 또는 심층치료과정 등에서 좀 더 빈번히 유용하게 사용한다.
5. 특히 의존심이 강한 기독교인 내담자에게는 주도성이나 능력과 책임감이 손상되지 않는 범위 내에서 기도나 성경을 사용한다.
6. 부정적인 감정을 해소할 수 있거나 억압에서 벗어나는데 방해가 되지 않는 범위 내에서 기도나 성경을 사용한다.
7. 대인관계의 회피나 방해가 되지 않는 범위 내에서 수직관계 욕구에 대한 충족 내지는 심화를 촉진시키기 위한 방법으로 종교자원을 사용한다.
8. 상담/심리치료 과정에서 종교적 용어나 자원을 의무적으로 사용해야 한다는 생각에 빠지지 말아야 한다.
9. 기도를 치료 수단으로 사용할 때, 가급적 내담자 자신으로 하여금 기도를 할 수 있도록 돕는다.

Clinebell, 「성장 상담」, 122-23

이러한 지침은 기독교 영성 뿐 아니라 영성적 접근을 할 때 종교적 자원을 내담자의 심리적 이해와 자각의 수준에 따라 체계적으로 사용해야 함을 가르쳐 준다. 내담자를 억압하거나 수동적 위치가 되지 않도록 자율성을 주고 원하는 때만 사용하며, 하나님과의 더 친밀한 관계를 위한 열망을 촉진시키는 한 방법으로 종교자원을 사용할 수 있음을 보여준다.

나가는 말

내담자의 문제에서 영적인 측면은 핵심적이고 불가분한 부분이다. 따라서 상담자는 내담자의 영적 문제를 다룰 준비가 되어 있어야 한다. 영적 자원과 영역은 내담자에게 위로와 삶을 지탱하는 힘이 되기도 하지만, 때로는 영적 차원에 대한 오해로 인해 죄책감, 분노, 슬픔이 발생하거나 우울증, 무기력, 무가치감으로 발전할 수 있다. 더욱이 경제적 위기는 이혼율과 자살률 증가로 이어지기도 한다.

현대인은 신체적 건강을 위해 헬스장에서 운동하고 보약과 비타민을 과다 복용하며, 심리적 평안을 위해 코미디 프로그램, 웃음치료, 긍정적 사고에 매달린다. 하지만 신체적, 심리적 웰빙과 함께 영성적 웰빙을 추구하지 않으면 전인적 건강을 이루기 어렵다. 삶의 무게와 고통이 감당하기 힘들어질수록 영성적 측면이 더욱 중요해지며, 영성적 이해가 없이는 진정한 전인적 건강과 이해를 달성할 수 없기 때문이다.

4장

교회 : 소문과 험담의 심리학

들어가는 말

한 교회가 갈등을 겪고 있다. 문제의 발단은 기도 때문이었다. 교회의 한 집사가 꿈에서 담임 목사가 이성과 가까이 있는 모습을 보았다. 걱정이 된 그 집사는 새벽기도에 나와 "하나님! 우리 담임 목사님을 여성의 유혹으로부터 지켜주옵소서"라고 눈물로 기도하였다. 그런데 옆에서 기도하던 다른 집사가 그 기도 내용을 얼핏 들었고, 그것을 장로에게 알렸다. "혹시 목사님이 이성 문제 있는 것 아니지요? ○○ 집사가 새벽기도시간에 눈물로 기도하던데…." 이 이야기를 들은 장로는 가까운 장로 몇을 불러서 의논을 하였다. 문제를 조용히 알아보고 대처하기 위해 담임 목사와 면담을 하였다. 목사는 황당스러운 이야기에 어이없어 했지만, 그 소문은 금새 전 교인에게 퍼져나갔다. 그 후 여성 문제로 목사와 당회가 갈등한다며 교인들은 술렁거리기 시작했다. 목사 측에서는 말도 안되는 이성 문제로 목사를 몰아내려 한다고 섭섭해 하고, 장로 측에서는 소문의 진위를 알아보는 과정에서 다소 실수는 있었지만 그것을 빌미로 당회원들의 편을 가르려고 한다며 흥분하였다.

위의 예는 있을 수 없는 일 같으나 실제 비슷한 사례들을 교회 주변에서 쉽게 찾을 수 있다. 교회 내에서, 교인들 간에 소문과 험담으로 상처받고 그것으로 인해 치명상을 입어 실족하는 모습에 안타까움을 금할 수가 없다. 본 글에서는 교회 안에서 소문이 많은 이유는 무엇이며, 성도들은 소문에 왜 민감한 것인지? 등에 대해서 살펴보면서, 성경적 원리로 부터 그 대처 방안과 해결책을 찾아보고자 한다.

I. 소문과 험담의 심리학

1. 친밀함의 욕구와 두려움

사람들이 가까워지는 데는 두 가지 방법이 있다. 하나는 두 사람이 서로의 약점이나 아픔, 비밀을 나누면 삶을 공유하면서 친한 관계로 발전한다. 또 다른 방법은 두 사람이 다른 한 사람에 대한 험담이나 비난의 말을 공유하면 서로 급속하게 가까워진다. 헤롯과 빌라도가 예수님을 잡는 일에 하나가 된 것을 성경은 이렇게 기록한다. "헤롯과 빌라도가 전에는 원수였으나 당일에 서로 친구가 되니라"눅 23:12. 공동의 목표인 예수님을 두고 원수 사이가 하나가 되는 것은 아이러니이지만 가능한 일이다. 약점이든 험담이든 그것을 나누면서 인간은 하나가 된다. 인간은 기본적으로 친밀감의 욕구가 있음을 보여주는 것이다. 소문이나 험담의 순기능은 내용의 진위와 상관없이 이야기를 나눔으로 친밀함을 확인하고 키워갈 수 있다는 것이다. 그런데 두 가지 방법 중에 삶을 나누고, 진실을 나누고, 아픔을 나누는 것은 자기 노출을 해야 하기 때문에 쉽지가 않다. 또한 자신의 연약한 부분을 상대방이 알게 되면 그가 자신을 떠날지도 모른다는 두려움 때문에 그보다 덜 위험한 남에 관한 이야기와 소문을 나누게 된다.

2. 중요성의 욕구와 열등감

인간이 하는 말을 분석해 보면 자기 자랑과 남 비방이 대부분이다. 사람들은 자신의 우월함을 드러내기 위해 자신을 과장하거나 다른 사람을 무시하고 비방한다. 이는 인간에게 자신의 가치를 증명하고자 하는 중요성의 욕구가 깊이 자리 잡고 있기 때문이다. 성경에 보면 바리새인과 세리의 기도 자세에 대한 비유가 있다. 예수님께서 이 비유를 통해서 말씀하셨던 대상은 "자기를 의롭다고 믿고 다른 사람을 멸시하는 자들"눅 18:9이었다. 바리새인은 따로 서서 기도하며 죄를 범한 다른 사람들과 같지 아니하고, 일주일에 두 번씩 금식하고 소득의 십일조를 드리며, 이 세리와도 같지 아니함을 감사한다눅 18:11-12. 바리새인의 기도는 자화자찬으로 가득 찼고, 자신의 우월함을 장황하게 열거하는 것이었다. 바리새인은 자신이 의롭고 죄인들에 비해서 우월한 매우 중요한 사람임을 하나님께 알리는 것이다. 그런데 이 중요성의 욕구는 남들이 자신보다 우월하다는 열등감과 분리되지 않는다.

다윗이 블레셋 사람을 죽이고 돌아올 때 여인들이 기뻐 춤추며 "사울의 죽인 자는 천천이요 다윗은 만만이로다"삼상 18:7 노래하였다. 사울은 그 소문을 듣는다. 그는 심히 불쾌하고 노하였다. 사울은 "다윗에게는 만만을 돌리고 내게는 천천만 돌리니 그가 더 얻을 것이 나라 말고 무엇이냐"삼상 18:8하면서, 다윗을 주목해서 보고 그 마음에 두려움을 갖게 되었다삼상 18:12,15. 사울은 여인들의 노래를 들으며 자신보다 지혜롭고 백성들에게 사랑을 받는 다윗에게 열등감을 느낀다. 결국 다윗이 나라를 빼앗아 갈 것이라는 두려움 때문에 그를 죽이려 한다. 소문은 사울을 두려움과 열등감에

사로잡히게 했고 다윗을 견제하기 위해 딸을 주어 사위로 삼는 등 점점 파멸의 길을 걷게 된다.

지금까지 인간은 친밀함의 욕구와 중요성의 욕구를 가지고 있고 두려움과 열등감을 극복하기 위해서 소문과 험담을 유포하고 유통할 수 있음을 살펴보았다. 왜냐하면 험담과 소문과 부정적 말로 인한 악한 열매들은 인간의 깊은 내면 속에 있는 두려움과 열등감이 연결되어 있기 때문이다. 문제는 이 소문과 험담, 즉 부정적 말에는 능력이 있어서 생명을 죽이거나 치명상을 입힌다는 것이다. 그리고 누구도 비방과 험담, 악의적인 소문으로부터 자유로운 사람은 없다. 왜냐하면 미하엘 셸레Michael Scheele가 지적한 대로 "우리 모두는 소문의 유포자인 동시에 희생양"이기 때문이다.

3. 기독교인의 소문, 교회내의 험담

기독교인들과 교회도 소문과 험담으로부터 자유롭지 않다. 기독교인과 교회도 인간들의 모임과 공동체이기 때문이다. 따라서 교회와 기독교 공동체가 다른 집단보다 이러한 현상이 더 심각한 것은 아니다. 만약 기독교인들의 모임인 교회에서, 소그룹에서, 공동체에서 유독 험담과 소문으로 인한 피해가 더 크게 느껴진다면, 이는 기독교인이 이상적 자아ideal self와 실제적 자아real self 사이에서 겪는 고민과 갈등 때문일 것이다. 다시 말하면 천국시민이지만 세속에 발을 딛고 살기에 늘 높은 이상과 냉혹한 현실의 괴리에서 갈등과 실망이 터 커진다는 것이다. '되어야 할 나'와 '현재의 나' 사이에서 혼란을 겪으며, 타인에게는 '되어야 할' 완벽한 기준을 요구하면서 자신에게는 '관대한' 기준을 적용하게 된다. 그러다 보면 작은 것에 실망하고 실족하고, 작은 소문과 험담이 엄청난 상처로 다가올 수 있다. 즉, 교회의 소문과 험담, 교인들 간의 비방이 특별히 심각해서가 아니라, 기독교인들이 서로에 대해 지나치게 높은 기준을 가지고 있기에 그만큼 실망과 상처가 크게 다가오는 것이다.

또한 이러한 험담과 소문은 초대교회에도 있었다. 사도 바울에 관해서 "그들의 말이 그의 편지들은 무게가 있고 힘이 있으나 그가 몸으로 대할 때는 약하고 그 말도 시원하지 않다"고후 10:10라는 소문이 났다. 바울이 쓴 서신은 힘이 있지만 실제로 보면 말도 분명치 않고 몸도 성치 않다는 험담이었다. 사도 바울은 사실 "말에는 부족하나 지식에는 그렇지 아니하니"고후 11:6라고 스스로 인정했다. 하지만 벨릭스 총독행 24장 앞에서, 그리고 아그립바 왕행 26장 앞에서 당당하게 간증하던 바울을 떠올리면 잘 이해가 되지 않는 부분이기도 하다. 소문과 험담은 사실무근인 이야기도 있지만, 약간의 사실을 부풀리거나 첨가하여 다른 사람에게 큰 상처를 주곤 한다. 그러므로 인간들, 죄인들의 모임인 교회에서도 부패한 인간의 기본적 욕구인 자기 중요성과 친밀감을 만들기 위해서 역기능적으로 소문과 험담을 재생산하는 사람들이 있다.

그러므로 성경은 "지금은 거울로 보는 것 같이 희미하나 그 때에는 얼굴과 얼굴을 대하여 볼 것이요 지금은 내가 부분적으로 아나 그 때에는 주께서 나를 아신 것 같이 내가 온전히 알리라"고전 13:12 말씀한다. 교회에서도 여전히 부분적으로 알고 희미하게 아는 것, 즉 소문과 험담이 있을 수밖에 없다. 하나님의 사람은 이를 인식하고 어린 아이 일소문과 험담을 확대 재생산하는 일을 버리고 온전한 것, 믿음, 소망, 사랑 중에 제일인 사랑을 추구하는 삶을 살아가야 한다. 비록 온전하지 못한 세상에 살지만, 기독교인은 하나님의 다스림과 통치가 온전히 성취될 것을 소망하며 살아갈 때 비로소 비방과 험담으로부터 자유로워질 수 있다.

II. 소문과 험담을 넘어 진정한 소통으로

'소통'疏通은 '소통할 소'에 '통할 통'으로, 한자의 사전적 의미는 '막히지 아니하고 잘 통함' 또는 '뜻이 서로 통하여 오해가 없음'이다. 영어로는 '상호 이해'mutual understanding 또는 '의사소통'communication 이라고 볼 수 있다. 그런데 인간은 하나님과 같이 되려는 욕망 가운데 선악과를 먹고, 바벨탑을 쌓았다. 에덴에서 쫓겨나고 언어가 혼잡하게 되어 서로 알아듣지 못하게 된 인간창 11:7은 흩어지게 되었다. 인간 사이의 소통 부재와 갈등은 높아지고자 하는 욕망과 죄로 인한 결과이다. 소통하지 못하게 된 인간은 근거 없는 소문, 의도적인 소문, 악의적인 소문, 공격적 소문 등 다양한 형태로 소문을 발전시켰다. 그렇다면 이러한 소문과 험담에 대해 어떻게 대처할 수 있을까?

1. 중요성 확인하기와 친밀감 증대하기

소문과 험담의 유혹에서 벗어나려면 자신의 정체성중요성을 확인하고 친밀한 관계를 만드는 것을 두려워해서는 안된다. 예수님께서는 제자들에게 "사람들이 인자를 누구라 하느냐?"마 16:13고 물으신다. 이미 예수님은 자신에 관한 소문을 알고 계셨을 것이다. 제자들에게 다시 같은 질문을 하시면서 "주는 그리스도시오 살아계신 하나님의 아들"이라는 베드로의 대답에 '복이 있다' 하신다. 예수님께서는 분명한 자의식을 갖고 계셨다.

세례요한은 제자들이 "선생님이 증언하시던 이가 세례를 베풀매 사람이 다 그에게로 가더이다"요 3:26라고 말할 때, "나는 그리스도가 아니요 그의 앞에 보내심을 받은 자라 ⋯ 그는 흥하여야 하겠고 나는 쇠하여야 하리라"요 3:28, 30고 담대히 말한다. 세례 요한은 자신이 그리스도가 아닌 보냄을 받은 자임을 분명히 했으며, 그렇기에 예수님의 명성이 높아지고 우월해지는 것이 그의 존재에 어떤 열등감도 주지 않았다. 하나님께 사명을 받은 자, 하나님 앞에서 자신의 존재를 알고 있는 사람은 그 중요성에 아무런 영향을 받지 않는다. 사도 바울도 고린도 교인들을 향하여 오히려 "너희를 높이려고 나를 낮추어"고후 11:7라고 말한다. 자신이 낮아짐으로 그들이 높임을 받는 것이 아무런 문제가 없다. 마치 예수님께서 우리를 구원하시기 위해서 자기를 비워 종으로 이 땅에 성육신 하신 것과 같다빌 2:5-8.

보배이신 예수 그리스도를 모셨기 때문에 비록 질그릇 같은 성도이지만 하나님의 능력으로 낙심하지 않고 당당하게 살아갈 수 있다고후 4:7-10. 기독교인의 정체성과 중요성은 예수 그리스도와의 인격적인 친밀감의 정도에 달려있다.

2. 배려하며 말하기와 존중하며 듣기

소문에는 진실과 거짓이 공존한다. 엘리 제사장은 아들들에 관한 불미스러운 소문을 들었는데삼상 2:24, 그 소문은 사실이었음에도 자녀들을 바로잡지 못했다. 헤롯은 예수님의 소문을 듣고 오랫동안 만나기를 고대하여, 실제로 예수님을 보았을 때 크게 기뻐했다눅 23:8. 많은 이들이 예수님에 관한 소문을 듣고 그분 앞으로 나아왔다. 이처럼 소문 중에는 사람을 살리고 회개로 이끄는 것도 있다. 복된 소식Good News은 마땅히 온 세상에 전파되어야 한다딤전 1:15; 4:9.

그러나 대부분의 소문은 근거 없는 이야기로 시작되어 의도적이고 악의적이며 공격적인 형태로 발전한다. 여기에는 언제나 비방과 거짓이 수반된다. 따라서 말하는 사람은 신실하게 말해야 한다. 성경은 "두루 다니며 한담하는 자는 남의 비밀을 누설하나 마음이 신실한 자는 그런 것을 숨기느니라"^{잠 11:13}, "두루 다니며 한담하는 자는 남의 비밀을 누설하나니 입술을 벌린 자를 사귀지 말지니라"^{잠 20:19}고 말씀한다. 남의 비밀이나 말을 이리저리 옮기고 다니는 사람들은 관계를 파괴하게 된다. 말하는 사람은 혀에 재갈을 물려야 하고^{약 1:26; 3:3}, 혀는 곧 불이요 불의의 세계로서 삶의 바퀴를 불사르게 될 것이라고 경고한다^{약 3:6}. 더 나아가 혀는 쉬지 않는 악이요, 죽이는 독이 가득하다^{약 3:8}고 지적한다. 따라서 말하는 사람은 "망령되고 헛된 말"^{딤후 2:16}을 버리고 은혜 가운데 소금으로 맛을 낸 것같이 하며^{골 4:6}, "이러한 말로 서로 위로하라"^{살전 4:18}는 위로의 말을 해야 한다. 즉, 듣는 사람들을 배려하며 진실한 말을 해야 한다.

반면 듣는 사람은 존중하며 들어야 한다. 때로는 오해와 불신을 일으키는 소문을 들을 때 상대방이 하는 말을 잘 경청해야 한다. 듣는 사람이 전달자를 존중하며 경청할 때, 전달자는 거짓과 과장보다 진실을 말하게 된다. 또한 우리는 다른 사람을 공격하고 험담하는 것을 은근히 즐기는 인간의 본성을 항상 경계해야 한다. 만약 들은 소문에 대해 의심이나 오해가 있다면, 당사자와의 대화를 통해서 진위를 파악하는 것이 먼저이며, 소문에 대한 맹신과 유포하는 것을 자제하고 경계해야 한다. 진정한 소통을 통해 오해와 갈등을 해결하기 위해서는 말하기 전에 배려해야 하며, 따지기 전에 존중하며 들어야 한다.

나가는 말

소문과 험담은 바이러스처럼 인간관계를 파괴하고 공동체에 치명적인 악영향을 미친다. 교회에서는 험담과 소문의 희생자들이 늘어나고 있으며, 많은 이들이 헛소문과 비방으로 인해 교회를 떠나고 있다. 이제 성경으로 돌아가야 한다. 혼자됨의 두려움과 무능력에 대한 열등감에 휘둘려서 소문과 험담을 유포하지 않기를 소원해야 한다. 예수님 안에서 성도로서 자신의 중요성을 발견하고, 예수님과의 친밀한 인격적 관계를 만들어 갈 때, 다른 사람에 대한 험담과 비방을 멈출 수 있고, 교회는 진정한 교제 공동체가 될 수 있다. 말하는 사람은 "배려하며 말하기"를, 듣는 사람은 "존중하며 듣기"를 실천하고, 인간관계에서 급한 혀를 길들여 "사람마다 듣기는 속히 하고 말하기는 더디 하며 성내기도 더디 하라"^{약 1:19}는 말씀에 순종할 때, 교회와 성도는 소문과 험담을 넘어서 진정한 소통과 친밀한 교제 공동체를 만들어갈 수 있을 것이다.

5 장
고난의 이해와 목회적 통찰

들어가는 말

날마다 국내외에서 사건 사고가 터진다. 신종 코로나 바이러스 COVID-19, 미국 캘리포니아 엘에이 산불, 비행기 추락, 배 침몰, 팬션 화재, 이란 위기, 파업, 원전 문제, 이스라엘과 하마스, 우크라이나와 러시아의 지속되는 전쟁, 북한 미사일 발사, 화산 폭발과 지진…. 우리는 끊임없는 사고와 재난, 위기와 고난 속에 살아간다. 이러한 일들이 자신의 질병, 직장 해고, 경제적 파탄, 사랑하는 가족과의 사별, 국가적 전쟁이나 재앙 등과 직접적으로 연결되면 더욱 혼돈과 충격 속에 빠진다.

기독교 상담가 래리 크랩은 교회에서 예배를 드리던 중 비행기 추락으로 사망한 형의 소식을 전해 들었다. 그는 장례 후에도 두 주간을 눈물 속에 보냈고, 마치 에덴 동산에서 추방되어 돌아갈 길을 잃은 느낌이었다고 고백한다. 그는 "상처를 입으면 우리는 질문을 한다. 그리고 그 질문에 대답할 수 있으리라 믿는다"Crabb and Allender, 『상담과 치유공동체』고 말한다. 인간은 누구나 삶의 재난과 고난을 당하면 질문을 한다. 그리고 그 질문에 대해 누군가 분명하게 답해줄 것을 기대한다. 왜 이런 일이 일어나는 것일까? 이것은 누구의 잘못 때문인가? 인간의 잘못으로 오는 인재人災인가 아니면 자연의 피할 수 없는 천재지변天災地變인가? 왜 다른 사람들에게 일어날 수 있는 일이 하필이면 왜 나, 우리 가족, 회사, 교회, 국가에 일어나는 것일까? 질문이 꼬리를 문다. 그리고 급기야는 하나님을 향하여 비난도 한다. 왜 하나님은 고난을 허락하십니까? 왜 이러한 끔찍한 일이 일어날 때 하나님은 침묵하고 계십니까? 하나님은 나의 고통과 아픔을 알고나 계십니까? 내가 무엇을 잘못했습니까? 원망과 불평, 비난과 우울함…. 많은 부정적 감정들이 우리를 압도한다.

I. 고난에 대한 이해

이렇듯 설명하기 어려운 일들을 직면할 때 신앙인의 첫 번째 설명은 "사고나 고난은 하나님의 심판"이라고 보는 견해이다. 이러한 입장은 심판하시는 하나님은 잘한 일에 보상과 칭찬을, 잘못된 일과 우상숭배에는 단호한 징계를 하시는 분으로 이해한다. 남아시아 지진해일이 있었을 때, 예수를 믿지 않는 모슬렘 지역을 중심으로 하나님께서 징벌하신 것이라고 주장한 사람들이 있었다. 캘리포니아에 지진이 나면 동성애자들을 심판하신 것이라고 해석하기도 한다. 마치 욥의 친구들이 그에게 일어난 고난과 재난을 인과응보의 관점에서 죄 때문에 내리신 하나님의 징벌적인 심판으로 이해한 것과 마찬가지이다. 욥이 하나님 앞에서 범죄했기 때문에 그의 자녀들이 하나님의 징계를 받아 죽임을 당하고 재물을 잃게 되었다고 보는 것이다. 하나님께서는 죄에 대해 심판하시고 인간은 고난 가운데 있지만, 그렇다고 인간의 모든 고난이 죄에 대한 하나님의 징계는 아니다. 왜냐하면 지진 피해를 입은 도시들보다 훨씬 더 심한 죄악과 범죄가 일어나고 있는 도시와 국가가 많이 있고, 흉악한 범죄를 저지르고도 호위호식하며 사는 사람들이 여전히 많이 있기 때문이다.

두 번째 이해는 사고나 고난은 하나님의 자연법칙을 어기는 데서 오는 결과로 본다. 즉 고난과 재난은 하나님께서 직접 행하신 것이 아니라 인간의 무분별한 행동에서 기인한 '자연발생적 결과consequence'로 여긴다. 이러한 입장은 하나님께서 인간에게 고통을 주거나 생명을 앗아가는 불행한 사건들을 주권적으로 일으키실 수 없다는 것이다. 왜냐하면 사랑의 하나님이시라면 많은 사람들에게 고통과 아픔을 주며 생명을 앗아가는 재난과 악에 대해 침묵하거나 방치하실 수는 없기 때문이다.

사실 생태계를 교란 시키는 인간의 비윤리적 행위와 자연파괴적인 무분별한 개발로 인해 자연재해나 사고가 빈번히 일어나고 있다. 캘리포니아 엘에이에서 강풍으로 인해 진화되지 않는 산불, 계속되는 남아시아 지역 쓰나미 피해가 커진 이유 중 하나는 휴양시설 건설과 새우 양식업 등을 위해 나무를 마구 베어버렸기 때문이라고도 본다. 몇 년 전 동일본 대지진과 쓰나미도 단순한 자연재해로만 볼 수 없으며, 이로 인한 후쿠시마 원전시설 파괴는 2만여 명의 사망死亡자를 내었는데 아직도 그 피해가 진행형이다. 최근 들어 세계 각국에서 일어나는 폭설과 폭우, 한파와 폭염은 지구온난화로 인한 자연의 대반격 때문이라고 말한다. 어떤 이들은 이러한 재난을 자연이 복수를 하고 있다고 말한다. 인간의 탐욕에 기초한 무분별한 개발과 욕망추구가 더불어 살아가야 할 자연생태계를 파괴하고 그 결과가 부메랑이 되어 인간은 또 다른 고통과 고난에 직면하게 된다.

우리가 당하는 재난이나 고난은 인간의 죄에 대한 하나님의 심판일 수도 있고, 인간의 잘못된 행동의 결과로 오는 자연재해일 수도 있을 것이다. 문제는 이러한 재난으로 인해 생계에 고통을 받고, 가족을 잃고, 질병과 고통 속에 있을 때 신앙인은 어떻게 이해하고 대처할 수 있는가이다.

II. 고난과 삶에의 적용

위의 재난을 신앙에 적용하여 본다면 두 가지 견해로 나뉜다. 첫째는 하나님의 인류에 대한 경고로 볼 수 있다. 누구에게도 재난이 닥칠 수 있다는 메시지, 즉 회개를 촉구하는 경고로 받을 수 있다. 예수님께서는 "실로암에서 망대가 무너져 치어 죽은 열여덟 사람이 예루살렘에 거한 다른 모든 사람보다 죄가 더 있는 줄 아느냐? 너희에게 이르노니 아니라 너희도 만일 회개하지 아니하면 다 이와 같이 망하리라"눅 13:4-5고 경고의 말씀을 하신다. 예수님께서는 고난과 재난을 당하는 사람들이 죄가 더 많기 때문에 그 일을 당하는 것이 아니라고 말씀하신다. 우리는 종종 고난 가운데 있는 사람에게 책임을 묻는 경향이 있다. 우리가 모르는 무엇인가 잘못한 것이 있기에 하나님께서 그 사람, 그 가정에게 그러한 재난을 주셨을 것이라고 생각한다. 그러나 재난을 당하지 않은 사람들이 재난 당한 사람들 보다 더 신앙적이고 더 정직하다는 견해는 성경적이지 않다. 오히려 잘못된 우월의식의 죄와 남을 정죄하는 죄를 범하는 것이다. 따라서 인간은 재난을 하나의 경고로 받는 것이 신앙적으로 건강한 이해이며 해석이다.

들째는 하나님께서 주신 생태계를 파괴하거나 남용하지 말고 더불어 살아가라는 지혜에 대한 촉구로 받아야 한다. 하나님의 경고를 무시한 인간의 교만함과 게으름이 더 큰 재앙을 불러오고 비극적 사건들이 꼬리를 물고 일어나고 있다. 하나님의 창조는 보시기에 아름다웠고, 인간에게 복을 주셔서 생육하고 번성하여 땅에 충만하며 다른 피조물과 더불어 살도록 하셨다창 1:27-31. 하나님께서는 보시기에 좋았던 창조 세계를 회복하는 것을 원하신다.

그렇다면 재난을 당하여 고난에 있는 사람들을 위하여 기독교는 어떤 대답을 제공할 수 있을까? 빅터 프랭클Victor Frankl은 "죽음의 수용소"라

불리는 아우슈비츠에서의 생환한 경험을 통해 인간의 궁극적 질문에 대답을 찾는다. 1942년, 당시 37세였던 프랭클[1905년생]은 고향인 오스트리아 비엔나에서 며칠 밤낮 기차를 타고 도살장 같은 아우슈비츠로 끌려갔다. 기차에는 약 1,500여 명이 타고 있었다. 목적지에 도착하자 기차 문이 열렸고, 포로들은 한 사람씩 장교와 마주 보도록 서야 했다. 그 당시 상황을 프랭클은 이렇게 설명한다.

> (그 장교는) 오른 손을 들고 집게손가락으로 아주 느리게 오른쪽 혹은 왼쪽을 가르켰다. … 친위대원은 나를 살펴보면서 약간 망설이는 듯 했다. 그는 자기 손을 내 어깨 위에 올려 놓았다. 나는 그에게 될 수 있는 대로 민첩하게 보이려고 애를 썼다. 그러자 그는 내가 오른쪽을 똑바로 바라볼 수 있을 때까지 내 어깨를 돌렸다. 그래서 나는 오른쪽으로 가게 되었다.
> 그날 저녁에야 우리는 그 손가락의 움직임이 가지고 있는 깊은 뜻을 알게 되었다. 그것이 우리가 경험한 최초의 선별, 삶과 죽음을 가르는 첫 번째 판결이었던 것이다. 우리와 함께 들어온 사람의 90퍼센트는 죽음 행을 선고 받았다. 판결은 채 몇 시간도 못 되어 집행되었다. 왼쪽으로 간 사람들은 역에서 곧바로 화장터로 직행했다.[Frankl, 「죽음의 수용소에서」, 39]

프랭클은 유대인이라는 이유로 원치 않은 전쟁에 휘말려 피할 수 없는 죽음에 직면하게 되었다. 그것이 인간의 범죄에 의해서이든, 아니면 피할 수 없는 천재지변에 의해서이든 고난과 죽음에 직면하게 될 때 우리는 존재론적 질문을 할 수 밖에 없다. 나는 누구인가? 인간이란 누구인가? 그 질문에 대한 대답은 인간이 고통과 고난. 재난과 죽음을 피할 수도 없고, 스스로의 힘으로 극복할 수도 없는 유한한 존재임을 인정하는 것으로부터 시작된다. 우리는 창조주가 아니라 창조된 피조물이라는 사실을 인정해야 한다.

인간이 인간의 삶을 주관할 수도, 연장할 수도, 그리고 생명을 창조할 수도 없는 유한한 존재이며, 하나님께서 창조하신 피조물임을 깨닫게 될 때, 인간이 이해할 수 없는 일에 대해서 겸허하게 창조주 하나님께서 그 분의 뜻대로 행하시는 분임을 경외하게 될 것이다. 따라서 재난 당한 사람을 돕는 상담적 접근은 인간이 할 수 없는 일과 할 수 있는 일을 분별하여 주어진 재난을 있는 그대로 수용하는 것이다.

둘째, 인간이 유한하며 고난과 죽음을 피할 수 없다는 것은 "어떻게 살아야 하는가?"라는 의미에 대한 질문으로 이끈다. 프랭클은 죽음의 문제에 대해서 어렸을 때부터 고민했음을 말한다

아마 네 살 때였을 것이다. 어느 저녁 어슴푸레 잠이 들었다가 어떤 생각이 갑자기 내 머리를 흔들어 나는 소스라치게 잠에서 깨었다. 그것은 내게도 언젠가는 죽음이 닥칠 거라는 직감이었다. 그러나 평생을 두고 내 머리를 떠나지 않았던 고뇌는 죽음 자체에 대한 두려움이 아니라, 삶의 무상함이 자칫 삶의 의미마저도 말살시켜 버리지는 않을까 하는 의문이었다. 이 물음에 천착한 끝에 나는 마침내 이런 해답을 얻어낼 수 있었다: 여러 관점에서 볼 때 삶을 비로소 의미 있게 만드는 것은 다름 아닌 죽음이다. _{Frankl and Kreuzer, 『태초에 의미가 있었다』, 5}

결국 그의 죽음에 대한 사고는 삶의 의미에 대한 질문으로 이어졌고, 죽음이라는 피할 수 없는 환경에 대해 결국 의미가 죽음에 대한 대답임을 깨닫게 된다. 인간은 죽음이라는 측면에서 보면 언젠가는 사라질 시한부 생명을 가진 환자와 같지만, 그럼에도 불구하고 환경^{죽음}에 의해 결정된 존재가 아니라 주어진 환경 속에서도 여전히 선택할 수 있는 자유를 가진 존

재이다. 독일 SS 대원이 손가락으로 다른 사람의 생명을 결정하는 행동이 주어진 환경에서의 제한된 선택이었다 할지라도, 프랭클은 수용소에서도 의미를 찾아 빵 한 조각을 포기하고 그것을 수염을 깎을 유리조각과 바꿀 수 있는 자유를 지닌 존재였다. 따라서 프랭클 관점에서 재난으로 슬퍼하는 사람들을 돕는 방법은, 비록 많은 것을 잃었지만 그 가운데서도 의미를 찾을 수만 있다면 환경에 굴복하지 않아도 된다는 점을 다루어주어야 한다.

셋째, 인간은 운명처럼 주어지는 환경을 피할 수도, 달아날 수도 없지만 여전히 선택할 수 있는 자유를 가지고 있으며 의미를 추구할 수 있는 힘이 있다. 즉 인간은 스스로 대답할 수 없는 질문에 봉착했을 때에도 여전히 삶의 의미를 추구하며 선택할 수 있고, 그 속에서 의미를 찾는 사람은 삶을 포기하지 않을 수 있다. 프랭클은 그의 수용소에서의 경험을 통해서 이렇게 말한다.

> 나는 살아있는 인간 실험실이자 시험장이었던 강제수용소에서 어떤 사람들이 성자처럼 행동할 때, 또 다른 사람들은 돼지처럼 행동하는 것을 보았다. 사람은 내면에 두 개의 잠재력을 모두 가지고 있는데, 그 중 어떤 것을 취하느냐 하는 문제는 전적으로 그 사람의 의지에 달려있다.
> 우리 세대는 실체를 경험한 세대이다. 왜냐하면 인간이 정말로 어떤 존재인지를 알게 되었기 때문이다. 인간은 아우슈비츠의 가스실을 만든 존재이자 또한 의연하게 가스실로 들어가면서 입으로 주기도문이나 셰마 이스라엘을 외울 수 있는 존재이기도 한 것이다.Frankl, 『죽음의 수용소에서』, 215

인간은 이해할 수 없다고 해서 선택할 수 없는 존재가 아니며, 죽음에 대한 두려움 때문에 생존적인 선택만을 하는 존재도 아니다. 프랭클의 의미요법에 의하면 인간은 의미를 추구하며 결단에 의해 선과 아름다움을 선택할 수 있는 존재이다. 그러므로 의미를 찾아 결단과 선택을 할 수 있도록 상담자는 도와야 한다. 왜냐하면 인간은 최악의 경험을 하더라도 살아야 할 이유를 발견하면 어떠한 시련이나 위기도 견딜 수 있기 때문이다.

나가는 말

모 가뎃^{Mo Gawdat, 전 구글X의 신규사업개발총책임자}은 21살의 아들이 간단한 맹장 수술을 받기 위해 수술실에 들어간 지 4시간 만에 의료사고로 사망하는 황망한 상황에 직면한다. 모 가뎃은 장례식을 치루고 아들의 죽음 17일 이후부터 아들을 생각하며, 마음으로 아들과 대화하며 행복 모델에 대해서 글을 쓰기 시작했다. 그리고 그 결과물이 『행복을 풀다』이다. 그는 행복에 관한 수많은 연구 결과들을 읽고 정리하여 행복의 방정식을 제안한다. 그는 이러한 행복 프로젝트를 선택하게 된 것을 다음과 같이 설명한다.

> 사랑하는 아들 알리가 세상을 떠난 그날, 모든 것이 멈추었다. 나는 평생 마음의 고통에 시달리며 살아갈 권리를 얻고, 문을 닫고 시름시름 죽어가는 수밖에 없다는 암울한 기분에 사로잡혔다. 하지만 실제로는 나에게 두 가지 선택 가능성이 주어졌다. (1) 평생 마음의 고통과 씨름하는 길을 선택할 수 있지만, 그렇다고 알리가 살아 돌아오는 것은 아니다. (2) 심리적 고통을 부정하지는 않지만 암울한 생각을 중단하고, 알리를 추념하기 위해 온갖 노력을 경주하는 길을 선택하는 것이다. 물론 이 길을 선택하더라도 알리가 살아 돌아오지는 않지만, 세상을 조금이라도 더 견디기 쉬운 곳으로 만들 수 있었다. 이런 두 가지 선택 가능성을 두고, 당신이라면 어

느 쪽을 선택하겠는가? 나는 (2)를 선택했다.^{Gawdat, 『행복을 풀다』, 52}

　　모 가뎃은 아들을 잃음으로 모든 것을 잃었다는 절망감과, 살아갈 힘
조차 없는 암울한 현실 속에서도 생전에 아들과의 대화를 떠올리며 고통
을 중단하기 위해서라도 온갖 노력을 경주하는 의식적인 선택을 하였다.
행복에 대한 연구에 집중하므로 행복과 의미를 찾아 종교인^{그는 이슬람 교도였다}이
든 아니든, 역경을 겪는 사람들에 자신의 이야기를 나눈다. 비록 사랑하던
아들을 잃었지만, 그렇다고 다 잃은 것은 아니며 그렇기에 아직도 살아야
할 가치가 있고 행복할 수 있다고 주장한다. 기독교 용어로 전환한다면 하
나님께서는 인간이 본래 행복하게 살도록 설계하셨기에, 역경과 고난 속에
서도 다시 시작^{리셋} 할 수 있고, 인간은 창조주가 아니기 때문에 상황이나
환경을 통제하려는 욕심이나 환상을 버리고 이해할 수 없을 때에도 창조
주의 설계를 인정하고 받아들여야 한다는 것이다. 목회상담은 죽음과 재
난, 사고와 질병으로 인해 사랑하는 사람을 잃고 낙담한 사람들에게 아직
도 남은 생명이 있다면 살아야 할 가치가 있고, 의미가 있고 선택할 수 있
는 자유가 있음을 믿음 안에서 발견할 수 있도록 돕는 과정이다.

6장

변화하는 가족과 여성:
모성애 신학에서 살림의 신학으로
(여전도회 전국연합회를 중심으로)

들어가는 말

1889년 2월 20일 한국교회 최초의 여전도회가 평양 널다리골 교회에서 시작되었다. 마포삼열 목사에게 세례를 받은 이신행, 신반석 등의 발기로 63명의 회원이 참석한 가운데 이루어졌다. 그 후 널다리골 교회는 평안남도 순안지방에 전도인을 파송하여 개척전도를 시작하였고, 한 주일에 엽전 한 닢씩 전도 기금을 모았으며, 제주도에 이선광 여전도사를 1908년 처음 파송하고 교회 건축에도 상당금액을 모으는데 앞장섰다. 이연옥, 『대한예수교장로회 여전도회 100년사』, 51-52 개교회의 여전도회가 처음 조직된 이래로 주요 활동은 국내외 전도와 선교, 성미誠米운동을 통한 교회 건축과 선교 후원, 야간에 부인학교를 열어 문맹 여성을 위한 한글교육과 교양강좌 등 지역사회 섬김과 봉사, 그리고 복음 안에서 교파나 국경을 넘어서는 교류와 연합활동 등이었다. 이연옥, 『대한예수교장로회 여전도회 100년사』, 54-57 이후 전국적으로 여전도회 운동이 확산되었고, 1928년에 여전도회 연합회가 세워지기까지 한국교회에 전도와 지방순회전도, 선교사 파송 등 한국교회에 큰 공헌을 하였다.

이러한 여전도회 연합활동의 신앙적, 정신적 흐름은 크게 3대 목적 사업으로 선교, 교육, 봉사로 집약할 수 있다. 그리고 21세기를 맞으면서 민족과 세계를 위한 새로운 여전도회상의 비전을 남북한 평화 통일, 기독교 문화 정착, 교회여성과 환경윤리 등 세 가지를 제시한다. 이연옥, 『대한예수교장로회 여전도회 100년사』, 369-433

지난 120여년간 여전도회가 한국 교회와 사회, 세계 선교와 연합활동, 여성과 가정에 미친 영향에 비해서 그 운동과 활약상에 걸맞는 신학적 정리는 미미했던 것이 사실이다. 여전도회 계속교육원 30주년을 맞으면서 여전도회를 이끌어온 신학적 동력은 무엇인지 살펴보고, 변화하는 사회 속에서 여전도회의 사역을 신학화하는 작업은 매우 뜻 깊은 일이다. 본 글에서는 먼저 『여전도회 100년사』, 『여전도회학』, 『장로교여성사』와 이연옥의 설교와 강의를 정리한 『교회여성 지도자 1권-8권』, 그리고 이연옥의 자서전격인 『향유 가득한 옥합: 여성지도자, 이연옥』 등을 중심으로 지나온 한국교회 여전도회 운동과 신학적 관점에서 가정의 변화를 살펴볼 것이다. 그 후 미래 세대와 급변하는 가정을 위해 여전도회가 지향해야 할 신학적 과제와 관점을 다루고자 한다. 또한 여전도회 운동이 한국 가정의 변화에 어떤 역할을 감당해 왔으며, 앞으로의 가족 변화에 대해서 어떻게 신학적 운동으로 교회와 한국사회에 방향과 비전을 제시할 수 있는지를 모색하려고 한다.

I. 한국 가정의 변화와 여전도회의 활동

1. 여전도회 활동의 회고

한국교회와 함께 성장한 여전도회 역사를 정리하면 크게 다음과 같이 나누어 볼 수 있다: 1) 조선예수교 장로회 여전도회 개교회 조직[1898-1927], 2) 장로교 여성운동의 전국조직화[1928-1945], 3) 조국해방과 여전도회 재건[1945-1969], 4) 교회의 민주화와 여성의 지도력 확산[1970-1988], 5) 100주년을 맞는 여전도회[1988-1989], 그리고 6) 21세기를 변화시키는 선교여성 운동[1999 이후 현재]. 지나온 한국 기독교 역사 속에 각 단계별로 가족의 변화를 구체적으로 살펴볼 수는 없지만 여전도회 운동의 핵심 단어[키워드]는 생명의 모성이었고, 그 생명을 살리는 신앙은 교육과 선교와 봉사를 통해서 구현되었다.

이연옥은 여전도회 100년 운동의 "과거의 회고와 다짐"이란 글에서 영원히 잊지 말아야 할 것을 세 가지로 제시한다.[이연옥, 「대한예수교장로회 여전도회 100년사」, 358-65] 첫째는 초창기 개신교 선교사의 교육 정책을 통하여 여성 지도자들이 육성되었다. 이것은 교육을 통해 생명을 변화시켜 여성 지도자를 육성하게 되었음을 보여준다. 즉 생명을 낳는 교육이라 할 수 있다.

둘째 초창기 교회는 여성자원을 교육[학교 설립]시켜서 여성 지도자들이 눈부시게 활약하게 되었다. 기독교 여성들은 나라를 빼앗긴 현실 속에서도 결코 포기하지 않고 독립운동과 애국운동을 통해서 나라를 되찾고 살리는 일을 주도적으로 감당하였다. 또한 중국에 김순호 선교사 파송을 시작으로 흩어진 디아스포라 동포들을 위한 해외 선교를 시작하였다. 잃은 생명을 찾고 회복하는 교육이었다.

셋째 여전도회는 한국 교회 민주화와 복음을 통한 기독교 문화 형성에 이바지 하였다. 1960년대 근로여성들을 위한 사회복음 선교와 함께 서울여대를 설립하고[1961], 1970년대에는 "교회 민주화와 여성능력개발"이란 주제로 많은 교육 프로그램을 개발하였다. 그 결실이 1983년 계속 교육원을 설립하여 오늘에 이르게 되었다. 소외받는 여성들과 함께하는 동행 문화와 출판 문화를 확산하는 교육이었다.[주선애, 「장로교 여성사」] 1989년 3월 21일 선교회관 부지가 될 마펫 선교사 사택으로 여전도회 사무실을 이전하고, 여전도회 연합회 계속 교육원을 개설 예배와 함께, 임원반[53명], 미래지도자반[42명], 선교여성대학[25명], 성서연구반[50명] 총 170명이 모집되어 강의를 시작하였다.[김태현, 「사진으로 보는 여전도회전국연합회 80년사」, 244]

넷째는 여전도회 60주년 회갑기념[1988] 사업과 여전도회 전문인 양성을 추진하면서 여전도회관을 건축 헌당[1990]하고, 계속 교육원을 정치, 경제, 문화 등 다양한 교육 및 훈련의 장으로 평생교육을 도입하면서 해외 연수와 여성지도력 개발에 주력하였다. 이것은 교육과 연합을 위한 회관 건립과 평생교육을 통한 여성 지도력을 개발하는 교육을 통한 생명 재교육[재생산]이었다.

100주년을 기념하면서 이연옥은 연합회의 아름다운 문화유산으로 '연합하면 기적을 낳는다'는 단결과 화합정신을 강조하면서 평생교육을 통한 여성 지도자 양성과 개교회 임원과 전회원들의 재교육을 강화해야 할 것을 천명하였다. 그리고 여전도회 여성들의 한국교회와 가정을 향한 섬김을 다음과 같이 요약하였다.

> 여전도회 선배들은 여성의 선구자로 사회의 단위인 가정을 기독교 가정으로 변화시켜 사회정의를 실현하여 기독교 문화를 형성하였다. 이것은 계승되어 시대마다 여전도회원들이 앞장서서 복음으로 민주사회 건설에 이바지하였다. 교회 여성들은 민족 수난사에 동참하여 조국 독립운동과 모든 여성들에게 애국정신을 넣어주는 일로 생명을 바치기도 했다. 선배

들의 강한 여성의식은 마침내 한국 교회 당회에 남녀 당회원이 함께 봉사할 수 있게 하였고, 이러한 민주적이고 조화있는 교회 정서를 갖도록 우리는 기도로 다짐해야 한다. 김태현, 「사진으로 보는 여전도회전국연합회 80년사」, 244

여전도회와 연합회가 국내외에서 영향력을 확장해 올 수 있었던 것은 선교, 교육, 봉사를 모토로 헌신해 왔기 때문이다. 이러한 선교, 교육, 봉사를 위한 연합과 희생의 여성들이 한국교회와 사회의 변혁에 중심에 있었고, 그 원동력은 사회의 기초 단위인 가정을 기독교 가정으로 변화시켜 기독교 문화를 형성하고 확산하는 것에 주력했기 때문이다. 일례를 들면, 필자는 "1907년 (전후) 평양 대각성 운동과 가족관계의 변화"에서 다음과 같이 주장한 바 있다.

1907년 평양 대각성 운동(전후하여)은 개인의 변화와 사회적 변혁뿐 아니라 가족 관계에 엄청난 변화를 가져왔다. 대각성 운동은 단순히 개인적인 회심에 머무르지 않고, 치유의 체험으로, 가족관계의 변화로, 기독교 윤리 운동으로 이어졌다. 이러한 회심의 결과가 여성 및 아동의 차별에 대한 변화, 결혼관의 변화, 부부 관계의 변화, 고부 관계의 변화 등 전반적인 가족 관계의 변화를 가져왔다. … 대각성 운동에서 알 수 있는 것은 개인과 사회 변화 사이에 가정이 가교의 역할을 하고 있다는 점이다. 홍인종, "1907년 전후 평양 대각성 운동과 가족관계의 변화"

평양 대각성 운동은 여성들에게 개인적인 회심과 치유를 가져다주었을 뿐만 아니라, 평등과 결혼, 부부 관계, 가족특히 고부 관계에 혁명적인 변화를 이끌어냈다. 그렇기에 박용규는 "기독교가 전래되면서 19세기말과 20세기 초 한국 여성은 혁명의 시대를 맞았다"박용규, 「평양 대부흥운동」, 478며 당시 여성의 지위 변화를 일종의 혁명으로 보았다. 김인수는 1907년 평양 대각성 운동에 대해 "개인의 회개는 가정을 변화시켰고, 사회를 개조 시키는 놀라운 변혁을 가져왔다"김인수, "미국 교회 대각성 운동과 한국 교회의 1907년 대부흥 운동과의 비교 연구," 21 고 말한다. 이것은 그 시대에 전통적 동양 사고로서는 도저히 받아들일 수 없는 것이었다. 특별히 기독교 신앙과 성경 교육은 남녀 모두 하나님의 형상대로 창조 되었고, 남녀 차별없이 예수 그리스도를 통한 구원을 얻는다는 평등과 존엄을 깨닫게 하였다. 이러한 혁명적 의식은 여성들로 교회활동에 적극적으로 참여하게 하였고, 한국교회에 남녀 평등 사상의 저변을 확대하였으며, 결혼과 가정, 사회에서 여성의 지위를 향상시켰음을 알 수 있다. 여전도회 연합대회조선예수교장로회 여전도회 연합대회, 1928로 전국 모임이 태어나기 전까지1889-1927의 여전도회 운동과 교육을 요약하면 다음과 같다.

> 그리고 부인사경회를 개최하여 성경공부 뿐만 아니라 미신타파, 한글계몽, 생활개선에 관한 교육을 하고, 저도강연을 통해 회원을 훈련하기도 하였다. … 각 여전도회의 여성 교육은 처음에는 여성에게 그리스도의 신앙을 심어주었고 나아가 자신에 대한 자각으로부터 이웃과 국가를 바라보는 눈을 갖게 해주었다. 그리하여 한국 교회여성들은 여성의 지위와 사회적 역할에 관한 자각을 하게 됨으로써, 일제의 압박 속에서 민족 운동이라는 역사적 참여를 하게 되었다.이연옥, 『대한예수교장로회 여전도회 100년사』, 57

이러한 여성 해방과 평등, 사회 정의와 참여는 일제강점기와 한국전쟁, 분단국가, 보리고개와 산업화, 그리고 압축 경제적 성장과 민주화, 세계화의 역사적 과정을 지나오면서 계속적인 여성운동의 동력이 되었다. 여전도회 연합회, 여성 운동의 기초적 신학은 선교, 교육, 봉사에서 드러나듯이 생명을 구원하는 선교, 생명력을 확장하는 교육, 생명을 생명답게 양육하는 봉사로서 생명의 신학이라 볼 수 있다.

2. 여전도회 운동의 기초 신학: 생명의 신학으로서의 모성애 신학

역사적으로 보면 소외된 사람, 사회적으로, 경제적으로 힘없는 사람, 고통받고 차별받는 사람들을 위한 복음, 즉 생명의 복음의 첫 번째 대상은 아이와 여성이었다. 따라서 구약에서는 대표적으로 "과부와 고아"출 22:22를 돌보라 말씀한다. 신약에서는 좀 더 넓은 의미로 예수님께서는 의인이 아니라 죄인을 부르러 오셨다 말씀하셨고, 종교 지도자들은 예수님을 "죄인과 세리"마 9:10; 눅 5:10의 친구라 비난하였다, 반면 예수님은 "세리들과 창녀들"마 21:31-32이 먼저 복음을 받아들였다며, 종교 위선자들을 질책하셨다. 그런 의미에서 보면 한국교회 여성들은 해방되고, 회복되어야 할 선교와 교육과 봉사의 대상이었음에도 불구하고, 동시에 선교와 교육과 봉사의 주체로 한국교회에 중추적 역할을 감당하였다. 무엇이 그것을 가능케 하였을까? 남아있는 기록들 가운데 명확하게 신학적 용어가 사용된 것은 아니지만 90년 평생을 여전도회와 함께한 이연옥의 신학사상을 요약하면서 영남신학대학교의 채승희는 "모성애 신학"임희국, 「향유 가득한 옥합」, 293-386이라고 명명하였다. 물론 이연옥 개인이 여전도회 120년 역사의 신학을 대변할 수는 없을 것이다. 그럼에도 불구하고 그가 주도적으로 100년의 역사를 정리하고, 지난 수십년간 여전도회 연합회에서 신학적 교육과 집필 등으로 함께 성장해 왔다는 점에서 '모성애의 신학'이 여전도회의 핵심 신학이라 해도 과언이 아닐 것이다.

채승희는 이연옥의 모성애 신학에 중심어를 생명, 회복, 화해를 추구하는 것이었다고 말한다. 그리고 모성애 신학의 기초는 "생명 창조, 가족, 보살핌의 헌신", "하나님의 형상의 회복", 그리고 "화해와 일치"로 보았다.

첫째, 모성애는 내어 줌을 통하여 '창조'와 '구원'의 행위를 통해 증거된 하나님의 생명 사랑을 전부 주는 '어머니의 사랑으로 실천해 가는 것'임희국, 『향유 가득한』, 300이며 이것은 한 알의 밀알이 죽으므로 새 생명을 살리는 선교의 신학이 된다. 둘째 모성애는 하나님의 형상으로서 주체적 자아를 발견하고 회복과 해방을 경험하여 남녀평등의 인간화와 교회의 민주화를 이루는 교육의 신학이다. 또한 모성애는 통일의 과제를 풀어 가려면 경직된 마음을 풀고 상처를 싸매며 치료하는 일은 여성들이 갖는 독특한 모성성으로 나아갈 때 효과적이며 이러한 여성의 모성은 통일을 위해 하나님이 주신 은사로 봉사의 신학으로 볼 수 있다.임희국, 『향유 가득한 옥합』, 371 결국 여전도회의 모성애 신학이란 "어머니의 마음으로"이라고 볼 수 있다.

> 옥은이연옥의 사역은 한마디로 '모성애' 신학과 직결된다고 할 수 있다. 모성애 신학은 그녀의 전 삶과 사상을 집약하고 있다. 여성으로 한국 교회에서 과거의 역경을 이겨내고 현재를 열정적으로 살며, 그리고 미래 세대에 물려줄 희망찬 유산을 꿈꿀 때 옥은은 언제나 한결같이 '어머니의 마음'을 외쳐 왔다.임희국, 『향유 가득한 옥합』, 294

실제로 이연옥은 "미래가정과 우리의 과제"라는 장에서 모성의 회복의 중요성에 대해서 다음과 같이 강조를 한다.

> 하나님이 인간의 한 생명을 탄생시키기까지는 놀라운 신비와 섭리가 있다. 한 생명이 모태속에서 자라난다. 그 성장은 한마디로 신비한 것 뿐이다. 생명을 소중히 여기시는 하나님의 뜻을 한 생명의 출생을 통해서 알 수 있다. 신비로운 생명은 신의 은총을 받은 여성을 통하여 세상에 온다. 바로 여성의 모성은 신비한 하나님의 섭리와 하나님의 형상의 생명을 세

상에 존재하게 하는 데서 온다. 신의 은총을 받은 여성들이 모성이라는 칭호를 받았다는 사실을 오늘 이 시대는 상실하여 가고 있다. … 이 시대의 무서운 사회악과 병의 치료는 모성 감각 회복으로만 가능하다.[이연옥, 「대한예수교장로회 여전도회 100년사」, 391-392]

즉 현대인들에게 일어나고 있는 가정적 문제와 사회악과 병의 치료는 여성들이 모성 감각을 회복할 때 가능하다는 것이다. 여성들이 잃어가고 있는 모성 감각의 회복이 여성들을 치유하고 인간을 치유하고 가정을 고칠 수 있다는 것이다. 사실 한국교회와 사회에 변혁은 어머니의 마음을 가진 기독교 여성들 때문이었다. 그 모성애 신학에 기초한 여전도회 여성들의 선교, 교육, 봉사가 오늘의 한국 교회의 부흥과 성장, 사회 기여와 발전에 원동력이 되었음에 틀림이 없다.

II. 변화하는 사회에 여전도회가 추구해야 할 신학적 과제

19세기 말, 선교사들을 통해서 복음이 전해진 이래로 한국 개신교 역사 속에서 한국 사회는 엄청난 변화를 겪어왔고, 그중 가정의 변화에 중추적 역할을 기독교 여성들과 여전도회가 감당해 왔다. 그 변화에는 여성의 해방과 치유, 차별을 철폐하고 평등사회와 화해의 가정을 이루는 순기능적 역할이 대부분이었다. 그런데 최근 들어 가장 오래된 인간의 제도이고 기본적인 사회집단이며, 하나님께서 결혼을 통해 조직하신 가정과 가족 개념이 크게 위협을 받고 있다. 전통적인 가족의 해체와 함께 새로운 가족 형태가 등장하고 있지만, 많은 이들이 이러한 변화에 대한 대응 방안을 찾지 못해 불안해하고 있다. 이러한 시점에서 여전도회 신학이 직면한 새로운 과제들을 살펴보도록 하자.

1. 모성애 신학에서 살림의 신학으로

신학의 흐름을 단순히 이분법적으로 보수와 진보, 근본주의와 자유주의로 보기에는 한계가 있다. 그러나 어떤 신학적 입장에 있든, 잃어버린 사람, 소외된 사람, 사회적 약자를 향한 사랑과 관심을 잃어버린다면 진정한 신학은 아닐 것이다. 신학적 입장에 따라 차이가 있을 수 있겠지만 정의와 공평, 사회참여와 배려라는 측면에서 보면 해방신학, 여성신학, 민중신학, 평화신학, 생태 생명 신학 등은 교회와 기독교인들에게 지평을 넓혀, 간과했던 하나님의 생명에 대한 관심이 지대하심을 깨닫도록 도전을 주는데 공헌하였다고 볼 수 있다. 그런 의미에서 보면 모성애 신학도 생명 신학과 맥을 같이하며 한국 가정과 사회, 한국교회와 세계 선교에 커다란 역할을 하였음은 분명하다.

그러나 한국 가족은 계속해서 변화하고 있고, 또한 모성애를 강조하는 것을 가부장적 잔재로 여기거나, 협의적 역할로 모성적 여성에게만 국한하는 듯한 여성을 보며, 오히려 여성성을 억압한다는 오해가 생기기도 하였다. 여성에게 여성적이기만을 요구하는 것이 여성들을 무기력하게 만들 위험성이 있는 것은 사실이다. 왜냐하면 여성들은 남성들이 정의한 방식대로 일해야 하는데, 이는 필연적으로 해결책 없는 상황no-win situation을 초래하기 때문이다. 더욱이 남성들은 여성의 역할을 어머니, 아내, 아이, 또는 성적 파트너 partner로만 바라보는 데 익숙하다. Leeuwen and Stewart, eds. *After Eden*, 557 이러한 폐단 중에 한 예로, 캐롤 길리건Carol Gilligan은 여성의 도덕발달에 대해서 "그러나 다른 사람들의 필요에 대한 감수성이나 보살핌 등 전통적으로 여성적 '덕성'으로 규정되었던 바로 그 특성들 때문에 여성들이 도덕 발달에서 열등한 것으로 여겨진다는 이 사실에 바로 역설이 있는 것이다"Gilligan, 『심리 이론과 여성의 발달』, 39라고 설명한다. 이것은 여성적 덕성으로 규정하는 모성애, 보살핌 또는 감수성과 같은 자질이 인간발달에서 여성의 열등함을 증명하는데 잘못 사용될 수 있다는 것이다.

폴 투르니에Paul Tournier는 고대 이래로 남성이 여자를 지배하고 객관성사물의 과학 기술 및 힘과 같은 남성적인 원리가 강조되던 역사에서 인격 감각여성적인 원리에 관심을 돌려 '하나님의 형상'으로서 제자리를 찾아가도록 하는 것이 여성의 사명이라고 언급한다. 즉. 하나님의 형상으로 인간이 회복되기 위해서는 여성적 원리들을 회복해야 하고 그것을 찾아가도록 하는 것이 여성의 사명이라는 것이다. 그는 그러한 일이 결코 쉽지 않다면서 자신의 개인적인 경험을 인용하면서 다음과 같이 말한다.

여성들이여, 그것이 결코 쉽지 않은 사명임을 명심하라. 남성들의 지난 사백년 동안 모든 결정을 독점한 이상 그 습관을 깨는 것이 결코 쉽지 않을 것이다. 남자들은 여성들이 잠잠하기만 한다면 이제 남자들이 하던 일에 여자를 참여시킬 의향이 있음을 이야기한다. 어떤 남자도 여자로부터 — 어떤 여자이든 간에 — 조언을 듣고 싶어 하지 않는다. 심지어 자기 인생에 대해 함께 책임을 지고 있는 여자의 충고도 듣기 싫어한다. 나는 이를 수없이 체험했다. 아내가 내 의견에 이의를 제기하면 나의 첫 반응은 보통 그녀의 의견은 잘못되었고 내 의견이 옳다고 생각하는 것이었다. 아울러 이것을 입증할 만한 모든 논리적인 근거가 즉시 떠오르는 것이다.

그리고 나서 생각을 거듭한 후에야— 또는 종종 홀로 묵상하는 중에— 아내가 옳을지도 모르니 조용하게 좀 더 검토해 보자는 생각이 떠오른다. 아울러 아내의 말이 하나님으로부터 오는 경고일지도 모른다는 생각마저 든다. 그러나 그 때 나의 남성적인 허영심이 마귀처럼 그 못된 머리를 쳐들고는, 하나님이 나에게 직접 말씀하실 수도 있는데 무엇 때문에 넬리를 통해 말씀하시겠는가 하고 아내의 의견을 묵살해 버린다.^{Tournier, 『여성, 그대의} 사명은』, 170

여성의 인격감각은 남성들로 하나님의 형상을 회복케 하는데 도움을 주지만, 남성중심적 사고는 이를 쉽게 받아들이지 않는다. 그러나 남성의 특성과 여성은 남녀 모두가 하나님의 형상을 회복하게 하는 데 필수적이다. 따라서 여성들이 여성적 특징들을 가지고 있다고 해서 그것을 모성적 기능으로만 표현하기보다는 모성적 기능을 좀 더 포괄적으로 담을 수 있는 양성적 표현이 필요한 시기이다. 따라서 인간^{여성과 남성 모두}을 전인적으로 돌보며 '하나님의 형상'을 회복하는 데 도움을 줄 수 있는 더 적절한 용어를 찾는다면, 이를 '살림의 신학'이라 할 수 있다.

이미 '살림의 신학'이란 용어는 몇몇 사람들^{안병무, 이종표, 서창원, 정강길, 정현경,} ^{James Poling과 김희선, 황승룡 등}이 사용하였으나 체계화된 신학 용어는 아니다. 안병무는 한국신학연구소¹⁹⁷³를 설립하고, 『살림』¹⁹⁸⁸이라는 잡지를 내면서 생활인의 신학을 강조하였다. 그는 죽임의 세상에서 생명의 세상으로 나아가는 살림운동, 생명운동을 주창하였다. 이종표는 국민일보^{2005년 1월 13일} 기고 글에서 "별세신학은 살림의 신학"임을 주장하며 신학에는 '살림의 신학'과 '죽임의 신학'이 있다고 말한다. 서창원은 『살림의 신학』을 통해 살림살이의 자세로 신학과 신앙생활을 해야 하며, 살림의 자세는 가정과 공동체, 사회와 세계를 살리는 일임을 강조한다. 황승룡은 신재식과 함께 저술한 『생태학과 기독교 신학의 미래』에서 "생태계의 위기와 살림의 신학"을 다루었고, 정강길은 『화이트헤트와 새로운 민중신학』에서 새로운 민중신학은 살림신학으로 본다. 제임스 폴링^{James Poling}과 김희선이 함께 쓴 *Korean Resources for Pastoral Theology: Dance of Han, Jeong, and Salim*에서 정현경의 글 '살림' 포함 여성주의 관점에서 '살림'을 다루고 있다. '살림'이라는 단어는 '죽임'의 반대 개념으로서 '살림', 즉 '생명을 살리다'를 의미한다. 즉 '죽은 자를 살리다'는 '생명', '부활'의 의미로서의 '살림'을 뜻할 수도 있고, 동시에 '살림살이'라는 말처럼, 일상적인 삶을 살아가는 것을 강조하는 '살림'의 의미를 함께 갖고 있다. 전자는 생명의 신학이요, 후자는 일상생활의 신학이라 할 수 있는데, 이 두 가지를 아우르는 신학적 용어가 필자가 이해하는 '살림의 신학'이다.

모성애 신학이 아이를 낳고 양육하는 어머니의 심정에 초점을 맞추고 있다면, 낳은 생명을 기르고 양육하는 것을 넘어 가족과 이웃이 이 땅에서 더불어 살아가는, 일상생활 속에서의 살림살이를 포괄하는 더 넓은 의미의 신학적 개념을 사용할 필요가 있다. 왜냐하면 급변하는 가족과 사회 속에서 일상생활을 버티며 살아내게 하는 '생명의 신학', 날마다 중독과 분쟁과 유혹과의 싸움에서 살아내야 하는 기독교인들에게 '살림살이'의 신학은 꼭 필요한 것이며, 그것은 여성성을 대표하는 모성애를 뛰어넘어 여성을 통해 남성들을 해방하고 함께 살아가는 진정한 회복의 신학이 될 수 있을 것이기 때문이다.

2. '살림'의 성삼위 하나님

기독교는 '살림'과 분리할 수 없는 연관성을 갖고 있다. 하나님께서는 무에서 유를 창조하셔서 인간을 살게 하셨고, 독생자 예수 그리스도를 이 땅에 보내셔서 죄로 죽을 수 밖에 없게 된 인간을 죽음으로부터 살려내셨다. 유혹 많은 세상에서 절망과 낙심, 관계 파괴와 우울함, 외로움 등으로 자기 파괴와 파멸로 가는 인간들을 회복시키고 살리기 위해서 보혜사 성령님께서 인간과 함께 하시며 보호하시겠다고 약속하셨다. 생명을 잉태케 하시는 창조주 성부 하나님은 살림의 아버지 하나님이시고, 죽은 생명을 살아나게 하시는 성자 하나님은 살림의 성자 예수님이시며, 날마다의 삶에서 믿음으로 살아갈 수 있게 ^{회복케} 하시는 성령 하나님은 살림^{살이}의 성령 하나님이시다. 예수님께서는 "내가 진실로 진실로 너희에게 이르노니 내 말을 듣고 또 나 보내신 이를 믿는 자는 영생을 얻었고 심판에 이르지 아니하나니 사망에서 생명으로 옮겼느니라. 진실로 진실로 너희에게 이르노니 죽은 자들이 하나님의 아들의 음성을 들을 때가 오나니 곧 이 때라 듣는 자는 살아나리라. 아버지께서 자기 속에 생명이 있음 같이 아들에게도 생명을 주어 그 속에 있게 하셨고 또 인자됨으로 말미암아 심판하는 권한을 주셨느니라"^{요 5:24-27}고 말씀하셨다. 성부 하나님은 생명이시고, 성자 예수님은 생명을 얻게 하고 죽은 자를 살아나게 하시는 살림의 아들이시다. 또한 '생명의 성령'은 죄와 사망에서, 죽음과 심판에서 우리를 해방시키시는 살림의 성령 하나님이시다. 그렇기에 성경은 "그러므로 이제 그리스도 예수 안에 있는 자에게는 결코 정죄함이 없나니 이는 그리스도 예수 안에 있는 생명의 성령의 법이 죄와 사망의 법에서 너를 해방하였음이라"^{롬 8:1-2}고 선언한다.

그러므로 성삼위 하나님은 '살림'의 하나님이시며 기독교는 죽은 자를 살리고, 산 자를 더 풍성히 생명을 누리게 하는 살림의 종교이며 신앙이다. 뿐만 아니라 인간이 살고 있는 사회, 국가, 세계, 그리고 지구촌의 생태 등 모든 것이 '살림'의 문제와 연결되어 있다. 그렇기에 이 살림이 여전도회의 연합운동과도 직결되는 것이다. 여성을 단순히 가사일을 하는 살림살이꾼으로 전락시키려는 것이 아니라, 이 땅에 죽어가는 사람들을 살리기 위해 대신 희생하고 자신이 죽음으로 살리는 살림의 선교, 본래의 하나님의 형상을 회복토록 하는 살림의 교육, 그리고 일상생활에서 깨어진 관계와 무기력한 사람들을 다시금 살아나도록 섬기고 눈물 흘리는 살림^{살이}의

봉사, 이것은 다시 여전도회가 시작해야 할 새로운 과제이다.

3. 가정을 살리는 살림의 신학에 기초한 여전도회 연합회의 동력화

가정의 변화에 따라 흔들리는 가족 구성원들과 그 가정을 살리는 살림의 신학은 세 방향으로 진행되어야 한다. 가족 구성원을 살리는 신학으로부터 먼저 가정을 살리고^{하나님의 형상회복의 교육살림}, 그 가정이 살아남으로 교회를 살리는 신학이 되고^{자신의 자아 정체성과 존중을 배우는 섬김과 봉사 살림}, 가정과 교회가 살아날 때에 세상을 살리는 신학으로서의 선교 살림으로 나아갈 수 있다. 그것을 구체적으로 실천해 가기 위해서는 살림의 신학을 동력화해야 한다.

1) 선교하는 살림의 신학에 기초해서 찾아가는 역할을 회복해야 한다

상담자인 필자의 경우, 내담자가 상담실로 찾아와야 하는 제한적인 구조를 갖고 있다. 그러나 교회와 연합회는 아픈 사람, 마음이 상한 사람, 상처받은 사람, 그들의 가정을 찾아갈 수 있는 특권을 갖고 있다. 요한복음 4장에 보면 예수님은 당시 멸시받고 교류가 없던 사마리아 땅을 찾아가셨다. "사마리아로 통행하여야 하겠는지라"^{요 4:4}는 말씀은 예수님께서 꼭 그곳으로 지나가야만 했던 이유가 있음을 밝힌다.^{"Now He had to go through Samaria", NIV} 예수님은 그렇게 남편이 다섯이나 있었으나 여전히 영적인 목마름에 낙심하고 있는 사마리아 여인을 찾아가서 만나시고 구원하셨다. 찾아가는 살림의 선교는 예수님의 본래 시작하신 것이다.

초기 선교사들이 8, 9년의 선교경험을 통해서 1893년 한국선교의 정책을 수립하였다. 그 때에 '어머니의 영향력이 상당하므로 여성을 중심으로 전도와 훈련을 실시할 것'을 강조하였으며, 기독교 교육, 봉사, 성서 번역과 읽기, 개인전도, 병원전도, 환자 방문 치료 등에 주력할 것을 제시하였다.주선애, 『장로교 여성사』, 51 초대 우리나라 여성들은 세계에 유래가 없는 '전도부인', 영어로는 'bible women'이라고 불리는 여교역자들이었고 그들은 선교사를 도와 찾아가는 일을 감당하였다. 주선애는 이 전도부인^{여전도사}들을 이렇게 평가한다. "이들은 한국 여성사와 여성개화사에 있어서 최초의 신여성들로 이름이 남아야 할 것이다. 본래 의녀醫女, 무녀巫女, 기녀妓女, 궁녀宮女 등은 한국의 직업여성들이었다. 그러나 여전도사는 기독교에 의한 새로운 삶을 소유한 자로써 남을 감화시키며 새로운 가치관을 부여해 주는 지도자로서의 첫 직업여성들이요 처음 여성지도자들이었다."주선애, 『장로교 여성사』, 55 전도부인들은 찾아가서 복음을 전하고 환자를 돌보는 일을 하였다. 이처럼 본래 우리 믿음의 선조들은 심방을 중요시 했고, 그것은 여성들이 앞장섰던 일이다. 심방尋訪은 "찾을 심"을 사용하여 찾아가 방문한다는 뜻이다. 이제는 심방의 개념이나 방법이 보완되어야 하지만 예수님처럼 여전도회는 살림의 신학, 살림의 의지를 가지고 잃어버린 영혼들, 깨어진 가정들을 찾아가는 선교 공동체가 되어야 한다.

2) 봉사하는 살림의 신학에 기초하여 돌봄을 통해 변화를 창조해야한다

상담 영역에서는 자조 그룹^{self-help}, 지지 그룹^{support}, 12단계 모임 등 다양한 도움을 제공하는 모임들이 활발하게 진행되고 있다. 비슷한 문제를 갖고 있는 사람들이 스스로 문제를 해결하기 위해 서로 협력하는 것이다. 이러한 모임은 함께 모여, 인간이 자신의 문제를 스스로 해결할 수 없다는 것을 인정하면서 서로 치유가 일어나도록 돕는다. 그렇다면 살림의 여전도회는 일대일, 소그룹, 멘토링^{mentoring}, 성경공부, 구역, 선교회, 전도회 어떤 모임이든지 영혼을 돌보는 일에 최우선적 관심을 가져야 한다. 돌봄 사역 중에서는 루터교의 〈스데반 돌봄 사역〉 프로그램이 여러 교회에 도입되어 시행되고 있다. 이 사역은 아픈 사람들과 함께하며, 비판 없이 경청하고 비밀을 지키는 것을 핵심 원칙으로 삼는다. 미국에서 그 효과가 이미 입증된 이 돌봄 사역은 우리나라 상황에서도 매우 중요한 의미를 지니며, 이에 교회의 요청도 점차 증가하고 있다.

최고의 선교는 돌봄을 통한 봉사이다. 그런데 봉사하고 섬기는 것은 남을 돌보고 위하는 것이 아니라 자기 자신을 돌보고, 자기 가정을 섬기는 것이다. 성경은 "이와 같이 남편들도 자기 아내 사랑하기를 자기 자신과 같이 할지니 자기 아내를 사랑하는 자는 자기를 사랑하는 것이라"^{엡 5:28}라고 말씀한다. 남편이 아내를 사랑하는 것은 자기 자신을 사랑하는 것과 같다. 아내를 사랑하고 섬기는 것이 남편 스스로를 위하는 것처럼, 봉사의 삶은 돌보는 사람과 돌봄을 받는 사람 모두에게 유익한 상생의 길이다. 여성들이 자녀를 돌보고, 남편을 지원하며, 가정에서 살림하면서 헌신적으로 가정을 지켜왔듯이, 이제는 여전도회가 돌봄의 봉사를 통해 남성과 여성, 아이들과 어르신들, 강자와 약자, 부자와 가난한 자, 남한과 북한을 잇는 살림의 새로운 역사를 펼쳐가야 할 것이다.

3) 교육하는 살림의 신학에 기초하여 생명 재창조 운동을 확산해야 한다

가정의 붕괴, 자살률 증가, 저출산과 낙태로 인한 가족 유대 약화, 그리고 상담소 내방객의 지속적 증가는 우리 사회의 절실한 도움의 요청이라 할 수 있다. 그러므로 여전도회는 성도들이 지역사회와 삶의 현장에서 기꺼이 돌봄을 나눌 수 있도록 배움과 훈련을 제공해야한다. 지금까지 실행해 온 평신도 계속 교육의 경험을 토대로, 살림의 신학에 기초한 생명 교육의 사명을 지속적으로 수행해야 한다. 그러나 여전도회 연합회가 이러한 살림의 신학 교육을 효과적으로 수행할 수 있음에도 불구하고, 이것이 생명 재창조 운동으로 발전하지 못하고 낙태나 자살 예방을 위한 여성 상담소나 생명 살림 사역이 충분히 활성화되지 못한 점이 아쉽다.

저출산은 생명을 낳으려는 열망을 품는 살림의 여성운동을 통해서만 극복될 수 있다. 물론 자녀를 낳고 양육해도 괜찮다는 희망을 되찾을 수 있도록 사회적, 제도적 보완도 필요할 것이다. 그러나 무엇보다도 생명의 귀중함과 경이로움에 대한 남녀의 인식 전환을 이끌고 생명 탄생을 장려하는 살림의 교육이 선행되어야 한다.

살면서 낙망과 좌절을 겪더라도 희망을 발견할 수 있다는 생명 살림의 교육이 자살의 악순환을 끊을 수 있다. 또한 생명을 포기하는 낙태 문제는 어떠한 역경 속에서도 살림의 가치를 실천할 수 있는 준비된 남녀를 양성하는 교육을 통해 해결해야 한다. 즉 살림의 교육과 살림살이의 교육을 통해 남성, 여성 모두가 스스로 생명의 존귀함과 고귀함을 위한 믿음의 선택과 그 결과를 책임질 수 있는 능력 부여적 존재empowering person가 되어야 비로서 저출산과 낙태와 자살의 한국병은 치유될 수 있다. 그리고 그 살림의 교육을 펼쳐갈 최선의 기관이 여전도회 연합회이며 그러한 살림의 운동이 확산되어져야 한다.

나가는 말:
모성애 신학에서 생명 창조와 보존의 살림의 신학으로

모성애 신학에서, 생명 창조와 보존의 살림의 신학으로의 전환은 시대적인 것이다. 여전도회는 함께 모이는 연합 운동뿐만 아니라, 교회와 개인을 찾아가 돌보며, 예수님의 복음의 능력으로 거듭난, 변화된 생명을 만들어내는 '살림의 운동 기수'이며 '새생명 창조 공동체'가 되어야 한다. 이것을 상실하면 여성과 가정, 교회와 여전도회, 연합회는 그 능력도, 그 존재 의의도 잃어버리게 된다. 왜냐하면 성도와 교회는 치유와 화해의 살림의 공동체이며, 지교회 여전도회와 각 지역 연합회와 여전도회전국연합회역시 살림운동의 공동체가 되어 생명 생산, 생명 보존, 생명 치료와 회복을지향해야하기 때문이다.

여전도회 연합회 초대 총무인 김성무는 황해도 재령에서 만삭의 몸으로 3.1 운동에 참여하여 체포되었다가 22일 만에 석방되었다. 이듬해 3월 1일 또 다시 고향 선청에서 만세운동 1주기를 기념하여 예배를 드리고만세 운동을 벌이다가 또 다시 투옥되었고, 젖먹이 아이와 함께 5개월간을복역을 하였다. 그녀는 신의주 감옥에 있을 때 식사 배급을 받기 위해 해야하는 일본말 점호를 하지 못해서 매맞는 노인을 보면서 이 세상에서 가장불쌍한 것은 힘이 없어 나라를 빼앗긴 것이라며 "이제부터 이 땅의 여성들을 바르게 가르치고 힘을 기르게 하여 저런 치욕을 다시는 겪게 하지 말자"고 다짐하고 살았다는 일화가 전해져 온다. 김태현, 「사진으로 보는 여전도회전국연합회 80년사」, 128

그녀는 남녀 차별과 가부장제가 확연하던 일제강점기 때에 임신한채로 만세운동을 한 독한 여자가 아니다. 그녀는 기독교 교육을 받고, 교회에서 훈련을 받아 그 가르침대로 교회와 국가를 마음에 품으면서도, 자신의 아이 양육을 포기하지 않은, 당시 모성애 신학에 기초한 초기 기독교 여성 지도자의 일면을 보여준다. 또한 그녀는 감옥에서 학대받는 노인을 보며 여성들을 바르게 가르쳐서 그들이 힘을 길러야 개인의 치욕과 가정과국가의 고통에서 벗어날 것이라고 외쳤다. 그것은 살림의 여성 교육이 개인과 가정과 국가를 살린다는 믿음의 표현이었다.

가족의 패러다임은 계속 변할 것이고 다양하고 새로운 가족 형태가 등장할 것이다. 그러나 중요한 것은 그 변화를 구태여 외면하거나, 그것 때문에 위축되는 것이 아니라 살림의 신학에 기초한 선교, 봉사, 교육을 통하여 "능력부여적 존재"empowering being로 준비되는 것이다. 성경은 "여호와께서 집을 세우지 아니하시면 세우는 자의 수고가 헛되며…"시 127:1라고 말씀한다. 이 말씀은 "여호와께서 살리지 아니하시면 살리는 자의 수고가 헛되다"로 의역할 수도 있을 것이다. 다시 말하면 살림의 성삼위 하나님께서 살리시기를 원하기 때문에 살림의 사명을 부여받은 한국 교회, 특별히 교회 여성의 살림의 수고선교, 봉사, 교육는 결코 헛되지 않을 것이라는 뜻으로 이해할 수 있다.

7장

저출산 문제에 대한 목회상담적 대안

들어가는 말

"그다지 알려지지 않았지만, 로마가 붕괴된 대표적 원인 중 하나는 인구감소이다."^{이현승, 김현진, 『늙어가는 대한민국』, 100} 고대 로마의 아우구스투스 황제는 심지어 "생명을 만들지 않는 건 살인과 같은 중죄"라고 했고, 로마는 독신 자들에게 독신세를 물리기도 했다.^{Bologne, 『독신의 수난사』} 이처럼 인구감소는 한 나라와 문화의 흥망성쇠와 직결된다 해도 과언이 아니다. 그래서 '인구가 전부다', '인구가 미래다'라고 말한다.

그렇다면 단순히 인구감소를 막기 위해 무조건적인 출산 장려가 해 답일까? UN 경제 사회국의 『2024년 세계인구 전망 보고서』에 따르면, 2023년 현재 세계인구는 약 80.9억 명으로 지속적으로 증가하고 있다. 이 러한 상황에서 지구촌의 식량 공급과 삶의 질을 어떻게 보장할 수 있을까? 더욱이 출산 장려 정책이 실제로 출산율 향상으로 이어질 수 있을까? 이러 한 질문들이 꼬리를 물고 이어진다.

한국은 1964년부터 인구 억제 정책을 실시한 이래로 불과 20년만인 1984년 인구대체수준 출산율^{2.1명}에 도달하였다. 그리고 1997-1998년 금융

위기를 겪으면서 출산력은 급격히 저하되다가 잠시 회복하는 듯 했으나 2008년에 초저출산^{1.3명 미만} 사회로 전락한다. 저출산국에서 초저출산국으로 바뀌면서 정부가 나서서 출산율 증가를 위해 막대한 예산을 투입하며 수많은 정책을 내놓고, 많은 관련 단체들이 생겨나서 다양한 정책과 제안들을 쏟아냈지만, 현재는 백약이 무효한 형편이다.

이러한 시점에서 우리는 저출산 문제에 대한 연구의 필요성을 재고해야 한다. 교회학교 학생 수와 교인 수의 감소로 인한 위기감이 고조되는 가운데, 저출산이라는 근본적 문제에 대한 신학적·신앙적 접근과 교회의 대응 방안을 먼저 모색해야 한다. 이에 본 연구는 저출산의 현황과 실태를 분석하고, 종교개혁 시대의 결혼과 출산에 대한 신학적 관점, 현대 가톨릭과 개신교^{개혁교회}의 출산 신학을 고찰하여, 저출산 문제에 대한 목회상담적 대안을 제시하고자 한다.

I. 저출산의 현황과 실태

한국 합계출산율^{여자 1명이 평생 낳을 것으로 예상되는 출생아 수}은 1955-1959년 평균 6.33명을 유지하였다.^{전영수, 『인구 충격의 미래 한국』, 71} 1960년 6.0명에서 1983년 2.1명^{인구대체수준: 인구를 현상 유지하는 데 필요한 출산율의 수준}으로 낮아지는 데, 불과 23년밖에 걸리지 않았다.

1964년부터 산아제한을 시작하였는데 그 이유는 인구급증을 막기 위해서였다. 인구가 증가하면 경제성장률을 잠식하기 때문에 가족계획 사업을 했고, 무료피임^{보건소} 등을 통해 출산 억제 정책을 펼쳐왔다.^{전영수, 『인구 충격의 미래 한국』, 67} 그 후 1998년 1.45명, 2001년 1.3명, 2005년 최저인 1.08명으로 추락했다가 2007년 1.25명, 2011년 1.24명, 2012년 1.29명으로 서서히 회

복세를 보였으나, 2013년 이후로 다시 '초저출산'의 기준선인 1.30명^{2014년}
^{1.21명, 2015년 1.24명}을 회복하지 못하고 있다. 2004년도는 정부가 저출산의 심
각성을 깨닫고 정책을 전환하는 시점^{참여정부에서 대통령 자문, '고령화 및 미래사회위원회' 구성}이
었고, 20여 년을 노력해 왔지만 여전히 세계 최고 수준의 저출산은 계속되
고 있는 실정이다. 2019년을 지나면서 인구감소 예측한 시한이 앞당겨져
서 5천2백만 아래로 감소세로 돌아섰다.

　　인류는 출산율과 사망률이 모두 높았던 때가 있었다. 전염병이나 전
쟁으로 인해 인구가 감소하기도 했다. 유엔이 발표한 세계 인구 전망 보고
서 의하면 2024년 현재 82억 명으로 앞으로 103억 명까지 늘어날 것으로
예측된다. 세계 인구는 계속 폭발적으로 늘어나는데, 유럽 등 선진국 등을
포함하여 우리나라 인구가 감소된다는 것은 어떤 의미일까? 전 세계 4명
중 1명은 인구가 이미 정점을 찍고 감소하는 국가에 살고 있다. 반면에
126개국에선 앞으로 30년간 인구가 증가할 전망인데 여기엔 인도, 인도네
시아, 나이지리아, 파키스탄, 미국^{이민을 통한} 등 전 세계에서 이미 인구가 가장
많은 국가들이 포함된다. 세계 인구의 증가는 식량난과 자원 고갈로 이어
질 것이고, 저출산을 겪는 국가인 한국은 노동력 공급문제와 경제 구조의
변화, 수명연장으로 인한 고령화로 젊은 층의 과중한 노령 연금 부담, 국방
의 약화 등 심각한 위험이 앞에 놓여 있다. 저출산국에서는 출산 장려를 해
야 하고, 기아와 경제적 어려움을 겪는 개발도상국은 산아제한을 해야 하
는 형국이다.

　　세계 인구의 팽창을 억제하면서도 저출산 국가의 출산율을 높여야
한다는 주장이 있지만, 이는 결코 단순한 문제가 아니다. 한국의 경우, 저
출산 극복을 위해서는 결혼 장려가 선행되어야 하나, 청년들이 결혼을 희
망함에도 높은 결혼장벽으로 인해 결혼을 미루거나 포기하는 현상이 늘어
나고 있다. 이는 결과적으로 출산율 하락으로 이어져 고령사회 문제를 더

욱 심화시키고 있다.

1. 저출산과 정부 정책

한국의 인구정책 변화는 제 1기 인구증가 억제기[1961-1995]와 제 2기 인구자질 향상기[1996-2003]를 거쳐 지금은 다양한 출산 장려책이 실시되고 있는 제 3기 저출산·고령화 사회 대응기 [2004-현재]이다.전영수, 「인구 충격의 미래 한국」, 71 정부는 '제1차 저출산·고령사회 기본계획[2006-2010]'과 '제2차 저출산·고령사회 기본계획[2011-2015]'을 수립하고 저출산 극복을 위해 10여 년간 150조 원을 투자했다. 그러나 가임여성 1명당 합계출산율은 2006년 1.12명에서 2013년 1.19명으로 미미하게 상승했을 뿐이다. 이후 지속적으로 하락하여 2023년에는 세계에 유례가 없는 0.72명을 기록하고 있다.

출산율과 인구 상승은 잠깐이 아니라 지속적인 변화로 이어져야 한다. 또한 단기적으로 출산율 급상승시킨 사례가 없다는 면에서 장기적이고 실효가 있는 정책을 찾아야 한다. 실제로 저출산과 고령화는 같은 맥락에서 함께 고민해야 할 문제이다. 하지만 정치 논리나 선거를 의식하다 보면 저출산보다는 고령화 대책에 예산과 관심이 더 집중되면서 저출산 문제가 뒷전으로 밀릴 가능성이 높다. 따라서 청년들에 대한 관심을 더욱 높여야 한다.전영수, 「인구 충격의 미래 한국」, 32-33

저출산으로 인한 인구감소는 거스르기 힘든 시대적 흐름이며, 단기적인 대책이나 임시방편으로는 해결하기 어렵다는 점을 분명히 알 수 있다. 예를 들면 4년간 합계 출산율[2.48명, 2015] 전국 1위인 땅끝마을 해남군은 5년간 3,800명이 태어났는데 전체 인구는 2,100명이 줄었다. 출산율은 올랐지만 출산장려금만 받고 떠나가는 사람들 때문에 인구는 오히려 줄었을 뿐 아니라, 매년 40억원이 넘는 예산 투입다른 지자체의 거의 10배으로 심각한 재정

악화에 직면하고 있다.^{한국경제신문. 2016.09.22.}

보건복지부 홈페이지에서 확인할 수 있는 저출산고령화 위원회 보도
자료에 따르면, 2016년부터 정부는 '제3차 저출산·고령사회 기본계획
^{2016~2020년}'을 수립하고 총 197조 5012억원의 예산을 배정하였다. 이것은 매
년 20조 이상을 예산에 편성한 것으로 지난 '1~2차 저출산·고령사회 기본
계획 ^{2006~2015년}' 때보다 무려 45조원 이상 재정이 더 투입되는 것이다. 정부
의 목표는 1.21명²⁰¹⁵에서 2020년까지 합계 출산율 1.5명으로 끌어올리고,
이후 2030년 1.7명, 2045년 2.1명까지 도달하는 것이 최종 목표다.

대한민국정부에서 2016-2020에 시행된 제3차 저출산고령사회 기본
계획에 따르면, 제3기 저출산 고령화 대응기^{2016~2020}에 정부의 정책은 네
가지이다. 첫째는 청년 일자리·주거대책 강화^{청년고용 활성화와 신혼 부부 등 주거지원 강화},
둘째는 난임 등 출생에 대한 사회적 책임 강화^{임신·출산 사회책임시스템 구축, 다양한 가족에 대}
^{한 포용성 제고, 아동이 행복하고 안전한 여건 조성}, 셋째는 맞춤형 돌봄 확대·교육 개혁^{맞춤형 보육, 돌}
^{봄지원 체계 강화, 교육 개혁 추진}, 그리고 마지막으로 일·가정 양립 사각지대 해소^{일·가정양}
^{립 실천 분위기 확산, 남성·중소기업·비정규직 등 일·가정양립 실천 여건 강화 및 지원 제도 활성화}이다. 정부의 중요
정책 방향은 '일가정 양립 실천 분위기 확산' 및 '만혼추세 완화'와 '자녀양
육에 대한 지원강화'로, 이에 기초해서 활발한 홍보활동을 전개하고 있다^저
^{출산고령사회위원회, 보건복지부가 제작한 "저출산 캠페인 '아기의 마음편'", "둘이하는 결혼 'TV 캠페인'" 등}.

보건복지부 장관^{정진엽}은 저출산은 "대한민국의 명운을 좌우하는 가장
큰 구조적 위험이며, 절대절명의 과제"라며, 10여년의 정책이 실효가 없었
음을 인정하는 호소문과 함께 저출산 기본계획 보완대책을 발표하였다. 이
젠 정부의 대책만으로 저출산 극복이 불가능하기 때문에 "계속 악화되고
있는 저출산 추세를 사력을 다해 막아야 한다는 절박한 심정으로" 정부와
지자체, 경제계와 기업^{일터문화와 투자}, 종교계와 시민단체^{생명소중함과 가족가치}, 교육계^결
^{혼과 가족의 소중함}, 가정^{아빠의 부모역할} 등 온 국민이 저출산 극복에 동참해 줄 것을 호

소하였다. 이젠 저출산이 정부의 우려를 넘어 국가적 재앙의 수준에 도달했음을 의미한다.

제4차 저출산고령사회위원회는 저출산 고령사회 기본계획[2021-2025]을 발표하였다. 확정된 인구정책의 방향은 저출산 대응을 위해서는 0~1세 영아 수당 신설, 영아기 집중투자, 3+3 육아휴직제 도입, 아빠 육아휴직 문화 정착, 다자녀가구 지원 기준을 2자녀로 단계적 확대, 인구변화 대응 사회 혁신, 가족지원 투자 지속 확대 및 저출산·고령사회 투자예산 재구조화와 고령사회을 위해서는 신중년의 계속 고용 지원, 기초연금 확대 등 다층 소득보장체계 강화와 지역사회 통합돌봄 전국 확대 등 활기차고 건강한 고령화 지원을 추진하는 것이다. 그렇지만 반복되는 정책과 재정 투입과 집중 투자를 하여서 과연 저출산을 반전시킬 수 있는지, 실제로 출산율을 반등한 국가의 예는 없는지 살펴보아야 할 것이다.

2. 출산율 반등의 작은 성공들

출산율을 반전시킨 국가로는 프랑스, 영국과 스웨덴 등이 있다. 최근에는 독일과 일본도 약간의 변화가 일어나고 있다. 대표적인 저출산 국가였던 프랑스는 3-40년의 일관된 출산 장려 및 양육 정책을 통해 1993년 1.65명에서 2013년 2.08명까지 반등에 성공했다.「헤럴드 경제」. 2016.06.15. 임신에서 육아에 이르기까지 받을 수 있는 수당이 서른 가지가 넘고, 2004년부터는 여러 출산장려제도를 통합해 유아환영수당[PAJE]제도를 운영하고 있으며, 다자녀 가정에 더 많은 혜택을 주고 있다.

스웨덴은 남성의 육아휴직 의무화, 스피드 프리미엄 제도 등을 통해서 1999년에 1.52명에서 2014년 1.91명으로 올라섰다.「헤럴드 경제」, 2016.06.15. 이렇게 합계출산율이 증가한 것은 가정친화정책과 출산장려정책의 성과물이다. 영국은 보편적 아동수당, 유급육아 휴직 등 고용과 연계된 인센티브 제공과 정책으로 2013년 1.83명으로 상승했다.「경제 매거진 더 스쿠프」, 2016.09.22.

독일 역시 저출산 정책의 효과가 별로 없었으나 1990년 이래 통일 이후 출산율 최고치[2014]를 기록하였다. 외국 여성들의 출산율은 1.86명으로, 1.37명인 독일 여성들의 출산율과 확연하게 차이 나지만 그럼에도 독일 여성과 이민 여성들의 출산율이 전반적으로 3년 동안 계속 증가세[2012-2014]를 보이고 있다.The Eurojournal EKNews, 2016.01.03.

한국보다 먼저 저출산을 경험한 일본은 다양한 정책을 시도했으나 효과를 보지 못했다. 그러나 최근 2년 연속 출산율이 상승했으며, 2015년에는 1994년 이후 최고치인 1.46명을 기록했다. 이러한 변화의 한 축으로, 일본은 2010년부터 '자녀를 키우는 남성이 가족을 바꾼다. 사회가 움직인다'라는 슬로건 아래 '이쿠맨[육아맨] 프로젝트'를 추진하고 있다.「매일경제 TV」, 2016.5.25.

한국은 저출산 문제를 겪고 있는 다른 국가들로부터 중요한 교훈을 얻을 수 있다. 저출산의 원인은 매우 복합적이므로, 이를 단순히 개인의 선택이나 경제적 논리만으로 접근해서는 안 된다. 이러한 관점을 뒷받침하는 예로, 2016년 보건복지부 국정감사에서 한 국회의원이 흥미로운 통계를 제시했다. "정부가 지난 5년간 제2차 저출산·고령사회 기본계획에 따라 61조 원이라는 막대한 예산을 투입했음에도, 소득하위구간은 23.6%, 중위구간은 11.5%나 분만인원이 감소했다"며, "반면 소득 상위 구간에서는 분만 인원이 3.4% 증가했다"「허핑톤 포스트 코리아」, 2016.9.29.고 지적했다. 이는 출산율이 소득 계층에 따라 양극화되고 있음을 명확히 보여준다.「SBS 뉴스」, 2016.9.29.

또한 남성의 육아 휴직을 보장하는 것도 중요하지만 육아휴직을 자연스럽게 사용할 수 있는 사회, 문화적인 풍토가 정착이 되어야 한다. 출산으로 인한 여성의 경력단절 등이 없도록 재취업이나 경제적 보상이나 또한 육아 교육을 국가가 부담하는 과감한 정책도 필요할 것이다. 청년들의 결혼이 늦어지지 않도록 취직이나 주택, 정규직과 비정규직의 임금격차 해소 등 일과 가족이 양립할 수 있도록 정책을 펼쳐야 할 것이다. '커피소년'의 "장가갈 수 있을까"와 '중식이 밴드'의 "아이를 낳고 싶다니"라는 노래 가사가 청년들의 결혼과 출산의 세태를 잘 표현하고 있다. 무엇보다도 육아부터 교육까지 가족정책을 펼치는데 필요한 지출을 할 수 있도록 국내총생산 GDP의 비율을 늘려야 한다. 2015년 한국 보건사회연구원의 자료에 따르면 한국의 가족정책 지출은 GDP의 0.57%에 불과하여 다른 선진국의 1/4 수준 OECD 평균 2.18% 밖에 되지 않는다. 가족정책에 지출을 늘리면서 저출산에서 벗어난 국가들의 예를 잘 살펴보아야 한다.「경제 매거진 더 스쿠프」, 2016.09.22.

결국 출산율 반등에 성공한 국가들은 육아부터 교육까지 체계적으로 지원하여 부모의 경제적 부담을 줄이는 인프라를 구축했다. 또한 기업문화를 개선하여 일과 가정의 양립을 가능하게 하고, 남성 육아휴직을 정착시키는 등 집중적이고 일관된 정책을 펼친 결과를 얻었다. 논란의 여지는 있으나, 유럽의 경우 무슬림과 난민을 받아들이는 다문화 이민 정책이 출산율 증가에 기여했다고 평가된다.

그렇다면 저출산 극복을 위해 정부의 경제 정책과 이민 정책 외에 어떤 사회·문화적 해결책을 고려해야 할까? 출산 장려와 저출산 극복을 위해 교회가 할 수 있는 역할이나 신앙신학적 영역은 없을까? 나아가 교회와 신학이 저출산 극복을 위해 할 수 있고 해야 할 일은 무엇일까?

II. (저)출산과 신학

만약 저출산이 단순히 경제적인 이유 때문이라면, 개발도상국과 선진국의 출산율 차이를 어떻게 설명할 수 있을까? 경제적으로 훨씬 더 발전한 한국이 북한보다 출산율이 낮고 UN 조사에 의하면 2008년 2.02명, 미국이나 유럽 국가들보다 아프리카 국가들의 출산율이 더 높다. 또한 통일 이후 독일에서도 경제적으로 여전히 차이가 있는 동독 지역의 출산율이 서독 지역보다 높다. 뿐만 아니라 유럽 국가들의 자국민 출산율과 이민자들의 출산율을 비교해 보아도, 경제적 상위집단의 낮은 출산율을 어떻게 설명할 수 있을까? 물론 성교육, 피임방법, 의료체계, 교육이나 직업 기회의 차이 등 여러 요인이 있겠지만, 가족 가치관과 문화, 종교, 신앙과의 연관성도 고려해볼 필요가 있다. 그 대표적인 예가 아랍계 유럽 이민자들의 출산율이다. 영국 통계청에 따르면 2014년 출생한 신생아 이름 중 '무함마드, 모하메드, 모하마드' 등 이슬람 남아 이름이 7,240명으로 7년째 1위를 차지했고, 여자 아기 이름으로는 '아멜리아' 5,327명, 아랍어로 '믿을만한, 아름다운'이라는 뜻가 2011년 이후 줄곧 최고의 인기 이름이다. 『한겨레 신문』, 2015.08.19. 이는 무슬림의 신앙과 출산율 사이에 밀접한 연관성이 있음을 보여주는 증거이다.

성추행 사건이 있었던 한 목사는 그의 해괴한 설교에서 "지금 청년들애 많이 낳게 만드는 방법, 핍박과 학대나 가난하게 만들면 애가 막 쏟아져 나온다. 빈민가 가면 애들만 많아요. 우리가 가난할 때 애를 많이 낳았어요, 부자일 때 애를 많이 낳았어요?" 『뉴스앤조이』, 2016.09.06. 라고 했다. 청년들이 핍박받아야만 결혼과 출산율이 높아진다는 논리는 잘못되었다. 기독교의 해법과 신학적 논리가 이렇게 단순할 수 없다. 성경은 히브리인들이 핍박과 가난 때문에 더 많은 자녀를 낳고 강성해졌다고 말씀하지 않는다. 출산율 상승의 원인은 핍박이 아니었다. 오히려 산파들이 바로 왕의 남아 살해 명령보다 하나님을 더 두려워하여 아이들의 생명을 지켰기 때문이다. 성경은 "그 산파들에게 하나님께서 은혜를 베푸시니 그 백성은 번성하고 매우 강해지니라"출 1:20-21고 말씀한다.

한때 이스라엘에서는 무슬림 인구가 몇 십 년 내에 유대인 인구를 추월할 것이라는 주장이 있었으나, 현재 무슬림 인구는 17.5%에 머물러 큰 증가를 보이지 않고 있다. 유대인의 출산율은 안정적으로 1.7명을 유지하고 있으며, 특히 100만 명에 달하는 하레디 유대인들의 인구 증가율은 5%에 이른다. 2013년 기준으로 서안지구에서는 아랍인팔레스타인의 출산율이 2.91명인 데 비해 유대인의 출산율은 5.10명을 기록하고 있다.

위의 내용을 통해 출산율은 경제적 요인뿐만 아니라 신앙, 가족 가치관, 그리고 신학적 해석과도 밀접한 관련이 있음을 알 수 있다. 이제 출산과 임신에 대한 신학적 관점을 살펴보도록 하자.

1. 생육과 번성의 신학

하나님의 창조사역은 생명을 주시고 축복하신 것으로 시작된다. 하나님은 동물창 1:22, 인간창 1:23, 그리고 일곱째 날창 2:3에 각각 축복을 하셨다. 혼돈과 어두움에서 질서와 빛으로 바로잡으시고, 식물과 동물, 그리고 인간을 만드신 하나님의 창조사역은 "하나님 보시기에 좋았다"창 1:10, 12, 18, 21, 25, 31. 하나님은 살아있는 피조물을 통해 땅을 복주시고, 자신의 형상을 따라 창조하신 인간에게 번성할 것과 다스림의 책임을 주셨다. 그러므로 "생육하고 번성하여 땅에 충만하라"창 1:28는 말씀, 즉 '생육과 번성'은 하나님의 명령이며 인간의 책무이다. 공동번역은 창세기 1장 28절을 이렇게 번역하였다. "하느님께서는 그들에게 복을 내려주시며 말씀하셨다. '자식을 낳고 번성하여 온 땅에 퍼져서 땅을 정복하여라. 바다의 고기와 공중의 새와 땅 위를 돌아다니는 모든 짐승을 부려라!'"

　그렇다면 '생육과 번성'이라는 말씀이 결혼과 출산의 절대적 명령이 므로 산아제한은 허용되지 않는 것인가라는 질문이 제기된다. 또한 '생육 과 번성'은 이 땅을 다스리라는 문화명령과 어떤 관계가 있으며, 이를 어떻 게 실천하고 적용해야 하는가? 신원하는 이 명령이 산아제한을 금지하는 것이 아니며, 이 명령을 올바르게 이해하기 위해서는 두 가지 측면을 검토 해야 한다고 주장한다.

　　첫째, 이 명령은 인간^{human race}의 대표인 첫 인간에게 준 명령으로 인간 전 체에게 주신 것입니다. 오늘 이 땅에 살아가는 개개인이 다 지키고 따라 야 하는 명령은 아니라는 것입니다. 둘째, 이 명령은 신약의 원리와 함께 이해되어야 합니다. 그리스도인들이 번성하는 것은 하나님의 명령에 따 라 이 세상을 다스리고, 바른 문화를 만들어 나가고, 하나님의 청지기로 서 주께서 맡기신 사명을 잘 감당하며 살기 위한 것입니다. 이것이 중요 한 원리입니다. 그러므로 그리스도인은 어떤 삶이 하나님 나라를 위한 삶 인가 하는 측면에서 판단하고, 그런 차원에서 가정의 규모를 계획해야 합 니다._{신원하, "빈약한 전통"}

　인간이 하나님 앞에서 범죄하고 타락한 후, 하와에게는 두 가지 고통 이 임했다. 하나는 어머니로서의 고통이고, 다른 하나는 아내로서의 고통 이다. 구약학자 하경택은 "먼저 어머니로서 겪을 고통은 임신과 출산의 고 통이다. 그러나 임신과 출산은 본래 하나님의 축복이었다. '생육하고 번성 하여 땅에 충만하라'는 축복에 임신과 출산의 과정이 포함되어 있기 때문 이다. 문제는 그 고통이 가중되었다는 점이다. 자연스러운 고통이 견디기 힘든 고통으로 증가된 것이다. 다음으로 아내로서 겪을 고통은 남편의 다스림을 받는 것이다"하경택, 『정경적 관점에서본 창세기 (1-12장)』, 66고 말한다.

생육과 번성의 신학에서 일차적인 복은 출산과 자손의 번성함을 의미한다. 또한 하나님은 인간에게 생태계를 다스리고 돌보아야 하는 중요한 문화명령을 주셨다. 그러나 타락 이후, '생육과 번성'의 복은 변화를 겪게 되었다. 임신과 출산의 고통이 가중되었으며, 남성과 여성 사이의 관계도 경쟁과 갈등으로 변질되었다. 공동번역은 창세기 3장 16절을 이렇게 번역한다. "그리고 여자에게는 이렇게 말씀하셨다. '너는 아기를 낳을 때 몹시 고생하리라. 고생하지 않고는 아기를 낳지 못하리라. 남편을 마음대로 주무르고 싶겠지만, 도리어 남편의 손아귀에 들리라.'"

인간은 생육과 번성의 복을 받았으나, 죄로 인해 출산의 고통과 부부 관계의 권력 다툼이라는 고난을 겪게 되었다. 이로써 '생육과 번성의 신학'은 '고통의 신학'과 불가분의 관계가 되었으며, 자녀 출산과 양육이 주는 기쁨과 축복은 출산의 고통, 양육의 어려움, 그리고 부부 간 역할 갈등 속에서 힘겨운 여정을 걷게 되었다.

2. 종교개혁 시기 로마 가톨릭 교회의 신학

중세 가톨릭 교회에서 결혼은 하나의 성례였다. 그러나 수도원생활과 독신생활을 존중하고 결혼보다 월등히 높은 가치를 부여하였다. 4세기 이후 시작된 독신생활의 강조는 10세기에 이르면서 예외적인 독신 규정마 9:12; 고전 7:32-35을 일반화하였다. 또한 성직자의 독신생활이 점점 강조되면서 교황 그레고리 7세에 이르러서는 사제의 완전한 독신 생활을 요구하는 개혁조치를 단행했다. 그 후 라테라노 총회1215년와 트리엔트 총회1563년에서 성직자의 독신 생활을 비준하게 되었다.네이버 지식백과, '독신주의' 종교개혁직전의 중세 교회와 사회에는 결혼을 기피하는 분위기가 만연하였고, 결혼 자체에 대해서 매우 부정적이었다.

16세기 당시 루터파 성직자 귀텔은 이렇게 설교하였다. "사람들은 결혼생활을 개에게도 권하려 하지 않는다. 사람들은 자녀들을 결혼생활로부터 벗어나게 하기 위해 그들을 수도원으로 몰아넣어 악마에게 주어버린다. 그렇게 함으로써 ⋯ 그들은 자녀들의 영혼을 지옥으로 보낸다."박준철, "변화와 지속," 73 하지만 당시 사제 및 성직자들의 도덕적 타락과 불륜으로 인해 태어난 사생아를 흔히 볼 수 있었다. 성에 대해서 이중적이어서 여성의 순결을 강조하면서도 남성의 매춘을 허용하였다. 심지어는, 사제들에게 축첩을 허용하였고, 교황 식스투스 4세Papa Sisto IV, 1471-1484는 사제들에게 축첩세를 부과하기도 하였다.Fuchs, 『풍속의 역사 2』

로마 가톨릭 교회는 전통적으로 결혼을 두 가지 목적 — 부부가 한 몸이 되는 연합과 자녀 출산을 통한 생육과 번성 — 을 위한 것으로 보았다. 그러나 독신주의와 수도원 생활을 지나치게 강조한 결과, 많은 사제들과 수녀들이 혼인하지 않은 채 성적으로 방종한 생활을 하게 되었고, 이는 임신과 출산 등 여러 문제를 초래하였다.

3. 종교개혁자들의 신학

체코 종교개혁자 얀 후스Jan Hus의 교황청 종교재판 고소장에는 여러 혐의가 포함되어 있었다. 성만찬에서 그리스도의 몸이 임재하지 않는다는 주장, 교황무오설 부인, 고해성사 거부, 상급 성직자에 대한 무조건적 순종 거부, 면죄부 비판과 더불어 성직자의 독신 거부가 그것이었다.총회교육부, 『16세기 종교개혁과 개혁교회의 유산』, 37 이처럼 얀 후스 시대까지도 성직자의 독신 문제는 여전히 중요한 쟁점이었다.

종교개혁 당시 루터는 성직자의 결혼에 대한 자유를 선언했고1520년,

개혁교회들은 사도시대로의 회귀를 선언하며 성직자에게 강요된 독신제를 전면 폐지했다. 더 나아가 종교개혁자 루터와 칼뱅은 모두 결혼을 매우 중요하게 여겼다. 종교개혁자들은 "남성과 여성에게 결혼할 것을 지속적으로 권고하면서 독신생활의 가치를 부인하였으며, 결혼을 세속화시키는 동시에 영적인 것으로 만들었다."Stjerna, 『여성과 종교개혁』, 74

1) 루터

루터는 "결혼을 하나님의 창조질서에 속하는 것인 동시에 공적이며 세속적인 제도로 간주하였다."Stjerna, 『여성과 종교개혁』, 75 그는 결혼이 하나님께서 제정하신 창조질서의 일부이면서도, 거룩한 성례가 아닌 인간의 공적 제도라고 보았다. 루터는 결혼의 존귀함과 영적 가치를 다음과 같이 강조했다. "하나님께서는 결혼을 제4계명에 포함시키셨는데, 하나님께 마땅히 드려야 할 공경honor을 언급하신 후 '네 부모를 공경하라'고 명하심으로써 결혼을 존중하셨다honor. 하나님의 위엄honor을 제외하고 천상과 지상 어디에서 이토록 존귀한 것을 찾을 수 있겠는가! 세속적이든 영적이든, 어떤 상태도 이처럼 높이 존중받은 적이 없었다."Kerr, 『루터신학 개요』, 257 루터는 하나님의 위엄에는 견줄 수 없지만 '부모를 공경하라'는 제 5계명 앞에 결혼을 전제로 하기 때문에 이같이 존귀한 것은 없다고 한다. 루터는 결혼의 존귀성과 남녀의 사랑에 신뢰의 중요성을 강조하고, 이혼의 허용 여부 등에 관해 언급하고 있지만 구체적으로 자녀 출산이나 생명의 잉태에 관한 가르침이나 신학적 언급은 거의 없다.이양호, 『루터의 생애와 사상』, 184 그러나 루터는 남녀의 결혼 연령을 언급하면서 결혼과 자녀출산을 연결하여 설명한다. "청년은 늦어도 20세에 결혼하여야 하고, 처녀는 15세로부터 18세까지 결혼하여야 한다. 그때 그들은 건강이 좋고 결혼할 최적기에 있다. 그들과 그들의 자녀들이 어떻게 먹고 살 것인가 하는 걱정은 하나님께 맡겨라. 하나님이 자녀들을 만드시고, 또 확실히 그들을 먹여 줄 것이다."이양호, 『루터의 생애와 사상』, 184 루터는 건강이 좋을 때 결혼해야 자녀들을 생산할 수 있고, 또한 자녀들이 먹고 살 것을 걱정하여 결혼이나 출산을 미루지 말 것을 강조하는 것이다. 또한 그는 산상수훈 설교에서 "악마는 하나님의 생명을 주는 능력을 싫어하기 때문에 똑같은 열심으로 결혼을 싫어하고 하나님의 평화를 방해하려고 하며 지상의 자손을 감소시키려 한다"고 하였다. 결혼을 싫어하고 자손을 감소시키는 일은 사탄이 기뻐하는 사탄의 일로 본 것이다.이양호, 『루터의 생애와 사상』, 184

루터는 "결혼이라는 거룩한 소명에서 여성의 역할은 남성의 동반자가 되는 것, 번성하게 할 인간적인 책임을 행사하는 것, 성적인 요구에 관해서 남성을 돕는 것"Stjerna, 『종교개혁과 여성』, 76이라고 주장하였다. 이러한 그의 입장은 여성의 역할을 아내, 어머니, 성적 동반자로만 제한하므로, 종교개혁 이후에도 여전히 "루터를 통해 여성들을 가정에 묶어둔 시대", "여성들에게 상실의 시대"Stjerna, 『종교개혁과 여성』, 441로 과거의 입장을 견지했다는 평가를 듣기도 한다. 이는 수녀들이 수도원에서 나와 결혼하고 자녀를 낳게 되었으나, 끊임없는 임신과 가정 내 역할이라는 제한된 허용으로 인해 또 다른 형태의 수도원 생활이 연장된 것이나 다름없기 때문이다.

그럼에도 불구하고 루터와 종교개혁자들에게 결혼은 창조 목적에 따른 소명이었고, 고귀하고 영예로운 임무였으며 동시에 "거룩하게 규정된 결혼의 우선적인 목적이 자녀출산이었기 때문에, 어머니됨은 여성에게 가장 영광스럽고 자연적인 소명으로 여겨졌다."Stjerna, 『종교개혁과 여성』, 76

2) 칼뱅

어떤 면에서 결혼은 칼뱅에게는 불필요한 것이기도 했지만 또 한편으로 독신을 강조하지도 않았다. 그렇지만 "칼뱅은 결혼 문제와 결혼법을 다루느라 항상 분주"Selderhuis, 『칼빈』, 234 했던 것은 사실이다. 그는 결혼 제도가 하나님과 이스라엘 사이처럼, 하나님과 인간 사이의 언약에 기초한다는 확신을 가지고 있었다. 그러므로 칼뱅은 "결혼은 계약이 아니라 배우자가 상대방을 손상 시키지 않고 서로의 유익을 위해 자신을 아낌없이 주는 언약"Selderhuis, 『칼빈』, 255이라고 주장한다.

칼뱅은 마르틴 부처Martin Bucer의 소개로 과부였던 재세례파 이들레트 드 뷔르Idelette de Bure와 1540년에 결혼하여 9년간 결혼생활을 하였다. 칼뱅이 아내와 사별한 후에 "아내가 없는 나는 반쪽자리 인간에 불과하다"Selderhuis, 『칼빈』, 241라고 한 것으로 보아 행복한 결혼생활을 한 것으로 보인다. 1542년 7월 28일에 이들레트는 아들을 출산했지만 미숙아로 태어나 불행하게도 태어난 지 22일 만에 죽고 만다. 자녀가 없는 것에 대해 비웃음을 당하고, 왜 자녀를 낳지 않느냐는 말도 들었지만, 칼뱅은 교회를 통해 수많은 영적 자녀를 갖게 되었다고 대답했다. 이에 대해 헤르만 셀더르하위스Herman Selderhuis는 이렇게 말한다. "이는 마음 속에 별 고민없는 아주 품위 있는 말로 들린다. 그러나 실상은 자녀를 갖지 못한 칼뱅의 아픔이 고스란히 드러나 있다. 칼뱅은 아이들을 매우 좋아했다."Selderhuis, 『칼빈』, 255-56 칼뱅은 남편과 사별했던 이들레트와 결혼했기에 아내의 자식들이 있었다. 칼뱅은 파렐에게 아내의 죽음에 대해 보낸 편지글에는 아내의 자녀들에 대한 이런 내용이 있다.

그녀는 자식에 대해 아무 말도 하지 않았습니다. 아내가 마음속으로 자식들 때문에 근심할까 봐 두려웠습니다. 이런 근심이 병보다 더 힘들었지만 그녀는 차마 자식 이야기를 하지 않았습니다. 그래서 나는 형제들이 있는 데서 그녀의 아이들을 내 친자식처럼 돌보겠다고 말했습니다. 그녀는 '나는 이미 그 아이들을 하나님께 드렸습니다'라고 대답했습니다.^{Selderhuis, 『칼} 빈』, 239-40

칼뱅의 아내는 재혼녀였고 이전 혼인에서 자녀가 있었지만, 그는 기꺼이 아내로 맞이했다. 미숙아로 태어난 아들의 죽음을 겪고 병약한 아내와 살면서도 그는 행복한 부부생활을 영위했다. 칼뱅은 하나님께서 결혼 제도의 창시자이심을 강조하며, 결혼 제도의 신성함을 주장했고 결혼의 가치를 폄하하는 것을 강력히 반대했다.^{최윤배, "칼뱅의 가정론," 193} 또한 가정생활에서 아버지와 어머니를 비유하여 "교회는 하나님을 아버지로 모시고 사는 기독교인들에게 어머니가 된다"고 말한다.^{이정숙, "칼뱅이 그린 목회," 242} 깔뱅이 교회가 어머니 같다고 한 것은 어머니가 "우리를 태속에서 잉태하고, 낳고, 그의 젖가슴으로 우리를 기르고, 마침내 우리가 죽을 몸을 벗어버리고 천사와 같이 될 때까지^{마 22:30} 우리를 지키고 보호하지 않는다면 우리가 생명으로 들어갈 다른 길이 없는"^{이정숙, "칼뱅이 그린 목회," 242} 것과 같기 때문이다.

칼뱅의 결혼과 가정에 대한 관점은 "결혼으로 인하여 세워진 가정은 창조주와 섭리 주 하나님께서 인류의 유익과 복지와 종족 보전을 위해서 제정하신 창조질서에 속하는 기관인 동시에, 인간을 구원할 목적으로 세우신 구속기관인 교회와도 밀접한 관계 속에 있다."^{최윤배, "칼뱅의 가정론," 195} 또한 칼뱅은 언약적 유형으로 결혼을 설명하면서 개인적인 선택이 아닌 상호적인 동의^{계약}일 뿐 아니라 "하나님 아버지와 맺은 거룩한 언약의 상징"^{Witte Jr., 『성례에서 계약으로』, 200}임을 주장하였다. 다만, 그는 결혼을 창조질서와 구속사역의 관점에서 바라보며 언약적 특성을 강조했으나, 출산에 관한 구체적인 논의는 상대적으로 부족하게 하였다.

지금까지 살펴본 바에 의하면 종교개혁자 루터와 깔뱅은 결혼을 중시하여 창조 목적에 따른 소명이며 언약이라고 강조하고, 거룩한 결혼의 우선적인 목적은 자녀 출산이기에 아내뿐 아니라 어머니가 되는 것 역시 자연적인 소명으로 여겼다.

4. 현대 가톨릭 신학

가톨릭 교회 혼인성사 교리편에서 '생육하고 번성하라'는 말씀을 "하느님께서는 그들에게 복을 내리며 말씀하셨다. 자식을 많이 낳고 번성하여 땅을 가득 채우고 지배하여라"창 1:28로 번역한다. 자식을 많이 낳는 것이 하나님의 복이었다. 또한 자녀에 관해서는 이렇게 말한다.

> "자녀들은 혼인의 가장 뛰어난 선물이며 부모 자신의 행복에 크게 이바지한다." "사람이 혼자 있는 것이 좋지 않다."창세 2,18하시고, "처음부터 그들을 남자와 여자로 만드신"마태 19,4 하느님께서 당신의 창조사업에 인간을 특별히 참여시키고자 "자식을 많이 낳고 번성하여라."창세 1,28하시며 부부를 축복하셨다. "그러므로 진정한 부부사랑의 실천과 거기에서 나오는 가정생활의 전체 구조는, 혼인의 다른 목적들을 뒤로 제쳐 두지 않고, 부부가 그들의 통하여 당신 가족을 날로 자라게 하시고 풍요롭게 하시는 창조주와 구세주의 사랑에 굳센 마음으로 협력하는 자세를 갖추도록 한다."「사목헌장」, 50항

물론 불임 등 자녀출산을 하지 못하는 부부들을 위해서 "하느님께 자녀들을 선사받지 아니한 부부들은 그래도 인간으로서나 그리스도인으로

서 충만한 의미를 가진 부부생활을 누릴 수 있다. 그들의 혼인은 풍요로운 사랑과 친절과 희생으로 빛날 수 있다"『가톨릭교회 교리서(개정판)』, 1654항고 인정한다. 그러나 생육과 번성의 복은 자녀를 많이 낳아 땅에 충만한 것이 전제였다.

가톨릭 교회의 결혼에 대한 입장은 부부의 하나됨인 연합적 목적과 자녀를 낳고 교육하는 출산의 목적을 가진다. 교황 바오로 6세Paulus VI는 자신이 발표한『인간생명』에서 "일치의 의의와 출산의 의의를 결부시키는 불가분의 연관성에 바탕을 두고 있습니다. 이 두 가지 의의는 모두 부부 행위 속에 내포되어 있으며 하느님께서 제정하신 것이므로 인간이 고의로 이것을 파괴할 수 없습니다."Pope John Paul II, 『가정 공동체』, 46라고 말한다. 그는 '인공피임을 금지한 것'으로 유명하다.

요한 바오로 2세Pope John Paul II, 제264대 교황, 재위 1978년 10월 16일~2005년 4월 2일는 가정 공동체를 강조하며 그리스도인의 가정에 관한 권고를 가장 많이 한 교황으로 알려져 있다. 그는 하나님의 계획에 따르면 혼인제도와 부부애의 절정은 자녀의 출산과 교육을 지향한다고 가르쳤다. "자녀들은 부부애의 살아있는 표상이고 부부 일치의 영원한 징표이며, 아버지와 어머니라는 그들 존재의 생생하고 불가분한 종합입니다."Pope John Paul II, 『가정 공동체』, 23

요한 바오로 2세는 "가정의 기본 임무는 생명에 봉사하는 것, 창조주의 첫 축복을 역사 안에서 실현하는 것, 즉 출산을 통해서 하느님 모상을 사람에게서 사람에게로 전달하는 것"이동익, 『인간, 교회의 길』, 142이라고 권고한다. 그의 강조점은『가정공동체』제86문항 결론 부분에 잘 나타나 있다. "인류의 미래는 가정에 달려있습니다. 그래서 모든 선의의 사람들이 가정의 가치와 요구 조건을 구제하고 육성하기 위하여 노력해야 한다는 것은 긴요하며 긴급합니다."Pope John Paul II, 『가정 공동체』, 116

가톨릭교회의 이러한 입장은 하나님께서 제정하신, 연합일치과 출산의 연속적 관계를 인간이 고의로 파괴하는 산아제한과 인공 피임 등은 내재적 부도덕 행위, "부부 행위에 선행하거나 동반하거나 그 필연적인 결과로서 피임을 목적하거나 방법을 강구하는 모든 행위"교황 요한 바오로 2세, 「가정 공동체」, 46로 보기 때문이다. 가톨릭의 결혼 신학은 부부의 하나됨인 연합적 목적이고 또한 자녀를 낳고 교육하는 출산의 목적을 가진다. 그런데 이러한 목적을 이루지 못하게 하는 분리적 행동과 하나님의 계획에 대한 조정자의 역할을 하려는 것은 자연법에 어긋나는 것으로 본다. 따라서 교리편[2370]에서 자연적 주기의 출산불임 주기법과 산아제한법을 이렇게 설명한다.

> 주기적인 절제, 곧 자기 관찰과 불임 기간의 이용에 바탕을 둔 출산 조절 (가족계획)은 도덕성의 객관적 기준에 합치되는 것이다. 이 방법들은 부부의 육체를 존중하고, 그들 사이의 애정을 북돋우며 진정한 자유를 가르쳐준다. 반면에, "부부 행위를 앞두고, 또는 행위 도중에, 또는 그 자연적인 결과의 진행 과정 중에, 출산을 불가능하게 하는 것을 목적으로 하거나 수단으로 하는 모든 행동은" 근본적으로 악이다.주교회의 교리교육위원회, 「가톨릭교회 교리서 제2판」, 844 2370항

가톨릭은 사제와 성직자들을 위한 독신주의를 고수하고 있지만 "생육과 번성의 신학"에서는 자연적인 주기법 외에는 피임을 거부하는 매우 적극적 입장을 취하여 왔다. 즉 인공적인 피임이 아닌 불임 기간에 부부행위는 도덕적 문제가 없는 것으로 본다. 그렇지만 여전히 가톨릭은 콘돔, 정관수술, 인공수정, 사후피임약 복용 등에 매우 부정적 입장의 생명윤리지침을 유지한다.박토마, "인공유산과 피임의 윤리적 문제" 일례로 2013년 독일 주교회의는 가톨릭 병원들에 대해 성폭행 피해 여성의 임신을 막기 위한 사후피임약 처방이 가능하다고 발표했다. 그러나 배아를 죽게 하는 의학적, 약학적 방법은 사용돼서는 안 되며, 사후피임약이 낙태가 아니라 피임을 위한 것으로

제한적으로만 허용함을 밝혔다.『평화신문』, 2013.03.03. [1205호]

5. 개신교 신학과 개혁주의 교회

가톨릭 신학은 부부애의 완전한 일치와 출산이 불가분의 연관성^{연속성}
에 있다는 입장이다. 종교개혁자들은 소명과 언약으로 결혼을 보았고, 최
윤배는 여러 종교개혁자들의 관점을 다룬 후에 개혁교회의 결혼과 가족에
대한 특징을 다음과 같이 요약한다.

(1) 결혼은 하나님의 뜻과 명령과 소명이다. 결혼은 창조질서 속에 있는
사회와 국가의 일과 관계될 뿐만 아니라(행복과 복지), 구속질서와 관계된
교회의 일과도 관계된다(구원과 영생). (2) 결혼은 하나님과의 계약(언약)
속에 있다. 일부일처제도로서 결혼은 배타적인 관계 속에 있다. (3) 결혼
은 전인全人적이고도 포괄包括적인 관계 속에 있다. 다시 말하면, 부부는 육
체 뿐만 아니라, 마음과 정신과 신앙도 전적으로 하나가 된다. 그들은 전
全 일생을 통해서 모든 선한 일과 신앙의 일에 동반자가 된다. (4) 결혼을
통해서 혈통적 자손과 신앙의 자손이 번성된다. (5) 결혼은 올바른 성性적
욕구 문제를 해결하여 범죄를 예방한다. (6) 결혼은 죽음을 통해서만 끝나
기 때문에, 이혼은 최대한 지양止揚 되어야 한다. (7) 장차 하나님의 나라에
는 결혼이 없기 때문에 결혼은 절대적이지 않고, 잠정적이며, 한정적이며,
지상地上적이다. 최윤배, "바람직한 기독교 가정," 293-314

이는 결혼은 소명과 언약이며 배타적이고 전인적인 부부의 하나됨과
혈통적, 신앙적 자손을 얻고, 성적 범죄를 예방하는 지상에서의 한정적 결
합으로 보는 시각이다. 따라서 개신교 신학은 결혼과 자녀출산을 비연속적

으로 보며 부부의 성행위는 남편과 아내가 한몸됨을 이루게 하는 방편이지만, 생명 탄생은 그 결과로써 하나님이 부여하실 때 받는 선물로 본다.

결혼의 핵심적인 내용은 부부가 사랑 안에서 하나를 이루는 것이고, 성은 이것을 위한 방편입니다. 고린도전서 7:2에서 바울은 음행을 범할 수 있는 연약함 때문에 남자는 아내를, 여자는 남편을 취하라고 경고합니다. 이는 결혼의 목적 중에 성적으로 서로 만족과 즐거움을 얻게 하는 것을 보여 주는 말이기도 합니다. 이 부분에서 바울은 계속 권고하면서 남편과 아내가 각자의 몸을 상대방이 주장하게 해야 한다고 말하고, 또 기도할 틈을 얻기 위한 목적 외에는 결코 분방하지 말 것을 가르칩니다. 이 부분은 자녀 출산을 목적으로 하지 않은 부부행위를 바울은 시사하고 있는 것입니다^{고전 7:2-4}. 그러므로 개신교는 출산 없는 사랑의 행위를, 즉 피임하는 것을 결코 부정적으로 보지 않습니다.^{신원하, "빈약한 전통"}

개신교는 출산보다 사랑의 행위를 더 강조하고 피임도 부정적으로 보지 않는다. 그중 한 예로, 미국 복음주의자 90%는 인공적인 피임을 허용한다. 전미복음주의협회^{NAE}는 소속 4만 5천여개 교회의 교회 지도자들을 대상으로 '복음주의 지도자 설문조사'를 실시한 결과, 약 90%의 응답자가 인공적인 피임을 허용한다고 응답했다. 그리고 그 이유를 "건강한 결혼생활 방법이라면 충분히 성경적"이라고 대답했다. 전통적으로 가톨릭 교회와 함께 낙태와 인공수정에 대해서 반대하던 것에서 많이 개방적인 입장으로 바뀌었다고 볼 수 있다.^{전미복음주의협회, 2010.06.18.} 이러한 변화는 2009년 갤럽과 함께 조사^{NAE 소속 1000명의 복음주의 교회 출석 교인을 대상으로 전화 인터뷰}한 것과 유사한 결과이다. 당시 응답자들은 호르몬 피임법과 체내 피임 장치 삽입에 각각 90%, 91%의 동의를 하였다. 그러나 대다수의 복음주의 지도자들은 인공

수정에 동의하지만 동시에 자신들은 '인간 생명의 신성함을 존중하고 있다'고 응답하였다. 『기독신문』, 2010.06.14. 개신교의 "생육과 번성의 신학"은 생명의 신성함을 존중하지만, 결혼과 출산을 분리하여 대응하였고, 낙태에 대해서는 생명의 유기로 보고 적극 반대 입장을 보이기도 했으나 산아제한이나 피임 등에는 별다른 입장을 취하지 않아 왔다.

III. 저출산과 미래 교회

미래 학자 최윤식과 최현식은 "2~3년 후 한국 교회는 위기에 휩싸이겠지만 위기의 끝도 아니며 몰락을 몰고 오지도 않을 것이다. 한국 교회 전국 차원의 몰락은 13년 후인 2028년경이 될 것이다. 전제는 '지금처럼 계속 간다면'이다."최윤식, 최현식, 『2020-2040 한국교회미래지도』, 50라고 주장한다. 그들은 계속되는 금융위기와 재정위기, 교회 빚과 헌금감소로 인한 재정 악화, 초고령화로 인해 2050년에 가면 한국 교인수는 3-400만명으로 줄어들고, 교육부서도 전체 기독교인의 5~10%로 줄어들 것으로 예측한다. 물론 그들의 전제는 "이대로 계속 간다면"이다. 그리고 여러 처방전 중에 "교육부서가 해답이다"라며 주일학교를 살리려면 "주일학교 생태계를 회복시켜야 한다"고 주장한다. 청년부를 살리려면, 고등부를, 어린이 부서를 살리려면 유치부를 살려야 한다는 것이다.최윤식, 최현식, 『2020-2040 한국교회미래지도』, 210-212 고령화가 지속되면서 당분간 교회 교인 수는 크게 줄지는 않겠지만 한국교회 생태계 자체에 큰 위기가 올 것은 쉽게 예견되는 일이다.

결국 교회 생태계의 지속가능성은 출산율 증가와 밀접하게 연관되어 있다. 출산율을 높이기 위해서는 청년들의 결혼이 필수적이며, 특히 가임기의 이른 시기에 결혼할수록 출산율 상승 가능성이 높아진다. 따라서 현재 상황에서는 출산율 문제를 고려하지 않은 어떠한 해결책도 실효성을 가질 수 없다고 할 수 있다.

1. 교회 및 교단의 대응

기독공보에 의하면 지난 10년간 교회 내 초등학생^{통합}이 1년에 약 만 명씩 줄어들어 10만 8,039명이 감소하였고, 전체 줄어든 교인 2만여 명 중 77%가 어린이·청소년이라는 충격적인 통계를 발표하였다.『기독공보』, 2016.08.22. 여러 이유가 있겠지만, 저출산으로 인한 학령인구 감소가 특히 교회학교의 변화에 심각한 영향을 미치고 있는 것으로 보인다.

교회적으로 뿐 아니라 국가적 위기인 저출산을 극복하기 위한 종교계의 노력도 있었다. 2005년 6월 29일 보건복지부와 함께 불교여성개발원 원장 김인숙, 한국천주교주교회의 가정사목위원회^{위원장 이기헌 주교}, 한국기독교총연합회 가정사역위원회^{위원장 송길원 목사} 등이 3대 종교를 대표해 저출산 고령화 대책시민연대를 발족하였다.『현대 불교』, 2005.06.29. 당시 시민연대는 "행복한 가정문화확산, 생명경시문화 배격, 생명존중문화 확산, 출산장려 및 자녀양육을 위한 정책제안활동 등을 이끌어가겠다"고 밝혔다. 또한 정부정책을 감시하고, 저출산 해결 범국민 캠페인, 저출산 대책 각종 포럼 운영, 가정문화운동, 낙태반대운동 및 입양장려활동 등을 추진하겠다고 하였으나 그 이후 특별한 사업이나 활동 없이 유명무실한 단체가 되었다. "종교계 저출산 고령화 대책시민연대 발족 취지문"

교단(통합)적으로 저출산에 대한 고민을 해왔지만, 그 대책은 매우 미흡한 편이다. 교단 신문인 기독공보에 저출산 관련 첫 기사는 2003년도 "경제가 보인다-출산율과 경제"『기독공보』, 2003.12.20. 였고, 총회 사회봉사부^{사회복지 현안세미나}에서 저출산·고령화 사회의 정부 정책에 대한 교회의 대안을 모색하는 세미나[2006. 07.20]를 개최했다.『아이굿 뉴스 기독교 연합신문』, 2006.07.21. 이 세미나는 저출산·고령화 문제를 교회가 같이 풀어 나가야 한다는 역할 선언 정도의 의미를 둘 수 있다.

한국교회 교단들 중 유일하게 통합 교단이 제 98회기[2014] 총회에서 '저출산·고령화사회 대책위원회'를 두기로 하여 새롭게 조직을 하고, "저출산·고령화 사회 대책 세미나"를 개최[2014.06.24]하고 지속적인 사업을 펼쳐 나가기로 하였다. 그러나 세월호 사건이 일어나면서, 우선순위에서 밀려나 거의 관심 밖이 된 형국이다. 당시 교회가 저출산 극복을 위해 '공동 육아'를 제공할 준비를 해야 하고, '노인 그룹 홈' 등을 감당해야한다는 제안이 있었다.『크리스챤 투데이』, 2014.06.25.

사실 본 교단은 생명목회의 기초로서의 '생명윤리헌장'[2001. 8. 15]과 '생명살리기운동 10년의 10가지 주제영역'[2002-2012]을 정하고 매진해 왔다. 낙태 및 자살 반대 등 생명의 존엄성 보호를 언급하기도 했으나 지구 생명공동체와 생태계 보호 등 거시적인 관점을 견지해 왔다. 교단은 총회 100주년을 지나고 종교개혁 500주년을 맞으면서 "치유와 화해의 생명공동체 10년"[2012-2022] 운동을 연이어 전개해 가면서 신학 문서를 발표했다. 이 신학 문서에는 "저출산·고령화 시대에 청년세대는 '88만원 세대'가 되었고, 농어민, 해고된 노동자, 비정규직 노동자, 청년실업자, 북한이탈주민, 이주노동자, 다문화가정, 장애인 등을 비롯한 소수자의 삶은 심각한 어려움에 처해 있다."대한예수교 장로회 총회, "치유와 화해의 생명 공동체 10년." 1 며 '저출산' 문제를 언급했으나 아직까지 이에 대한 정책 연구나 대안에 대한 움직임은 없는 것으로 보인다. 또한 "생태적으로 파괴된 생명망을 복원하는 '생명의 그물망 짜기' 사역을 강화"대한예수교 장로회 총회, "치유와 화해의 생명 공동체 10년." 12하는데 초점을 맞추겠다고 밝혀서 여전히 저출산의 위험성을 심각하게 받아들이지 않은 것처럼 보인다.

장로회신학대학교의 박상진[2014, 2015]은 "저출산·고령화 시대의 교회교육" 논문 발표에서 교육 목표로 생명 존중, 가족사랑, 신앙계승, 남녀평등, 복지사회 등을 언급하고, 실제 적용 방안으로 발달단계별 적용, 교육목회의 영역별 적용, 결혼과 출산·양육을 위한 교육 실천, 교회가 '자녀양육 공동체'로서의 지원체계 확립, 생명력 있는 기독교교육 생태계 복원 등을 제시했다.[박상진, "저출산, 고령화 시대의 교회교육," 77-109]

종합해 보면, 종교개혁자들의 가르침처럼 결혼과 출산의 가치를 재조명하여 청년들에게 거룩한 소명과 언약으로서의 결혼과 출산에 대한 교육을 강화해야 한다. 더불어 사회, 경제, 문화적 차원에서 자녀 출산에 따른 남녀의 평등한 육아 참여와 역할 분담, 그리고 자녀를 낳고 키울 수 있는 실질적인 지원체계를 확립하는 것이 시급한 과제이다.

2. 목회상담적 대안

저출산 문제에 대한 정부 정책과 국가적 전략은 사회·문화적 거시적 안목과 정책의 일관성이 필요하다. 동시에 교회와 개인 차원의 미시적 접근에는 목회상담이 필요하다. 필자는 목회상담을 다음과 같이 정의한다: "목회적 차원[교회와 신앙]을 고려하면서 목회자[상담자]가 교인[내담자]의 내적[영적, 정서적, 행동적, 의지적] 및 관계적[가족, 타인, 하나님] 문제를 성경적 진리를 훼손하지 않으면서 기독교적 세계관으로 다양한 상담 이론과 기법을 활용하여 해결하려는 모든 과정." 그렇다면 저출산 문제에 대해 목회상담은 어떤 대안을 제시할 수 있을까?

1) 건강한 신학: 성경적 진리에 기초한 목회적 차원 (교회와 신앙)

장로회신학대학교의 신학은 근본주의나 신정통주의 노선이 아니라 개혁교회 전통의 복음주의 신학 노선이다. 조직신학자이며 장신대 학장과 교단 총회장을 역임하셨던 이종성은 "본 대학장신대의 신학 노선과 방향은 본 교단의 노선인 웨스트민스터 신앙고백의 노선과 에큐메니칼 운동노선에 근거하여 성서적 복음주의 신학을 영위해 나가는 것"이종성, "한국신학의 과제." 50 이라고 주장하였다. 고 김이태 교수는 장신대와 교단의 신학을 "복음전통의 중심에 선 신학"이며, 이것은 "맹목적인 수구주의"가 아니라 항상 새로워지는 "개혁신학"이 되어야 한다고 주장하였다. 그러면서 첫째는 "새롭게 대두되는 사회문제에 민첩하게 대처하는 신학"이며 "새로운 사상과 학설에 과감하게 자신을 노출시키는 신학"이라고 정의했다.김이태, 『중심에 서는 신학』, 236-37

1986년 "장로회신학대학 신학 성명"에서 "신학의 전제, 개혁주의 신학 전통과 에큐메니칼 신학, 신학과 교회, 신학의 선교적 기능과 사회적 기능, 신학의 자리의 방향, 신학의 한계와 신학의 대화적 측면에 대하여 7가지 명제들을 제시"하였다.

2015년 광복 70년 8·15를 즈음하여 장로회신학대학교 신학성명을 발표하면서 7 명제를 선언하였다. 제 1명제: 우리의 신학은 삼위일체 하나님의 말씀인 성경이 증언하는 예수 그리스도의 하나님 나라 복음에 기초한다. 제 2명제: 우리의 신학은 하나님의 평화를 이루는 민족의 화해와 한반도 통일과 세계 평화를 추구한다. 제 3명제: 우리의 신학은 하나님의 정의를 구현하기 위해 사회적 약자와 작은 자를 돌보는 공공성을 추구한다. 제 4명제: 우리의 신학은 하나님의 생명 회복과 창조질서를 위하여 피조세계와 생태계의 회복과 보전을 추구한다. 제 5명제: 우리의 신학은 하나님의 선교를 지향하는 교회의 연합과 일치를 추구한다. 제 6명제: 우리의 신학은 한국 교회의 위기에 적극 대처하고 그 위기를 극복하기 위한 교육에 힘쓴다. 제 7명제: 우리의 신학은 세속주의 문화를 변혁시켜서 하나님 나라 문화 형성과 확산에 기여하고자 한다.

시대적으로 주장하고 강조한 장신대 신학은 복음적인 개혁 신학으로 그 명제와 과제는 '중심에 서는 신학'^{김이태}으로 '포괄적'이고, '긴장 속에' 있으며, '점진적'이다. 시대적이고 새로운 사회문제에 민첩하게 대처하고, 새로운 학설과 접촉할 수 있는 과감한 신학이다. 현재 직면하는 문제들에 응답하는 '대화적'인 신학이다. 나아가 공공성과 생태계 회복을 추구하며, 한국교회의 위기에 적극 대처하고 이를 극복하기 위한 교육에 힘쓴다. 또한 세속주의 문화를 변혁하여 하나님 나라의 문화를 형성하고 확산하는 데 기여하는 신학을 추구한다. 그렇다면 공공성과 생태계 회복을 위해서 저출산에 대해 개혁 교회의 모토인 "개혁된 교회는 항상 개혁되어야 한다"는 명제 아래 장신의 신학은 어떤 대안을 제시할 수 있을까?

첫째는 "생육과 번성의 신학"에서 "생명의 신학"으로의 전환이다. 생육과 번성의 강조는 자연이나 다른 피조물과의 긴장 관계를 촉발하면서 인간 생명만을 강조하는 우를 범할 수 있다. 생태계의 파괴가 인류에게는 복수의 재앙으로 돌아오는 것을 본다. 생명을 살리는 생명의 신학은 새로운 생명의 한몸을 이루는 결혼, 생명을 낳는 출산과 태어날, 또 태어난 아기를 유기하지 않는 반反낙태, 태어난 생명을 포기하지 않는 반反자살, 생명을 건강하게 돌보고 양육하는 생명의 돌봄을 포함한다. 종교개혁자들이 결혼과 출산을 하나님의 소명으로 보았던 것을 확장하여 결혼, 출산, 양육, 성숙, 죽음, 부활에 이르는 생명의 신학이 교회를 살리고 건강한 신앙으로 이끌 것이다. 현 시대적으로는 납득할 수 없는 해석이지만 루터는 기형아를 질식사시키거나 익사시킬 것을 제안하기도 하였다. 그 이유는 "영혼이 없는 육체 덩어리"이며 "악마가 이런 짓을 했을 것"이양호, 「루터의 생애와 사상」, 196이라고 생각했기 때문이다. 중세시대에 만연한 장애아에 대한 편견의 일면을 엿볼 수 있다. 생명의 신학은 편견을 생명보다 앞세우지 않는다.

둘째는 혈통의 신학에서 입양의 신학으로 전환되어야 한다. 본래 그리스도인이 되는 것은 양자의 신학에 근거한다. 그리스도인은 '양자의 영'spirit of adoption을 받아 하나님의 자녀가 되어 하나님을 '아빠 아버지'라 부를 수 있게 된 사람들이다롬 8:14-17. 불임의 고통을 받거나 자녀출산이 어려운 부부뿐 아니라 일반 가정에서도 입양은 또 다른 출산이다. 가슴으로 낳는 것이다. 이러한 신학을 확장하면 건강한 교회 공동체나 국가는 다문화 가정, 해외 이민자, 외국인 근로자, 탈북민, 조선족, 고려인, 해외동포들을 입양의 심정으로 품을 수 있다. 단순히 저출산을 극복하는 인구증가 정책으로서가 아니라 복음의 핵심인 입양의 신학에 기초한 것이다.

사도 바울은 이스라엘 사람들도 양자 되었고롬 9:4, 마치 참감람나무에 돌감람나무인 그들이 접붙임(입양)롬 11:17-19 되어 하나님 나라 가족의 일원이 되었음을 모르느냐고 말씀한다. 돌감람나무라도 참감람나무에 접붙임이 되어 진액을 공급받으면 그 생명이 살아나는 것처럼, 이방인일지라도 복음을 듣고 하나님의 자녀, 아브라함의 자손씨이 되는 것처럼, 생명을 고귀하게 여기는 입양의 신학이 선순환의 출산 생태계를 복원하는 한 방편이 될 것이다.

셋째는 고통의 신학에서 고난의 신학으로 전환되어야 한다. 생육과 번성은 일차적으로 출산과 자손의 번성함이지만, 타락 이후의 임신과 출산의 고통이 따르게 되었다. 이러한 고통은 단순히 고생의 시간이 아니라 고난의 과정, 즉 목적과 뜻이 있는 아픔이다. 고통이나 고생, 고난을 즐거워할 사람은 아무도 없을 것이다. 그런데 사도 베드로는 "이를 위하여 너희가 부르심을 받았으니 그리스도도 너희를 위하여 고난을 받으사 너희에게

본을 끼쳐 그 자취를 따라오게 하려 하셨느니라"벧전 2:21고 말씀한다. 예수
님께서 십자가의 고난을 받으셨지만 죽음을 이기시고 부활하셨다. 우리 역
시 현재의 고난이 끝이 아니다. 사도 바울은 "생각하건대 현재의 고난은
장차 우리에게 나타날 영광과 비교할 수 없도다"롬 8:18고 선언한다. 나타날
영광과 족히 비교할 수 없는 목적있는 고통이 그리스도인의 삶이듯이, 부
모의 출산과 육아 역시 목적 있는 고통이고 고난임에 틀림없다

2) 개인의 내적 그리고 관계적 문제에 대한 다양한 상담적 이론과
    실제적 기법

　　목회상담은 결혼과 출산에 관련된 개인의 내적, 관계적 문제들에 대
한 해답을 제시해야 한다. 결혼한 부부가 겪는 불임이나 입양 문제에 대한
상담이 필요할 수 있다. 또한 원치 않는 임신으로 생각되어지는, 십대의 이
른 임신, 동거 중 임신, 중년기의 예상치 못한 임신 등, 임신·출산에 대한
불안과 공포, 출산 준비 등 다양한 상황에 직면했을 때 개별적인 맞춤형 상
담과 교육이 요구된다.

　　특별히 교제 기간이나 결혼 결정(시기), 혼전 성관계 등 청년의 수많
은 고민을 저출산 극복이라는 차원에서 본다면 "결혼 앞당기기"가 가장 우
선순위에 있다. 한 통계에 의하면 가임 여성의 수가 줄어든 상황에서 출생
아 수가 3년 만에 증가세로 반등을 보였다. 왜냐하면 20대 출산은 줄고 30
대 출산이 늘었기 때문이다.『베이비 타임즈』, 2016.02.25. 그런데 30세 이하가 결혼할
경우 평균 자녀는 2명이지만, 35~39세 결혼한 부부는 0.8명을 출산한다는
통계도 있다.『아시아 경제 야경 e』, 2015.02.06. 이것은 가임 가능한 여성의 결혼 시기를
앞당겨야 함을 의미한다. 30대 이후의 여성의 늦은 결혼은 둘째 출산의 포
기로 연결되기 때문에 결혼 연령을 앞당기는 것이 저출산의 관건으로 볼

수 있다. 그렇다고 호되게 비판을 받은 정부의 '대한민국출산지도'가임여성 지도 같은 황당한 접근은 다시는 없어야 할 것이다.『경향신문』, 2016.12.29. 늦어지는 결혼으로 인한 첫 임신과 출산의 시기가 더 늦어지고, 결혼은 선택이라고 보는 경향이 높아졌다.통계청, 『한국의 사회지표, 2015』 결혼은 소명이고 언약이 아니라 선택이라는 의식이 팽배해 지면서, 이에 따른 혼인연령의 증가와 혼인율의 저하는 계속 되고 있는 추세이다.

또한 경제적 요인과 여건도 저출산과 밀접한 관계가 있지만, 최근 3년 사이2012-2015 결혼한 부부의 종교 비교를 보면 종교인-무교인간의 결혼42%, 2520명, 무교인간의 결혼39.9%, 2394명, 같은 종교인간의 결혼13.1%, 783명, 다른 종교인간의 결혼5%, 300명 순이었다.「뉴스 1」, 2015.07.23. 기독교인 커플의 결혼성사 여부가 파악되지는 않았지만, 기독교인들이 같은 신앙 배우자를 찾는 비율이 가장 높다고 볼 때에 종교 갈등이나 불일치로 결혼에 도달하지 못하는 기독교 청년들이 꽤 많이 있을 것으로 보인다. 따라서 교회들이 연합하여 결혼 적령기 그룹의 공동체와 만남의 장을 적극적으로 만들어 기독교 결혼의 생태 풀pool을 확장하는 노력이 필요하고, 목회상담이 이에 따른 적절한 만남과 교육, 상담을 제공할 수 있어야 한다. 커플 검사나 결혼예비 검사 등을 활용한 결혼 예비 교육을 연계하여 건강한 결혼 생활에 대한 희망과 꿈을 꿀 수 있게 하고, 실제적인 문제 해결능력을 갖추도록 도와야 할 것이다.

교회 가정사역부나 상담목회부에서는 임신과 출산, 자녀 양육의 과정에서 부모 역할에 지쳐서 우울증을 앓거나 불안해하는 부모들에게 소그룹과 부모교실 등을 통해 돌보고 힘을 부여해 주는 empowering 프로그램과 부모 돌봄 지원체계를 준비해야 한다. 한 세미나에서 신정 목사광양대광교회는 "영유아 출산, 육아 지원을 위한 교회 사역의 실례"를 통해 해법을 제시하였다. 광양대광교회는 2000년부터 임산부학교임신여성, 아장아장학교12개월~20개월 영아와 부모 참여수업, 엄마랑아기학교20개월~36개월 영아와 부모 참여수업, 아가방시간제 탁아돌봄사역, 어린이집36개월~7세 아동, 지역아동센터초등학교 1학년~6학년 방과후 학교, 무지개교실주말 아동교육 프로그램, 다문화가족센터다문화임산부학교, 다문화 자녀돌봄 등 여성 및 영유아, 아동들을 돌 보고 지원하는 사역을 다양하게 펼쳐 오고 있다.『크리스천투데이』, 2015.06.17. 각 교 회가 지역사회에 필요한 사역을 고민하며 임신과 출산부터 이제는 그들이 자라 대학 청년이 되고 가정을 이루기까지 가족생활주기에 따른 교회의 맞춤 돌봄과 지원 사역을 통해서 저출산의 위기를 타개할 해법을 찾아야 한다.

3)기독교 세계관

기독교적 세계관을 바탕으로, 기독교 공동체는 성, 결혼, 임신에 대한 올바른 이해와 결혼, 출산, 육아에 대한 공통된 신앙고백을 확립해야 한다. 천주교의 경우 교리서를 통해 결혼, 임신, 가족 관계, 그리고 비신자와의 결혼에 이르기까지 실제적인 지침을 제시하고 있다.

결혼과 독립적 가정을 이루기에는 경제적 어려움이 있고, 여성의 사 회적 역할은 확장되고 있지만 가정 내의 가사일과 출산, 육아로 인한 성역 할은 큰 변화가 없기에 결혼은 늦어지고 1인 가구는 늘어나고 있다. 그러 므로 출산과 양육을 성gender 관점에서 보아야 하는 이유가 있는데, 그것은 성 격차Gender Gap Index와 출산율이 밀접하게 연관이 있기 때문이다. 성 격차 에는 경제경제활동 참가율, 연간 소득, 동일노동 성별 임금 격차, 법관, 고위행정직, 관리직 이상의 성비, 전문기술직 성비, 교육문해율, 초등학교 취학률, 중등 교육과정 취학률, 고등교육과정 취학률의 성비, 보건평균 기대수명, 출산아 성비, 정 치지난 50년간 대통령, 총리직 여성의 근무 년수, 관리자급 여성행정직 비율, 여성 국회의원 비율 등 4개 영역의 14 개 지표를 통해 각 나라의 양성평등 정도를 측정한다.권혜경, "출산과 양육 둘러싼 젠더 이 슈," 282-83 이런 GGI 순위와 합계출산율을 비교해 보면 상당히 놀라운 상관

관계를 보이는데, 이는 인과관계는 아닐지라도 양성평등과 출산율이 서로 연결되어 있다고 볼 수 밖에 없다. 따라서 남녀 모두에게 보장된 유가휴직이나, 최저 임금의 상승, 노동시간을 줄이고 저녁이 있는 삶을 보장하는 등의 사회, 문화, 경제적 환경이 보장되어야 한다.

기독교 세계관은 여성차별이나 아동을 단순히 어른의 축소판으로 보는 가치관을 지지하지 않는다. 기독교에서 남성과 여성은 역할이나 일에서 차별받지 않으며, 예수님을 본받아 섬기는 종으로 부름받았다. 따라서 일과 가정에서의 역할 양립을 위해서는 남성의 가사와 육아 참여를 통한 불평등한 역할 구조의 개선이 필요하다. 가정에서 남편과 아내는 서로를 존중하고 아끼며 섬기는 마음으로 결혼생활과 자녀양육에 함께 참여하는 기독교적 가족 문화와 가치관을 확립해야 한다.

나가는 말

"앞으로 10년이 한국 교회의 마지막 골든 타임이 될 것이다. 절망을 이야기하는 것이 아니다. '아직도 마지막 희망이 있다'는 호소다." 최윤식, 최현식, 『2020-2040: 한국교회 미래지도 2』, 16. 그런데 마지막 희망은 출산율을 빼놓고는 생각할 수 없다. 출산율에 있어서 유럽에는 반등을 시작한 국가들도 있고, 미국과 독일은 이민자들을 유입하며 겨우 유지하고 있는데 비해, 한국은 통일이 되어도 인구대체 수준 합계 출산율인 2.1명에는 도저히 도달할 수 없어 보인다.

국가와 정부는 정책, 제도 및 모든 가능한 지원책을 동원하여 출생률을 높여야 한다. 출산을 저해하는 기업 문화, 교육 체계, 사회·경제적 환경을 개선하기 위해 모든 방안을 모색해야 한다. 하지만 이러한 변화를 가장 효과적으로 이끌어낼 수 있는 곳은 교회이며, 교회의 적극적인 참여가 희망이다. 이 희망의 실현은 교회가 종교개혁의 정신과 개혁 교회의 근본 가치를 회복하는 데 달려 있다.

중세에는 교회와 성직자들이 독신을 강조하고 결혼을 경시하여 오히려 성적 타락과 부모 없는 자녀들이 늘어나는 결과를 초래했다. 이와 대조적으로, 우리는 성직자로서 결혼하고 '소명과 언약으로서의 결혼'을 강조하며 자녀를 출산했던 종교개혁자들의 신학과 삶을 본받아야 한다. 더불어 '생육하고 번성하라'는 신학이 결혼을 단순히 출산의 의무로 축소했던 한계를 넘어, 모든 생명을 소중히 여기는 생명의 신학, 가족의 경계를 확장하는 입양의 신학, 그리고 임신·출산·육아의 고통을 하나님의 뜻과 목적에 기초한 고난의 신학으로 승화해야 한다. 결혼과 자녀출산을 귀한 복으로 여기는 기독교와 교회는 출산 장려, 신앙 교육, 신앙의 계승 등 결혼과 출산의 신비롭고 거룩한 가치를 일깨우는 모든 자원을 보유하고 있다. 저출산 문제의 해결이 곧 교회의 미래이다. 따라서 가정목회와 목회상담을 통해 정기적으로 결혼의 유익과 복, 출산과 자녀 양육의 기쁨을 가르치고, 부모와 기독교 공동체가 삶으로 그 가치를 보여줌으로써 결혼과 출산의 꿈을 심어주어야 한다.

독신도 유익이 있겠지만 더 나아가 혼자 사는 것을 찬양하는 용어들, 네오新 싱글족, 골드 미스, 돌싱 등이 있다. 필자가 30대 중반을 넘어선 한 청년에게 "화싱"화려한 싱글이라고 했더니 "교수님, 화려한 싱글은 없습니다"라고 했던 말이 귀에 맴돈다. 결국 결혼 미루기에서 이른 결혼으로 전환해야만 저출산의 비극적 빗장이 열릴 수 있다.

교회에서는 소명과 언약으로서의 결혼과 출산을 강조하며, 성도들이 만남을 통해 결혼으로 나아갈 수 있도록 적극적으로 도와야 한다. 기독교 결혼예식은 단순한 형식이 아닌 의미와 축복이 되어야 하며, 최소한의 비용으로도 결혼 문화를 선도하여 기혼자들과 예비 부부들에게 영적 도전과 감동을 주는 예식을 개발해야 한다. 결혼기념일, 임신일, 출산일^{생일}, 학교입학일 등 결혼-임신-출산-양육-성장-결혼으로 이어지는 생애주기의 중요한 순간들을 더욱 의미 있게 만들 방법을 모색해야 한다. 예를 들어, 결혼한 청년들은 독립운동가처럼, 임신한 여성은 국가유공자처럼, 일과 가정을 양립하는 부모는 올림픽 메달리스트처럼, 청소년 자녀를 키우는 부모는 순교자처럼 존중하고 인정하는 기독교적 표현을 개발하고 적절히 격려하는 것도 좋은 방안이 될 것이다.

종교개혁 500주년을 넘어서며 장신대 신학은 복음적인 개혁 신학으로 "새롭게 대두되는 사회문제^{저출산}에 민첩하게 대처하는 신학"이어야 한다. 목회상담은 "^{저출산에 대한} 새로운 사상과 학설에 과감하게 자신을 노출시키는 ^{실천} 신학"이어야 한다. 또한 "^{저출산을 야기하는 무분별한 낙태나 피임 같은 의료행위} 기술사회의 문제들 현대 과학주의와 현대 문명의 문제들에 응답"하면서도 그에 대해 "대화적"인 실천신학으로 나아가야 한다. 공공성과 생태계의 회복을 추구하되 "한국 교회의 위기에 적극 대처하고 그 위기를 극복하기 위한 ^{소박한} 교육에 힘쓰고, ^{저출산에 대한} 세속주의 문화를 변혁시켜서 하나님 나라 문화 형성과 확산에 기여하는 신학"을 지향해야 할 것이다.

8장
나이듦의 신학과 나이들어(먹어) 좋은 것들

들어가는 말

2019 가을, 연구학기 중에 캐나다 밴쿠버의 리젠트 대학을 방문했을 때, 『나이듦의 신학』을 저술한 폴 스티븐스 Paul Stevens 교수님과 대화를 나눌 수 있는 기회가 있었다. 노란색 한국어 번역판을 직접 가지고 오셔서 싸인을 해주시고, 사진도 찍고, 자신이 자주 가는 식당에서 함께 햄버거를 먹으며 그의 삶과 노년의 삶의 계획들을 들을 수 있었다. 당시 81세였던 그는 여전히 대학에서 열정적으로 강의하며, 직장사역과 일터사역에 깊은 관심을 가지고 전 세계적 네트워크를 통해 훈련과 제자양성에 매진하고 있었다. 필자도 50대에서 새로운 6학년으로 바뀌는 전환기였기에, 그의 책을 읽으며 노년과 나이듦에 대한 관심을 가지게 되었다. 이번 장에서 다루는 내용은 독자 뿐 아니라 나이가 들어가는 필자 자신을 위한 배려이며 다짐이기도 하다.

나이듦의 신학을 다루려면 먼저 신학에 대한 이해가 전제되어야 하는데, 신학함은 하나님을 알아가는 것이다. 고전적인 책, 『하나님을 아는 지식』에서 제임스 패커 James Packer 는 인간은 하나님을 알기 위해서 창조되었고, 인생에서 세워야 할 목표는 하나님을 아는 것이라고 말한다. 또한 영생이란 유일하신 하나님과 예수님을 아는 것요 17:3이며 삶에서 기쁨과 만족을 주는 최고의 것, 인간이 하나님께 드리는 가장 큰 기쁨 역시 하나님을 아는 것이라고 설명한다. 칼뱅의 『제네바 요리문답』에서 첫 번째가 사람의 제일된 목적은 사람을 창조하신 하나님을 바로 아는 것이며, 같은 질문에 대한 웨스트민스터 요리문답의 대답은 "하나님을 영화롭게 하며 영원토록 그를 즐거워 하는 것"이다. 그러므로 신학함이란 하나님을 제대로 알아가는 것이며, 나이듦의 신학이란 하나님께서 인간의 나이듦에 대해 어떻게 보시는가를 찾는 것이다. 또한 나이 들어감에 따라 하나님을 즐거워하고 영화롭게 하는 것을 어떻게 추구할 수 있는지, 나이듦이 경건과 영성에는 어떤 영향을 미치는지에 관한 것이다. 그렇다면 한국인들에게 나이듦이란 어떻게 이해할 수 있으며, 하나님을 아는 것과 하나님을 즐거워하는 신학적 관점에서 나이듦을 삶에 어떻게 적용할 수 있는지를 살펴보자.

I. 나이들기와 나이먹기

한국의 문화는 '밥'과 '먹는다'를 이해해야 한다. 한국은 '밥' 문화이고 '먹는' 문화이다. 친구와 대화하거나 문자를 하다 헤어질 때는 "밥 한번 먹자"가 인사이다. 얼마 전 돌아가신 아버님은 필자를 보면 먼저 "밥은 제 때 먹고 다니냐"고 물으셨다. 옛날 아침 인사말은 "진지밥 드셨습니까?"였다. 월드컵 축구 4강에 올랐을 때 당시 히딩크 감독의 "I am still hungry"나는 아직도 배가 고프다는 표현은 정말 한국 사람들의 입맛과 문화에 딱 맞는 감동적인 멘트였다. '밥'과 '먹는다'는 한국인들의 전인성을 담고 있는 언어이며 문화 코드로 볼 수 있다. 나이가 '들었다'도 '들다'食. 밥 식에서 왔다. '들다'의 높임말로 '드시다'와 '잡수시다'가 있는데 모두 '먹는다'와 연관이 있다. 한국의 대표 지성이라는 불리는 이어령 교수는 먹는 것으로 상징되는 아날로그^{analog}의 문화 코드와 인터넷으로 대표되는 디지털^{digital} 문화 코드를 결합한 디지로그^{digilog}의 시대를 내다본다. 그리고 IT 강국이면서도 한국인은 모든 것을 먹는 것으로 표현하는 아날로그 문화를 여전히 갖고 있다고 주장한다.

새해가 되면 떡국을 먹는다. 그리고 나이도 한살 더 먹는다. 같은 동양 문화권인데도 중국 사람들은 나이를 '첨^添'한다고 하고 일본 사람들은 '도루^取'한다고 하는데 유독 우리만이 먹는다고 한다. 그리스 신화의 크로노스는 이 세상 모든 것을 먹어 치우는 무시무시한 시간의 신이지만 한국에 오면 별 수 없이 떡국과 함께 먹혀 버린다. 이 지구상에는 3,000종 이상의 언어가 있다고 하지만 나이를 밥처럼 먹는다고 하는 민족은 아마 우리 밖에 없을 것 같다…

나이가 들었다거나 나이를 먹었다고 표현하는 것은 한국문화의 독특한 표현방식이다. 한국인의 대표적 주식인 밥을 먹는 것은 단순히 음식물을 섭취했다는 것을 넘어 전인적이며 전생애적인 관계를 담고 있다고 볼 수 있다. 그렇다면 나이듦의 신학의 관점에서 나이듦에 대해 얻을 수 있는 통찰과 인생에게 주는 좋은^{유익한} 것들인지 살펴보고자 한다.

1. 나이듦은 밥을 먹듯 나이를 먹어야 한다

"밥 안 먹고 사는 사람이 없듯 밥만 먹고 사는 사람도 없다"는 말이 있다. 신명기 기자는 이스라엘 백성들이 40년 광야 생활 동안 살아온 방법을 상기시키며 하나님의 말씀을 따르고 순종할 것을 명령한다. "네 하나님 여호와께서 이 사십 년 동안에 네게 광야 길을 걷게 하신 것을 기억하라 이는 너를 낮추시며 너를 시험하사 네 마음이 어떠한지 그 명령을 지키는 지 지키지 않는지 알려 하심이라. 너를 낮추시며 너를 주리게 하시며 또 너도 알지 못하며 네 조상들도 알지 못하던 만나를 네게 먹이신 것은 사람이 떡으로만 사는 것이 아니요 여호와의 입에서 나오는 모든 말씀으로 사는 줄을 네가 알게 하려 하심이니라"신 8:2-3. 예수님께서 광야에서 40일 금식을 하셨을 때 사탄이 찾아와 "네가 만일 하나님의 아들이어든 명하여 이 돌들로 떡덩이가 되게 하라"는 시험을 하였다. 그 때 예수님께서는 신명기 말씀을 인용하시면서, "기록되었으되 사람이 떡으로만 살 것이 아니요 하나님의 입으로부터 나오는 모든 말씀으로 살 것이라 하였느니라"마 4:4고 응답하셨다.

나이를 먹는다는 것은 세월이 흘러 나이드는 것으로만 살아서는 안된다는 의미로 해석할 수 있다. 이어령은 단순히 한국인은 나이만을 '먹는다'로 표현하지 않고 삶의 전 영역에 '먹는다'는 표현을 사용한다고 말한다.

그렇다. 음식이나 시간만이 아니다. 한국인은 마음도 먹는다. 마음 '먹기'에 따라서는 무엇이든 먹을 수가 있다. 돈도 먹고 욕도 먹고 때로는 챔피온도 먹는다. 전 세계가 한점 잃었다(로스트)고 하는 축구 경기에서도 우리 '붉은 악마'는 한 골 먹었다고 한다. 어디에서든 먹는다는 말은 다 통한다. 심리 면에서는 "겁먹고", "애먹는다"고 하고 언어소통 면에서는 "말이 먹힌다", "안 먹힌다"고 하고, 경제 면에서는 또 경비가 "얼마 먹었다", "먹혔다"고 한다. 사회면에서는 "사횟물을 먹었다"는 표현이 있고 심지어는 남녀관계에서는 "따 먹었다"는 저속한 말도 사용한다.

밥만 먹는다고 사는 것이 아니듯 나이를 그냥 먹어서는 살 수 없다. 하나님의 말씀을 먹어야 살 듯이, 밥을 먹고 나이를 먹어서 하나님께서는 어떻게 살아가라고 하시는지를 알아야 하고 배워야 한다. '다일 공동체의 식사기도문'에 밥의 신학과 먹는다는 삶의 의미를 잘 표현하고 있다.

> 한 방울의 물에도 천지의 은혜가 숨어있고,
> 한 톨의 곡식에도 만인의 땀이 담겨있습니다.
> 이 땅의 밥으로 오셔서 우리의 밥이 되어 우리를 살리신 예수 그리스도를
> 본받아
> 우리도 이 밥 먹고 밥이 되어 다양성 안에서 일치를 추구하는 삶을 살겠
> 습니다.
> 밥상을 베푸신 하나님 은혜에 감사드리며
> 맑은 마음, 밝은 얼굴, 바른 믿음, 바른 삶으로
> 이웃을 살리는 삶이기를 다짐하며
> 감사히 진지를 들겠습니다.

사실 '밥'이란 단어 속에는 하나님의 창조와 은혜와 노동의 수고와 감사, 예수 그리스도, 그리고 다양성 안에서 일치를 모두 포함한다. "밥으로 오셔서 우리의 밥이 되신" 그리고 "이 밥 먹고 밥이 되어" 기도에는 예수 그리스도의 성육신 신학이 고스란히 담겨있다. 나이를 먹는, 나이듦의 신학도 창조, 은혜, 수고와 감사, 다양성과 일치, 그리고 성육신 신학에 기초한다. 하나님의 창조 질서에 따라 출생과 노화와 사망, 하나님의 돌보심과 은혜, 노동과 수고의 삶, 이 모든 것이 육신을 입고 이 땅에 오신 성육하신 예수님의 은혜 때문임을 보며 감사하는 나이듦의 노년이 된다. 밥과 나

이는 단순히 먹는 것 이상의 삶의 의미를 가지고 있다.

2. 나이듦은 나이^{시간}뿐 아니라 마음도 먹어야 한다

나이듦이란 단순히 세월과 시간만을 먹어서 되는 것은 아니다. 살기 위해 먹듯이, 잘 살기 위해 나이를 먹어야 한다. 시간을 '죽인다' 또는 '때운다'는 표현이 있다. 무엇인가를 하면서 시간을 '낭비한다', '허비한다'는 뜻이다. 심심풀이로 무엇인가를 하면서 시간을 보낸다는 의미이다. 최근 방송계에서는 "어쩌다"라는 용어를 많이 사용한다. 어쩌다 보니 어른이 되었고, 어쩌다 보니 축구팀이 되었고, 어영부영 하면서 어쩌다 결혼도 하였다고 한다. 돌아보니 별로 한 것도 없는데 어쩌다 노인이 되고 나이가 들었다고 한탄한다. 하나님의 사람 모세의 기도로 명명된 시편 90편에서는 인간의 연수가 마치 날아가는 것 같다고 말한다. "우리의 연수가 칠십이요 강건하면 팔십이라도 그 연수의 자랑은 수고와 슬픔뿐이요 신속히 가니 우리가 날아가나이다"^{시 90:10}. 시간을 되돌아보며 후회함 없이 그동안 자신은 잘 살아왔다고 자부할 사람은 그리 많지 않을 것이다. 마치 화살이 날아가듯, 세월이 빨리 지나갔다고 아쉬워하며 세월의 무상함을 느낀다.

갈렙은 85세의 나이에도 여전히 강건하여 전쟁에 나갈 수 있을 정도로 활동적이었다. 그는 이전에 40세 때 모세를 통해 약속받았던 가나안 땅을 가리키며 "이 산지를 지금 내게 주소서"라고 하면서, 하나님께서 말씀하신 대로 다 행하겠다고 여호수아에게 말했다^{수 14:10-12}. 광야생활 40년과 가나안 땅에 들어와 지낸지 5년이 지나도록 그는 하나님의 약속을 기억하며 살았던 인물이다. 모세도 마찬가지이다. 그는 때가 차매 80세에 부름을 받고 이스라엘 백성들을 출애굽하며 이끌었다. 그리고 나이 들어 120세에 죽었으나, 그의 죽음은 쇠한 기력과 숙환으로 인한 것이 아니었다. 성경은

"모세가 죽을 때 나이 백이십 세였으나 그의 눈이 흐리지 아니하였고 기력이 쇠하지 아니하였더라"신 34:7라고 기록한다. 이언 토마스Ian Thomas는 모세를 일컬어 "너무 젊어서 죽은 사람"이라고 불렀다. 왜냐하면 그는 눈도 흐려지지 않았고 기력도 약해지지 않았기 때문이다.

사명자는 죽지 않는다는 말이 있다. 인간이 죽는 것은 늙었을 때가 아니라 사명을 완수했을 때라는 말이다. 나이듦의 인간은 시간이 가고 세월이 흐를수록 마음을 먹어야 한다. 의미치료를 창안했던 빅터 프랭클은 "죽음의 수용소"를 경험하면서 "수용소에서 누군가는 돼지였고 누군가는 성자였다. 돼지가 될 것인지 성자가 될 것인지 하는 것은 수용소가 아니라 자기 자신의 결정이였다"고 말한다. 마찬가지다. 나이드는 것은 막을 수 없지만 돼지로 살 것인지 성자로 살 것인지는 여전히 결정할 수 있다. 나이를 "쳐먹었다"는 슬픈 말을 들을 것인지, "곱게 나이들었다"는 말을 들을 것인지는 나이먹기에 달려있는 것이 아니라 마음먹기에 달려있다. 프랭클은 85세에 실명하여 7년을 더 살았는데 아내 엘리는 "철저하게 그는 그의 실명에 대해 결코 불평하지 않았다. 단 한번도 그는 불평하지 않았다"고 증언한다. 프랭크는 그가 말한 대로 살았고, 그가 주장한 대로 의미찾기의 삶을 끝까지 살아냈다. 그는 『노화와 정신위생』이라는 글에서 "사명, 특히 매우 구체적이고 개인적인 사명을 가졌음을 자각하는 노인들은 정신적으로 건강할 뿐 아니라 육체적 질병에도 잘 안 걸리고 그래서 의욕 없는 생활과 거리가 멉니다"라고 말한다. 자신의 사명을 자각하는 노인들은 정신적으로, 육체적으로 건강할 뿐 아니라 삶의 태도도 의욕적이고 건강하다는 것이다. 결국 나이듦에 필요한 것은 자신의 사명을 자각하는 마음먹기가 꼭 필요한다.

3. 나이듦은 위기, 위험이며 동시에 기회이다

그리스 신화의 시간의 신으로는 크로노스와 카이로스가 있다. 크로노스가 특정할 수 있는 물리적 객관적 시간이라고 한다면, 카이로스는 어떻게 시간을 활용하고 관리하느냐에 따라 달라지는 주관적인 시간이다. 크로노스는 시계가 가리키는 초침에 따라 계산하는 단순한 시간이라 한다면 카이로스는 성경에서 하나님께서 자신의 일을 이루시는 "때가 차매"[갈 4:4], 즉 예수님께서 이 땅에 오신 것처럼, 무르익은 때, 기회를 의미한다.

기원전 4세기 조각가 리시포스[Lysippos]의 카이로스 조각상은 앞머리가 무성하고 뒷머리는 대머리로 묘사되어 있다. 한 글에 따르면, 기회의 신 카이로스의 긴 앞머리는 누구나 쉽게 움켜쥘 수 있듯이 기회가 모든 이에게 찾아온다는 것을 상징한다고 한다. 하지만 일단 기회가 지나가면 잡을 수 없다는 것을 뒷머리가 없는 모습으로 형상화했다고 한다[이솝우화]. 나이를 먹는다는 것은 단순히 시간이 흘러 늙었다는 것을 의미하지 않는다. 그렇기에 나이가 들어가는 노인의 삶은 위험과 기회, 위기이다.

나이듦이 위기라 함은, 추하게 나이드는 사람이 있는가 하면 지혜와 품위있게 늙어가는 사람이 있기 때문이다. 성경은 "백발은 영화의 면류관"[잠 16:31]이지만 그냥 얻어지는 것은 아니라고 말씀한다. 공동번역은 "백발은 빛나는 면류관, 착하게 살아야 그것을 얻는다"고 번역하였다. 노인의 백발은 영광스럽지만, 그렇게 되려면 의로운 길을 걸어야 한다. 성숙하게 나이 들어가는 것을 늙어간다 하지 않고 익어간다고 표현한다. 나이듦은 쇠퇴하는 것이 아니라 성장하고 있음을 뜻한다.

시편 71편 기자는 하나님께서 어렸을 때부터 가르쳐주신 가르침을 계속 전하고 있고, 이제 늙어 머리카락에 희끗희끗 인생의 서리가 내렸어도 하나님의 능력과 기이한 일을 오는 세대에 전하려 하오니 자신을 버리지 말아 주시기를 기도한다. "하나님, 주님은 어릴 때부터 나를 가르치셨기에, 주님께서 보여주신 그 놀라운 일들을 내가 지금까지 전하고 있습니다. 내가 이제 늙어서, 머리카락에 희끗희끗 인생의 서리가 내렸어도 하나님, 나를 버리지 마십시오. 주님께서 팔을 펴서 나타내 보이신 그 능력을 오고 오는 세대에 전하렵니다"시 71:17-18, 새번역.

하나님께서 가르쳐주신 교훈대로 의로운 길을 걸어갈 때 하나님은 노인의 백발을 영광스럽게 빛나는 면류관이 되게 하신다. 잠언 기자는 "젊은 자의 영화는 그의 힘이요 늙은 자의 아름다움은 백발"잠 20:29이라고 기록한다. 솔로몬의 뒤를 이어 왕이 된 르호보암에게 백성의 무리들이 와서 왕의 아버지가 부과했던 고역과 무거운 멍에를 이제 가볍게 해 주면 왕을 잘 섬기겠다고 하였다왕상 12:4. 그런데 르호보암은 아버지 솔로몬을 모셨던 노인들의 조언보다 자신과 함께 자라난 어린 사람들의 조언을 따랐다. 왕이 섬기는 자가 되고 좋은 말로 하면 백성들이 왕을 따를 것이라는 노인들의 충언을 무시하고, 멍에를 더욱 무겁게 하라는 함께 자라난 소년들의 말을 따랐을 때, 결국 백성들은 떠나고 나라는 두 쪽으로 나뉘게 된다왕상 12:7-20.

이러한 사건은 단지 노인들의 말을 잘 들어야 한다는 교훈을 준다기보다는 똑같은 사람들, 같은 입장에 있는 사람들의 의견만 들어서는 안된다는 것을 가르쳐 준다. 나이가 들었다는 것은 삶의 경험에서 자신만이 옳지 않다는 것을 알게 되고, 그렇기에 공자는 나이 육십이 되면 이순耳順이라 하여 어떤 말을 들어도 귀에 거슬리지 않는다고 하였다. 그렇지만 단순히 나이를 먹었다고 어떤 말도 귀에 거슬리지 않는 것은 아니다. 나이듦은 위험이자 기회다. 고집과 아집에 묶여 자기주장만 하며 "라떼는 말이야"를 연발하는 고독한 노인이 될 수도 있고, 반대로 과거의 집착에서 벗어나 다른 사람들의 의견을 겸허히 받아들이고 변화를 수용하는 슬기로운 노인이 될 수도 있다.

II. 나이듦은 반드시 변화를 요구한다

나이듦의 중요한 키워드는 쇠퇴와 상실이다. 몸에 질병이 생겨나서 이전에 당연시하며 했던 것들을 하나 둘씩 못하게 되는 상실의 시기이다. 사랑하는 배우자나 친구, 부모와 사별하는 만남의 상실이 반복되는 시기이기도 하다. 상실은 사람을 고독하게도 만들지만 자신을 성찰하게 만들기도 한다. 아무리 혼자 사는 것에 익숙했던 사람일지라도 사랑하는 사람들을 상실하는 것은 견디기 힘든 현실이다. 나이가 든다고 해서 저절로 현명해지고 지혜로워지는 것은 아니지만, 젊었을 때보다 자신의 한계와 연약함을 인정할 순간들을 더 자주 마주하게 된다. 육체나 정신적인 기능의 점진적 상실은 인간으로서의 능력이 쇠퇴를 뜻하기 때문이다. 결국 나이듦은 싫든 좋은 변화를 요구한다. 칼 융은 "인생의 아침에 세운 계획으로 인생의 오후를 살 수는 없다. 아침에 중요했던 것이 오후에는 보잘 것 없어지고 아침에는 진리였지만 저녁에는 거짓이 되기 때문이다"라고 말한다. 인생의 오후, 노년에는 또 다른 기준과 태도로 삶을 살아야 한다.

빅터 프랭클은 삶의 순간을 구성하는 각각의 시간들이 끊임없이 죽어가는 일회적인 삶이라는 것을 상기시키면서 이렇게 권한다. "두 번째 인생을 사는 것처럼 살아라. 그리고 당신이 지금 막 하려고 하는 행동이 첫 번째 인생에서 그릇되게 했던 바로 그 행동이라고 생각하라."[Frankl, 「죽음의 수용소」] 이는 삶이 되돌릴 수 없음을 받아들일 때, 나이듦이 오히려 새로운 행동 방식과 의미를 발견할 수 있는 기회가 된다는 뜻이다. 그렇기에 프랭클은 나이 든 사람을 불쌍하게 여길 이유가 전혀 없고 오히려 부러워해야 한다고 주장한다. 왜냐하면 나이 든 사람들은 과거 속에 실체, 즉 실현시켰던 잠재적 가능성들과 성취했던 의미들 등 누구도 빼앗을 수 없는 과거가 지니고있는 자산들을 가졌기 때문이다.

나이듦에 긍정적 변화에는 깊은 영성과 단순한 삶, 경건한 믿음을 추구할 수 있다는 점이다. 폴 스티븐스[R. Paul Stevens]는 연구결과를 인용하면서 나이가 들면 느긋해지고, 자신이 변할 수 없다는 것을 받아들이는 법을 배우기 때문에 신앙과 영성이 깊어진다고 말한다. "나이가 드는 것은 우리를 사랑하고 우리를 찾길 바라시는 하나님께 응답하는 영적 여정이다. 나이듦은 점진적인 퇴보가 아니다. 오히려 그 반대이다. 나이가 들면 우리는 좀 더 온전한 인간으로 변화하고 점점 더 깊어진다. 모든 영적 성장이 그러하듯, 우리를 사랑하고 우리를 인간답게 만들고자 하시는 하나님과 협력해야 한다. 그리고 이것은 나이듦의 악덕을 다루고 나이듦의 미덕을 키우는 일을 포함한다."[Stevens, 『나이듦의 신학』]

2020년 7월에 93세로 별세한 제임스 팩커는 2016년에 시력을 잃고 난 후에 한 인터뷰에서 "나이듦은 하나님이 더 나은 세계로 인도하기 위해 준비하는 방법이다. 하나님의 섭리 속에서 살아가자"라고 말했다, 나이를 먹는다는 것은 하늘나라에 좀 더 가까워지도록 인간을 준비케 하는 하나님의 부르심이다. 하나님께서 인도하시는 더 나은 세계로 나아가려면 나이를 먹을수록 영성이 깊어지고, 삶의 의미와 목표가 좀 더 분명해지는 단순한 삶을 살아야 한다. 영성이란 우리를 부르시고, 우리에게 바라시는 하나님께 응답하는 반응의 과정이기 때문이다.

나가는 말

나이를 먹는다는 표현에서 밥으로만 살 수 없듯이, 단순히 나이를 먹는 것만으로는 부족하다는 것을 일깨워준다. 나이를 먹는다는 것은 시간의 흐름만을 뜻하는 것이 아니라, 그 시간을 어떻게 채워나가느냐는 마음가짐과 연관이 있다. 그렇기에 나이듦이란 위험이자 기회인 위기다. 위기는 변화를 요구한다. 퇴보와 상실이 일상이 되어가는 노년의 삶이지만, 깊은 영성과 단순한 삶, 경건한 믿음을 추구할 수 있는 놀라운 기회이기도 하다. 그러한 사람, 즉 하나님의 전에 거하는 종려나무 같은 의인은 "늙어도 여전히 결실하며 진액이 풍족하고 빛이 청청"^{시 92:14}하다. 하나님의 사람은 늙어서도 열매를 맺으며 마르지 않고 항상 싱싱하고 푸르를 수 있다는 말이다. 나이 들면서 쇠퇴하고 경직되어 쓸모없는 초라한 인생으로 전락할 수도 있지만, 반대로 성장하고 유연하며 성숙하게 익어가는 지혜롭고 창조적인 삶이 될 수도 있다. 그러므로 노인들이 가진 강점에는 지혜, 회복탄력성, 그리고 창조성이 있다._{Agronin, 「노인은 없다」}

9장
가족의 존속 가능성과 실천신학적 대응

들어가는 말

필자는 2000년부터 2024년까지 33번의 결혼 주례를 했다. 커플심리검사와 4번 이상의 교육을 전제로 결혼주례서약서를 작성하여야 주례를 허락[?]했다. 주례서약서에는 기대하는 자녀 수를 쓰도록 했는데, 32번째 커플은 예비남편은 3명, 예비 아내는 4명을 원한다고 기록했다. 필자의 20년 주례 역사에 가장 많은 자녀출산을 원하는 부부였다. 서약서에는 "자녀수 2명은 필수, 3명을 목표로 한다"라는 항목에 동의하도록 권장한다. 물론 계획하지는 않았지만 셋째 임신에 쌍둥이를 낳아 4명을 출산한 부부도 있다. 그런가 하면, 늦어진 결혼과 직장생활로 무자녀 부부도 있고 각고의 노력 끝에 여러 번의 시험관 시술을 통해 생명을 낳은 경우도 있다. 평균 2명은 유지하는 것으로 볼 때, 주례자로서 출산율 상승에 그나마 조금 기여했다고 볼 수 있다.

그러나 대한민국의 초저출산율은 독보적 세계 1위다. 통계청에 의하면 합계출산율[여성 1명이 평생 낳을 것으로 예상되는 평균 출생아 수]이 2022년도 0.78명[2020년 0.84명]으로 OECD[경제협력개발기구] 38개 회원국의 평균 1.59명[2020]의 절반 수준이다. 합계출산율 1명 이하는 대한민국 뿐이다. 과연 가족의 미래는 있을까? 아니 가족 없이 대한민국은 존속할 수 있을까? 그렇다면 교회는 어떤 신학에 기초해서 어떻게 대응해야할까?

I. 가족해체의 가속화: 도미노 현상으로서의 가족붕괴

초저출산율과 고령사회로의 급속한 전환은 인구절벽으로 이어진다. 정부는 2028년부터 인구가 감소할 것이라 예상했지만 예측을 훨씬 뛰어넘어 8년 빠르게 인구감소가 시작됐다. 2021년 12월 총인구 51,829,023명에서, 2022년 12월 51,638,809명으로 19만 0214명이 감소하였다. 2020년 사망자 수가 출생아 수를 넘어서는 데드크로스 현상이 처음 발생했고, 2022년의 인구 자연 감소^{출생아 수에서 사망자 수를 뺀 수치}는 12만 3,795명에 달했다. 노무현 대통령 정권 때, 저출산고령사회위원회를 설립하고 최초로 저출산 예산을 편성한 2006년 이후, 15년간 380조 2천억원을 투입했음에도 저출산·고령화 문제는 해결의 기미가 보이지 않는 상황이다.

저출산은 심각한 사회적 파급효과를 초래할 것이 자명하다. 학령인구 감소로 인한 폐교 증가와 실업자 양산, 노동력 감소로 인한 국내 총생산 감소, 국방력 약화, 그리고 내수 경제 위축이 예상된다. 경제, 사회, 문화, 국방 등에 걸쳐 도미노 현상을 넘어 쓰나미처럼 큰 충격을 가져올 것이다. 반면, 저출산과 함께 인간의 기대수명은 빠르게 증가하고 있어서, 줄어드는 노동인구가 증가하는 노령 인구를 부담해야 하는 악순환으로 빠져들고 있다. 2022년 ^{12월 31일 기준} 서울시 미분양 아파트는 953호이고, 경기도 지역은 7,588호가 미분양이다. 1인 가구는 33.4%로 꾸준히 증가 추세이나, 젊은 층의 자본 부족^{대출 어려움 포함}과 1인 가구용 소형 아파트의 부족, 그리고 전체 인구 감소 추세로 인해 대규모 아파트 미분양 사태가 발생할 수 있다.

펜실베니아 와튼 스쿨Wharton School of University of Pennsylvania의 마우로 기옌 Mauro Guillen 교수는 『2030 축의 전환』에서 출생을 알면 미래가 보인다고 주장하면서 2030년 이후에는 아프리카 대륙만 인구가 증가높은 출산율할 것으로 보았다. 유엔2019은 인구 증가 속도는 둔화하겠지만 2030년 85억명, 2050년 97억명, 2100년 109억명으로 계속 늘어나다가 하락세로 꺾일 것으로 추산했다. 반면에 미국 워싱턴대 의과대학 보건계량분석연구소IHME는 2100년 전 세계 195개국의 인구를 전망한 논문에서 현재2020 78억명인 전 세계 인구가 출산율 하락과 고령화로 2064년 약 97억명으로 정점을 찍고, 그 후 감소세로 전환되어 2100년에는 88억명으로 감소할 것으로 예측을 했다. 이러한 인구추계의 차이는 출산율을 어떻게 산정하느냐에 따라 달라졌는데 유엔은 여성의 합계출산율을 평균 1.8명으로, IHME는 여성들의 교육 수준이 높아지고 피임 등이 확산되면서 출산율이 1.5명 아래로 떨어질 것으로 전망하였다. 2100년 195개국 가운데 183개국의 출산율이 2.1명 이하로 떨어져 인구가 줄어들 것으로 예상한다. 세계적으로 출산율이 저하되는 추세에 따라 각국이 해결책 마련에 고심하고 있으나, 뚜렷한 해결책을 찾지 못하고 있는 실정이다.

II. 가족 대체: 또 다른 가족의 등장

한부모 가족, 재혼 가족, 무자녀 가족, 자녀입양 가족, 미혼 부모 가족, 결혼하지 않고 사는 동거가족, 싱글독신 가족, 독거노인 가족, 소년소녀가장 가족, 조손 가족, 다문화 결혼 및 가족, 동성 커플 등 이전에 경험하지 못했던 새로운 형태의 가족 개념이 등장하고 있다. 이러한 새로운 가족 형태의 등장을 가족 붕괴의 시대로 보는 사람도, 이제는 붕괴를 넘어 해체로 가고 있다고 우려하는 목소리도 있다. 반면에 현재의 상황을 가족 해체라기보다는 전통적 가족의 폐혜였던 가부장적 제도나 남녀 차별 및 일부일처제 등에 대한 대안을 모색하는 혼돈의 과정으로 보는 사람도 있다.

　　가족 구조의 변화와 함께 1인 가구가 급증하고 있다. 2022년 통계청 보고에 따르면, 1인 가구의 68%가 연소득 3,000만 원 미만이며, 42%는 무직 상태이다. 1인 가구 비중은 2015년 27.2%[1,911만 명]에서 2021년 33.4%[2,144만 8천 명]로 지속적으로 증가하고 있다.

　　또한 3년여의 코로나로 인해 강제적 격리를 하다보니 사람과의 사회적 거리두기가 자연스러운 반면, 반려동물이 가족을 대체하는 중요한 존재가 되었다. '펫팸족'은 반려동물을 가족과 같이 키우는 세대를 일컫는 용어이다. '반려동물도 가족'이라는 인식 변화에 대해 75.3%가 '바람직하다'라고 응답했다. 바람직한 변화라고 생각하는 이유로는 '함께 살고 있기 때문에'[45.2%]가 가장 높고, '반려동물로 인해 정서적 안정을 취할 수 있어서'[37.4%], '사람에게서 느끼는 외로움을 달랠 수 있어서'[15.7%]가 뒤를 이었다. 반면, 바람직하지 않다고 생각한 9.3%의 응답자들은 '사람이 아니기 때문에'[46.2%], '소, 돼지 등의 가축은 가족으로 인식하지 않는 경향이 있는데 반려동물도 마찬가지라서'[43.1%]라고 답하였다. 반려동물과 함께 살며 정서적 안정과 외로움을 달래주는 존재이기에 가족으로 여기게 되는 것은, 반려동물이 실제로 가족의 역할을 대체하고 있음을 보여준다. 반려동물을 키우는 반려인의 호칭을 '○○ 엄마'나 '○○ 아빠'라 부르고 반려인이 어린 경우, '○○ 누나'라는 호칭도 쓴다.

　　반려동물을 입양하는 사례도 점점 증가하고 있다. 통계청은 2020년도에 약 312만여 가구[전체 가구 중 15%]가 반려동물을 키우는 것으로 조사했으며, 2021년 농림식품부의 '반려동물 국민의식조사 발표서'에 따르면 약 638만 가구[27.7%]로 추정되었다. 단순 산출 방식으로 1,500만 명에 이른다는 추정도 있으나 근거가 희박하며, 실제로는 약 700만 명이 반려동물을 기르는 것으로 볼 수 있다. 이러한 현상을 반영하여 '펫코노미'[반려동물 산업] 시대가 도래했다고 말한다. 코로나19로 인해 집에서 반려동물과 여가를 보내는 사람들을 일컫는 '펫콕족'이나, 반려동물과 함께 휴가를 즐기는 '펫캉스' 등 다양한 펫코노미 관련 신조어들이 생겨나고 있다. 반려동물 관련 산업 규모는 2017년 2조 3,332억 원에서 꾸준히 증가하여 2021년 3조 7,694억 원을 기록했으며, 2025년에는 5조 3,474억 원에 이를 것으로 추산된다.

반려동물과 커플룩을 입고 가족사진을 찍기도 하고, 반려동물의 돌사진을 찍기도 한다. 반려동물 장묘지도사라는 새로운 직업도 등장했다. 그동안 반려동물은 민법상 단순한 물건으로 분류되어 학대행위가 발생해도 사법처리가 어려웠지만, 법무부가 반려동물의 법적 지위 개선을 추진하면서, 앞으로는 단순한 사유재산이 아닌 '가족'으로 인정받을 수 있는 길이 열릴 전망이다. 최근들어 늘어나는 반려동물의 양육비와 병원비에 따라 '펫 보험'도 생겨났다. 또한 반려동물 의료보험 외에 반려견이 사람 등을 물었을 때에 대비한 배상책임, 실종 수색 비용, 사망 위로금 등을 보장하는 보험상품들이 속속 등장하고 있다.

전통적인 가족 구조가 아니더라도 생명의 탄생과 생존이 가능해졌기에, 기존의 가족 제도는 필연적으로 변화할 수밖에 없다. 예를 들면 인공수정[이성 배우자와의 직접적인 성 접촉 없이 임신]을 통해 태어나 동성애 커플의 양육을 받으며 자라거나, 결혼제도를 벗어나, 동거와 독신으로 살다가 자녀 없이 세상을 떠나는 새로운 형태의 삶이 가능하게 되었다. 전통적 가족의 틀과는 전혀 다른 가족 구조가 등장하게 된 현시점에서 새로운 가족 개념의 도입은 피할 수 없는 것이 되었다. 그렇다면 성경은 가족에 대해 어떤 가르침을 주고 있을까?

III. 성경적 가족 신학으로의 전환

앞의 장[7장 저출산 문제에 대한 목회상담적 대안]에서 생육과 번성의 신학에서 생명의 신학으로, 혈통의 신학에서 입양의 신학으로의 전환을 주장하였다. 또 하나 포함되어야할 것은 출산의 신학에서 재출산 살림의 신학으로 나아가야 한다.

출애굽은 이민자들인 이스라엘 자손이 애굽 땅에서 생육하고 번성하였기 때문에 일어났다. 요셉을 통해 흉년을 이겨내고 경제적인 위기를 극복했지만, 야곱의 후손들은 하층민으로 전락하였다. 그럼에도 불구하고 이스라엘의 자손들이 번성하자 바로 왕은 두려워하면서 산파들에게 아들을 낳으면 죽이라고 명령한다[출 1:15-16]. 건축을 위한 고된 노동에 내몰리고 학대를 받지만 이스라엘 자손이 늘어난 것은 "산파들이 하나님을 두려워하여 애굽 왕의 명령을 어기고 남자 아기들을 살린"[출 1:17] 용감한 행동이 있었기 때문이다. 바로 왕은 이스라엘 자손의 번성을 두려워하였지만 산파들은 하나님을 두려워하였고 하나님은 그들에게 은혜를 베푸셨다. 그리하여 이스라엘 백성들은 번성하고 매우 강해졌고 하나님께서는 하나님을 경외하는 산파들의 집안을 흥왕하게 하셨다[출 1:20-21]. 산파들은 하나님을 경외하므로 생명을 살리는 일에 적극적으로 헌신하였다. 히브리 산파들은 죽음의 위험조차 감수하고 하나님을 두려워하며 태어난 생명을 살려내었다. 한국에서는 태어난 생명조차도 낙태, 유기, 자살로 생명을 잃어가고 있다. 보건복지부 통계에 따르면 1953년부터 2021년까지 16만 9천 명이 해외로 입양되었다. ISS[International Social Service]의 2020년 통계에 따르면, 한국은 해외 입양 규모에서 세계 3위[266명]를 기록했다.

하나님의 백성들의 출산은 '생육과 번성의 신학'에 뿌리를 두고 있지만 '재출산'은 좀 더 포괄적인 '살림의 신학'에 기초한다. 생명의 신학(출산)과 살림(살이)의 신학(재출산)이 균형을 이루어야 생명 생태계가 회복된다. 생명을 출산하는 것은 죽은 자를 살리는 부활의 살림이요 일상적인 삶에서 생명답게 살아가는 살림살이는 재출산을 가능케 하는 살림이다. 새 생명을 잉태하는 것과 건강한 출산도 중요하지만, 태어난 자녀들이 살 수 있고, 살만한 하나님의 나라가 되어야 한다. '생육하고 번성하는' 출산에서 한 자녀 뿐 아니라 또 다른 자녀를 낳는 재출산으로 이어지려면 생명을 귀하게 여기는 하나님의 다스리심이 펼쳐지는 가정과 교회와 나라가 먼저 되어야 한다. 나아가 둘째 이상의 자녀를 임신하고 출산하는 것을 넘어서 태어난 자녀들을 믿음으로 경건하게 키울 수 있어야 한다. 그렇게 하기 위해서는 살림의 신학에 기초하여 태어난 자녀들이 자라가면서 필요한 돌봄과 양육을 받아 생명을 포기하지 않고 믿음의 삶을 살아내며 성장해 갈 수 있는 가족 생태계, 교회 생태계를 만들어야 한다. 그러므로 출산율을 높이는 것은 신생아의 탄생뿐 아니라 생명을 살리는 살림의 신학, 일상생활에서의 재출산이 병행되어야 한다.

IV. 가족의 대안으로서의 교회 공동체

예수님은 가족관은 가히 혁명적이다. 예수님께서는 모친과 형제들이 찾아왔다는 말에 "누구든지 하늘에 계신 내 아버지의 뜻대로 하는 자가 내 형제요 자매요 어머니이니라 하시더라"마 12:50고 말씀하셨다. 성경적 가족은 혈연 공동체를 뛰어넘는 신앙 공동체이다. 가족의 혈연관계나 가족의 형태보다 더 중요한 것은 가족 구성원이 진정으로 하나님의 뜻대로 행하는 신앙 공동체, 사랑의 공동체가 되는 것이다. 그렇기에 반려동물이 가족을 대체하고 있는 지금, 교회 공동체가 형제 자매의 공동체, 가족의 공동체를 대신할 수 있어야 한다. 하나님과 가족이 된 성도는 신앙공동체로서의 가족의 일원이 된다. 즉, 가족의 형태나 구조 이전에, 하나님에 대한 신앙고백을 통해 예수 그리스도와 함께하는 가족이 되는 것이다.

구약에서는 대표적으로 "과부와 고아"출 22:22를 돌보라 말씀한다. 신약에서는 좀 더 넓은 의미로 예수님께서는 "의인이 아니라 죄인"마 9:13, 막 2:17을 부르러 오셨다 말씀하셨고, 종교 지도자들은 예수님을 "죄인과 세리"마 9:11; 눅 5:30의 친구라 비난하였다, 반면 예수님은 "세리들과 창녀들"마 21:31-32이 먼저 복음을 받들였다며 종교 위선자들을 질책하셨다. 바울은 과부인 가족을 돌봐야 하지만 가족이 없는 이들을 교회가 돌봐야 한다고 가르쳤다딤전 5:3-16.

과부가 되어 시어머니 나오미와 함께 베들레헴으로 온 모압 이방여인 룻은 어머님에게 순종하여 보아스의 아내가 되어 아들을 낳았다. 성경은 이렇게 기록하고 있다. "나오미가 아기를 받아 품에 품고 그의 양육자가 되니 그의 이웃 여인들이 그에게 이름을 지어 주되 나오미에게 아들이 태어났다 하여 그의 이름을 오벳이라 하였는데 그는 다윗의 아버지인 이새의 아버지였더라"룻 4:16-17. 할머니 나오미가 양육자가 되고, 이웃 여인들이 이름을 오벳이라 지어주고, 결국은 다윗의 할아버지가 된다. 한 아이가 태어나서 자라날 때 국가기관이나 지자체가 여러 혜택을 주지만 양육에 참여하는 조부모 세대, 함께 이름을 지어주고 대부, 대모의 역할을 하는 이웃, 마을 공동체가 있어야 한다. "한 아이를 키우려면 온 마을이 필요하다"는 아프리카 속담처럼, 아이가 신앙인으로 자라가려면 온 교회가 함께 돌보며 환대해야 한다. 지금 교회가 돌봐야 할 '과부와 고아'는 결혼을 미루고 혼자 삶을 견디고 있는 청년들이다. 교회 공동체는 1인 가구로 외롭게 살아가는 이들에게 마을이 되어 서로를 돌보는 공동체가 되어야 한다.

나가는 말

청년들은 결혼을 희망해도 높은 진입장벽에 막혀 있다. 결혼을 미루다 보니 비혼이 증가하고, 이는 출산율 하락으로 이어져 고령사회를 더욱 심화시키는 결혼·출산 생태계의 악순환이 지속되고 있다. 청년세대에게 결혼을 해야만 한다는 당위성은 오래전에 사라졌다. 결혼하지 않은 채 홀로 살거나 결혼은 하지 않았으나 동거하며 함께 사는 커플들도 늘어나고 있다. 그러므로 비혼자는 단지 혼자 사는 사람이 아니다. 당위적인 행위로서의 결혼이 아니라 자유의지에 따라 개인적인 선택과 자발적 결정에 의한 것이다. 따라서 저출산과 고령화 사회로의 진입은 멈출 수가 없을 것이고 가족해체는 가속화되어지며 도미노 현상으로 가족뿐 아니라 경제, 사회, 문화, 삶의 질 전반에 변화를 요구하고 있다. 그리고 그 자리를 반려동물과 대안 가족들이 빠르게 대체하고 있다.

그러나 예수님의 가족관은 혁명적이어서 혈연을 뛰어넘는 신앙의 공동체임을 선언하신다. 이 시대는 생육과 번성의 신학에서 생명의 신학으로, 혈통의 신학에서 입양의 신학으로, 출산의 신학에서 재출산 살림의 신학으로의 전환을 요구하며, 가족의 대안으로서 교회 공동체와 소그룹이 그 역할을 감당해야 한다. 교회 공동체와 교회 소그룹이 건강한 돌봄의 마을이 되어 균형있는 신학으로 청년 세대를 품을 때, 다음 세대가 결혼을 희망하고 출산을 소망할 수 있을 것이다.

10 장
포스트 코로나 시대의 목회 돌봄

들어가는 말

인간 역사의 중심에는 예수님이 계신다. 예수님을 기준으로 기원전과 기원후가, B.C^{Before Christ}와 A.D^{라틴어 Anno Domini, in the year of our Lord, since Christ was born}로 나뉜다. 성도의 삶의 분기점도 예수 그리스도이다. 복음, 곧 복된 소식에 의해서 옛사람과 새사람으로 나뉜다. 세상의 기준은 바뀔지 모르지만, 인간을 창조하고 가정을 디자인^{design} 하신 하나님의 계획과 그 삶의 원리는 여전히 유효하다.

그런데, 코로나19 팬데믹 상황이 장기화되면서 뉴노멀의 시대에는 B.C^{Before Covid}와 A.C^{After Covid}로 나뉜다고 한다. 코로나19가 우리의 이전과 이후의 삶을 바꾸어 놓았기 때문이다. 팬데믹^{Pandemic}이란 세계보건기구가 선포하는 감염병 최고 경고 등급이다. 세계적으로 감염병이 대유행하는 상태를 일컫는데, 팬데믹 선언은 1968년 홍콩 독감, 2009년 신종플루 때에 이어, 이번이 세 번째이다.^{"팬데믹," 「네이버 지식백과」} 코로나19 팬데믹 현상이 계속되면서 뉴노멀^{New normal}이라는 용어가 주요 키워드가 되었다. 새롭다는 New와 보통, 평균, 기준, 정상적이라는 뜻의 Normal이 합쳐진 단어이다.

시대의 변화에 따라 '새롭게 부상하는 기준이나 표준' 또는 '비정상으로 보였던 현상이나 지표가 점차 아주 흔한 표준이 되는 것'을 뜻한다. 이전에는 생소했던 용어들이 이제는 사회 전반에 걸쳐 익숙해지고 일상이 되었다. 사회적 거리두기, KF-94 마스크, Zoom, 비대면, 방역, QR코드 인증, 체온 측정, 언택트^{사람을 직접 만나지 않고 물품을 구매하거나 서비스를 받는 일}, 넷플릭스^{Netflix} 영화 보기, 영상 온라인 예배, 자가 격리, 문진표, 배송구매, 쿠팡, 재택근무, 에듀테크, 원격 의료가 새로운 일상이 되었다. 또한 청년들 사이에서 주식과 가상화폐, 비트코인에 대한 관심이 늘어나는 등 사회 전반에서 다양한 형태의 뉴노멀이 자리 잡고 있다. 예전에는 마스크를 쓰면 "어디가 아프냐?"라고 걱정스럽게 물었지만, 지금은 마스크 착용이 전혀 어색하지 않은 일상이 되었다. 그리고 이러한 변화, 뉴노멀이 계속 이어질 것이고 지속적으로 변화가 확대될 전망이다. 코로나19가 뉴노멀 시대로 개인의 일상을 바꾸었듯이 가정도, 사회도, 학교도, 교회도, 그리고 신앙생활도 바꾸고 있다.

그렇다면 무엇이 코로나 이전의 일상이고, 코로나 시대를 지나 포스트 코로나 시대의 일상은 어떻게 변하고 있는가? 변화해야 할 것과 변화해야만 하는 것, 변화하지 않아야 할 것은 무엇인가? 교회와 신앙, 목회자와 목회자의 기능, 역할, 사역에서 변화해야 할 것과 변할 수 없고, 변하지 말아야 할 본질은 무엇인가? 이러한 질문들을 고려하면서 본 글은 포스트 코로나 시대를 맞으며 목회 돌봄에 대해 살펴보고자 한다.

I. 코로나19 이전과 코로나 시대의 변화의 핵심

1. 개인 일상의 변화

코로나19로 일상이 얼마나 달라졌는지 조사했다. 이전의 일상을 100점^{100%}, 일상이 완전히 위축되거나 정지된 상황을 0점으로 평가한 결과 44점^{44%}을 기록했다. 주요 변화로는 '일상생활에서 자유가 제한됐다' 55%, '걷기 등 신체 활동이 줄었다' 51%, '정서적으로 지치고 고갈됨을 느낀다' 39%, '우울감을 느낀다' 38%, '중요한 일정^{결혼식, 시험, 취업}이 변경/취소됐다' 32% 등으로 나타났다.^{지용근, 『2020 통계로 보는 한국 사회 그리고 한국교회』, 55} 팬데믹이 지속될수록 이전 일상과 비교해 점수는 계속 하락하는 추세를 보인다.

코로나19로 인해 일상이 크게 변화했으며, 이전에 비해 일상생활의 자유가 제한되면서 정서적 무기력과 우울감으로 고통받는 사람들이 증가하고 있다. 이러한 변화의 핵심은 두 가지로, 첫째는 사회적 관계망이 차단되어 개인이 겪는 물리적·관계적 고립 시간의 증가되었다는 점이며, 둘째는 집에 머무는 시간이 길어지면서 가정생활과 가사에 대한 인식 및 행동 변화가 요구되고 있다는 점이다.

코로나19가 2년째 접어들면서 실시한 일상생활 변화 조사에서는, 국민의 69%가 '고립된 시간이 늘었다'고 응답했으며, 58%는 '경제적 부담이 늘었다', 55%는 '일과 가정에서 책임이 가중되었다'고 답했다. 이 세 가지 변화를 모두 경험했다고 응답한 비율을 연령대별로 분석한 결과, 50대가 42%, 40대 25%, 20대 13%, 30대 13%, 60대 7% 순으로 나타났다. 특히 한국 경제와 가정, 교회의 중추적 역할을 담당하는 50대가 가장 큰 영향을 받은 것으로 드러났다.^{목회데이터연구소, 「넘버즈」 88호}

이러한 일상의 제한은 코로나19 초기인 2020년 상반기^{1~6월}에 '정신

건강 관련 정보 문의 및 심리 상담'이 15% 증가하였고^{2019년 상반기 443,553건과 비교}할 때 511,503건 목회데이터연구소, 「넘버즈」 67호, 코로나19 이후와 이전을 비교했을 때, 기독 청년들이 코로나19 이후에 약간 더 우울해지고, 분노/짜증/스트레스가 늘어나고, 고립감과 소외감이 커졌다고 응답했다. '개신교인 장년^{40대 이상}'과 비교하면, 전체적으로 '기독 청년'이 '분노/짜증/스트레스'와 '고립감/소외감'에서 '나빠졌다'는 응답이 높아, '기독 청년' 가운데 부정적 감정이 '개신교인 장년^{40대 이상}'보다 더 심하게 나타났다.^{목회데이터연구소, 「넘버즈」 84호} 특별히 20대 여성은 코로나19 우울증 진단에서 전년 대비 38%^{남성 증가율 10%} 증가하여 타 연령층보다^{전체적으로 6% 증가} 압도적으로 높은 것으로 나타났다.^{목회데이터연구소, 「넘버즈」 67호.}

코로나19가 일상생활에 미친 가장 큰 영향은 사회적 거리두기로 인한 대인관계의 제한이다. 친구, 직장동료와의 만남, 각종 모임과 식사 등이 제한되면서 고립된 시간이 늘어났다. 또한 국내외 여행, 운동과 같은 여가 활동이나 영화관, 공연 등의 문화생활이 위축되었고, 집에 머물러야 하는 공간적 제약으로 불안, 무기력감, 우울증 등 정서적 건강이 악화되었다. 코로나19의 장기화로 신체 활동 저하와 정서적 불안정이 심화되면서 일상생활과 정신건강에 적신호가 켜지고 있다. 특히 기독청년들 사이에서 고립감, 소외감, 분노와 짜증 등 부정적 정서가 늘어나고 있으며, 20대 기독교 여성들의 우울증 증가는 우려할 만한 수준이다. 이러한 현상은 청년들이 겪는 좌절감과 박탈감을 고려할 때, 일반 남녀 청년들에게서도 비슷하게 나타나고 있을 것으로 추정된다.

2. 가정의 변화

퓨리서치가 14개 경제 선진국 국민들을 대상으로 코로나19가 종교와 가족관계 등에 미친 영향을 조사하였다[2020.06.10.-08.03]. 코로나19가 가족의 결속력을 '강화시켰다'라는 항목에 스페인 42%, 이탈리아, 미국, 영국 등 41%인데 반하여 한국과 일본은 18%로 나타났다. 그리고 한국은 '큰 변화가 없다'가 72%이고, 오히려 '약화되었다'는 비율이 10%로 거의 최저 수준[일본은 3%]이다. [목회데이터연구소, 「넘버즈」 91호]

코로나19로 인해 가족들이 함께 보내는 시간이 늘어났고, 감염 예방과 공동체 의식이 강화된 반면, 가족간의 갈등과 가정폭력도 증가하는 추세를 보였다. 코로나19를 뜻하는 '코비드'[Covid]와 '이혼'[Divorce]의 합성어인 '코로나 이혼'[Covidivorce]이라는 신조어까지 등장했다. 통계청의 '2020년 12월 인구동향'에 따르면 전체 이혼 건수는 10만 6,512건으로 코로나 이전인 2019년보다 4,319건 감소했다. 그러나 20년 차 이상 부부의 이혼 건수[4만 1,340건]는 오히려 전년 대비 2,894건 증가했으며, 전체 이혼 중 황혼이혼이 차지하는 비율도 38.8%로 최고치를 기록했다.[이연주, 「더 비비드」] 좀 더 분석이 필요하겠지만, 부부가 함께 보내는 시간이 길어지면서 과거의 미해결 부부 문제가 재현되며 갈등이 깊어졌고, 그 결과 이혼이 늘어났다고 볼 수도 있다.

한 연구에 따르면 코로나19 이후 배우자와의 관계가 '더 좋아졌다'[19%]는 응답이 '더 나빠졌다'[7%]보다 3배 가까이 높았다. 초등생 자녀와의 관계 역시 '더 좋아졌다'[19%]가 '더 나빠졌다'[13%]보다 더 높은 것으로 나타났다.[목회데이터연구소, 「넘버즈」 85호] 일반적으로 함께 보내는 시간이 늘어날수록 관계의 질이 향상되지만, 어느 시점을 넘어서면 오히려 관계가 악화되는 경향이 있다. 이는 함께하는 시간이 늘어날수록 서로에 대한 간섭이나 행동 변화 요구 등 갈등 요소가 증가하기 때문이다. 대표적인 예로, 남편이 은퇴한 후 부부가 함께하는 시간이 늘어나면서 발생하는 갈등을 들 수 있다. 독립적인 사회관계망을 유지해온 아내와 달리, 은퇴 후 아내와 더 많은 시간을 보내고자 하는 남편 사이의 이러한 갈등은 황혼이혼의 한 원인이 되고 있다.

또한 코로나19로 인해서 새로운 트렌드는 소위 '집콕' 현상이다. 집에 있는 시간이 늘어나면서[82%] 집에 틀어박혀있는 사람들, 일명 집돌이와 집순이에 대한 이미지가 부정적 사람 10%에서 긍정적인 사람 36%로 변화해 가고 있다.[목회데이터연구소, 「넘버즈」 85호] 호모 루덴스[Homo Ludens: 놀이하는 인간]에서 파생된 신조어인 '홈루덴스'[Home Ludens], 즉 밖에서 활동하지 않고 주로 집에서 놀고 즐길 줄 아는 사람을 뜻하는데 이에 해당하는 국민은 약 65%로 젊은 층일수록 그 비율이 높았다. 또한 집에서 가장 많이 하는 활동은 TV 보기 71%, 영화 42%, 커피 39%. 음악 38%, 게임 33% 등 가족이 함께 활동하기보다는 개인적이며 자기만의 행동에 머물고 있다. 한편으로는 재택근무, 학업, 운동 등 집 밖에서 하던 활동이 집 안으로 들어오고, 이에 따라 집의 활용도도 바뀌고 있다.[목회데이터연구소, 「넘버즈」 85호] 이제 집은 단순히 먹고 자는 곳만이 아닌, 최고의 휴식 공간[94%]이며 집에 있을 때 편안한 쉼을 느끼며[73%], 자신만을 위한 행복의 공간[90%]이 되기를 원한다.[목회데이터연구소, 「넘버즈」 85호] 이에 따라 홈 인테리어에 관심을 갖는 집들이 늘어나고, 가정용 고급 커피 용품, 와이너리 등 쉼과 일을 병행하는데 필요한 제품들의 판매가 늘어나고 있다. 빅데이터 분석을 통해서 코로나19와 가족생활을 살펴본 결과, 중심어들을 정리한 내용은 다음과 같다.[박선영, 이재림, "소셜 빅데이터로 알아본 코로나19와 가족생활"]

[표 1] 코로나19와 가족생활 토픽 범주화

번호	범주명	토픽 번호(토픽명)
1	코로나19라는 질병과 가족	토픽 1 (코로나19 예방) 토픽 2 (코로나 확진과 가족) 토픽 3 (가족감염) 토픽 4 (가족건강)

2	코로나19라는 인한 가족생활 변화	토픽 5 (일상생활) 토픽 6 (식생활) 토픽 7 (식생활 변화) 토픽 8 (종교생활) 토픽 9 (집콕생활) 토픽 10 (개학연기) 토픽 11 (가족행사) 토픽 12 (여행, 휴가)
3	코로나19관련 심리적 이슈	토픽 13 (가족, 친구 걱정) 토픽 14 (코로나19와 불안) 토픽 15 (코로나19와 스트레스)
4	코로나19의 타격과 피해	토픽 16 (코로나19 시기 대란) 토픽 17 (코로나19의 피해)
5	코로나19 대응정책	토픽 18 (긴급재난 문자) 토픽 19 (가족지원정책)
6	코로나19 지역확산 및 기타	토픽 20 (코로나19와 신천지) 토픽 21 (코로나19와 대구) 토픽 22 (기타)

코로나19로 인한 가족생활의 변화는 일상생활, 식생활, 종교생활, 집콕생활, 개학 연기, 가족행사, 여행 및 휴가 등 다양한 범주로 나타났다. 특히 집과 가족을 중심으로 신앙생활, 학업, 일상생활, 식생활의 변화가 두드러졌으며, 이와 함께 불안, 스트레스, 걱정 등 심리적 문제들이 주요 이슈로 대두되었다. 이러한 상황에서 가족 구성원 간의 지지와 협력이 그 어느 때보다 절실해졌다. 이는 생애 주된 직장에서 퇴직한 남성들의 사례에서도 확인할 수 있다. 평균 49세에 찾아오는 극심한 퇴직 후유증을 극복한 50대 초반50-54세 남성들 중 47%가 가족의 '위로·격려·응원'을 가장 큰 극복 계기로 꼽았다.목회데이터연구소, 「넘버즈」 47호 이처럼 가족의 정서적 지지는 퇴직 후유증은 물론, 코로나19로 인한 두려움과 불안, 고독감을 이겨내는 데 핵심적인 역할을 한다.

미래학자인 엘빈 토플러Elvin Toffler는 오래전에 가족이란 사회의 '거대 충격 완충緩衝 장치'giant shock absorber라고 하였다.Toffler, 「미래의 충격」 세상과의 치열

한 전투에서 매 맞아 멍들고 상처 입은 개인이 돌아오는 곳, 점점 더 유동
성으로 가득 찬 환경에서 유일하게 안정된 장소가 가정이라고 주장한다.
반세기가 지난 지금도 사람들은 그런 가정을 꿈꾼다. 그런데 가정마저 더
이상 안전한 곳이 아니다. 오히려 가정에서 멍들고 상처 입고 다투고 끔찍
한 일이 일어난다. 그렇다면 상처받은 영혼은 어디에서 회복할 수 있을까?
가정은 상처 입은 가족원들의 충격을 흡수하고 완충하는 역할에서 한 걸
음 더 나아가 재충전하여 다시 세상과 맞설 수 있도록 도와주고 함께하는
응원군의 역할을 다시 발견하고 회복해야 한다.

코로나19가 일상을 바꾸었지만, 가정에 미친 긍정적 영향도 있다. 가
정의 소중함에 대한 인식이 높아지고 가족 간 결속력이 강화되는 계기가
되었다. 가족이 함께 보내는 시간이 늘어나면서 가사 분담과 같은 가족 역
할이 재조정되었고, 가족 간 대화도 더욱 활발해졌다. 또한 가족이 함께하
는 신앙 생활 — 온라인 예배 참여와 정기적인 가정예배 — 도 증가했다. 이
러한 변화 속에서 가족의 응원과 지지, 격려는 코로나19로 인한 우울과 불
안 같은 정서적 어려움, 그리고 퇴직과 이직으로 인한 경제적 압박을 이겨
내는 든든한 버팀목이 되었다. 반면, 코로나19 이전부터 가족 갈등이나 문
제를 안고 있던 가정의 경우, 함께 보내는 시간이 길어지면서 가정폭력과
가족 갈등이 심화되고 이혼율이 높아지는 경향을 보였다.

3. 신앙생활과 종교의 변화

퓨리서치가 14개 경제 선진국 국민들을 대상으로 코로나19가 종교
와 가족관계 등에 미친 영향을 조사하였다^{2020.06.10.~08.03.}. 그 결과 14개국
모두 종교적 신앙이 '강해졌다'가 '약해졌다'보다 높게 나타났다. 코로나19
로 인해 '자신의 종교적 믿음이 더 강해졌다'라는 응답은 미국이 28%로 가

장 높았고, 스페인 16%, 이탈리아 15% 등의 순이었다[14개국 평균 중앙값은 10%]. 반면에 한국은 종교적 믿음이 '강해졌다' 10%, '약해졌다' 9%로 14개국 중 '약해졌다'는 비율이 가장 높은 특징을 보였다.[목회데이터연구소, 「넘버즈」 91호] 2020년 상반기 조사에서 주목할 만한 점은, 코로나19 확산으로 큰 피해를 입은 미국, 스페인, 이탈리아의 국민들은 종교성이 강해진 반면, 상대적으로 확진자 수가 적었던 한국에서는 오히려 종교적 믿음이 약화되었다는 것이다.

코로나19로 인해 예배를 전혀 드리지 않는 교인들이 13%에서 18%로 증가했다. 분석 결과, 이러한 증가는 주로 40대 이하, 직분이 없는 성도, 그리고 신앙이 낮은 기독교 입문층[새신자]에서 두드러졌다. 또한 교회 출석자들을 대상으로 한 조사에서 코로나19 종식 후 '예전처럼 교회에서 출석하여 예배드릴 것 같다'는 응답이 3개월 만에 85%에서 76%로 감소했다. 반면 '필요한 경우 온라인/방송 예배를 드릴 것 같다'는 응답은 13%에서 17%로, '교회를 안 나가게 될 것 같다'는 응답은 2%에서 6%로 증가했다. 코로나19 상황에서 신앙생활의 가장 큰 어려움을 묻는 질문에는 '성도 간의 교제'가 30%로 가장 높았으며, '예배에 집중하는 것'과 '교회에 자주 못 가는 것'이 각각 19%, '개인의 신앙생활'이 17%로 나타났다. 이는 교회 성도 간 교제[코이노니아]의 부족이 가장 심각한 문제임을 보여준다.[목회데이터연구소, 「넘버즈」 69호] 비대면, 온라인/영상 예배가 확산되면서 당연시 되었던 주일 성수나 대면 예배에 대한 변화가 일어나기 시작했고, 팬데믹 현상이 장기화되면서 신앙생활과 교회생활에 있어서 성도 간의 교제와 친목의 부재로 어려움을 경험하고 있다.

코로나19를 겪으면서 '기독 청년'의 신앙 수준 변화를 살펴보면, 코로나 이전보다 '약해진 것 같다'는 응답[34%]이 '깊어진 것 같다'는 응답[11%]보다 3배가량 높게 나타났다. '개신교 장년[40대 이상]'과 신앙 수준 변화를 비교해 보면, '장년'은 '신앙이 약해졌다'는 응답이 25%, '청년'은 34%인 반면, '신앙이 깊어졌다'는 응답은 '장년' 21%, '기독 청년' 11%로, 전반적으로 '장년' 대비 '기독 청년'의 신앙의 질적 하락이 더 심한 것으로 나타났다. 또한 기독 청년 가운데 10년 후에도 '기독교 신앙도 유지하고 교회도 잘 나갈 것 같다'고 응답한 비율은 53%에 불과하고, 40%는 '기독교 신앙은 유지하지만 교회는 잘 안 나갈 것 같다'고 응답했다. '아예 기독교 신앙을 버릴 것'이라고 예상하는 비율도 7%나 되었고, '교회 출석 청년' 기준으로는 10년 후 '기독교 신앙은 유지하지만 교회에 나가지 않을 것'이라는 응답과 '아예 기독교 신앙을 버릴 것 같다'는 청년이 36%나 되었다.목회데이터연구소. 「넘버즈」 84호 더욱 슬픈 것은 성경적 삶의 현실성 인식인데, 기독 청년들의 40%는 "성경 말씀을 지키며 살면 이 사회에서 성공할 수 없다", 62%는 "성경 말씀을 지키며 사는 사람은 내 주위에 별로 없다"라고 답을 했다.목회데이터연구소. 「넘버즈」 83호

지금까지 코로나19가 2년째 지속되던 시기에 있었던 개인의 일상생활, 가정의 변화, 신앙생활과 교회생활의 변화에 대하여 살펴보았다. 코로나19가 종식되더라도 이전으로 돌아갈 수 없을 뿐 아니라 코로나19와 함께 위드 코로나with 코로나의 시대에 접어들면서 개인과 가족, 신앙생활의 변화를 요약하면 다음과 같다.

1. 개인은 코로나 확산세와 스트레스로 인해 정신질환 등이 10% 이상 증가하였고 심리적 방역이 더 중요하게 되었다.
2. 가족이 더 많이 함께 있게 되었고, 공동체 의식과 가족 간의 대화 시간, 온라인상에서의 가정예배 등 순기능적인 변화도 있지만, 집에 함께 있어도 고립되어 있는 가족의 심리적 거리는 더 멀어질 수 있음과 미해결된 가족갈등이 증폭될 수 있음을 경고한다(Covidivorce, 가족학대, 황혼이혼).
3. 가족이 함께 있고, 혼자 집콕을 하면서 역할의 변화가 일어났고(남

성들의 요리 공부, 가사일의 분담), 집에 대한 인식이 주거공간에서 자유와 일터와 행복과 문화의 공간으로 변하고 있다.

4. 정규적인 예배생활과 신앙생활이 비대면 영상 예배 등으로 전환되면서 신앙 성장에 부정적 영향을 미치기도 하고, 교회생활에서 교제와 봉사의 기능이 약화 되면서, 신앙 자체를 떠나거나 새로운 형태의 신앙생활로 전환 되어가고 있는 과정이다.

4. 포스트 코로나 시대와 목회 현장: 비대면과 언택트

한 번도 경험해 보지 못한 세상이라는 말이 회자되더니 이제는 한번 경험으로 충분한, 다시는 경험하고 싶지 않은 세상이 되었으면 좋겠다고 한다. 그런데 백신 접종이 늘어가지만 동시에 변이 또는 변종 코로나가 계속 등장하여 코로나19 탈출이 쉽지 않은 과제임을 보여준다. 이에 따라 포스트 코로나는 위드 코로나의 연속선상에서 살펴보아야 한다. 포스트 코로나 시대의 특징을 정리하면 두 가지가 있는데 하나는 대면에서 비대면, 탈대면으로 변화하는 것이고, 또 하나는 이에 따른 언택트 현상이다.

교회는 과거 카타콤에서도 대면 모임을 이어왔던 역사가 있음에도, 코로나19라는 보이지 않는 전염병의 위험 앞에서 공적 기관으로서 정부의 방역지침을 준수하며 신속하게 비대면으로 전환했다. 그러나 위에서 살펴본 바와 같이, 이러한 변화로 인한 후유증은 코로나19 이전의 상태로 돌아가기 어려울 것임을 보여준다.

대형교회를 중심으로 실시간 예배와 설교 영상의 조회 수는 증가하고 있으나, 성도들이 소속 교회의 실시간 예배에 적극적으로 참여하는 비율은 감소하고 있다. 더욱이 '설교 영상 노마드족'이 증가하면서, 본 교회 담임목사의 설교보다 여러 교회의 설교만을 선별해서 듣는 '귀성도'^{ear christian}

가 늘어나고 있다. 비대면 예배는 장소와 시간의 제약 없이 참여할 수 있어 노약자, 환자, 주일 근무자들에게 대안이 될 수 있지만, 실제 교제와 쌍방향 소통이 불가능하다는 한계가 있다. 더욱 우려되는 점은 성도들이 이러한 비대면 예배를 더 선호한다는 것이다. 신앙생활의 중심이 주일과 예배당에서 일상과 가정으로 이동하는 것은 분명한 추세이나, 아직 목회적 대안을 모색하는 과정에서 시행착오는 불가피한 상황이다.

한국 사회 전반에 기독교에 대한 반감과 비판이 거세지고 교회 신뢰도가 추락하는 가운데, 종교 인구 구성에도 큰 변화가 있었다. 2004년 종교인 비율이 54%였던 것에 비해 2021년에는 무종교인이 60%에 달해 한국 사회의 탈종교화가 심화되고 있다. 개신교가 최다 종교^{2021년 만 19세 이상 기준} ^{개신교 17%, 불교 16%, 천주교 6%}가 되었으나, 2004년과 비교하면 2021년에 불교는 9%, 개신교는 4%, 천주교는 1%로 감소했다.^{한국갤럽, "갤럽리포트:한국인의 종교 1984-2021"} 포스트 코로나 시대를 맞아 목회 현장에서는 성도들의 신앙생활이 더욱 어려워지고 있으며, 전도와 선교의 기회도 점차 줄어드는 상황이다.

III. 그렇다면 포스트 코로나 시대에 목회돌봄은?

포스트 코로나 시대의 목회에서 무엇이 본질이며, 무엇을 변화시키고 무엇을 지켜야 할까? 언택트 시대에 대한 전망 조사에 따르면, 기독교인^{개신교·천주교}의 54%가 온라인 예배를 사회 발전을 위한 긍정적 변화로 인식하고 있다. 이는 일반 국민^{66%}보다는 낮은 수치이다. 비대면 쇼핑과 온라인 동영상 플랫폼 이용은 포스트 코로나 시대에도 지속될 것으로 전망된다.^{목회데이터연구소, 「넘버즈」 48호} 온라인 예배는 대면 예배로 전환될 것으로 예상되지만, 이전 수준으로 회복될 수 있을지는 불확실하다. 오히려 성도들이 비대면 영상 예배에 익숙해져서, 많은 목회자들은 코로나19가 종식되어도 교인이 20~30% 감소할 것으로 예측하고 있다.

1. 목회와 목회돌봄

목회는 하나님께서 맡겨주신 하나님의 양 무리를 돌보는 일이다. 사도 베드로는 "너희 중에 있는 하나님의 양 무리를 치되 억지로 하지 말고 하나님의 뜻을 따라 자원함으로 하며 더러운 이득을 위하여 하지 말고 기꺼이 하며 맡은 자들에게 주장하는 자세를 하지 말고 양 무리의 본이 되라."^{벧전 5:2-3}고 말씀한다. 하나님의 양 무리를 맡아서 돌보는 목회자는 자원하는 마음으로 섬겨야 하고, 더러운 사익을 추구하지 않고, 기꺼이 삶의 모본을 보여야 한다고 가르친다. 그러한 목회자의 섬김은 목회의 본질인 치유^{Healing}, 지탱^{Sustaining}, 인도^{Guiding}, 화해^{Reconciliation} 를 실천하도록 이끈다.^{Clebsch and Jackle, *Pastoral care in historical perspective*}

본래 돌봄^{care}의 사전적 정의는 "건강 여부를 막론하고 건강한 생활을 유지하거나 증진하고, 건강의 회복을 돕는 행위"이다. 따라서 목회 돌봄은 목회적 차원^{신앙생활-일상생활과 교회생활}에서 하나님의 기준^{말씀}에 따라 영적, 관계적, 정서적, 행동적 일상을 건강하게 지탱하고, 회복과 치유, 화해를 이루도록 돕는 행위이다. 목회 돌봄의 핵심은 만남과 접촉을 통해서 이루어진다. 하나님과의 만남뿐 아니라 목회자, 성도와의 만남, 예배와 영적 체험의 공동체와 소그룹을 통한 친교와 교제^{코이노니아}가 이루어진다.

그런데 포스트 코로나는 비대면 신앙생활과 언택트가 지속될 전망이다. 언택트는 접촉을 뜻하는 '컨택트'^{contact}라는 말과 부정을 뜻하는 'un'을 결합해서 만든 비대면 접촉을 뜻하는 신조어이다.^{다음 백과} 특별히 코로나19의 방역을 위한 사회적 거리두기가 일상화된 상황에서 사람을 직접 만나지 않고 물품을 구매하거나 서비스 따위를 받는 일을 일컫는 말이다. 그렇다면 목회는 주님의 몸 된 교회예수님을 주로 고백하는 사람들의 모임를 세워가는 일인데 예배레이투르기아, 하나님을 예배, 선교세상/믿음이 없는 이들을 위한 케리그마, 즉 구원의 선포, 교육성도를 온전하게 세워가는 디다케, 봉사세계와 이웃을 섬기는 디아코니아, 그리고 친교코이노니아, 성도 간의 교제 등 교회의 5가지 기능은 비대면 및 언택트 상황에서 어떻게 지속되고 있는가?

[표 2] 비대면 상황에서 지속된 교회의 5가지 기능

교회의 기능 (비대면/언택트/실시간)	일상생활	가정생활	신앙생활 (공동체/소그룹)
예배 (레이쿠르기아)	개인 가능	가족 가능	소그룹 어려움 공동체 (거의 불가능)
선교 (케리그마)	개인 가능 (일방적 방문/선포)	가족 가능 (일방적 방문/선포)	소그룹, 공동체 쌍방적 어려움
교육 (디다케)	개인 가능	가족 가능	소그룹/공동체 가능 (비대면세미나, 훈련)
봉사 (디아코니아)	개인 가능	가족 가능	공동체/소그룹 어려움 교회 차원 어려움
친교 (코이노니아)	어려움	가족 가능	기도 제목 나눔 가능 친밀한 교제 어려움

* 교회의 기능은 대부분 만남과 접촉, 모임, 소그룹 공동체를 통해 활성화되는데 포스트 코로나 시대에는 교회가 기능하기가 어려워짐.

비대면 상황에서 교회의 목회 기능은 점점 어려워지고 있으며, 단기적 대응과 처방으로 현상 유지를 겨우 하는 수준에서 영적 전쟁을 치르고 있다. 비그리스도인을 교회로 인도하는 전도가 어려워졌고, 교회와 연결되더라도 새가족의 정착을 돕는 시스템을 운영하기가 쉽지 않은 실정이다. 기존 성도를 위한 양육 시스템 역시 중직자나 직분자들 외에는 참여도가 저조한 상황이다. 이러한 상황에서 새로운 차원의 목회와 목회 돌봄이 필요하다. 목회가 교회적 차원에서 전교인을 대상으로 하는 목양의 관점이라면, 목회 돌봄은 개인과 소그룹을 중심으로 한 필요 중심적 관점을 가진다.

목회적 차원에서는 예배, 설교, 행정, 교육 등이 진행되고, 목회 돌봄 차원에서는 개별심방, 말씀과 기도 나눔, 문제해결을 돕는 섬김과 봉사 등이 이루어진다. 목회 돌봄은 전통적 의미에서 모성적 목회로서, 품고 안고 위로하고 돌보며 함께하는 돌봄의 사역이다.

위드 코로나에서 포스트 코로나로 전환되는 시점에서, 사람들은 사회적 거리두기로 인한 관계망 단절과 위축으로 고립된 시간이 늘어났다. 이로 인해 우울, 불안, 분노, 중독 등 다양한 심리적 어려움을 겪고 있다. 이제는 코로나19로 인한 심리적 방역이 필요한 때이며, 목회자들은 위드 코로나 시대에도 개별적 만남과 대화를 통해 이를 도울 수 있다.

대표적 돌봄 사역의 하나인 스데반 돌봄 사역은 상담과는 구별되며, 세 가지 기본적인 돌봄자의 태도를 강조한다 — 고통받는 교인을 방문하여 곁에 있어주기 be there, 주의 깊은 경청 listen well, 그리고 비밀 유지 keep confidentiality 이다. 지금은 준비된 사역자들과 평신도 사역자들을 비대면과 대면으로 훈련하여, 다양한 문제로 고통받고 홀로 도움을 받을 수 없는 교인들을 돌볼 수 있는, 그리고 반드시 돌보아야 할 시기이다.

코로나19 시대 2년째를 맞으며 사람들은 이전보다 주변 이웃이나 지역에 대해 신뢰도에 있어서 '더 신뢰하게 되었다' 7% 보다 '더 불신하게 되었다' 35%가 5배 이상 높았다. 목회데이터연구소, 「넘버즈」 80호 이웃이나 낯선 사람에 대한 불신과 불안은 더욱 깊은 고립으로 이어지는 악순환을 만들며, 사람들은 비대면 생활에 점차 익숙해지고 있다. 특히 대면에서 비대면으로 전환될수록, 물품 구매나 정보 습득에 있어 다른 사람들의 평가와 신뢰할 수 있는 관계가 더욱 중요해진다. 이러한 상황에서 신앙생활, 의사결정, 정보 공유, 교제를 위해 신뢰할 수 있는 멘토, 친구, 코치, 리더의 역할이 더욱 중요해지고 있다. 이러한 역할을 가장 잘 수행할 수 있는 이들이 바로 목회자와 교회 리더들이다. 이사야를 통해서 하나님은 "너희는 위로하라 내 백성을 위로하라"^{사 40:1}고 말씀하신다. 목회 돌봄은 하나님의 백성을 돌보고 위로하는 사역이다.

미국 갤럽 조사에 따르면, 정기적으로 예배에 참석하는 미국인의 46%가 정신 건강이 '우수하다'고 응답했으며, 이는 모든 조사 집단 중 유일하게 증가한 수치였다. 2019년에는 '예배에 거의 출석하지 않는 사람'과 '매주 출석하는 사람' 간의 정신 건강 우수 비율에 큰 차이가 없었다. 그러나 2020년에는 '매주 예배 참석자'가 4% 증가한 반면, '거의 참석하지 않는 사람'은 13% 하락하여 두 그룹 간 차이가 17%에 달했다.^{목회데이터연구소, 「넘버즈」 84호} 이는 코로나19 기간 중 예배 참석이 정신 건강에 중요한 영향을 미쳤음을 보여준다. 정기적인 예배 참석만으로도 정신 건강에 도움이 된다면, 목회적 돌봄이 더해질 때 교인들의 전반적인 건강은 더욱 향상될 것이다. 우리나라의 경우에도, 부모들의 응답에 따르면 주일 예배에 참석하는 자녀들이 그렇지 않은 자녀들보다 일상생활과 신앙생활 모두에서 더 긍정적인 결과를 보였다.^{목회데이터연구소, 「넘버즈」 96호} 또한 자녀들과 함께하는 시간이 늘어나면서, 기독교인 부모의 82%가 "자녀 신앙교육 방법을 배우고 싶다"고 응답해 부모교육에 대한 높은 관심을 나타냈다.^{목회데이터연구소, 「넘버즈」 95호} 이러한 수요에 맞춰 소그룹 단위의 부모 교육이나 부부 중심의 생애주기별 부모 교육 프로그램을 제공할 수 있을 것으로 보인다.

2. 포스트 코로나에 가능한 목회 돌봄의 예들

성도 개개인의 관계망을 확인하고 새로운 목회 패러다임을 탄력적으로 적용할 수 있어야 한다. 지난 1년여 동안 일어났던 목회적 돌봄의 예들을 소개하면 다음과 같다.

① 10여 년 만에 남미에 있는 지인으로부터 자녀 문제에 대한 상담 요청이 와서 zoom을 통해 상담 및 심리검사를 진행하고 6차례 이상을 대화하며 기도할 수 있었다. 코로나19의 시기가 아니었다면 zoom으로 대화하고 상담한다는 것은 상상할 수 없는 일이다.

② 전화번호도 모르는 오래된 제자로부터 위급한 부부 문제에 대한 문자를 받고 이혼 통보를 하러 가는 시점에서 통화가 되어 대화를 하고 문자로 후속 작업을 하여 도움을 줄 수 있었다.

③ 코로나19로 결혼을 미루다가 결혼을 하게 된 세 커플에게 커플 심리검사와 함께, 5번 이상 개별 커플 면담을 하고 주례를 하여 새 가정의 시작을 도울 수 있었다.

④ 학교 주변에서 사업체를 운영하며 만났던 한 청년이 동업자와의 갈등으로 고민하며 상담 요청을 의뢰해 와서 세 차례에 걸쳐 개별 만남을 통해 위로하고 격려하고 기도하며 다시 일을 시작하도록 도울 수 있었다.

⑤ 학교 벤치에 정기적으로 나가 앉아 있으면 찾아와 말을 거는 학생들, 육아하다가 10여 년 만에 사역에 나가는 제자의 두려움에 관한 이야기, 매번 지나갈 때마다 자기는 누구라며 마스크를 썼음에도 알아주기를 기대하는 학부생들, 교회 사역에 지친 나머지 남편이 무작정 사임을 하고 교회 사택을 나와 미래를 걱정하는 사모, 십대 자녀 문제로 함께 이야기하고 싶어하는 후배 교수, 자기의 상황에 대해 물어보고 들어주었다는 이유만으로 평생 그 은혜를 잊지 않겠다는 후배 목사, 오늘은 피곤해 보인다면 오히려 위로의 말을 건네 주고 가는 학생들, 처음 학교 캠퍼스에 왔다며 감격하면서 사진 찍자는 신대원 입학생들, 얘기하고 싶어서 기다렸는데 오늘은 나오지 않았다며 벤치에 포스트잇을 붙여놓고 간 학생, 북카페에서 다가와 영상수업을 듣고 있다며 기념사진을 찍었던 3명의 남학생들….

마스크를 쓰고 거리두기를 하면서도, 충분한 대화와 기도를 나눌 수 있는 포스트 코로나 시대는 예수님의 심정으로 한 영혼을 귀하게 여기는 목회적 돌봄을 제공하기에 더없이 좋은 환경이다. 비대면, 언택트, 영상으로 일상이 전환되더라도, 영상으로는 식사할 수 없고, 운동경기 시청만으로는 운동과 땀을 대신할 수 없으며, 접촉과 만남 없이는 진정한 관계가 이루어질 수 없다. 이러한 이유로 목회적 돌봄이 더욱 절실한 시기이다. 유튜브에는 훌륭한 설교와 인공지능^{알고리즘}을 활용한 다양한 설교와 예배가 넘쳐나지만, 진정으로 개인적 접촉을 통해 주님의 심정으로 만남과 신뢰를 쌓을 수 있는 관계, 아플 때 찾아와 "약은 먹었나요?", "병원은 다녀왔나요?"라고 물어볼 수 있고, 힘든 이야기를 나눌 수 있는 신뢰할 만한 사람은 바로 목회자이다.

집에 있는 시간에 드라마와 영화 감상이 늘었는데, 이제는 공중파 TV보다 유튜브, 넷플릭스, 케이블방송, IPTV, 티빙 등 OTT^{Over The Top, 인터넷을 통해} ^{방송 프로그램, 영화 등 미디어 콘텐츠를 제공하는 서비스} 구독 시장이 확장되고 있다. 현대인들은 넘쳐나는 정보와 콘텐츠 속에서 자신이 원하는 것을 직접 선택하고 구독하며 필요한 서비스를 찾고 있다. 마찬가지로 성도들도 자신에게 필요한 것을 제공하는 교회와 예배 영상, 신앙 콘텐츠^{contents}를 찾기 때문에, 개별 접촉을 통한 신앙적 대안과 성장을 제공할 수 있어야 한다. 우리 통합 소속 교회 9천여 개 중 절반 이상이 성도 50명 미만의 교회이다. 작은 교회는 장비와 인력 부족으로 유튜브 실시간 영상 예배가 어려울 수 있지만, 오히려 성도들을 직접 돌보고 양육하며 영적 성숙으로 이끄는 직접적 만남과 접촉에는 최적화된 교회 형태라고 볼 수 있다.

3. 목회돌봄은 위로와 환대

위로라는 단어의 헬라어 원어 뜻은 '곁으로 부른다'이다. 사도행전 20장에는 유두고라는 청년이 사도 바울의 긴 설교를 들으며 졸다가 3층에서 떨어져 죽었다가 살아난 사건이 기록되어 있다. 성경은 "사람들이 살아난 청년을 데리고 가서 적지 않게 위로를 받았더라"^{행 20:12}고 기록한다. 오히려 불행한 사건의 반전을 통해 복음에 접촉하는 사람, 예수님 곁으로 불러서 복음에 다가오는 사람이 늘었다는 것이며, 그들이 믿고 고백하는 예수 그리스도가 참 생명임을 확인하고 큰 용기와 힘을 얻게 되었다는 것이다. 참된 위로는 성도 곁으로, 믿음의 공동체 곁으로, 예수님 곁으로 다가오며 다가갈 때 이루어진다. 위로의 뜻이 그렇듯이 사실 사랑은 서로 간에 거리두기를 좁히는 것이다. 사랑은 다가가는 것이고, 접촉하는 것이고, 두 팔 벌려 상대방을 환대하는 것이다.

그런데 코로나19 상황은 사회적 거리두기^{social distance}를 유지해야 한다. 사회적 거리두기라는 용어는 ^{물리적, 예방적 거리두기가 더 적절한 표현이지만} 심리적 거리두기로 오해될 수 있다. 하지만 직접 접촉하지 않더라도 우리는 말과 글, 마스크 너머의 표정, 전화, 문자, 카톡, 영상통화를 통해 우리가 함께 이 땅을 살아가는 공동 운명체임을 나눌 수 있다. 이런 시기에 부모는 아이들과 더 많은 시간을 보내며 창의적인 대화의 삶을 나눌 수 있다. 함께 예배하고 기도하며, 책과 영화와 드라마를 보고, 요리하고 식사하면서 그동안 소홀했던 가족 간의 심리적 돌봄을 시작할 수 있다. 휴대폰에 저장된 수많은 연락처에 자부심을 느끼기보다는, 그동안 소원^{疎遠}했던 친구들, 멀리 있어 소식이 뜸했던 가족과 이웃, 동창과 교우들을 떠올리며 안부를 물어보고 건강을 위해 기도하며 위로할 수 있다. 메시지 성경은 "지쳐 나가떨어지지 않도록 하십시오. 늘 힘과 열정이 가득한 사람이 되십시오. 언제든 기쁘게 주님을 섬길 준비를 갖춘 종이 되십시오. 힘든 시기에도 주저앉지 마십시오. 그럴수록 더욱 열심히 기도하십시오. 도움이 필요한 그리스도인들을 도우십시오. 정성껏 환대하십시오"롬 12:11-13라고 권면한다. 신체적, 물리적으로 거리를 두어 코로나 전염을 예방하더라도, 마음과 사랑으로 정성껏 환대하는 태도는 잃지 말아야 한다.

또한 두 팔 벌려 서로 적극적으로 환대하라고 성경은 가르친다. 진정한 믿음은 형제자매는 물론이고 낯선 사람들을 환대한다. 요한삼서에서 메시지 성경은 "…그리스도인 형제자매는 물론이고 낯선 사람들까지 환대하고 있으니 그대의 믿음이 더욱 돋보이는군요"요삼 1:5라고 번역했다. 당시 성도들이 여행자들을 돕고 환대의 손길을 펼치고, 심지어는 그들의 식사와 잠자리까지 제공함으로 진리를 전파하는 일에 참여하고 친구가 되었다고 말씀한다요삼 1:5-7. 지금은 두 팔 벌려 안아주고 환대하는 것이 힘든 때이지만, 목회자는 환대의 손길을 어떻게 다른 방법으로 펼쳐야 할지 고민해야 한다. 시니어 그룹, 중년 퇴직자들, 비대면 교육으로 지친 학부모들, 미래가 불투명한 신혼부부, 청년들, 뛰놀지도 못하고 마스크를 쓰고 게임하며 집에서 뒹구는 아동 청소년들…. 그들의 아픔과 눈물을 보아야 한다.

목회 돌봄은 사회적, 친교적 만남이나 공적 예배와 모임이 위축될 때 한 영혼 한 영혼을 소홀히 하지 않으며 하나님의 말씀으로 돌아가도록 돕는 사역이다. 하나님의 영광을 위해 서로를 두 팔 벌려 받아들이고 환대할 때 그것이 성경이 보여주는 하나님의 따뜻한 성품이고, 이 말씀에 순종하므로 함께 어우러져서 우렁차게 찬양하는 합창대가 될 것이다. 로마서 15장 4-7절을 메시지 성경은 이렇게 번역하였다.

비록 오래전에 쓰여진 말씀이지만 여러분은 그 말씀이 다름 아닌 우리를 위해 쓰여진 말씀임을 확신할 수 있습니다. 하나님은 성경이 보여주는 하나님의 성품 — 한결같고 변치 않는 부르심과 따뜻하고 인격적인 권면 — 이 또한 우리의 성품이 되기를 원하십니다. 우리가 늘 그분이 하시는 일에 깨어있는 사람이 되기를 바라십니다. 미더우시고 한결같으시며 따뜻하고 인격적이신 하나님께서 여러분 안에 성숙을 길러 주셔서 예수께서 우리 모두와 그러하시듯 **여러분도 서로 사이좋게 지내기를 바랍니다. 그럴 때 우리는 합창대가 될 것입니다.** 우리 소리뿐 아니라 우리 삶이 다 함께 어우러져서 우리 주 예수의 하나님이시자 아버지이신 분께 우렁찬 찬송을 부르게 될 것입니다! 그러므로 여러분은 **하나님의 영광을 위해 서로를 두 팔 벌려 받아들이십시오.** 예수께서 그렇게 하셨습니다. 이제 여러분이 그렇게 할 차례입니다!

4. 포스트 코로나와 목회돌봄의 방향 제안

마우로 기엔은 미래의 불확실성과 변화에 혼란스럽고 두렵다고 말하는 동시에, 그러나 '시간은 우리를 기다려주지 않는다'며 수평적 사고 개념으로 접근할 것을 제안한다. Guillén, 『2030 축의전환』, 17 그는 새로운 부와 힘을 탄생시킬 8가지 거대한 물결로, 낮은 출생률, 새로운 세대, 새로운 중산층, 증가하는 여성의 부, 도시의 성장, 파괴적 기술 혁신, 새로운 소비, 새로운 화폐를 언급한다. 그는 코로나19의 세계적인 대유행으로 팬데믹 상황이 되던 2020년 8월에 이 책을 출간하면서 이 위기의 흔적이 평생에 걸쳐 지속될 것이며 기존의 흐름4차 산업혁명을 가속화하고 새로운 기술, 인구 고령화, 여성의 사회적 역할의 증대, 신흥공업국 경제가 빠르게 성장할 것으로 내다보았다. 포스트 코로나에 이러한 변화를 적용한 목회 돌봄은 어떻게 새로운 관점에서 성도들에게 다가갈 수 있을까? 포스트 코로나 시대에 여전히 변하지 않고 붙잡아야 할 것은 무엇일까?

강민호는 『변하는 것과 변하지 않는 것』에서 마케팅에 인문학적 마케팅 사고방식에 기본은 거래보다 관계, 유행보다 기본, 현상보다 본질을 말한다.강민호, 「변하는 것과 변하지 않는 것」 목회 돌봄에 있어서 변하지 않는 것 세 가지는, 인간은 죄인이며 구원을 필요로 한다는 것, 인간은 저절로 성장하지 않고 돌봄과 교육이 필요하다는 것, 그리고 창조주 하나님은 그것을 위해 가정과 교회 두 기관을 허락하셨다는 것이다. 영혼의 갈증은 예수님을 인격적으로 만나야 하고, 성장의 욕구는 돌봄과 격려와 환대를 통해 관계 속에서 채워지게 되고, 진정한 만남과 사랑은 가족공동체와 교회공동체에서 제공되어야 하고 발견하여야 한다. 이러한 영적, 관계적 갈급함과 굶주림을 제공하기 위해 목회자가 제공할 수 있는 목회 돌봄의 세 가지 방법은 다음과 같다.

1) 움직임의 힘(습관의 힘, 스트레스의 힘)

코로나19는 스트레스이지만, "사람은 끊임없는 자극을 주는 스트레서 stressor를 통해 성장이 이뤄지기 때문에",McGonical, 「스트레스의 힘」 "몸을 움직여 반응해야 하고 그것이 습관으로 자리 잡도록 해야 한다."McGonical, 「움직임의 힘」 영상예배에 익숙해 져서 대면예배 참석이 감소할 것이라는 것은 어쩌면 당연한 결과일지 모른다. "습관의 힘은 무서워서 인간은 쉽게 적응하고 익숙해지기 때문이다."Duhigg, 「습관의 힘」 그렇지만 단순히 공예배에 몸이 참석하여 예배자의 기쁨과 감격을 회복하려면 움직임의 동력을 제공하고 동기를 부여해야 하며, 그것이 습관이 되도록 해야 한다. 필자는 코로나19가 발현하기 전에 어머니의 요청을 받아 췌장암 말기로 입원해 있던, 친하지 않은 고교 동창을 방문하여 복음을 전했고, 사망하기 1주 전에는 병상 세례를 주었던 기억이 생생하다. 마지막에는 힘이 없어 눈으로 반응을 보였으나 복음을 받았고, 며칠 후 세상을 떠났다. 목회자가 할 수 있는 일은, 복음을 필요로 하는 사람을 찾아가는 것이다. 지난 1년여 동안 성찬과 세례 예전을 한 번도 시행하지 못한 교회들이 상당히 많이 있다. 절기가 아니어도, 한 생명을 위해, 한 가족을 위해 성찬을 하고, 세례를 베풀 수는 없을까? 직장과 일터를 찾아가서 성찬을 나눌 수는 없을까? 아니면 온종일 성찬의 날을 정해서 시간별로 전교인이 참여케 할 수는 없을까?

코로나19가 지속되고 있던 때에 양가 합쳐 20여 명만 모여 야외에서 결혼한 커플의 주례를 섰다. 결혼 예식에서 결혼하는 커플만을 위한 성찬을 처음으로 집례했다. 부부가 되어 수많은 식사를 앞으로 함께 하겠지만, 부부로서 하나가 됨을 그리스도의 죽으심과 살아나심과 연합하여 세례를 받듯 함께 성만찬에 참여토록 했을 때에 그 기쁨과 의미는 충만하였다. "일생에 이렇게 뜻 깊고 의미 있고 감격적인 결혼예식은 처음"이라는 찬사를 들었다. 이제는 작지만 적극적 신앙의 움직임에 참여할 수 있도록 목회 돌봄이 제공되어야 한다.

2) 의미의 힘(책읽기 모임, 말씀나눔 모임)

빅터 프랭클이 의미요법을 창안하여 "의미"를 주창했지만, 현대에 와서 의미의 영향력을 새롭게 조명한 사람은 에밀리 에스파하니 스미스[Emily Esfahani Smith]다 그녀는 인간을 살아가게 하는 진정한 힘은 의미에서 나오며, 의미 있는 삶을 추구하는 것이 진정한 자아실현이라고 주장한다.[Smith, 「어떻게 나답게 살 것인가」] 의미 있는 삶과 행복한 삶은 비슷해 보이지만 차이가 있다. 행복한 삶을 추구하는 사람은 받는 사람이 되어 이기적인 성향을 띠기 쉽다. 반면 의미 있는 삶을 사는 사람은 베푸는 사람이 되어 자신과 무관한 일에도 기꺼이 참여하고 기여하는 경향이 있다. 사람들은 평온하고 스트레스

없는 행복한 삶을 원하지만, 그러한 삶에서 진정한 만족과 보람을 찾기는 쉽지 않다.

이에 교회 밖에서도 다양한 의미 찾기 모임이 생겨나고 있다. 여러 동호회가 형성되어 의미를 찾으려는 활동을 펼치고 있다. 필자는 20여 년간 부부 공부 모임을 이어왔으며, 코로나19 시대를 맞아 전공서적과 베스트셀러를 읽는 비대면 독서 모임도 활발히 운영하고 있다. 출석하는 교회의 담임 목사님은 매주 목요일 어거스틴의 참회록을 낭독한 음성 파일을 교인 단체 채팅방에 공유하고, 필자는 15명의 동료·후배·제자들과 함께 매일 다섯 가지 번역본으로 큐티 성경을 읽고 짧은 기도문을 나누는 활동을 2년째 이어가고 있다.

필자는 매주 해오던 가족 병원 심방^{예배}을 2020년 9월 6일 이후 약 10개월간 중단할 수밖에 없었다. 방역 절차가 까다로워져 심방이 어려워졌고, 영상통화나 영상기도만으로는 충분한 영적 교류가 이루어지지 않음을 실감하고 있다. 늘 심방 시간을 기다리시던 분들의 모습이 떠오를 때마다, 하루빨리 백신 접종을 마치고 노약자와 환자들을 더욱 수월하게 찾아뵐 수 있기를 소망한다.

의미를 찾도록 돕는 목회 돌봄은 나눔의 삶을 살도록 격려하고 그 기회를 제공하는 것이다. 성도들이 기꺼이 몸과 재물, 시간과 정성을 들여 의미 있는 일, 잃어버린 생명을 구하는 일에 동참할 수 있도록 목회 돌봄의 영역을 확장해야 한다. 에밀리 스미스는 의미를 찾기 위한 네 가지 질문을 제시한다. 첫째, 내 곁에 있는 사람에게 나는 집중하고 있는가?^{유대감} 둘째, 누구도 아닌 내가 해야 할 일과 시간을 쏟을 만한 일은 무엇일까?^{목적} 셋째, 내 인생이 정말 별로일까?^{스토리텔링} 넷째, 나를 뛰어넘는 기쁨을 누려보았는가?^{초월}

포스트 코로나 시대의 목회 돌봄은 의미 있는 삶을 발견할 수 있도록 도와야 한다. 이를 위해 교회에서 성도들과 긍정적인 유대감을 쌓고, 각자가 기여할 수 있는 고유한 삶의 목적과 일을 찾으며, 자신과 세상을 이해하는 데 도움이 되는 개인의 이야기를 만들고, 자기 초월이라는 신비한 경험을 할 수 있도록 방향을 설정해야 한다.

3) 초고령사회와 노인돌봄 — 나이듦에 관하여^{Aronson, 『나이듦에 관하여』}

마우로 기옌^{Mauro F. Guillen}이 『2030 미래 전망』에서 예측했듯이 저출산과 인구 고령화는 피할 수 없는 현실이며 이미 진행 중인 현상이다. 또한 여성의 경제력이 남성을 앞지르면서 여성들의 교회 이탈이 더욱 가속화될 것으로 예상된다. 따라서 코로나19 이전이나 이후와 관계없이, 목회 돌봄은 고령화와 여성에 초점을 맞춘 새로운 생애주기적 접근이 필요하다.

우리나라는 5-6년 내에 초고령화 사회^{65세 이상 인구가 전체 인구의 21% 이상}로 진입할 것이다. 안타깝게도 현대 사회는 노인을 제대로 기능하지 못하는 존재로 취급하며, 연령 차별주의로 인해 젊은 세대는 노인을 자신과는 다른 존재로 여겨 한 인격체로 보지 못한다. 특히 주목할 점은 노년기가 인생에서 가장 긴 기간이며, 개인차도 가장 크게 나타나는 시기라는 것이다. 이에 따라 목회 돌봄은 노년층과 고령층에서 더 많은 요구와 필요가 발생할 것이다.

코로나19로 인해 요양병원의 노인들은 가족 방문이 제한되었고, 감염과 방역에 취약할 뿐만 아니라 원목, 목회자, 가족들과의 사회적 접촉마저 제한되어 정서적 어려움을 겪는 노인들이 증가했다. 이 시기에 어르신들의 장례식이 유독 많았던 것으로 기억된다. 포스트 코로나 시대의 목회 돌봄은 노령화에 따른 어르신 성도들을 세분화하여 접근해야 한다. 경제활동이 가능한 건강한 노년층부터 신체적·정신적 돌봄이 필요한 노년층까지, 단순한 연령 분류를 넘어선 체계적이고 종합적인 분석이 필요하다.

한 은퇴하신 교수님은 동사무소에서 매월 안부 전화가 오는데, 처음에는 낯설었지만, 이제는 그 전화가 반갑다고 하셨다. 연령대와 관계없이 1인 가구가 증가하면서 고독사가 늘어나는 현실을 고려할 때, 홀로 계신 분들과 가족이나 연고가 없는 노년층을 위한 목회 돌봄 방안을 마련해야 한다.

나가는 말

코로나19 이전과 이후가 뉴노멀이라며 새로운 기준을 요구하지만, 성경에서 가르치는 진리는 '올드 노멀'이 아닌 '항상 노멀'Always normal이다. 위기 상황에서는 언제나 기본으로 돌아가야 한다back to the basic. 코로나19를 극복하기 위해서는 백신도 중요하지만, 평소에 손 씻기, 균형 잡힌 식사, 충분한 수면을 통해 면역력을 유지하고 무리하지 않는 규칙적이고 단순한 생활이 필요하다. 마찬가지로 하나님을 예배하고, 구원을 선포하며, 말씀을 배우고 적용하고, 이웃을 섬기고 봉사하며, 그리스도 안에서 친밀한 교제를 나누는 모임을 지속해야 한다. 이러한 목회 돌봄은 코로나19 이전이나 위드 코로나 시대, 포스트 코로나 시대와 관계없이 계속되어야 하는 예수님의 사역이다. 이 사역을 감당하기 위해서는 여전히 홀로 있는 시간이 많은 이들을 찾아내어 격려하고, 교육과 훈련을 통해 돌봄 사역에 동참하도록 동기를 부여하는 일, 예를 들어 책읽기와 같은 간단한 일부터 시작해야 한다.Watson, 「돌봄의 언어」

마지막으로 스데반 돌봄 사역을 소개한다. 스데반 돌봄 사역은 약 50시간의 훈련과 준비과정이 필요하지만, 평신도와 함께 체계적으로 돌봄 사역을 준비하고 실행할 수 있는 훌륭한 프로그램이. 이 프로그램의 모토는 다음과 같다: "우리가 돌보면, 하나님께서 치유하신다 — We care, God cures." 이 프로그램은 일대일 찾아가는 돌봄을 원칙으로 하며, 돌봄 대상은 다음과 같다: 슬픔을 경험하는 사람들, 우울증 환자, 자살 위험이 있는 사람, 죽음에 직면한 사람과 그 가족 및 친구들, 입원 전후 및 입원 중인 환자, 임신·출산의 위기를 겪는 사람들, 이혼을 경험한 사람들, 노인, 그리고 장기적이고 영적인 돌봄이 필요한 사람들이다. 자세한 내용은 stephen ministry.kr에서 확인할 수 있다. 이제 작자 미상의 시, "어떻게 들으시나요?"를 소개하며 글을 맺고자 한다.

내가 말할 땐 귀로만 듣지 마세요.

그러면 내 말을 다 듣지 못 할테니까요

나는 입으로만 말하지 않습니다. 눈으로 들어주세요.

나를 보고, 내게 집중해 주세요.

나의 행동은 나의 백 마디 말보다 더 많은 말을 합니다.

눈으로 들어주세요. 나의 눈도 말하니까요. 나의 눈은 내 영혼의 입술입니다.

참된 "나"는 숨겨진 "나"

그 "나"를 당신이 알았으면 좋겠습니다.

입으로 들어주세요.

당신이 내 말을 듣고 있고 내게 관심이 있다는 사실을 내게 알려 주세요.

그냥 들어 주기 바랄 때 당신은 충고하기 시작합니다. 내 부탁을 잊어 버리고는….

그냥 들어주기 바랄 때 당신은 내가 왜 그렇게 느끼면 안되는지 말하기 시작합니다

내 감정은 무시한 채로

그냥 들어 주기 바랄 때 당신은 내 문제의 해결사가 되어야 한다고 느낍니다.

그런 당신은 내게 낯설게만 보일 뿐입니다.

제발 들어 주세요! 내가 부탁하는 건 들어 달라는 겁니다.

말하거나 무얼 해 주려 하지 말고, 그냥 들어 주세요. 충고는 값싼 것입니다….

무엇보다도 마음으로 들어주세요. 저는 주로 마음으로 말하니까요.

"안녕하세요? 뭘 하고 있어요?" 무심코 말하는 것 같이 들려도,

내 마음은 이렇게 소리칩니다. "내 기분이 어떤지 물어봐 주세요."

말하게 해 주세요. 전 말하고 싶습니다.

당신이 마음으로 듣지 못하면, 전 당신에게 말하는 것이 정말 두려울 겁니다.

그러나 마음으로 들어 준다면, 나는 말하고 당신은 들을 것이며

무지개는 더 선명히 보일 겁니다.

Litchfield, 『기독교 상담과 가족치료, 1권』, 121-22

11장
교회 공동체의 치유와 돌봄 사역

들어가는 말

『한국교회 트렌드 2024』에 따르면 개인 영역 트렌드에서 "외로운 크리스천"이 1위로 선정되었다.[지용근 외, 「한국교회 트렌드 2024」] 외로움은 현재 한국 사회뿐만 아니라 교회에서도 가장 심각한 문제로 대두되고 있다. 일반 국민의 외로움 비율이 55%에 달하며, 기독교인들도 46%가 외로움을 느끼며 살아가고 있다. 교회 공동체와 믿음의 가족이 있음에도 외로움은 교인들의 핵심 문제가 되었다. 교인 가족 중에서 극단적 선택을 했다는 소식이 간간이 들리고, 많은 이들이 우울증으로 홀로 고통받다가 생을 마감하기도 한다.

2023년 통계청에 따르면 1인 가구는 전체 가구의 34.5%인 759만 2천여 가구로 지속적으로 증가하고 있다. 1인 가구의 절반은 전반적인 인간관계에 만족한다고 응답[50%]했으나, 이는 전체 인구의 만족도[54.3%]보다 4.3% 낮은 수치다. 독거노인뿐 아니라 청년층과 중장년층도 고독사 위험에 노출되어 있다. 보건복지부[고독사 실태조사, 2022.12.]에 따르면 2021년 고독사 사망자 수는 총 3,378명이며, 최근 5년 연평균 증가율은 남성 고독사 10.0%,

여성 고독사 5.6%에 달한다. 매년 남성의 고독사가 여성보다 4배 이상 많으며, 중장년층[50-60대]이 50% 이상을 차지해 노년층보다 더 높은 비중을 보인다. 특히 20대 고독사의 절반은 자살인 것으로 나타났다. '고독사 예방 및 관리에 관한 법률'은 고독사를 "가족, 친척 등 주변 사람들과 단절된 채 사회적 고립상태로 생활하던 사람이 자살·병사 등으로 혼자 임종하는 것"으로 정의한다. 홀로 살다가 임종을 맞이하고 일정 시간이 지난 후 발견되는 죽음이라는 점에서, 이는 단순히 홀로 맞이하는 죽음이 아닌 주위와의 단절로 인한 고립사로 보아야 할 것이다.

영국은 2018년에 고독부[Ministry for Loneliness]라는 신설 부서를 만들고 담당 장관을 임명했다. 또한 코로나 팬데믹 중에 청소년, 청년들의 극단적 선택이 증가하자 일본은 내각관방에 '고독·고립 대책 담당실'을 신설하고 외로움부 장관[2021년 2월]을 임명하였다. 고독과 외로움의 문제는 이제 개인적, 가족적 차원을 넘어 국가적 과제가 되었고, 정부가 앞장서서 해결을 하지 않으면 안되는 긴급한 사안이 되었다. 그러나 저출산을 극복하기 위해 국가가 나서서 저출산·고령사회위원회를 출범[2005]하고 대통령이 위원장이 되어 수백조의 예산을 쏟아 부었지만 반전을 이루기는 커녕 세계 유래가 없는 초저출산율[0.72명, 2023]로 점점 낮아지고 있는 추세이다.

이처럼 급변하는 사회에서 단절되고 가족을 떠나 고립된 사람들이 늘어가는 가족 해체 상황에서 유일하게 대응할 수 있는 최후의 대안적 공동체가 교회이다. 왜냐하면 교회는 언약에 기초한 하나님의 가족 공동체이며 동시에 함께하는 치유와 돌봄의 공동체이기 때문이다.

I. 치유와 돌봄의 삼위 하나님

성부 하나님은 여호와 라파 하나님이시다. 이스라엘 백성이 출애굽하여 마라^{물이 써서 마시지 못한다는 뜻}에 도착했을 때, 물을 발견했으나 마실 수 없어 원망했다. 이때 모세가 하나님께 부르짖자, 하나님께서 한 나무를 가리키셨다. 모세가 그 나뭇가지를 물에 던지자 물이 달게 되어 갈증을 해결할 수 있었다. 그때 하나님께서 말씀하셨다. "너희가 너희 하나님 나 여호와의 말을 들어 순종하고 내가 보기에 의를 행하며 내 계명에 귀를 기울이며 내 모든 규례를 지키면 내가 애굽 사람에게 내린 모든 질병 중 하나도 너희에게 내리지 아니하리니 나는 너희를 치료하는 여호와임이라"^{출 15:26}. '치료하는 여호와', "라파"^{히브리어} 여호와는 온전케 하시는 치료자, 의사이신 하나님이심을 뜻한다.

성자 예수님은 고치시고 치료하시는 하나님이시다. 마태는 예수님께서 이사야서의 말씀을 성취하셨음을 증언한다. "저물매 사람들이 귀신 들린 자를 많이 데리고 예수께 오거늘 예수께서 말씀으로 귀신들을 쫓아 내시고 병든 자들을 다 고치시니 이는 선지자 이사야를 통하여 하신 말씀에 우리의 연약한 것을 친히 담당하시고 병을 짊어지셨도다 함을 이루려 하심이더라"^{마 8:16-17}. 예수님께서 귀신을 쫓아내고 병든 자를 고치신 것은 이사야의 예언대로 우리의 연약함을 친히 담당하시고 병을 짊어지신 것이다. 베드로전서 2장 24절은 "친히 나무에 달려 그 몸으로 우리 죄를 담당하셨으니 이는 우리로 죄에 대하여 죽고 의에 대하여 살게 하려 하심이라 그가 채찍에 맞음으로 너희는 나음을 얻었나니"라고 말씀한다. 예수님은 우리를 죄와 질병, 연약함에서 치유하시고 구원하시는 분이시다.

성령 하나님은 말할 수 없는 탄식으로 우리의 연약함을 도우신다. "이와 같이 성령도 우리의 연약함을 도우시나니 우리는 마땅히 기도할 바를 알지 못하나 오직 성령이 말할 수 없는 탄식으로 우리를 위하여 친히 간구하시느니라 마음을 살피시는 이가 성령의 생각을 아시나니 이는 성령이 하나님의 뜻대로 성도를 위하여 간구하심이니라"롬 8:26-27. 예수님께서 성부 하나님께 구해서 "다른 보혜사를 너희에게 주사"요 14:16라고 하셨는데 '보혜사'헬라어 '파라클레토스'는 "위로자", "돕는 자", "상담자", "간구자", "중보자" 혹은 "대언자"advocate 등으로 해석할 수 있다. 치유하시는 성령 하나님은 연약할 때 도우시며, 가르치시며 말씀을 생각나게 하시며 근심과 두려움에서 세상이 줄 수 없는 위로와 평안을 주신다. "보혜사 곧 아버지께서 내 이름으로 보내실 성령 그가 너희에게 모든 것을 가르치고 내가 너희에게 말한 모든 것을 생각나게 하리라 평안을 너희에게 끼치노니 곧 나의 평안을 너희에게 주노라 내가 너희에게 주는 것은 세상이 주는 것과 같지 아니하니라 너희는 마음에 근심하지도 말고 두려워하지도 말라"요 14:26-27.

이와 같이 삼위일체 하나님은 우리를 죄에서 구원하시고, 육체적 질병에서 고치시고, 마음과 생각의 병에서 해방시키시고 평안을 주시는 치유와 돌봄의 하나님이시다.

II. 함께하는 가족으로서의 신앙 공동체

하나님의 인간 창조는 삼위 하나님의 형상, 즉, "우리의 형상을 따라 우리의 모양대로"창 1:26 지으셨다. 남녀를 지으셔서 가정을 이루게 하신 것은 혼자 살지 않고 함께 돕는 배필이 되게 하기 위함이다. "사람이 혼자 사는 것이 좋지 아니하니 내가 그를 위하여 돕는 배필을 지으리라"창 2:18.

삼위 하나님이 함께하셔서 하나님의 형상대로 사람을 창조하시고, 아담과 하와는 함께하고 서로 돕는 존재로 지음을 받았다. 사람의 한자 표기인 인간人間은 '사람 사이'라는 뜻이다. 혼자 인간이 되는 것이 아니라 함께 사는 사람이 인간이다. 그런데 함께 사는 기본단위로서의 가족이 해체되고 비혼, 미출산, 가족 없는 1인 가구 등이 대세가 되면서 반려동물을 가족으로 여기며 함께 사는 '펫팸족'이라는 신조어까지 등장하였다.

예수님께서는 제자들이 모친과 형제들이 찾아왔다는 말을 전하자 "누구든지 하늘에 계신 내 아버지의 뜻대로 하는 자가 내 형제요 자매요 어머니이니라"마 12:50고 말씀하셨다. 예수님의 가족관은 가히 혁명적이어서 혈연 공동체를 뛰어넘는 신앙 고백적 공동체로 본다. 하나님의 뜻대로 행하는 신앙 공동체, 믿음의 공동체가 형제자매 부모를 이루는 가족이라고 선언하신다. 그렇기에 반려동물이 가족을 대체하고 있는 지금, 교회 공동체가 형제자매의 공동체, 가족의 공동체를 회복할 수 있어야 한다. 예수님에 대한 신앙고백으로 하나님의 가족이 된 성도는 가족의 형태나 구조와 상관없이 서로 돌보고 함께하며 하나님의 뜻을 이루어 가는 믿음의 교회 공동체이다.

구약에서는 부모가 없는 고아, 남편이 없는 과부, 가족과 고향, 나라를 떠나 나그네 생활을 하는 이방인을 대표적 돌봄 계층으로 지칭하며 '과부와 고아, 이방인'를 해롭게 하지 말고 돌보라 명령한다. "너는 이방 나그네를 압제하지 말며 그들을 학대하지 말라 너희도 애굽 땅에서 나그네였음이라 너는 과부나 고아를 해롭게 하지 말라"출 22:21-22. 신약에서는 예수님께서 "의인이 아니라 죄인"마 9:13, 막 2:17을 부르러 오셨다 말씀하셨고, 예수님은 "죄인과 세리"마 9:11; 눅 5:30의 친구라고 손가릭질을 당하셨다. 사도 바울은 가족들이 일차적으로 과부를 돌봐야 하지만 가족이 없는 이들을 교회가 돌봐야 한다딤전 5:3-16며 다양한 과부의 상황과 돌봄의 배려를 가르쳤다.

예수님께서 근심하는 제자들에게 "내가 너희를 고아와 같이 버려두지 아니하고 너희에게로 오리라"요 14:18고 약속하셨다. 성도는 가족과 단절되고 홀로된 이들과 함께해야 할 사명이 있고, 가족이 없는 사람일지라 함께하며 돌보는 대안적 공동체가 있을 때, 살아갈 이유가 생긴다.

III. 치유와 돌봄의 교회 공동체

기독교 상담가인 크랩과 알렌더 Dan B. Allender 는 『상담과 치유 공동체』에서 상처를 받았을 때에도 여전히 희망을 찾아갈 수 있다고 주장한다.Crabb and Allender, 『상담과 치유 공동체』 그들이 제기한 네 가지 질문은 "무엇이 잘못 되었는가?", "누구에게 도움을 구할까?", "조력자는 무엇을 할 것인가?" 그리고 "내가 도움을 구한다면 무엇을 소망할 수 있을까?"이다. 저자들은 인간의 문제와 원인을 크게, 영적 전투사탄, 역기능적 성장배경심리, 자기 죄도덕, 생화학적 장애의학, 무절제한 생활연약함, 영성의 결핍하나님과의 분리 등 6가지 범주로 나누고, 이에 따라 "누가 도움을 줄 수 있는가?"라는 질문을 던진다. 이러한 질문에 따라 우리 자신변화의 책임은 개인과 자연발생적인 공동체가족, 친구, 목사, 하나님, 의료인의사과 전문상담인훈련받은 전문가이 도움을 줄 수 있다고 가정한다. 이러한 분류에 기초하면 상처받은 사람들을 치유하려면 '세속적인 상담 이론'에 기초하여 개인 전문 상담자에게 전적으로 의존하거나, 아니면 모든 것을 영적 전쟁으로 해석하며 '영적 상담'이나 영적 지도를 받는 것이다. 저자들은 진정한 치유의 힘이 발휘되기 위해서는, 세속적 상담이론의 도움과 세속적 상담자에게서 교회 공동체로 옮겨가야 한다고 주장한다. 인간의 가장 큰 문제는 연합의 해체이기에, 복음 공동체, 신앙 공동체로서 깊은 연합이 진정한 해결책이며 "자신을 상담자가 수선해 줄 필요가 있는 손상된 자아로 보지 않고 다만 하나님과 또 다른 사람들과의 연합을 통하여 생명을 찾을 수 있는 소외된 영혼으로 보아야 한다"Crabb and Allender, 『상담과 치유 공동체』, 231고 주장한다.

> 공동체 안에는 힘이 있다. 그것은 연합하는 힘이다. 그리스도의 에너지로 사람들의 삶 속에 들어가는 힘이다. 그리스도의 마음으로 사람들의 마음을 들여다보는 힘이다. 그리스도의 사랑으로 사람들의 영혼과 접촉하는 힘이다. 그것이 복음 공동체의 모습이다.Crabb and Allender, 『상담과 치유 공동체』, 239

가족의 형태가 함께 사는 가정에서 1인 가구로, 부부의 삶이 결혼에서 이혼과 비출산으로, 청년의 선택이 결혼에서 비혼으로 변화하고 있다. 가족 대신 반려동물을, 직접적인 대화와 소통 대신 SNS와 문자메시지를 선택하면서, 많은 이들이 가족이라는 근본적인 안전망의 붕괴를 경험하고 있다. 이러한 현상으로 인해 사람들은 자신을 사회로부터 단절한 채 고립된 세계로 침잠하며, 외로움과 중독 속에서 고통받고 있다. 현대 사회가 직면한 이러한 문제들의 핵심에는 절망이 자리 잡고 있으며, 이는 부부 공동체, 가족 공동체, 교회 공동체와 같은 함께하는 삶과 신앙의 공동체를 잃어버렸기 때문이다.

1. 예수님의 치유 사역 모델: 불쌍히 여김과 눈물

성경은 온통 치유와 돌봄을 통한 회복의 이야기로 넘쳐난다. 예수님께서는 천국 복음을 가르치시는 일이 가장 중요한 사역이었지만 질병과 약한 것을 고치시는 일을 주로 하셨다. "예수께서 모든 도시와 마을에 두루 다니사 그들의 회당에서 가르치시며 천국 복음을 전파하시며 모든 병과 모든 약한 것을 고치시니라 무리를 보시고 불쌍히 여기시니 이는 그들이 목자 없는 양과 같이 고생하며 기진함이라"마 9:35-36.

복음서에 기록된 예수님의 주된 사역은 치유와 돌봄이었다. 그 사역의 중심은 표적을 통한 메시야 되심을 증명하는 것이 아니라 먼저 목자 없는 양 같이 고생하며 기진한, 상처받고 아파하는 영혼들에 대한 '불쌍히 여김'의 마음이었다. 예수님의 '불쌍히 여김'compassion은 마음으로 긍휼히 여기는 "안타까워 심장이 마구 뛴다"는 뜻이다. 치유와 돌봄 사역은 아파하는 영혼, 지쳐서 기진맥진한 사람들을 불쌍히 여기는 마음이 있어야 한다.

또한 예수님의 치유와 돌봄 사역은 눈물에서 시작된다. 성경에 예수님께서 눈물 흘리신 사건이 두 번 기록되어 있다. 첫 번째는 죽은 나사로의 무덤 앞에서 예수님은 눈물을 흘리셨다요 11:33-35. "예수께서 그가 우는 것과 또 함께 온 유대인들이 우는 것을 보시고 심령에 비통히 여기시고 불쌍히 여기사 이르시되 그를 어디 두었느냐 이르되 주여 와서 보옵소서 하니 예수께서 눈물을 흘리시더라." 예수님은 친구 나사로요 11:11가 죽었기 때문에 우신 것이 아니다. 예수님께서는 죽은 나사로를 살리시기 전에 나사로가 병들고 죽더라도 다시 살아남으로 "하나님의 영광을 위함이요 하나님의 아들이 이로 말미암아 영광을 받게 하려 함이라"요 11:4라고 이미 선포하셨다. 예수님은 죽은 나사로를 살리실 것이었다. 예수님께서 마음에 비통히 여기시고 불쌍히 여기셨다는 것은 죄로 인해 죽을 수 밖에 없는 인생들을 향한 눈물이었다. 그러므로 예수님의 눈물은 죄의 비극적 결과에 의한 인간의 죽음을 보시며 눈물을 흘리셨다.

두 번째는 예수님의 눈물은 한 개인뿐 아니라 공동체를 향한 것이었다. 심판과 멸망에 대한 경고를 보지 못하고 평화를 잃어버리게 될 예루살렘 성을 보시며 우셨다눅 13:34; 19:41; 마 23:37. 예수님께서는 회개치 않고 심판을 향해 가는 예루살렘을 바라보면서 눈물을 흘리셨다. 예수님께서는 자기 민족을 사랑하셨고, 그들이 돌이키지 않으므로 받게 될 심판에 대해서, 잃어버릴 평화를 바라보면서 회개를 촉구하시며 안타까워하셨다. 예수님께서는 한 개인뿐 아니라 민족 공동체를 품으셨다. 예수님께서 인간의 몸을 입고 이 땅에 오셔서^{성육신} 죽으신 것은, 마귀를 멸하시고 우리를 해방케 하시기 위함이다. "자녀들은 혈과 육에 속하였으매 그도 또한 같은 모양으로 혈과 육을 함께 지니심은 죽음을 통하여 죽음의 세력을 잡은 자 곧 마귀를 멸하시며 또 죽기를 무서워하므로 한평생 매여 종 노릇 하는 모든 자들을 놓아 주려 하심이니"^{히 2:14-15}. 예수님의 치유 모델은 고통받는 사람들을 향해 불쌍히 여기는 마음과 그들을 살리기 위한 사랑의 눈물이 없이는 불가능하다.

2. 환대의 공동체

바울 사도는 로마서 15장에서 이렇게 말씀한다.

1-2. 우리 가운데 믿음이 강건한 사람들은, 약해서 비틀거리는 사람들을 보면 다가가 손 내밀어 도와야 합니다. 그저 자기 편한 대로만 살아서는 안됩니다. 힘은 섬기라고 있는 것이지, 지위를 즐기라고 있는 것이 아닙니다. 우리는 늘 '어떻게 하면 도움을 줄 수 있을까?' 물으며, 주변 사람들의 유익을 도모할 필요가 있습니다. 3. 예수께서 하신 일이 바로 이것입니다. 그분은 사람들의 어려움을 외면한 채 자기 편한 길을 가지 않으셨습니다. 그분은 그들의 어려움 속으로 직접 뛰어드셔서 그들을 건져 주셨습니다. 성경은 이를 "내가 어려움에 처한 사람들의 어려움을 짊어졌다"는 말로 표현하고 있습니다… 7. 그러므로 여러분은, **하나님의 영광을 위해 서로를 두 팔 벌려 받아들이십시오.** 예수께서 그렇게 하셨습니다. 이제 여러분이 그렇게 할 차례입니다! ^{메시지 성경}.

예수님께서는 약해서 비틀거리는 사람들에게 손을 내밀어 도우시고, 어려움에 처한 사람들의 짐을 직접 감당하셨으며, 하나님의 영광을 위해 두 팔 벌려 죄인을 받아주셨다. 그리고 우리를 향해 이제는 우리가 그렇게 해야 할 차례라고 말씀하신다. 신천지 등 이단에 대한 경계 때문에 교회 입구부터 예배당 곳곳에 "출입을 금한다"는 경고문구를 붙이면서, 교회는 새신자, 새가족, 방문자들에 대한 의심이 앞서 환대의 마음을 잃어가고 있다. 예수님의 교회는 환대의 공동체이다. 교회의 지체됨을 설명하면서 메시지 성경은 로마서 12장 7-13절을 이렇게 번역하였다.

> 7-8. 곤란에 빠진 사람들을 원조하는 일에 부름 받았다면 늘 눈을 크게 뜨고 잘 살펴 신속하게 움직이도록 하십시오. 불우한 사람들과 더불어 일하는 사람이라면 그들 때문에 화를 내거나 우울해지지 않도록 하십시오. 늘 얼굴에 미소를 띠고 일하십시오. 9-10. 중심으로부터 사랑하십시오. 사랑하는 척하지 마십시오. 악은 필사적으로 피하십시오. 선은 필사적으로 붙드십시오. 깊이 사랑하는 좋은 친구들이 되십시오. 기꺼이 서로를 위한 조연이 되어 주십시오. 11-13. 지쳐 나가떨어지지 않도록 하십시오. 늘 힘과 열정이 가득한 사람이 되십시오. 언제든 기쁘게 주님을 섬길 준비를 갖춘 종이 되십시오. 힘든 시기에도 주저앉지 마십시오. 그럴수록 더욱 열심히 기도하십시오. **도움이 필요한 그리스도인들을 도우십시오. 정성껏 환대하십시오.**

　　교회는 도움이 필요한 이들을 도우며 정성껏 환대하고 좋은 친구가 되어주는 공동체이다. 서울 옥수중앙교회^{효용한 목사}는 '어르신의 안부를 묻는 우유배달' 법인을 운영하고 있다. 2003년 처음에는 '뼈가 약한 노인들을 위한 영양 보충'을 목적으로 봉사를 시작했다가 2007년 노인의 고독사가 사회적 문제로 대두되자 '고독사 방지'로 사역의 방향을 전환했다. 21년이 지난 2022년에는 전국으로 확대되었고, 서울시 17개 구 2850가구 독거노인들을 섬기고 있다. 성도들과 자원봉사자들이 매일 우유를 전달하며 전날 배달한 우유가 남아있거나 우유가 쌓이면 신고하거나 생사를 확인하며 돌봄을 제공한다. 교회가 독거노인들의 안부를 묻고 우유를 전달하며 동네와 지역사회의 어르신들을 돌보는 사역은 아름다운 일이다.

3. 양육과 돌봄의 공동체

과부 나오미는 흉년으로 생존을 위해 모압 지역으로 이주하여 나그네 생활을 하다가 두 아들을 잃고 고향 베들레헴으로 돌아왔다. 남편을 잃어 과부가 된 며느리 이방 여인 룻은 시어머니 나오미와 함께 고향을 떠나 베들레헴으로 왔다. 룻은 밭에 나가 이삭을 줍다가 친족 보아스의 아내가 되어 아들을 낳았다. 성경은 이렇게 기록하고 있다. "나오미가 아기를 받아 품에 품고 그의 양육자가 되니 그의 이웃 여인들이 그에게 이름을 지어 주되 나오미에게 아들이 태어났다 하여 그의 이름을 오벳이라 하였는데 그는 다윗의 아버지인 이새의 아버지였더라"룻 4:16-17.

며느리가 재혼하여 아들을 낳았을 때 과부 할머니 나오미가 양육자가 되고, 이웃 여인들이 이름을 오벳이라 지어주었다. 오벳은 자라나서 결국은 다윗의 할아버지가 되고 예수님의 족보에 오른다. 한 아이가 태어나서 자라날 때 국가기관이나 지자체가 여러 혜택을 주지만 양육에 참여하는 조부모 세대, 함께 이름을 지어주고 대부, 대모의 역할을 하는 이웃, 마을 공동체가 필요하다. "한 아이를 키우려면 온 마을이 필요하다"는 아프리카 속담처럼 한 아이가 믿음으로 자라려면 온 교회 공동체가 함께 돌보며 양육에 동참해야 한다.

교교회 돌봄 사역 중에 스데반 돌봄사역Stephen ministries은 돌봄자가 피돌봄자를 찾아가 이야기를 경청하고 함께 문제 해결을 모색하는 사역이다. 창시자는 미국 루터교회의 목사이자 상담학 박사인 케네스 헉크Kenneth Haugk로, 1975년에 시작되었다. 교회 교우들의 내면에 깊은 상처를 목격한 헉크 목사는 교회의 목회자로서 돌봄의 절실한 필요성을 깨달았다. 하지만 목회자 혼자서는 모든 돌봄을 감당할 수 없었기에, 평신도들을 돌봄자로 훈련하고 양성하여 돌봄을 위임하면서 이 사역이 시작되었다. 이 사역이 스데반 돌봄 사역이라는 이름을 얻게 된 것은 초대 교회 일곱 집사 중 한 명인 스데반의 이름에서 유래했는데, 스데반은 순교자가 되기 전에 돌봄자였다행 6:1-7.

스데반 돌봄 사역Stephen Ministries은 다음과 같은 돌봄을 제공하는 데 중점을 둔다. 첫째, 초신자나 새신자가 교회에 잘 적응하고 정착하도록 돕는다. 둘째, 암과 같은 치명적인 질병으로 고통받는 이들이 그리스도의 사랑 안에서 하나님을 만나도록 돕는다. 셋째, 가족이나 친한 친구를 잃은 이들에게 건강한 슬픔good grief의 과정을 통해 상실을 극복하도록 돕는다. 넷째, 이혼 과정에 있거나 이혼으로 희망을 잃은 이들이 현실을 바르게 직시하고 희망을 회복하도록 돕는다. 다섯째, 입원 환자들을 돌본다. 여섯째, 노인들을 돌본다. 일곱째, 장기적으로 집에 머물러야 하는 이들Shut-in을 돌보며 그들이 하나님의 귀한 창조물임을 깨닫게 한다.

스데반 돌봄의 핵심은 영적 돌봄Spiritual care으로, 하나님의 변함없는 사랑을 전하는 것이다. 이 사역은 목회자가 아닌 교회의 평신도들로 구성된 스데반 돌봄 사역 팀이 수행한다. 스데반 돌봄사역을 시작하기 위해서는 교회 교역자들이 돌봄사역 지도자 강습회를 이수한 후 평신도 돌봄자를 양성할 수 있다. 평신도 돌봄자 양성 과정은 총 50시간으로, 주 1회 모임으로 약 5개월이 소요된다stephen.or.kr. 현재 우리 교단에서는 신당중앙교회가

20주 스데반 돌봄사역을 진행하고 있다.

지금 교회가 돌봐야 할 '과부와 고아'는 결혼을 미루고 혼자 삶을 버텨내는 청년들, 배우자와 자녀를 잃고 홀로 지내는 노년층, 그리고 외로움으로 인해 약물이나 성중독에 빠진 1인 가구들이다. 교회 공동체는 이들에게 조부모, 부모, 가족이 되어주어야 하며, 예수님과의 깊은 연합과 성도 간의 유대를 통해 서로를 돌보는 마을 같은 신앙 공동체가 되어야 한다. 우리는 성별이나 세대 차별 없이 함께 예배하고, 찬양하고, 기도하고, 소통하는 특별한 교회 공동체를 이룰 수 있다. 교회 공동체 안에서 건강한 부부가 어려움을 겪는 부부의 멘토가 되고, 홀부모 자녀들을 위한 공동 양육과 돌봄을 제공하며, 홀로 신앙생활을 하는 이들을 서로 연결하여 안부를 나누고 기도할 수 있다. 또한 부모의 보살핌이 필요한 청소년들과 조손가정에 대부모 역할을 해줄 수 있는 돌봄의 플랫폼이 될 수 있다. 교회는 세대 간의 단절을 연결로 바꾸고, 가족의 돌봄을 받지 못하는 이들에게 대안 가족이 되어줄 수 있는 치유와 돌봄의 자원을 충분히 갖추고 있다.

나가는 말

치유의 삼위 하나님은 하나님의 형상대로 지음 받은 아담과 하와가 서로 돕고 살도록 창조하셨다. 그러나 인간의 죄로 인해 하나님과의 연합이 깨어지고, 가족의 유대가 단절되며, 가족 간의 관계가 느슨해지고 있다. 청년들은 결혼과 출산을 두려워하며 외로움과 고독 속에서 삶의 의미를 잃고 생을 포기하기도 한다. 하나님의 창조 목적대로 사람과 가정이 회복되려면 예수님의 모범을 따라야 한다. 예수님께서는 죄인인 우리를 불쌍히 여기사 눈물을 흘리시고, 그럼에도 우리를 환대하시어 양육과 돌봄의 공동체인 교회의 일원이 되게 하셨다. 따라서 교인들과 교회 공동체는 하나님 가족의 일원으로서 홀로 있는 이들을 위한 치유와 돌봄의 사역을 회복해야 한다.

선지자 에스겔은 양 떼를 먹이지 않고 자신만 살찌우는 이스라엘 목자들을 향하여 하나님의 책망을 전한다. "너희가 그 연약한 자를 강하게 아니하며 병든 자를 고치지 아니하며 상한 자를 싸매 주지 아니하며 쫓기는 자를 돌아오게 하지 아니하며 잃어버린 자를 찾지 아니하고 다만 포악으로 그것들을 다스렸도다"젤 34:4. 우리를 질책하시는 하나님의 음성이다. 약한 자, 병든 자, 상한 자, 쫓기는 자, 잃어버린 자를 찾아 강하게 하고, 치유하며, 상처를 싸매어 주는 돌봄의 사역이 지금 더욱 절실히 요구된다. 교회의 치유와 돌봄은 건강한 공동체와 교제를 이루는 길이다. 이러한 돌봄의 궁극적 목적은 개인이 교회와 가족, 사회 공동체의 건강한 일원으로 돌아갈 수 있도록 돕는 것이다. 예수님께서 귀신들린 자를 고치셨을 때, 치유 받은 사람이 예수님과 함께 있기를 간구했으나 예수님은 이를 허락하지 않으셨다. 대신 "집으로 돌아가 주께서 네게 어떻게 큰 일을 행하사 너를 불쌍히 여기신 것을 네 가족에게 알리라"막 5:19고 말씀하셨다. 이는 상처받고 병들어 관계가 단절되었던 사람을 격리된 삶에서 건강한 일상의 삶으로 이끄시며, 자신의 변화를 이웃과 가족, 교회 공동체와 나누는 새로운 치유와 돌봄의 삶으로 초대하시는 것이다.

2부

목회와 상담적 목회

1장
희망 목회

들어가는 말

희망소망 없음이 인간의 핵심 문제이다. 앞으로 더 좋아질 것이라는 희망을 가질 수 없거나 더 이상 변화의 가능성을 볼 수 없어 희망을 잃어버린 사람들이 많다. 개인과 가족, 사회 문제의 대부분은 희망을 잃어버린 이야기가 핵심이다. 그동안 아파하는 부부들을 만나 상담하면서 경험한 내용을 요약하면 다음과 같다. 이혼하는 부부들은 그 이유를 여러 가지로 말한다. 예를 들면 성격 차이, 경제적 어려움, 가족 관계 불화, 배우자의 외도, 가정 폭력, 도박, 술, 마약 중독, 잘못된 습관, 무책임함, 자식을 갖지 못함, 이단에 빠짐, 성적인 갈등 등이다. 그러나 이것은 표면적 문제이고 실제로는 상대방의 변화에 대한 소망을 잃어버린 것이 근본적인 이유이다. 배우자의 삶의 태도나 습관, 성격이 변하지 않을 것이라는 미래에 대한 불안과 희망없음이 관계를 포기하게 한다. 따라서 부부의 이혼은 언젠가 좋아질 것이라는 확신이 무너지고 더 이상 기대할 희망이 없는 것이 이유이다. 그래서 그들은 "더 이상 상황이 나아질 것이라는 소망/희망이 전혀 없습니다"라고 말한다. 가출 청소년들은 집에 있는 것이 답답해서, 부모가 학대를 해서, 부모가 불화하기 때문에, 세상에 대한 호기심으로, 학교에 가기 싫어서 등등의 이유로 가출을 한다. 그런데 실상은 희망없는 상황이 지속될 것이라는 부정적 상황인식이 그들로 하여금 가정을 떠나게 만든다. 현실은 변하지 않고 미래에 희망이 없기 때문에 반항하고 폭력적이 된다. 이렇듯 인간의 문제는 희망 여부에 달려있다. 소망이 없고, 희망이 없는 것이 인간 문제의 핵심적 부분이다. 인간의 문제는 절망하고 희망을 잃어버린 것이 주된 이유이다. 앤드류 레스터Andrew D. Lester는 "목회신학적 관점에서 볼 때, 우리는 늘 절망이 근본적인 문제일 수 있다는 가능성을 염두에 두고 있어야 한다."Lester, 『희망의 목회상담』, 133고 지적한다. 그렇다면 희망을 잃어버린 이 세대에게 어떻게 희망을 말하며 전달할 수 있을까? 이 글에서는 희망과 소망을 교차적으로 사용한다.

I. 목회상담은 희망 찾기: 성경은 소망의 이야기

예레미야는 남왕국 유다가 앗수르 침공 이후 바벨론 군대와 애굽 군대의 위협 속에 백성들은 절망에 빠져있던 때에 선지자로 부름을 받았다렘 1:5. 그런데 하나님의 부르심에 대하여 오히려 예레미야는 "슬프도소이다 주 여호와여, 보소서 나는 아이라 말할 줄을 알지 못하나이다"렘 1:6라며 두려워 한다. 하나님의 부르심에 결국 응답하지만, 종교의 타락과 거짓 선지자들, 다가오는 바벨론의 침공을 보면서 온 백성들의 탐욕과 부패로 슬퍼한다. "이는 그들이 가장 작은 자로부터 큰 자까지 다 탐욕을 부리며 선지자로부터 제사장까지 다 거짓을 행함이라. 그들이 내 백성의 상처를 가볍게 여기면서 말하기를 평강하다 평강하다 하나 평강이 없도다"렘 6:13-14. 그러나 눈물의 선지자로 불려진 예레미야는 하나님을 "이스라엘의 소망이신 여호와"렘 14:8; 17:13; 50:7로 고백하며 애가를 통하여 오히려 고통 중에 소망이 있다고 선포한다애 3:21, 29.

예레미야 보다 조금 앞선 이사야 선지자가 활동하던 때도 역시 암울한 시대였다. 웃시야 시대에 신앙은 형식화되고 사회는 부패했었다. 서방의 앗수르와 동방의 애굽의 양 세력 사이에서 왕과 신하들은 우왕좌왕하였다. 앗수르에게 조공을 바치고, 나라는 분열되고, 북 이스라엘은 저항하다가 멸망당하고, 이러한 때에 이사야는 하나님께 반역한 죄를 회개하라고 백성들을 향하여 외친다. 이러한 이스라엘의 상태를 이사야는 1장 5-6절에서 다음과 같이 묘사한다. "너희가 어찌하여 매를 더 맞으려고 패역을 거듭하느냐 온 머리는 병들었고 온 마음은 피곤하였으며 발바닥에서 머리까지 성한 곳이 없이 상한 것과 터진 것과 새로 맞은 흔적 뿐이거늘 그것을 짜며 싸매며 기름으로 부드럽게 함을 받지 못하였도다"사 1:5-6.

이사야는 나라와 백성들이 온통 병들고 매맞고 머리부터 발끝까지 성한 곳이 한 군데도 없이 온몸이 다치고 멍들고 상처투성이라고 말한다. 그럼에도 불구하고 이사야는 "이새의 줄기에서 한 싹이 나며 그 뿌리에서 한 가지가 나서 결실할 것이요"사 11:1라며 소망을 전한다. 나라를 회복하며 결국은 열방이 하나님께로 돌아올 것을 선포한다. 바울 사도는 로마에 있는 성도들에게 보내는 서신에서 바로 이 말씀을 인용한다. "이새의 뿌리 곧 열방을 다스리기 위하여 일어나시는 이가 있으리니 열방이 그에게 소망을 두리라"롬 15:12. 그는 하나님의 말씀을 통해 우울한 시대에 소망으로 결론을 내린다.

사실 바울 사도가 로마서를 쓰던 당시 상황이나 그가 인용했던 이사야서 11장이 쓰였던 상황이나 시대적으로 모두 암울한 때였다. 성경행 18:2-3에 보면 글라우디오클라우디우스 황제가 통치하던 49-50년에 유대인들을 로마에서 추방해 버린다. 결국 이 사건으로 로마에 있던 유대인들이 각국으로 흩어졌다. 그 후 글라우디오의 통치가 끝나던 직후인 54년경에 로마서는 쓰여졌다. 유대인들이 로마제국의 핍박을 받아 흩어지고 난 이후 그리 오랜 시간이 지나지 않은 60년, 곧 네로에 의해 엄청난 박해가 일어난 해 사이에 바울은 이 편지를 쓰고 있었다. 즉 시대적으로 기독교에 대한 박해를 앞두고 갈등이 고조되던 시기였다. 게다가 이스라엘은 나라를 빼앗겼고, 기독교에 대한 박해는 점점 심해져가던 암울한 시기였다. 그런데 바울 사도는 이사야의 글을 인용하면서 "소망의 하나님이 모든 기쁨과 평강을 믿음 안에서 너희에게 충만하게 하사 성령의 능력으로 소망이 넘치게 하시기를 원하노라" 롬 15:13고 선언한다. 결국 하나님의 사람들, 예레미야, 이사야와 바울은 박해가 심하고, 나라를 빼앗기고 민족이 소망이 없다고 생각될 때조차, 오히려 한 줄기 소망을 보았다.

II. 희망 잃은 사람들을 찾아가시는 소망의 삼위일체 하나님

하나님께서는 범죄하고 숨어있는 아담을 찾아가셨다. 그리고 하나님께서는 아담을 부르시며 "네가 어디 있느냐?" 창 3:9고 물으신다. 하나님께서는 아담이 어디 숨어있는지 모르시기 때문에 부르신 것이 아니라 그에게 회개의 기회를 주시기 위함이었다. 그러하기에, 아담을 찾아가신 그 하나님은 우리의 소망이시다. 시편 기자는 삶의 끊임없는 위험과 고통 속에서도, 악인이 잘 되어지는 것 같은 불공평한 사회 속에서도 끊임없이 하나님만이 소망이시며 하나님께 소망을 두고, 소망이 하나님께로서만 나온다고 고백한다시 71:5, 14; 42:5, 11; 43:5; 62:5; 78:7; 39:7; 119:49; 146:5. 성부 하나님은 소망의 본질이요 뼈대로서 "모든 기쁨과 평강을 믿음 안에서 너희에게 충만하게" 롬 15:13상 하시는 분이시다. 소망 자체이신 하나님이 우리에게 모든 것을 충만케 하신다.

성자 하나님은 소망의 뿌리이자 근원으로서 "열방을 다스리기 위하여 일어나시는 이"시며 "열방이 그에게 소망"을 두게 하신다롬 15:12. 예수님은 열방을 다스리심으로 소망을 주시며 우리가 예수님께 가야만 그곳에서 소망을 발견하게 된다. 예수님께서는 그 시대의 대표적 죄인인 세리와 죄인으로 여겨지는 사람들을 찾아가셨고, 때로 그들과 어울려 함께 식사를 하였다. 종교지도자들이 이를 불평하고 못마땅하게 여기자, 예수님께서는 이를 아시고 그들을 깨우치고자 비유로 말씀하셨는다. 그 첫 번째 비유가 양 아흔아홉 마리와 잃어버린 한 마리에 관한 것이었다. 예수님은 아담을 찾아가신 하나님처럼, 잃은 양을 찾아내기까지 찾아다니는눅 15:4 목자이시라고 말씀하신다. 그러므로 예수님은 "건강한 자에게는 의사가 쓸 데 없고 병든 자에게라야 쓸 데 있느니라"막 2:17고 하시면서 그렇기에 의인을 부르러 온 것이 아니요 죄인을 부르러 왔다고 선언하신다.

성령 하나님은 소망의 열매며 능력으로서 "성령의 능력으로 소망"롬 15:13하을 넘치게 하시는 분이시다. 성령 하나님께서는 소망의 결실이 맺혀지도록 능력을 베푸시는 분이시다.

소망의 삼위 하나님에 대한 믿음은 바울 사도가 끝까지 사역을 완수하도록 이끄신다. 삼위 하나님은 소망의 본질이며 근원이시며 소망 그 자체이시다. 하나님의 사람들은 소망의 사람들이었고, 어떤 어려운 환경과 장애 속에서도 소망을 발견하고 소망으로 살아낸 사람들이었다. 삼위 하나님께서 소망을 넘치도록 베푸시는 분이라는 성도의 신앙은 하나님의 나라, 즉 하나님의 통치와 다스림이 이루어질 것이라는 확신 때문에 현실에서의 고통이나 박해 가운데서도 소망을 나눌 수 있게 한다. 그러므로 성경에서 소망'바라다'은 신앙이라는 단어와 어원을 같이 한다요 5:45; 고후 1:10. 성부 하나님께서 죄인을 찾아오시고, 상지 예수님께서 병든 자, 죄인들을 고치시고 회복시키기 위해서 찾으시며, 성령 하나님께서 희망이 넘치게 하신다는 사실이 바로 복음, 소망/희망의 메시지이다.

1. 그리스도안에서 소망의 존재

하나님 없는 인생은 "오호라 나는 곤고한 사람이로다 이 사망의 몸에서 누가 나를 건져내랴"롬 7:24고 탄식 한다. 그리스도 밖에서 있고 소망 없는 자의 모습이다. 그러나 바울은 그 고백 뒤에 바로 "그리스도 예수 안에 있는 자에게는 결코 정죄함이 없나니 이는 그리스도 예수안에 있는 생명의 성령의 법이 죄와 사망의 법에서 너를 해방하였음이라"롬 8:1-2고 선언한다. 그리스도안에서 죄의 문제를 해결 받고 생명을 얻은 바울은 그의 일생에 수많은 위험과 죽을 고비에 직면했던 것을 오히려 공개한다. 그는 "만물의 찌기" 처럼 취급을 당하고, 돌에 맞아 죽을 뻔하고 배고프고 춥고 잠 못 자고 헐벗었다고 말하면서도고전 4:10-13; 고후 11:23-27 낙심에 빠지거나 죽음의 공포에 빠져들지 않고 오히려 "사망아 너의 승리가 어디 있느냐 사망아 네가 쏘는 것이 어디 있느냐"고전 15:55고 말한다. 나아가 바울은 "우리 주 예수 그리스도로 말미암아 우리에게 승리를 주시는 하나님께 감사하노니 그러므로 내 사랑하는 형제들아 견실하며 흔들리지 말고 항상 주의 일에 더욱 힘쓰는 자들이 되라 이는 너희 수고가 주 안에서 헛되지 않은 줄 앎이라"고전 15:57-58고 위로한다. 바울이 낙망하지 않는 이유는 무엇인가? 그가 절망하지 않는 것은 고린도전서 15장에서 일관성 있게 전개된 부활의 소망에 대한 확고한 신앙을 소유했기 때문이다. 바울은 어떤 환경이나 위험이나 고통 속에서도 견디고 이기고 감사할 수 있었다. 이와 같이 부활 소망은 인간의 핵심 문제를 넘어설 수 있음을 보여준다. 따라서 그리스도안에서 여전히 소망이 있는 존재임을 발견하도록 돕는 것이 목회의 핵심이며 교회의 사명이다. 인생의 문제는 이처럼 희망의 삼위 하나님을 바라볼 때 치유가 일어난다. 이것을 기독교 심리학자인 게리 콜린스 Gary Collins는 "기독교 신앙이야 말로 사람들이 필요로 하는 선견지명 있는, 희망으로 가득찬 상담을 제공해 주기에 가장 합당한 신앙이다. 장차 임할 하나님 나라에 대한 통찰력을 가지고 있기 때문에 심한 시련 가운데서도 우리는 소망을 가지고 있으며 피상담자들에게 그 소망을 나누어 줄 수 있다"고 강조한다. Collins, 『기독교 상담의 성경적 기초』, 365

2. 희망 전달자로서의 목회 상담자

목회상담자는 절망 가운데 상담자를 찾는 사람들이 문제 해결을 위해 많은 노력을 했음을 인정해야 한다. 그러나 마치 달음박질을 하되 향방 없는 것 같이 하고 싸우기를 허공을 치는 것 같이 해온 삶에서 이제는 과거와는 전혀 다른, 새로운 시도가 필요함을 내담자가 볼 수 있도록 목회 상담자는 도와야 한다. 이것을 위해서 소위 패러다임 Paradigm의 변화가 일어나야 하며 그것을 가능하게 하는 것이 바로 목회 상담이다. 하워드 클라인벨 Howard Clinebell은 "상담가와 심리치료자는 본질적으로 희망을 일깨워주는 사람들" Clinebell, 『성장상담』, 56이라고 말한다. 특별히 목회상담자는 내담자에게 희망을 일깨워주는 사람이다. 그렇다면 어떻게 목회상담자는 내담자가 소망을 발견할 수 있도록 도울 수 있을까? 브리스터 C. W. Brister는 상담자가 내담자와 바른 관계를 맺고 하나님과의 관계를 쌓을 때 가능하다고 말한다. 왜 냐하면 "희망은 논리적이라기 보다는 관계적 relational이기 때문" Brister, 『현대인의 절망과 희망』, 29 이다. 이러한 희망의 관계를 형성하는 것이 목회 상담자의 중요한 책임이다. 목회상담자는 내담자와의 관계를 통하여, 내담자가 하나님과의 관계에서 희망과 소망을 발견할 수 있도록 도와야 한다. 또한 목회상담자는 낙심하는 내담자가 과거에 머무르지 않고 미래를 향하여 개방하도록 도와야 한다. 그리하여 내담자는 목회상담을 통해 삶의 위기 문제의 해결 뿐 아니라 희망을 발견하고 희망을 키워가게 된다. 결국 목회상담자는 내담자가 소망 안에서 자신의 문제를 극복하고 다른 사람들에게 도움이 되는 존재로 변화될 수 있다는, 즉 그리스도 안에서 자기 자신에 대한 새로운 가능성을 확신할 수 있도록 인도해야 할 것이다. 내담자가 하나님의 약속에 근거한 정당한 소망을 발견하지 못한다면 상담자의 기술은 별로 의미가 없다. 브리스터는 "희망이 없으면, 상담자의 기술은 의미를 잃게 되고, 성장은 불가능해지며, 선택의 가능성들은 없어져 버리며, 비전은 사라지고, 자기 신뢰는 죽어 버린다. 희망의 기초는 하나님의 약속 외의 아무 것도 아니다"Brister, 『현대인의 절망과 희망』, 59라고 주장한다. 이러한 흔들리지 않는 하나님의 약속의 기초 위에 소망이 세워져야 한다히 6:19. 또한 소망 안에서 영혼의 닻이 든든하게 세워지도록 목회 상담자는 내담자를 도와야 할 것이다. 그렇다면 우리는 어떻게 그리스도 안에서 여전히 소망이 있는 존재임을 일생 생활에서 경험하며 살 수 있는지 살펴보자.

III. 소망을 생활화 하기

1. 예수님의 다스리심(주재권)을 구하기

무엇이 좌절과 절망 가운데 소망을 바라보게 할까? 어떻게 이사야와 바울은 암울한 시대적 상황 가운데 있으면서도 소망을 볼 수 있었을까? 이사야 선지자는 예수님의 오심을 이렇게 전한다. "이는 한 아기가 우리에게 났고 한 아들을 우리에게 주신 바 되었는데 그의 어깨에는 정사를 메었고 그의 이름은 기묘자라, 모사라, 전능하신 하나님이라, 영존하시는 아버지라, 평강의 왕이라 할 것임이라"^{사 9:6}. 이 말씀 속에 소망을 생활화하기 위한 한 가지 단서를 찾을 수 있다. 소망은 오직 예수님께만 있다는 것이다. 예수님께서 내 자신을 다스리실 때에만 구원이 있고 소망이 있다.

인간의 문제는 스스로 삶을 조절하고 통제하겠다는 교만에 있다. 피조물인 우리는 우리를 만드신 창조자에게 가야만 소망이 있다. 나를 가장 잘 아시는 분, 나를 만드신 분, 그 분이 다스리시는 내 삶의 영역이 확장해 갈 때만 내 삶에 소망을 발견할 수 있다. 시편 기자는 인생의 허무함을 보며 낙담할 수 있음에도 불구하고 주께만 소망이 있음을 고백한다. "여호와여 나의 종말과 연한이 언제까지인지 알게 하사 내가 나의 연약함을 알게 하소서 주께서 나의 날을 한 뼘 길이만큼 되게 하시매 나의 일생이 주 앞에는 없는 것 같사오니 사람은 그가 든든히 서 있는 때에도 진실로 모두가 허사뿐이니이다"^{시 39:4-7}.

날마다의 삶 속에 '내게는 소망이 없습니다, 주님께만 소망이 있습니다' 고백하며 신뢰하는 삶을 확장해 갈 때 소망을 누리며 살 수 있다. 왜냐하면 주님께서 다스리시기 때문이다. 그러므로 예수님께서 성격도, 음식습관도, 부부관계도, 교회생활도, 일일이 개입하시고 다스리시도록 소원하며 맡겨드릴 때 거기에 참 변화의 소망을 발견할 수 있다.

2. 어제 보다 조금 나아지기

이사야 선지자와 바울 사도는 역사 속에 아기로 오시는 예수님을 통해 인류와 열방의 구원의 소망의 빛을 보았다. 그루터기에서 한 가지가 나고 줄기가 되어 결실을 맺는 비유는 하나님의 구원계획에는 시기와 과정과 단계가 있음을 보여준다. 인간은 어려움에 직면하면 인생역전, 대박의 꿈을 꾼다. 단 한번으로 상황을 뒤바꾸어서 원하는 결과를 얻는 것을 기대한다. 그런데 하나님의 인류 구원의 방식은 한 사람, 이새의 가정에 한 아이를 통해서 이루어진다고 말씀한다. 이새의 줄기에서 한 싹이 나고 그 뿌리에서 한 가지가 나서 구원의 결실을 맺는다. 소망을 생활화하기에 적용한다면 조그마한 변화를 시작하되 인내를 가지고 나아가면 희망에 도달한다는 것이다. 따라서 "어제보다 조금 나아지기"를 통해 일상생활에서 희망을 발견할 수 있다.

작심삼일作心三日이라는 말이 있다. 결단한 것이 삼일 밖에 가지 못한다는 것이다. 그럼에도 불구하고 삼일 동안만이라도 변화를 경험한다면 이전에 비해 큰 진전이다. 인격성숙도, 습관의 변화도 하루 아침에 완성되지는 않는다. 다만, 어제보다 조금씩 나아지는 것으로 충분하다. 하루에 열 번 화내던 사람이 아홉 번으로, 하루에 다섯 번 짜증내던 사람이 네 번으로 줄이는 변화의 걸음을 내 딛을 때 서서히 소망을 발견하게 된다. 하루에 한번 하던 선한 생각을 두 번, 세 번으로 늘릴 때, 어느 날 내 속에 주님의 선함이 강력하게 다스리시는 소망을 발견하게 될 것이다.

인간으로서 한 가지 특권은 무한한 변화 가능성이다. 오늘 형편없는 남편이 미래에 존경받는 사람으로 바뀔 수 있는 소망과 가능성이 있다. 살면서 '그는 저런 사람' 또는 '나는 이런 사람'이라고 규정해 놓고 살아가는 사람은 변화의 소망을 상실하였기에 비극적인 삶이다. 그러므로 그리스도 안에서 앞으로 나아진다는 변화에 대한 기대와 소망을 가져야 한다. 그리고 그 소망의 발걸음은 어제와 다른 새로운 하루의 조그만 시작으로 부터이다.

3. 부활 묵상으로 마음의 기쁨과 입술의 즐거움 회복하기

하나님의 영이 임하시면 변화가 일어난다. 성령께서 머무르시면 그곳에 변화가 일어나고 새사람이 된다. 또한 새로운 꿈을 꾸게 된다. 그러므로 성령이 임하셔서 제자들에게 변화가 일어났을 때, 베드로와 열한 사도는 더 이상 두려워하지 않고 담대하게 예수는 그리스도라고 외친다행 2:14-21. 베드로는 다윗의 시를 인용해서 소망으로 변화된 삶의 모습을 다음과 같이 표현한다. "그러므로 내 마음이 기뻐하였고 내 혀도 즐거워하였으며 육체도 희망에 거하리니"행 2:26. 예수 그리스도와 동행하는 삶은 마음의 기쁨과 입술의 즐거움이 넘치게 하시므로 우리의 육체도 소망 속에 거하게 하신다는 뜻이다. 제자들의 고백은 사망에 매여 있을 수 없었던 예수님의 부활을 통해 우리 마음의 기쁨과 입술의 즐거움을 회복케 하시고, 그것이 소망의 근거라는 것이다행 2:24-28.

마음의 기쁨과 입술의 즐거움은 예수님의 부활에 대한 묵상을 통해서 가능하다. 부활하신 주님이 내 마음의 기쁨을, 부활하신 주님에 대한 찬양이 내 입술의 즐거움을 넘치게 하신다. 그 때에 내 육신도 부활의 소망 속에 이 땅에서 살아갈 수 있다. 그러므로 베드로 사도는 "우리 주 예수 그리스도의 아버지 하나님을 찬송하리로다 그의 많으신 긍휼대로 예수 그리스도를 죽은 자 가운데서 부활하게 하심으로 말미암아 우리를 거듭나게 하사 산 소망이 있게 하시며"벧전 1:3 라고 말씀한다. 산 소망living hope은 부활하신 예수 그리스도에 근거한다.

4. 성도와 친밀한 교제와 격려 나누기

성경은 "몸이 하나요 성령도 한 분이시니 이와 같이 너희가 부르심의

한 소망 안에서 부르심을 받았느니라"^{엡 4:4}고 말씀한다. 즉 성도는 한 소망 안에서 함께 부르심을 받은 사람들이다. 또한 바울 사도는 예수님께서 다시 오실 때 데살로니가 교인들이 바로 사도들의 소망이며 기쁨이며 자랑의 면류관이라고 설명한다^{살전 2:19}. 따라서 하나님의 집을 맡은 아들, 그리스도로 인하여 성도들은 소망의 확신과 자랑을 끝까지 굳게 잡고 있어야 한다^{히 3:6}. 나아가 히브리서 기자는 "너희 각 사람이 동일한 부지런함을 나타내어 끝까지 소망의 풍성함"^{히 6:11}에 이르라고 권면한다. 어떻게 소망의 풍성함에 이를 수 있을까? 그것은 하나님이 신실하시기 때문에 그분을 신뢰하고 성도들은 깊은 교제와 격려를 통하여 영혼의 닻인 소망을 굳게 잡고 함께 나아갈 수 있다. 성경의 약속은 이것이다. "또 약속하신 이는 미쁘시니 우리가 믿는 도리의 소망을 움직이지 말며 굳게 잡고 서로 돌아보아 사랑과 선행을 격려하며 모이기를 폐하는 어떤 사람들의 습관과 같이 하지 말고 오직 권하여 그 날이 가까움을 볼수록 더욱 그리하자"^{히 10:23-25}.

나가는 말

인생 문제의 핵심은 희망의 부재이다, 희망 없음으로 고통받는 이들에게는 삼위 일체 하나님께서 소망의 하나님이시라는 신앙 안에서 치유가 시작된다. 내담자가 희망의 눈으로 자신을 바라보고, 목회 상담자가 희망 전달자의 역할을 감당하므로 목회상담은 희망의 상담을 제공할 수 있다. 인간 회복에 있어서 가장 큰 적은 절망이며 절망이 있는 곳에는 희망이 자리 잡을 곳이 없다. 절망은 죽음에 이르게 하는 병이다. 사람들이 겪는 문제는 그 문제를 통제할 수 있는 능력이 없다는 절망감에서 기인한다. 성경에 나오는 하나님의 사람들, 베드로, 바울, 히브리서 기자, 이사야, 예레미야, 시편 기자들…. 그들은 소망을 본다. 소망은 하나님께만 있고, 예수님께서 오셔서 다스리실 때 진정한 평화가 이루어진다는 희망이다. 비록 한 줄기, 한 싹 처럼 작지만 예수님 안에서 인생에 소망이 있고, 인류에게 소망이 있다. 그러므로 예수님은 소망의 근원이시며, 소망의 하나님은 성령님의 능력으로 소망이 넘치게 하신다. 그리스도 예수 안에서 소망의 존재로 소망을 생활화 하기 위해서는 먼저 하나님의 관점에서 우리 자신을 바라보아야 한다. 또한 예수님께서 우리 삶의 구석구석을 다스리시기를 구하고, 어제보다 오늘 조금씩 나아지며, 마음과 입술에서 부활 신앙의 고백으로 기쁨과 즐거움이 회복되고, 성도들의 격려와 교제를 통해 소망의 교회 공동체서 소망의 풍성함을 누릴 수 있도록 해야 한다. "나의 영혼아 잠잠히 하나님만 바라라 무릇 나의 소망이 그로부터 나오는도다"^{시 62:5}.

2장
격려 목회

들어가는 말

상담을 하다 보면 종종 어떻게 말해야 할지 당황스러울 때가 있다. 그 이유 중에 하나는 상담자의 역할을 할 것인가, 아니면 전형적인 목회자의 역할을 해야 하는가의 문제 때문이다. 물론 두 가지가 늘 대치되는 것은 아니지만 때로는 신앙적인 결단과 결정이 문제 해결보다 더 중요하다고 보일 때는 더욱 첨예하게 대립하곤 한다. 상담을 공부하며 상담소에서 자원봉사로 상담을 시작한 지 얼마 되지 않았을 때에 30대 초반의 여성과의 상담소에서의 첫 만남은 아직도 기억이 생생하다.

저는 30대 초반으로 아이가 둘이 있습니다. 미국 유학 중에 한 남자를 만나 5년 전에 결혼을 하였습니다. 저희 모두 공부도 했고 현재 남편은 좋은 직장에서 일을 하고 있습니다. 문제는 신혼여행 때부터 남편이 저를 때리는 것이었습니다. 처음에는 뭔가 내가 잘못했겠거니 하면서 이해하려 했는데 그 후 폭행이 계속 되었고, 심지어는 임신 중에도 맞았습니다. 목을 조르기도 했고 흉기로도 맞았습니다. 매사에 간섭을 하고 의심을 하고 욕설을 해댑니다. 이제는 남편 얼굴도 보기 싫고 남편이 올 시간이 되면 가슴이 뛰고 불안해 집니다. 일년 전에 목회자와 상의를 했는데 열심히 참고 견디면서 신앙으로 이기라는 말씀을 들었습니다. 그렇게 일년 이상을 견뎌 왔지만 이제는 더 이상 버틸 힘이 없습니다. 차라리 죽어버릴까 하는 생각도 했지만 아이들 때문에 그럴 수도 없고, 도저히 그 사람과는 같이 살 수가 없습니다. 저는 과연 기독교인으로서 남편과 이혼할 권리가 있습니까? 만약 목사 같은 말을 하신다면 저는 그냥 가겠습니다.

이 여성이 필자를 향하여 "만약 목사 같은 말을 하신다면 그냥 가겠습니다"라고 했던 그 말이 지금도 귀에서 맴돌곤 한다. 목사의 말이 결혼을 살리고, 생명을 살리는 격려의 말이었지만 때로는 그것을 듣는 사람은 자신을 죽이는 절망의 말로 들을 수 있다. 그런 의미에서 진정한 격려를 어떻게 할 것인가는 목회상담의 핵심 과제이다.

I. 격려에 대한 이해

많은 사람들이 깊은 상처로 고통 속에 살아가고 있다. 통계수치를 들지 않더라도 이혼율이 높아지고, 가정폭력과 아동학대의 피해자가 늘어가며, 자살하는 사람들이 계속 증가하고 있다. 또한 정신질환이나 성격장애로 인해 고통받는 사람들을 쉽게 우리 주위에서 발견할 수 있다. 가까운 곳에 상처와 고통 가운데 누군가의 도움을 청하는 사람들은 점점 늘어가고 있다. 격려 없이는 상처와 고통에서 벗어나기 힘든 사람들이다. 따라서 목회상담이 격려상담이 되어야 한다는 말에 이의를 제기할 사람은 없을 것이다.

그렇다면, 격려encouragement란 무엇인가? 기독교 상담가로 널리 알려진 래리 크랩은 격려를 다음과 같이 정의한다. "격려란 사람들로 하여금 어려운 삶속에서도 보다 훌륭한 그리스도인이 되기를 갈망하도록 만들기 위해 건네주는 친절한 말언어이다."Crabb and Allender, 『격려를 통한 상담』, 22 이러한 의미에서 보면 목회 상담은 격려의 상담이 되어야 한다. 왜냐하면 목회상담의 중요 목표가 "우리가 그를 전파하여 각 사람을 권하고 모든 지혜로 각 사람을 가르침은 각 사람을 그리스도 안에서 완전한 자로 세우려 함"골 1:28이기 때문이다. 즉 목회상담은 내담자가 더 나은 신앙인이 되어가는 과정 곧, 예수님을 닮은 완전한 자로 세워져 가도록 돕는 과정이다. 또한, 교육 및 상담을 통해 "예수님을 전파하고, 권면하고 모든 지혜로 가르치는 것"은 내담자를 격려하여 예수님을 닮고 더 훌륭한 그리스도인 되기를 갈망하도록 돕는 것이다.

II. 격려의 장애물

사람들은 격려를 필요로 하는데 격려하며 살지 못하는 것은 무엇 때문인가? 문제는 격려하기를 원하지만 여러 장애물이 있다는 것이다. 첫째, 깊이 없는 피상적인 말은 격려의 장애물이다. 즉 상담자는 내담자의 말을 너무 가볍게 취급하여 깊이 없이 대한다. 예레미야 선지자는 "그들이 내 백성의 상처를 가볍게 여기면서 말하기를 평강하다 평강하다 하나 평강이 없도다"렘 6:14라고 기록한다. 종교 지도자가 내담자의 상처를 가볍게 여기며 "평강하다"는 말을 반복한다고 한들 그 문제가 해결되거나 좋아지는 것은 아니다.

앞의 사례 여성은 상투적이고 피상적인 말을 들었다. 그 여성이 말한

"목사 같은 말"이라는 표현은 어떤 의미인가? 그것은 자신의 고통스러운 현실을 이해하지 못하고, 목회자가 판에 박힌 처방이나 도움을 제시함으로 오히려 더 괴로운 상태에 놓였다는 것이다. 어쩌면 그 여성은 고통을 이해 받고 그 상황에서 벗어날 수 있는 적극적 대처를 기대했을지 모른다. 그런 데 목회자가 "좀 더 기도하고 참고 견디라"라고 했을 때, 그 말은 잠시 희 망적으로 들렸지만 남편의 폭력으로 점점 무능력해져 가는 그 여성에게는 적절한 대처 방법이 아니었다. 시간이 갈수록 그 여성은 점점 그 상황을 인 내할 수 있는 역량이 소진되어감을 느끼게 되고, 게다가 얼마나 그 상황에 머물러 있어야 해결될 것인지를 모르기 때문에 상황의 변화가 남편에게 달려있기 때문에 그 녀는 시간이 가면서 더욱 낙담할 수 밖에 없었다.

둘째, 파괴적인 말은 격려를 방해한다. 저주하는 말, 악담은 영혼을 파괴한다. 성경은 "죽고 사는 것이 혀의 권세에 달려나니"잠 18:21 라고 말씀 한다. 파괴적인 혀의 권세는 생명을 앗아간다. 영혼을 죽이는 말이다. 격려 하기를 원하면서도 그렇게 하지 못하는 이유는 그 마음의 중심에 "두려움" 이 있기 때문이라고 크랩은 지적한다. 아담은 범죄 후에 "내가 벗었으므로 두려워하여 숨었나이다"창 3:10 라고 반응한다. 사람은 누구나 거부당하는 것 을 두려워하고 인정을 받으려고 자신의 좋은 면만을 보여주려 한다. 즉 두 려움을 피하려고 보호막을 하고 생활하는 사람은 결국 다른 사람을 자신 의 자존심을 지키기 위한 수단으로 이용하거나 아니면 어떻게 하든지 자 신의 진짜 모습이 노출되지 않도록 자신을 보호하려하기 때문에 상처주는 말, 공격적인 말, 그리고 파괴적인 말을 하게 된다. 아담의 두려움은 자신 의 죄를 회개하기 보다는 "하나님이 주셔서 나와 함께 있게 하신 여자 그 가 그 나무 열매를 내게 주므로 내가 먹었나이다"창 3:12라며 다른 사람을 탓 하는 말을 하게 한다. 아담의 두려움은 하나님에 대한 원망, 아내 하와에 대한 책임전가로 자신의 범죄함을 가리려고 하였다. 범죄함을 숨기기를 원하며 두려워하는 아담은 관계를 망가뜨리는, 파괴적인 용어를 내뱉는다.

상담자는 내담자를 돕기 위한 격려의 사람이어야 한다. 그러나 상담자도 자신을 객관적으로 보고 다루는 훈련이 없으면 적절하게 격려할 수가 없다. 왜냐하면 상담자가 내담자에게 인정받고 거부당하지 않기 위해서 격려하기 보다는 자신의 문제를 '역전이'counter-transference할 가능성이 높기 때문이다. '역전이'란 상담자가 불안에 의하여 억압된 감정과 욕망이 내담자에게 전이되는 현상이다. 성격이 불같아서 별명이 '우레의 아들'막 3:17이었던 야고보와 요한은 예수님께서 예루살렘을 향하여 가실 때 사마리아의 한 촌에서 받아들이지 않자 이를 보고 "주여 우리가 불을 명하여 하늘로부터 내려 저들을 멸하라 하기를 원하시나이까"눅 9:54 라고 말을 하였고, 예수님의 책망을 들었다. 자신의 감정을 다루는 법을 모르는 상태에서 자신이 거부되었을 때에 심판하고 판단하는 말이 얼마나 쉽게 나오는 지를 알수 있다.

이렇듯 격려를 방해하는 말은 크게 깊이 없는 피상적인 말과 생명을 죽이는 파괴적인 말 두 가지로 분류할 수 있다. 반면에 격려는 생명을 주는 말이며 영혼을 살리는 말이다. 그러므로 성경은 "무릇 더러운 말은 너희 입 밖에도 내지 말고 오직 덕을 세우는 데 소용되는 대로 선한 말을 하여 듣는 자들에게 은혜를 끼치게 하라"엡 4:29고 말씀한다. 즉 격려는 듣는 자들에게 은혜를 끼치는 선한 말을 하는 것이다. 메시지 성경은 이 말씀을 이렇게 번역한다. "여러분의 말하는 습관을 살피십시오. 여러분의 입에서 불쾌하고 더러운 말이 나오지 않게 하십시오. 도움이 되는 말만 하고, 여러 분의 말 한 마디 한 마디가 선물이 되게 하십시오." 말 한마디 한마디가 도움이 되고 선물이 되도록 하는 것이 격려입니다.

크랩은 청소년 시절 말을 더듬던 버릇 때문에 고민했던 것을 고백한다. 중학교 시절 학우회 회장이었던 그는 학교장 취임식에서 말을 더듬어서 큰 낭패를 보았고, 또 한번은 교회에서 공중기도를 큰 소리로 횡설 수설했고, 기도 후에는 다시는 공중 앞에서 큰소리로 기도하거나 말하지 않겠다고 다짐할 정도 였다고 한다. 그런데 예배 후 찾아온 연로한 그리스도인이 자신의 어깨 위에 손을 얹고 다음과 같이 이야기를 했다고 한다: "래리, 자네가 알아 주었으면 하는 것이 있네. 자네가 무슨 일을 하든지 간에, 나는 언제 어디서나 자네의 뒤에 있겠네."이 말을 들었을 때를 회상하며 크랩은 말한다.

> 나는 이 말을 글로 쓰기만 해도 눈물이 솟는다. 그러나, 나는 조금도 막힘없이 이 이야기를 말해야 한다. 그 말은 생명을 주는 말이었고 위력이 있었다. 그 말은 내 존재의 깊숙한 곳까지 들어왔다. 다시는 공중 앞에서 결코 말하지 않겠다던 나의 결심은 곧 약해지고 말았다. 그 분이 그 말을 해준 이후, 하나님께서 여러 사역들로 나를 인도하셨는데, 그 사역을 감당하는 중에 나는 크고 작은 청중들 앞에서 말도 하고 기도도 했다. 그런데, 나는 더듬거리지 않고도 그렇게 할 수 있었던 것이다. 나는 이제 그런 일을 좋아한다. 혀는 죽일 수 있는 권세 뿐 만 아니라 살릴 수 있는 권세도 지니고 있다. 그러므로 격려는 생명을 주는 말이며 영혼을 살리는 말이다. Crabb and Allender, 『격려를 통한 상담』, 29

III. 어떻게 격려할 것인가?: 격려의 기술

성경에서 대표적인 격려의 사람은 바나바이다. 바나바라는 이름의 뜻이 개역성경에는 "권위의 아들"로, 개역개정에서는 "위로의 아들"로 번역되었는데, NIV 영어성경은 "격려의 아들"son of encouragement로 번역하고 있다. 그의 이름의 뜻 처럼 그는 격려의 삶을 살았다.

사울이라는 바울이 예수 믿는 자들을 핍박하던 사람이었지만 다메섹 도상에서 부활하신 예수님을 만나고 나서 그는 완전히 새로운 사람으로 변하였다[행 9장]. 바울은 과거 그가 핍박하던 자에서 예수의 제자들과 사귐을 갖고자 했으나 제자들은 그를 두려워하여 믿지 아니하였다. 단지 바나바가 바울을 믿어주고 그를 데리고 사도들에게 가서 소개하고 그의 간증을 들려주었다. "사울이 예루살렘에 가서 제자들을 사귀고자 하나 다 두려워하여 그가 제자 됨을 믿지 아니하니 바나바가 데리고 사도들에게 가서 그가 길에서 어떻게 주를 보았는지와 주께서 그에게 말씀하신 일과 다메섹에서 그가 어떻게 예수의 이름으로 담대히 말하였는지를 전하니라"[행 9:26-27]. 진정한 격려자의 모습이다. 성경에서 바나바를 통해서 어떻게 생명을 살리는 격려를 실천할 수 있는지 원리를 살펴보자

1. 받아주는 격려

첫 번째 격려의 원리는 받아주는 것이다. 제자들과 사도들은 사울이라는 청년의 과거 행적을 알고 있었기에 두려워했고 그것은 친밀한 교제를 방해하였다. 그러나 격려의 아들인 바나바는 바울이 어떻게 변하게 되었는지, 과거에 어떠했는지를 이야기했을 때 신뢰하고 받아 주었음을 알 수 있다. 격려의 첫 번째 원리는 과거가 아니라 현재에 초점을 맞추어서 상대방을 그대로 받아 주는 것이다. 바나바는 모두 다 두려워하여 경계할 때 바울을 가장 먼저 받아주었던 제자였다. 그로 인하여 바울은 초대 교회 공동체에 일원이 될 수 있었다.

2. 이해하는 격려

격려의 두 번째 원리는 정확하게 이해하는 것이다. 상담을 충고하는 것으로 생각하는 사람이 있다. 그러나 충고나 조언을 하기에 앞서서 내담자를 잘 이해하는 것이 먼저이다. 그런 면에서 바나바는 바울에게 일어났던 일을 잘 이해하고 있었다. 바울의 간증을 대신 제자들에게 정확하게 전달하였던 것을 보면 그는 바울의 이야기를 잘 들었고, 그것을 믿었고, 그것을 대신 전할 수 있을 정도로 알고 있었음이 분명하다. 격려자는 이해하는 사람이다. 상대방을 이해하면 할수록 더욱 그를 격려할 수 있다. 그러므로 성경은 "사람마다 듣기는 속히 하고 말하기는 더디 하며 성내기도 더디 하라"^{약 1:19}고 말씀한다.

3. 함께하는 격려

세 번째 격려의 원리는 함께 하는 것이다. 격려하면 우리는 말로 용기를 주거나 힘을 북돋아 주는 것을 먼저 떠올린다. 그러나 바울에게 있어서 격려가 되었던 것은 다른 사람들이 두려워하여 교제를 거부f했을 때 바나바가 함께 했다는 것이다. 누군가 나를 알아주고 함께 있어 주는 것은 백 마디의 말보다 더 큰 위력이 있을 수 있다. 오히려 아무 말 하지 않고 손을 한번 잡아주거나, 가볍게 어깨를 툭 쳐주는 것만으로도 놀라운 격려가 될 수 있다.

4. 자랑스럽게 여기는 격려

사람이 하는 말 중에는 남을 높이거나 칭찬하기보다는 험담하는 말이 많다. 그런데 바나바는 바울을 변론하고자 그에게 일어난 일을 담대히 이야기 한다. 뿐만 아니라 바울을 데리고 가서 그를 소개한다. 누군가를 소개한다는 것은 그만큼 상대방을 자랑스럽게 여긴다는 것이다. 바나바가 자신이 속한 교회 공동체에 바울을 기꺼이 소개해 줄 때 바울은 자신이 환영받는다는 것을 경험하면서 격려 받았음에 틀림 없다. 즉 격려는 단순한 말의 문제가 아니라 전인적으로 환영한다는 태도를 포함한다.

나가는 말

히브리서 기자는 "서로 돌아보아 사랑과 선행을 격려하며 모이기를 폐하는 어떤 사람들의 습관과 같이 하지 말고 오직 권하여 그 날이 가까움을 볼 수록 더욱 그리하자"히 10:24-25고 권한다. 크랩은 히브리서의 핵심 단어인 "격려"가 문자적으로 "분발시키다"stir up, "자극하다"provoke, "어떤 일정한 방향으로 사람들을 충동시키다"는 뜻임을 강조하면서, '말로 격려한다는 것'은 "여행 중인 어떤 사람과 동행하면서 장애와 피곤에도 불구하고 그가 계속 여행할 수 있도록 그에게 격려의 말을 해 준다"는 개념이라고 설명한다.Crabb and Allender, 「격려를 통한 상담」, 22 격려란 함께 동행하면서 힘들어도 상대방이 계속 그 길을 걸어갈 수 있도록 용기를 북돋아주는 것이다.

목회상담은 격려 상담이다. 격려는 선택 사항이 아니라 예수님의 모든 제자들에게 주시는 명령이다. 즉 격려의 삶을 살라는 것이다. 그러므로 바울 사도는 데살로니가 교우들을 향하여 "또 형제들아 너희를 권면하노니 규모없는 자들을 권계하며 마음이 약한 자들을 안위하고 힘이 없는 자들을 붙들어주며 모든 사람을 대하여 오래 참으라"살전 5:14고 명령한다. 원하든 원치 않든 예수님의 제자들은 상담자의 삶을 살아야하며 그것은 마음 약한 사람들을 격려하고, 힘이 없는 자들을 붙들어주며 함께 하고, 오래 인내하는 것이다.

3장
소통 목회

들어가는 말

'소통'疏通은 '소통할 소'에 '통할 통'으로 한자의 사전적 의미는 '막히지 아니하고 잘 통함' 또는 '뜻이 서로 통하여 오해가 없음'이다. 영어로는 '상호 이해' mutual understanding 또는 '의사소통' communication 이라고 볼 수 있다. 상담은 한자로 相談서로 상, 말씀 담인데 이것은 '말로 상의함'의 뜻으로 '[어려운 문제問題를 전문가專門家나 윗사람과] 이야기하면서 해결解決하는 답을 찾는 것' 또는, '[어려운 문제問題를 전문가專門家나 윗사람에게] 물으면서 조언助言이나 충고忠告를 구하는 것'으로 설명한다. '소통.' 「Daum 사전」 소통과 상담의 공통점은 서로 이야기하고 의견을 나눈다는 것이고, 차이점은 소통은 의견을 나누는 사람들이 상호 동등한 위치라면, 상담은 상담자전문가와 내담자도움을 필요로 하는 사람 사이에 권위와 힘에 차이가 있을 수 있다는 것이다. 그럼에도 불구하고 소통과 상담은 문제나 갈등 해결에 가장 중요한 요소 중에 하나이며 어떤 내용을 나누었느냐 보다 더 중요한 것은 어떻게 소통하고 상담하느냐의 방식과 태도이다. 예를 들면 부부 싸움을 할 때 본래 언쟁이 시작되었던 사건이나 내용에서 벗어나 말투나 태도로 종결되는 경우가 종종 있다. '이젠 막 말을 하는 구나', '감히 눈을 부라리고 쳐다보냐', '말 좀 부드 럽게 하지', '어따 대고 반말이냐'…. 이런 표현들은 어떤 말내용을 했느냐보 다 그 말을 전달하는 방식communication style이 더 결정적임을 보여준다. 이번 장에서는 갈등 해결을 위해 필요한 소통과 어떻게 대인관계에서 적용할 수 있는지를 상담적 접근으로 살펴보고자 한다.

I. 갈등은 언제나 있다

아담과 하와 이후로 가족 사이에 부부 갈등과 형제 갈등, 시부모와 며 느리 사이의 고부 갈등 등 어느 시대에나 다양한 갈등이 존재해 왔다. 국가 및 사회적으로는 민족 갈등, 인종 갈등, 계층 갈등, 지역 갈등, 정당간의 갈 등, 종교 및 이념 갈등, 거기에 영토 갈등이 끊이지 않고 있다. 게다가 문화 갈등과 이념 갈등은 점점 더 극단적인 대립이나 분열로 발전하고 있고, 기 독교와 타종교, 또는 일반사회와 기독교 간에는 최근 들어 갈등이 심화되 는 양상이다. 심지어는 교회 내에서의 분쟁과 갈등, 교단과 교파 간에 분열 의 소식이 끊이지 않고 있고 기독교내 이단들은 창궐하여 갈등을 조장하 고 있다.

사람들은 평화와 화해를 말하지만 인류 역사에 갈등이 없고 전쟁이 없었던 때는 없었다. 그 이유는 문제와 갈등 때문이 아니라 그 문제와 갈등 을 어떻게 소통해서 해결해 갈 수 있는지에 대한 방법을 모색하지 않기 때 문이다. 다시 말하면 갈등의 존재가 문제가 아니라 갈등을 서로 이야기하 고 그것을 조정해 가는 방법과 능력, 배려와 존중을 배우지 못했기 때문이 다. 그렇다면 갈등상황에서 어떻게 소통할 것인가?

II. 한국인의 소통 방식은 수신자 배려와 발신자 신뢰 및 존중 문화

1. 수신자 중심: 배려하며 말하기

말하는 것은 어떤 말을 전할까를 먼저 생각한다는 점에서 말하는 사람 곧 발신자sender 중심이다. 그러나 듣는 사람 또는 수신자receiver 중심의 '배려하며 말하기'는 어떻게 전해야 듣는 이가 알아들을 수 있을까를 생각한다. 성경은 "옛적에 선지자들을 통하여 여러 부분과 여러 모양으로 우리 조상들에게 말씀하신 하나님이 이 모든 날 마지막에는 아들을 통하여 우리에게 말씀하셨으니 이 아들을 만유의 상속자로 세우시고 또 그로 말미암아 모든 세계를 지으셨느니라"히 1:1-2고 말씀한다. 하나님께서는 우리들이 알아듣도록 다양한 방식으로 전하시고 마지막에는 아들 예수 그리스도를 통하여 우리와 소통을 하셨다. 예수님께서도 "근본 하나님의 본체시나 하나님과 동등됨을 취할 것으로 여기지 아니하시고 오히려 자기를 비워 종의 형체를 가지사 사람들과 같이 되셨고"빌 2:6-7, 그것은 곧 인간이 되셔서 우리를 구원하시기 위한 성육신임을 알 수 있다. 바울 사도는 고린도 교회를 향하여 다음과 같이 말한다.

내가 모든 사람에게서 자유로우나 스스로 모든 사람에게 종이 된 것은 더 많은 사람을 얻고자 함이라 유대인들에게 내가 유대인과 같이 된 것은 유대인들을 얻고자 함이요 율법 아래에 있는 자들에게는 내가 율법 아래에 있지 아니하나 율법 아래에 있는 자 같이 된 것은 율법 아래에 있는 자들을 얻고자 함이요 율법 없는 자에게는 내가 하나님께는 율법 없는 자가 아니요 도리어 그리스도의 율법 아래에 있는 자이나 율법 없는 자와 같이 된 것은 율법 없는 자들을 얻고자 함이라 약한 자들에게 내가 약한 자와 같이 된 것은 약한 자들을 얻고자 함이요 내가 여러 사람에게 여러 모습이 된 것은 아무쪼록 몇 사람이라도 구원하고자 함이니 내가 복음을 위하여 모든 것을 행함은 복음에 참여하고자 함이라^{고전 9:19-23}

바울 사도가 여러 사람에게 여러 모습이 된 것은 아무쪼록 그들이 하나님의 말씀을 깨닫고 하나님의 구원 초청에 참여하기를 소원하는 수신자 중심의 의사소통 방법을 취했기 때문이었다. 따라서 "배려하며 말하기"는 갈등해결을 위한 소통방식의 핵심이다. 문제는, 어떻게 전해야 듣는 사람이 이해할 수 있는가이다.

2. 발신자 중심: 존중하며 듣기

듣기는 수신자가 해야 할 일이다. 그러나 발신자 중심으로 '존중하며 듣기'는 전하는 사람의 의도와 입장을 충분히 고려하면서 적극적으로 듣는 태도와 자세^{경청}를 뜻한다. 그렇기에 경청은 존중이며 사랑하는 마음이며 신뢰이다. 그런데 '존중하며 듣기'는 쉽지가 않다. 어떤 이는 "웅변학원은 있어도 경청학원은 없다"고 말한다. 말을 못하는 것은 배워서 할 수 있지만 듣는 것은 배우지 않아도 저절로 할 수 있다고 착각하기 때문이다. 그러나 실상 인간관계의 문제는 자신이 하고픈 말을 못해서가 아니라, 잘못 말을 해서이고, 상대방이 하는 말을 제대로 듣지 못하기 때문에 생겨나는 갈등이 대부분이다.

신앙생활에 있어서 중요한 것 중에 하나는 하나님의 음성을 듣는 것이다. 하나님께서는 "너희는 가만히 있어 내가 하나님인 줄을 알지어다"^{시 46:10}, "너희는 귀를 기울이고 내게로 나아와 들을지어다. 그리하면 너희 혼이 살리라"^{사 55:3}고 말씀하신다. 예수님께서도 "들을 귀 있는 자는 들으라"^{마 11:15}고 도전하신다. 엠마오로 낙심하며 내려가던 제자들의 이야기를 예수님께서는 끝까지 들으시고 난 후에야 그들에게 믿음 없음과 성경에 쓴 자기에 관한 것을 자세히 설명하셨다^{눅 24:13-24}. 잠언 기자도 끊임없이 듣고 배우라고 권면하며, "너는 귀를 기울여 지혜있는 자의 말씀을 들으며 내 지식에 마음을 둘지어다"^{잠 22:17}라고 말씀한다. 모두 듣는 것이 먼저 임을 가르쳐 준다. 그런데 거기서 한 걸음 더 나아가 '존중하며 듣기'는 상대방의 입장에서 전달자의 눈으로 사물과 사건을 보면서 듣는 것이다. 이것을 상담에서는 공감적 경청이라 한다. 공감적 경청은 발신자를 평가하거나 판단하는 태도를 가지고 대하는 것이 아니라 그의 입장에서 일어난 경험을 그대로 수용하고 이해하려는 태도이다. 즉 발신자의 진정한 의미^{의중}를 파악하고 함께 경험하는 과정이라고 볼 수 있다. 이것은 발신자가 전달하는 내용을 바른 자세로 집중하여 듣고^{눈맞춤, 고개 끄덕거림, 열려진 자세 등}, 공감적 반응인 "그랬군요" 또는 "무엇 무엇 때문에 무엇이라 느끼시는군요"라고 표현하는 것이다. 이러한 공감은 감정적 교감 뿐 아니라 상대방에 대한 존중과 신뢰의 표시이기도 하다.

3. "네 (또는 아니요), 그러나 나중에" [Yes (or no) but later]

배려하며 말하기'와 '존중^{신뢰}하며 듣기'가 되면 이제 발신자와 수신자 사이에 갈등 내용에 대한 해결책을 모색할 수가 있다. 갈등상황에서 '네' 해야 할 것과 '아니오' 해야 할 것 사이에 한 가지 더 고려해야할 것이 있다. '네^{또는 아니요}, 그러나 나중에'라는 표현이다. 이러한 해결책이 후에 제대로 이행되지 않으면 상황 모면이나 습관적인 회피 반응으로 보일 수 있다는 점을 유의해야 할 것이다. 반면에 당장 결정해야 할 사항이 아니라면 실제로 반대하지 않고, 또는 판단을 유보하거나 중립을 유지하면서 제 3의 해결을 모색할 수 있는 기회를 만들 수 있기 때문에 필요한 반응 양식이다.

한 부부가 상담을 받으러 왔다. 초등학교에 다니는 자녀들을 위해서 피아노를 언제 살 것인가로 크게 싸운 후였다. 아내보다 수입이 적어 위축된 남편은 지금 당장 돈이 모자르니 6개월만 기다렸다가 대출 비용을 줄이고 피아노를 사자고 주장하였다. 반면에 아내는 무이자로 6개월 후부터 할부로 지불하는 방법이 있으니 지금 당장 사오겠다는 것이었다. 아내는 남편이 아이들 교육에 관심이 없다고 화가 났고, 남편은 아내가 수입이 조금 늘더니 자신을 무시한다고 생각하는 듯 했다. 문제는 피아노가 필요하다는 것과 사는 것에 서로 동의를 했지만 "언제" 피아노를 가져오느냐와 "언제부터" 돈을 지불하느냐는 것 때문에 싸움을 했고, 당시 상담 초보였던 필자 앞에서 대판 싸우고 자리를 박차고 떠났던 기억이 지금도 생생하다. 이 부부는 "네/아니오 그러나 나중에"라는 표현이 결코 자신을 무시하거나 또는 거부하는 것이 아님을 알아차릴 수 있는 방식으로 소통하는데 실패했다. 남편을 위해 "피아노를 지금 가져오고 값을 후에 지불하자"는 말이나 아내를 위해 "피아노를 당장 가져올 형편은 안되지만 조금 지난 후에 가져오자는 것"은 충분히 상대방에 대한 존중과 배려였음에도 불구하고 목소리의 톤이 올라가는 소통방식 때문에 해결책을 잃어버렸다.

나가는 말

성경은 "다툼의 시작은 댐의 작은 구멍과 같으니, 싸움이 일어나기 전에 따지기를 그만두어라"잠 17:14, 쉬운성경고 말씀한다. 또한 "사연을 듣기 전에 대답하는 자는 미련하여 욕을 당한다"잠 18:13고도 경고한다. 억울한 사람, 분통 터지는 사람, 답답한 사람, 슬픈 사람, 그리고 외로운 사람들은 가정에서, 인터넷에서, 모임에서, 심지어는 교회에서 자신의 이야기를 좀 들어달라고 하소연하고 울부짖고 소리 지른다. 예수님께서 하신 것처럼 "배려하며 말하기"와 "존중하며 듣기" 그리고 급한 혀를 길들여서 "사람마다 듣기는 속히 하고 말하기는 더디 하며 성내기도 더디 하라"^{약 1:19}는 말씀에 순종할 때 소통을 통한 갈등 해결은 훨씬 쉬워질 것이다.

4 장
관계 목회

들어가는 말

상처 입은 사람들은 하나님을 향하여 질문을 던진다. 마치 하박국 선지자가 "여호와여 내가 부르짖어도 주께서 듣지 아니하시니 어느 때 까지리이까? …어찌하여 내게 죄악을 보게 하시며 패역을 눈으로 보게 하시나이까?"합 1:2-3라고 질문했던 것과 같다.

그런데 문제를 가지고 고통을 받는 사람들이 질문을 가지고 상담을 요청할 때, 그 문제의 핵심은 대부분 관계의 문제이다. 사람들은 열등감, 분노, 우울, 강박 등 정서적 문제를 말하고, 다양한 중독 증세에 대해서 호소한다. 그러나 실상은 그것들로 인해 관계의 문제가 발생할 때, 그 이유는 무엇일까 스스로 질문을 하면서 비로소 상담자를 찾게 된다.

한 여자 청년이 필자를 찾아왔다. 그녀의 학창시절에는 별문제가 없었다. 그녀는 똑똑하고 열심까지 있어서 스스로 생각하기에 외모는 좀 떨어졌지만 공부에 전념하여 다른 사람들로부터 인정도 받고 좋은 대학에 진학할 수 있었다. 대학생활도 열심히 공부를 해서 자격증을 받았고, 졸업 후 좋은 직장에 취직도 되었다. 문제는 그 다음이었다. 그녀가 직장생활에서 하는 일이 어렵지도 않았고, 일도 싫지 않았다. 그러나 사무실에서 함께 일하는 상관과 동료, 그리고 부하 직원, 합쳐서 단지 네명인데 그들과의 관계가 너무 어려워서 직장을 그만 둘 생각을 하고 있었다. 그녀는 상담 도중에 이런 말을 하였다. "직장생활에는 왜 시험이 없나요? 시험봐서 하는 거라면 뭐든지 자신있는데…. 직장 동료들이 나만 따돌리는 것 같아 너무 힘듭니다."

이 청년은 어쩌면 열등감도 있고, 피해의식이 있는지도 모른다. 그러나 결국은 관계 때문에 고통을 받는다. 따라서 관계의 변화를 위한 적절한 도움이 없이는 근본적인 문제는 해결되지 않을 것이다. 이 청년의 개인적인 문제와 그 원인이 무엇이든지 다른 사람들과 원만한 관계를 만들 수 있다면 훨씬 더 삶을 긍정적으로 볼 수 있을 것이다. 그러므로 목회상담은 관계를 회복하도록 돕는 관계중심 상담이어야 한다.

I. 관계의 신학

본래 하나님의 창조 계획은 관계에 근거하고 있다. 하나님께서 하나님의 형상을 닮은 사람을 창조하시고 "보시기에 심히 좋았다"창 1:27고 말씀하셨다. 또한 "사람의 혼자 독처하는 것이 좋지 못하니 내가 그를 위하여 돕는 배필을 지으리라"창 2:18고 말씀하심으로, 진정한 사람이 되기 위해서는 혼자 있지 않고 다른 사람과의 관계가 필요함을 가르쳐 주신다. 그러나 성경은 인간이 범죄함으로 하나님과의 관계에서 분리되었고, 사람과 사람 사이의 관계도 깨어졌다고 말씀한다. 그래서 선악과를 먹은 아담은 두려움으로 인하여 하나님을 피해 숨게 되었고, "아담아! 네가 어디 있느냐"고 찾으시는 하나님 앞에서 두려움의 이유가 죄 때문임을 인정지만, 그 책임을 하와에게 전가한다창 3:8-12.

그러나, 하나님께서는 범죄한 사람을 위하여 은혜의 관계theology of grace를 통하여 하나님과 사람 사이에, 그리고 사람과 사람 사이에 화목을 이루셨다. 바울 사도는 우리를 화목케 하신 예수 그리스도로 말미암아 화평을 이루었다고 증언한다롬 5:1-12. 또한 에베소 교인들을 향하여 다음과 같이 선포한다.

> 그는 (예수님) 우리의 화평이신지라 둘로 하나를 만드사 원수 된 것 곧 중간에 막힌 담을 자기 육체로 허시고 … 이 둘로 자기 안에서 한 새 사람을 지어 화평하게 하시고 또 십자가로 이 둘을 한 몸으로 하나님과 화목하게 하려 하심이라 원수 된 것을 십자가로 소멸하시고 또 오셔서 먼 데 있는 너희에게 평안을 전하시고 가까운 데 있는 자들에게 평안을 전하셨으니 이는 그로 말미암아 우리 둘이 한 성령 안에서 아버지께 나아감을 얻게 하려 하심이라엡 2:14-18

예수님께서 십자가에 죽으심으로 막힌 담을 허심으로써 화평을 이루고, 사람과 사람 사이, 그리고 그 사람들이 아버지 하나님께로 나아갈 수 있도록 진정한 관계를 회복하셨다는 것이다. 그러므로 관계 중심 목회상담의 신학적 근거는 하나님의 은혜로 사람과 사람사이, 하나님과 사람사이에 화목을 이루신 예수 그리스도의 십자가의 사랑이다.

II. 목회 상담적 관점에서의 관계 상담

초기 상담의 방법은 개인에게 관심을 둔 상담이 주류였다. 개인 심리학에 뿌리를 둔 과거의 전통적 상담 접근은 "왜"라는 질문, 즉 그 일이 일어난 원인-결과에 초점을 맞춘다. 이것은 인과 관계에 뿌리를 두고 있어서 문제가 발생시 인간의 기본 요소로 환원되어 마음 속의 어떤 요소가 잘못되었는가를 찾아가는 "결함모델" 즉 심리적 요소의 결핍을 지지하며, 개인의 내적인 영역 intra-psychic area에 주된 관심을 갖고 있다:

> 20세기의 처음 50년 동안에는 프로이드 학설의 관념 또는 그에 대한 반응에 기초한 이론들이 번창하였다. 그 결과로서 다양한 개인 심리학, 정신 내적 이론들, 학습이론, 그리고 이러한 심리학과 이론들의 요소를 조합한 치료가 존재하였는데, 이 모두는 표면적으로는 다르게 보일지라도 기본적으로 동일한 세계관을 지니고 있다. 이 이론들과 치료 가운데 몇 가지는 과학적이거나 기계론적이라기 보다는 분명히 인간적이라고 할지라도, 이 모두는 개인에 초점을 두고 있으며 기본 신념은 모두 비슷하다. 개인 심리학의 예는 정신분석학(Freud), 분석심리학(Jung), 개인 심리학(Adler), 로저스식 치료(Rogers), 행동주의(Skinner), 합리적 정서치료(R.E.T., Ellis), 현실 요법(Glasser), 그리고 교류분석(Berne)을 들 수 있는데, 이들을 검토해 보면 각각은 실재에 관한 다음의 가정들 및 그에 필적하는 서술과 관련되는 기초에 뿌리를 두고 있음을 알 수 있다.Beckwer and Beckwer, 『가족치료』, 8

반면에 가족치료라는 접근법이 등장하면서 인식론의 변화를 가져왔다. 가족치료는 관계라는 측면에서 "무엇?"이라는 질문, 즉 상호적인 인과

성, 전체적, 변증법적, 주관적/지각적, 선택의 자유/능동적[proactive], 유형, 여기 지금에 초점을 둠, 관계적, 맥락적, 상대적" 등의 용어를 사용한다.

> 가족치료의 세계에서 선형적 인과관계는 존재하지 않는다. 그 대신에 상호성, 회귀[recursion], 그리고 책임의 공유가 강조된다. A와 B는 관계라는 맥락 안에 존재하며, 이 관계 안에서 각자는 상대방에게 영향을 미치고, 양자는 상대방의 행동에 대하여 똑같이 원인이고 결과이다. A B 는 "내가 너와 함께 있음으로 하여 너는 나와 함께 있게 되고 나는 너와 함께 있다."[Beckwer and Beckwer, 『가족치료』, 12]

이러한 가족치료의 인식론과 가족 체계적 접근은 상호 관계의 중요성이 핵심 개념이고 따라서 가족치료는 관계 치료[relationship therapy]가 더 적합한 표현이다.[Beckwer and Beckwer, 『가족치료』, 16] 사실 초기 가족치료자들은 정신분열증에 대한 연구를 진행하면서 가족에 대한 관심을 가지게 되었다. 예를 들면 프리다 프롬-리히만[Frieda Fromm-Reichmann]은 '정신분열성 어머니'[Schizophrenogenic mother]라는 개념을 사용하여 병원적 어머니와 부적절한 아버지의 결합이 아들의 정신분열증과 관계가 있다고 보았다[Fromm-Reichmann, 1948] 또한 테오도르 리즈[Theodore Lidz]와 루스 리즈[Ruth W. Lidz]는 만성적인 '부부 분열과 부부 편중'[Marital schism & Marital skew]이란 용어를 사용하였다. 이것은 부부의 문제로 인해 아이에 대해 비하하거나 또는 아이의 지지를 얻고자 경쟁하는 상황 하에 보통 여아 정신 분열증의 선행조건으로 나타난다고 설명한다[Lidz and Lidz, 1949]. 머레이 보웬[Murray Bowen, 1957]은 '공생적 모자 상호 작용'[Symbiotic mother-child interaction]의 관계 개념을 소개한다. 이러한 관계는 부모간에 현저한 정서적 거리감[emotional distance]을 두는 정서적 이혼[지나친 거리감과 지나친 밀착감] 상황에서 평화 유지를 위해 또는 불안을 해소하기 위해 충분한 정서적 거리감을 확보하려 노력하며 그 때에 장애가 있는 아이를 계속 그 상황에 머물러 있게 함으로 부모가 상호관계를 유지하려 한다는 것이다. 이와 같이 초기 가족치료자들은 정신분열증 환자와 그들의 가족, 부모와의 상관관계에 관심을 가졌다. 그리고 그들의 일관된 발견은 가족, 특히 부모의 역할과 그들의 결혼관계가 자녀들의 정신 질환에 엄청난 영향을 미친다는 것이다. 이러한 임상적 관심은 결국 개인 중심 치료와는 차별되는 "(가족) 관계 중심"치료의 새로운 관점과 인식의 상담방법을 가능케 했다.

목회상담 역시 초기에 심리역동과 개인의 심리분석이 주류를 이루다가 근래에 들어서는 가족상담과 가정사역에 대한 관심이 고조되고 있다. 그 이유는 상담을 통한 개인 치료의 한계를 접하면서 개인에게 영향을 미치는 가장 중요한 환경 요인인 가족의 관계 치료의 중요성을 인식했기 때문이다.

III. 목회상담자는 관계 치료자

목회상담자는 관계치료자이다. 성장상담을 주장했던 클라인벨도 목회상담자는 자연스럽게 관계상담자가 된다고 주장한다.Dayringer, 『관계중심 목회상담』, 51 그런데 목회상담자가 내담자의 관계 문제를 돕기 위해서는 먼저 내담자와 관계를 어떻게 형성하느냐가 첫 번째 관건이다.

1. 목회적 상담관계

치료적 관계 형성이 상담의 필수 요소이기에 목회상담자는 목회적 상담관계를 어떻게 만들 것인가를 진지하게 고민해야 한다. 사실 상담의 출발과 상담의 성공 가능성은 어떻게 상담자가 내담자와 라포^{rapport, 친밀한 관계}를 형성하느냐에 달려있다. 모든 상담과 심리치료에서 관계 형성은 이토록 중요하기 때문에, 목회상담자로서의 목회자가 사역을 감당할 때 역시 어떻게 성도들과 관계를 맺느냐가 결정적 요소이다. 그러므로 데이링거^{Richard L.} ^{Dayringer}는 "관계는 목회자에 의해 수행되는 상담의 핵심이다. 분명히 그러한 상담에는 다양한 방법과 기술이 사용되지만 문제의 해결에 있어서 필수적인 요소는 목회자와 내담자 사이의 치료적 관계다"^{Dayringer, 『관계중심 목회상담』,} ¹³고 주장한다. 목회상담자가 상담을 요청하는 내담자과 어떠한 치료적 관계를 맺느냐에 상담의 질과 성공이 달려있다는 것이다. 따라서 상담자와 내담자 사이의 관계가 심리치료의 효과성을 결정하는 가장 중요한 요인이며, 상담에서 관계의 질이 인격적인 변화의 본질뿐만 아니라 상담이 지속될 것인지도 결정한다.^{Dayringer, 『관계중심 목회상담』, 9, 39}

일반 상담에서의 이러한 발견은 여전히 목회상담에서도 유용한 주장일 것이다. 목회^{상담}자가 성도^{내담자}와의 관계 형성에 따라 교회의 양적 성장 또는 신앙생활의 지속 여부^{계속 교회를 나올 것인지 아닌지}에 영향을 미치고, 또한 성도들의 인격과 삶의 변화를 일으키는 질적 성장과도 밀접하게 연관되어 있다.

2. 관계치료자로서의 목회상담자에게 필요한 특성

목회상담자가 효과적인 관계 치료자 역할을 수행하기 위해 필요한 특성이 있다. 왜냐하면 상담의 성공률의 차이는 치료 방법 보다도 치료자 때문에 일어나기 때문이다.^{Egan, 『유능한 상담자』, 31} 상담 문헌에서 치료적 관계의 특성을 설명하는 단어들을 요약하면 수용, 신뢰^{confidence}, 일치^{congruence}, 대화, 공감, 성장, 관심, 호감^{likableness}, 한계, 상호성, 허용, 친밀 관계^{rapport}, 존중, 감수성, 이해 등 15 가지이다.^{Dayringer, 『관계중심 목회상담』, 46} 다시 말하면 관계 중심 목회상담자는 내담자와 공감할 수 있고 그들을 이해하며, 정확하게 의사소통하고, 상호 신뢰하며 존중하여 비밀보장의 분위기에서 자유롭게 말하도록 허용한다. 그렇다면 어떻게 목회상담자가 내담자와 친밀한 관계를 만들어 갈 수 있을까? 목회상담자는 관계 치료자가 되어야 하는데 어떻게 가능할까?

첫째는 목회상담자가 하나님과의 관계를 회복해야 한다. 왜냐하면 목회상담자는 하나님의 형상을, 하나님과의 관계를 표현하는 사람이어야 하기 때문이다. 따라서 하나님과의 관계를 회복한 목회상담자만이 내담자를 하나님과의 관계회복으로 초청할 수 있다. 바울 사도는 "우리의 모든 환난 중에서 우리를 위로하사 우리로 하여금 하나님께 받는 위로로써 모든 환난 중에 있는 자들을 능히 위로하게 하시는 이시로다"^{고후 1:4}고 말씀한다. 즉 하나님께서는 먼저 목회상담자를 위로하시고 상담자가 그 받은 위로로써 환난 중에 있는 자들^{내담자}을 능히 위로하도록 하신다.

둘째는 목회상담자가 적절하게 자기-인식 능력이 있어서 자신의 관계 문제를 해결한 경험이 있어야 한다. 그렇지 않으면 내담자의 이야기를 제대로 경청할 수 없을 뿐 아니라 오히려 상담자의 역전이를 통해서 치료관계에 부정적 영향을 미치기 때문이다. 성경은 "형제들아 사람이 만일 무슨 범죄한 일이 드러나거든 신령한 너희는 온유한 심령으로 그러한 자를 바로잡고 너 자신을 살펴보아 너도 시험을 받을까 두려워하라"^{갈 6:1}고 말씀한다. 이 말씀은 다른 사람들을 돕는 목회상담자들은 자기 자신을 살피고 돌아볼 수 있는 자기-인식 능력을 갖추어야 한다는 점을 강조한다. 왜냐하면 목회상담자도 인간이여서 유혹과 시험으로부터 자유롭지 않기 때문이다.

셋째는 목회상담자가 좋은 관계 치료자가 되기 위해서는 개인 상담

이론 뿐 아니라 주로 관계 치료를 다루는 가족치료 이론 등을 계속적으로 배워야한다. 관계의 변화는 개인적 결단이나 의지도 중요하지만 가족과 대인관계의 다양한 역동성을 이해할 때 가능하기 때문이다. 또한 관계를 치료하기 위해서는 개인 상담 보다는 가족 또는 연관된 구성원들을 함께 상담해야할 경우가 있고, 그것은 가족치료, 또는 집단 치료 등의 임상적 경험과 훈련이 필요하기 때문이다.

마지막으로 관계치료사로서의 예수님의 모범을 통해서 배울 수 있다. 예수님께서는 치유사역자였다. 성경은 "예수께서 모든 성과 촌에 두루 다니사 저희 회당에서 가르치시며 천국 복음을 전파하시며 모든 병과 약한 것을 고치시니라. 무리를 보시고 민망히 여기시니 이는 저희가 목자없는 양과 같이 고생하며 유리함이니라"^{마 9:35-36}고 기록한다. 예수님께서 가는 곳에는 언제나 병든 자 약한 자들이 있었는데 예수님께서는 불쌍히 여기고 긍휼히 여기셨다. 그러나 예수님의 치유 목회는 때로는 대화를 통해 라포를 형성하고 그것을 지렛대로 영적 지도나 구원의 초청을 하신다. 예수님께서는 나다나엘을 보면서 무화과 나무 아래서의 그의 영성생활을 이야기하시면서 관계를 만들고, 그에 그는 예수님을 "하나님의 아들"로 고백한다^{요 1:46-51}. 또한 예수님께서는 예수님의 죽음을 경험하고 낙심하고 엠마오로 내려가던 두 제자를 찾아가셔서 동행하시며, 그들이 무슨 이야기를 나누는지 관심을 보이시고 관계를 만드신 후, 그들이 예수님의 죽음에 대해 질문할 때 비로서 영적인 각성으로 이끄신다^{눅 24:13-31}. 요한복음 4장에서 예수님께서는 사마리아 우물가에서 수가성 여인과의 대화를 나누실 때 우물가에 걸맞는 "생수"로부터 시작해서 관계를 쌓고, 영적인 도전을 주고 결국 그 여인은 예수님은 메시아라는 신앙고백까지 하게 된다. 이처럼 예수님께서는 관계를 어떻게 쌓는지를 알고 계셨고, 그 관계를 지렛대로 하나님 나라 전파 사명을 감당하셨다. 마찬가지로 관계 중심 목회상담자로

부름받은 목회자들은 각 개인의 필요와 요구 수준에 따라 적절한 친밀한 관계를 만들어 구원으로 인도하셨던 예수님의 모범을 배워야 한다.

3. 관계중심 상담에서의 내담자의 특성

필립 맥그로Philip C. McGraw는 "관계를 구원하려면 먼저 자신부터 구해야 한다"McGraw, 「관계회복」, 29고 주장한다. 그는 관계 문제를 겪는 사람들에게 관계 회복의 주체는 자신임을 강조한다. 내담자의 경우는 관계 회복을 위해서 먼저 자기 자신을 파악하고 상담자에게 도움을 청할 수 있는 특성을 가져야 한다는 의미일 것이다. 같은 맥락에서 윌리엄 슈나이더는 내담자가 치료 관계를 형성하는데 연관이 있는 특성들을 설명한다. 인내, 친절, 개방성, 충분한 자아 강도, 인격적 통합이나 자기 이해, 적절한 지성, 창조성, 성실성 등은 선호적 특성인 반면에 적대감 혹은 공격성, 반항성, 불안, 성적 불안, 지배, 저항, 회피성, 의존성, 부적절감, 병리적 경향은 부정적 특성을 볼 수 있다.Dayringer, 「관계중심 목회상담」, 61

내담자가 상담관계와 상담자를 어떻게 인식하는가가 치료 효과에 엄청난 영향을 미친다. 데이링거는 내담자가 상담자와의 관계를 쌓는 방식에는 하나님-성도관계, 부모-자녀관계, 교사-학생관계, 애정-대상관계, 판사-피고관계, 경찰-범인관계, 의사-환자관계 등이 있다고 한다.Dayringer, 「관계중심 목회상담」, 62-63 이것은 내담자와 상담자 간에 한가지 관계만 필요하다는 것은 아니다. 어떤 경우이든 내담자가 상담자를 통해서 도움을 받을 수 있다는 확신과 희망이 있다면 내담자-상담자 관계에서 적절한 전이가 일어나서 치료적 효과를 촉진시킨다.

나가는 말

목회상담자를 통해서 내담자의 변화가 일어난다면 그것은 관계를 통해서 일어난다. 그렇기에 상담 격언 가운데 "관계가 치유한다"는 말이 있다. 목회상담자는 관계의 친밀함이 빚어내는 치유의 기적을 신뢰하는, 관계 치료자로 부름받은 자이다. 따라서 목회상담자는 먼저 내담자와 친밀한 관계를 형성하고 그에게 힘을 부여하여 한다empowering. 나아가 내담자가 목회상담자를 통하여 그의 깨어진 인간관계와 가족관계가 회복될 수 있다는 희망을 발견하고, 관계회복의 주체자가 되도록 도와야 한다.

5 장

용서 목회

들어가는 말

용서는 일반 상담에서도 중요한 개념이지만 기독교 신앙과 목회 상담에 있어서는 핵심 개념이라고 볼 수 있다. 그렇기에 데이빗 씨맨즈 David A. Seamands 는 "예수님께서 '용서'에 두신 무게는 거의 충격적이기까지 하다"라고 말한다. Seamands, 『좌절된 꿈의 치유』, 142 한번은 교회에서 중직으로 섬기는 한 분과 전화상담을 한 적이 있다. 그의 이야기를 요약하면 다음과 같다.

M의 아내는 가게를 운영하면서 해외로 자주 다니게 되었다. 국내보다 싼 물건을 외국에서 사다가 가게에서 파는 일이었는데, 시간이 지나면서 평상시와 다른 아내의 변화를 M은 감지했다. 그래서 아내 전화를 몰래 엿들었고, 결국 아내의 불륜을 알게 되었다. M은 아내를 추궁하여 물건을 사러 다니다가 만난 연하 남자라는 것을 알아냈고, 관계청산과 함께 아내는 일을 그만 두었다. 문제는 그 이후였다. 그는 두 사람 다 신앙인으로서 이혼할 수도 없고, 자신도 가정을 제대로 돌보지 못한 책임이 있음을 인정하고 아내를 용서하기로 했다. 그런데 수개월이 지났는데 점점 그 고통

이 깊어져만 갔다. 아내가 집에서 조용히 있으면 M은 자신도 모르게 속으로 "너 때문에 집안이 풍비박산 났는데 뭘 잘했다고 인상쓰고 있냐?"는 생각에 사로잡힌다. 또한 아내가 웃고 있으면 "바람 피운 것이 자신이면서 아무 일도 없는 것 처럼 가증스럽게 웃고 있을 수 있냐?"고 퍼부어주고 싶은 자신을 M은 발견하였다. 그는 전화상담을 통해 "용서가 너무 힘들다. 내 신앙이 이정도 밖에 안될 줄 몰랐다"며 깊은 한숨을 내쉬었다.

이 사례에서 M은 신앙심 때문에 용서하기로 했는데, 실제로 용서는 너무 힘들다는 것을 호소하고 있다. 다시 말하면 용서가 목회 상담의 핵심이지만 "용서하라"는 당위와 "용서하는 것"의 실천 사이에서 많은 그리스도인들이 힘들어 하고 있음을 보여준다. 그렇다면 목회상담에서 용서의 개념은 무엇이며, 용서를 상담에 어떻게 활용할 수 있는지를 살펴보자.

I. 목회상담에서의 '용서'의 개념

용서로 번역되는 단어들 중에는 구약에서 salah주로 '들어올림으로 가볍게 한다', kapar악행을 덮다. 악행에 대해 보상하다, nasa죄를 들어 올려 없애버리다 등이다. 반면 신약에서는 '용서하다'로 번역되는 주요 단어는 aphiemi'죄를 보내어 버린다'. '하나님의 형벌은 면제된다'. '하나님과 전에는 죄인이었던 자와의 좋은 관계성이 회복된다', charizomai대가없이 호의를 베풀다, apolui준 사법적 행위로서 면제하다, agape무조건적으로 자선 또는 자비로운 마음으로 사랑하다 등이다. 이렇게 다양한 단어들이 사용되어지는 것은 성경에서 용서는 매우 중요한 개념임을 보여주는 것으로서, 용서는 죄에 대한 면제와 하나님의 사랑과 밀접한 관계가 있음을 알 수 있다.

목회자 또는 목회상담자들은 '용서'에 대해 다양한 정의를 내린다. 찰스 스탠리Charles Stanley는 "당신에게 그릇된 행위를 한 누군가를 당신에 대한 의무감이나 부담감으로부터 자유롭게 해 주는 행위"Stanley, 『용서』, 11 로, 강부호는 "죄가 초래한 해^害로부터의 자유를 경험하는 것"강부호, "용서상담을 위한 제 용서이론들에 관한 연구" 이라고 정의한다. 이들의 정의는 의무감이나 해로부터 자유롭게 해주는 것이 용서라고 말하면서 '가해자'에게 더 초점을 맞춘다. 반면에 요한 크리스토프 아놀드Johann Christoph Arnold는 "용서한다는 것은 의식적인 결단을 통해 증오하는 행위를 멈추는 것을 의미"Arnold, 『용서』, 18한다고 보았고, 로렌스 크랩Lawrence J. Crabb, Jr.은 "용서란 내게 빚을 졌거나 나를 기분 상하게 하는 사람에게서 갚음을 요구하지 않는 것에서부터 시작된다."Crabb, 『결혼 건축가』, 19고 설명한다. 이들은 피해자라고 여겨지는 사람이 가해자에게 갚을 것을 요구하지 않는 행위에 초점을 맞춘다. 그러므로 "용서란 한 사람이 자기를 다른 사람과 동일시하는 것에서 발생하는 연민의 행동이다. 그것은 두 사람이 사랑으로 동일시하는 태도로 다른 사람의 범죄에 반응하는 자이면서 동등하게 오류를 범하기 쉬운 사람들이라는 것을 암시한다."McMinn, 『심리학, 신학, 영성이 하나 된 기독교 상담』, 250 또한 용서를 관계라는 측면에서 보면 가해자와 피해자 사이에 새로운 관계를 정립해가는 과정으로 볼 수 있는데 잭 볼스윅Jack Balswick과 주디스 볼스윅Judieth Balswick은 "가족간에 용서를 주고 받는 것이 쌍방간의 미해결된 문제를 명확하게 해서 새롭게 변화해 가는 가장 중요한 부분"이라면서 "두 사람 사이의 과정"a two-way process 이라고 강조한다.Balswick, The Family, 33, 143

이처럼 용서의 개념에는 가해자, 피해자, 그리고 두 사람 사이의 관계와 밀접하게 연관이 있고, 어디에 초점을 맞추느냐에 따라 그 정의와 적용 방법도 달라질 수 있음을 보여준다. 씨맨즈는 이와 같은 내용을 다음과 같이 요약한다:

내가 용서를 하는 주체가 되는 능동체로 말하는 경우, 그것은 내가 내게 잘못을 행한 그 누군가를 용서한다는 의미이다. 또 내가 용서를 받는 객체가 되는 수동태로 말하는 경우, 그것은 내가 내 잘못에 대해 하나님 그리고 다른 그 누구에게 용서를 받는다는 의미이다. 그리고 내가 용서를 하는 주체가 되기도 하고 용서를 받는 객체가 되기도 하는 재귀형태로 말하는 경우, 그것은 내가 나 자신의 잘못에 대해 나 자신을 용서한다는 의미이다. 성경에서는 이러한 여러 가지 의미의 용서가 상호간에 밀접한 관련을 가진 것으로 나타난다. Seamands, 『좌절된 꿈의 치유』, 141-42

그렇다면 목회상담에서 "용서"를 분명히 이해하려면 먼저 용서의 주체로서의 삼위 하나님을 알아야만 한다.

1. 용서의 삼위 하나님

1) 용서를 시작하신 성부 하나님

하나님께서는 죄인들이 회개하고 돌아오기를 기다리시며 언제든지 돌아올 때 용서하시겠다고 선포하신다. 그러므로 성경은 "악인은 그 길을, 불의한 자는 그 생각을 버리고 여호와께로 돌아오라. 그리하면 그가 긍휼히 여기시리라 우리 하나님께로 나아오라 그가 널리 용서하시리라"사 55:7고 말씀한다. 즉 용서를 시작하신 성부 하나님이시다. 예수님의 탕자의 비유에서 유산을 미리 받아 집을 떠난 자식을 기다리며 측은히 여기며, 결국 다 탕진하고 돌아오는 아들을 용납하는 용서하고 받아주는 아버지는 바로 하나님 아버지를 상징한다고 볼 수 있다.

2) 용서를 성취하신 성자 하나님

예수님께서는 억울하게 십자가에 달리시면서도 "아버지여 저희를 사하여 주옵소서 자기의 하는 것을 알지 못함이니이다"눅 23:34라고 기도한다. 예수님께서는 용서의 십자가를 지셨고, 십자가상에서 용서를 성취하신 "세상 죄를 지고 가시는 하나님의 어린 양"요 1:29으로서의 성자 하나님이시다. 그러므로 성부 하나님께서는 성자 하나님, 그리스도 안에서 우리를 용서하셨다. 그러므로 성경은 "서로 인자하게 하며 불쌍히 여기며 서로 용서하기를 하나님이 그리스도 안에서 너희를 용서하심과 같이 하라"엡 4:32고 말씀한다.

3) 용서의 삶을 가능케 하시는 성령 하나님

성령님께서는 하나님의 백성이 용서의 삶을 살기를 원하시며 용서를 가능케 하신다. 악독과 분냄 등은 성령님을 근심시키는 것이며, 서로 인자하게 하며 불쌍히 여기며 서로 용서하는 것은 성령님께서 기뻐하시는 것이다엡 4:30-32. 초대교회에서 사도 베드로는 "너희가 회개하여 각각 예수 그리스도의 이름으로 세례를 받고 죄 사함을 얻으라 그리하면 성령을 선물로 받으리니"행 2:38라고 외쳤다. 용서를 받는 것은 성령을 선물로 받는 전제조건이기도 하지만, 동시에 성령의 선물을 받은 증거가 용서를 받은 것을 발견하는 것이라는 의미도 된다. 즉 성령 하나님께서는 용서를 기뻐하시고, 용서의 삶을 살도록 인도하신다.

II. 목회상담에서의 '용서'의 활용

처음 M의 사례로 돌아가 보자. M의 고통은 불륜을 범한 아내를 용서하지 못함으로 인한 것이다. 용서하지 못한 삶에는 안식이 없다. 그러나 용서는 모든 것을 치유하는 가장 강력한 힘이다. 그렇다면 어떻게 용서를 목회상담에서 활용할 수 있을까?

1. 목회상담자가 용서에 대한 분명한 인식을 갖고 있어야 한다

목회상담자는 성장 상담시 하나님의 용서를 선언하는 수단이 되는 특권을 갖고 있고, 고백을 통해 죄를 시인함으로서 용서의 기쁨을 얻도록 돕는 자[Tournier, 『죄책과 은총』]이다. 목회상담자는 믿음의 상상법을 통해 용서를 경험[내적 치유]하며 해방감을 느끼도록 이끄는 자[Hurding, 『치유 나무』, 381, 396, 444]가 되어야 한다. 그러나 무엇보다도 목회상담에서 '용서'가 치료적 효과가 있기 위해서는 목회상담자가 용서에 대한 분명한 인식을 갖고 있어야만 한다. 그러한 역할을 감당하기 위해서는 목회상담자들이 '용서'를 상담에 활용할 때 가져야할 태도와 특징들이 있다.[McMinn, 『심리학, 신학, 영성이 하나 된 기독교 상담』, 252] 첫째는 치료관계에서 너무 일찍 '용서'를 소개하는 것은 잠재적인 손실을 가져온다는 사실을 인식한다. 둘째, '용서'란 행동의 변화 뿐 아니라 내적인 변화도 요구한다는 것을 인식하는 한편, 용서를 강조하는 치료기법에 가치를 둔다. 셋째, 용서하는 것이 기독교인의 의무라는 사실을 인식하고 있지만, 내담자들을 지배하거나 조종하기 위해서 그 의무를 사용하지는 않는다. 넷째, '용서'는 상담자들이나 심리학자들에 의해서 '발명'되었던 것이 아니고, 예수 그리스도의 희생적 사역을 통해서 인간을 구속하기로 선택하셨던 하나님에 의해 창안되었다는 것을 기억한다. 다섯째, '용서'는 철저하게 겸손한 자기 인식과 용서하시는 하나님에 대한 감사로부터 흘러나오는 것임을 이해하고, 죄와 고백과 용서와의 관계를 알고 있어야 한다. 그러므로 용서는 상담과 회복을 위해서 목회상담자에게나 내담자 모두에게 필수적인 것이다. 문제는 용서의 필요성과 당위성이 아니라 그것을 어떻게 상담에서 발견하고 경험하느냐는 것이다.

2. 내담자가 시작해야 할 용서, 경험해야 할 용서

1) 용서는 선택해야 할 명령이며 탁월한 기준을 요구한다

용서 개념의 상담적 활용은 일반 상담이나 목회상담이나 모두 중요하다. 그런데 일반 상담에서의 용서 기준은 "자신을 위하여"가 먼저이다. 그러나 그리스도인에게 요구되는 용서는 하나님께서 예수 그리스도안에서 우리를 용서하신 것 처럼 용서하는 것이다엡 4:32; 골 3:13. 즉 "범죄를 향한 우리 자신의 편향성과 얼마나 우리가 분에 넘치도록 용서받고 있는지 인식할 때 우리는 다른 사람들을 용서하는 태도를 배울 수 있다. 용서란 계속해서 우리를 용서하시는 분에 대한 겸손과 복종이다."McMinn, 「심리학, 신학, 영성이 하나 된 기독교 상담」, 251 다시 말하면 용서는 하나님의 명령에 대한 겸손한 복종이며, 하나님께서 우리를 용서하신 것 처럼, 그것에 감사하는 탁월한 용서를 베풀라는 것이다. 예수님께서는 탕감받은 빚진 자의 비유에서 "악한 종아! 네가 빌기에 내가 네 빚을 전부 탕감하여 주었거늘 내가 너를 불쌍히 여김과 같이 너도 네 동관을 불쌍히 여김이 마땅치 아니하냐?"마 18:32-33고 말씀한다. 이 말씀도 우리는 이미 용서받은 자이므로 용서해야만 한다고 강조한다. 따라서 용서의 황금률은 "다른 사람이 당신에게 해 주기를 원하는 그대로 다른 사람에게 행하라'는 것이 아니라, '하나님이 그리스도안에서

당신에게 행하신 그대로 다른 사람에게 행하라'는 것이다."Seamands, 「좌절된 꿈의
치유」, 156 뿐만 아니라 용서의 자세는 중심으로 형제를 용서해야 한다마 18:35.
또한 우리가 용서할 때에 하나님의 용서가 유효함을 "용서하라 그리하면
너희가 용서를 받을 것"눅 6:37이라는 말씀에서 발견할 수 있다. 그러므로 내
담자는 자신의 분노나 원한이 쓴뿌리가 되지 않도록 용서를 선택해야 하
며, 용서하라는 명령에 순종해야 한다. 앞의 사례에서 M은 용서를 선택했
고, 용서를 선언했는데도 그의 마음 속에서는 계속 갈등이 존재했고, 그 고
통이 점점 심해졌다. 그것은 용서가 과정임을 간과했기 때문이다.

2) 용서는 과정이다

용서는 과정이다. 로버트 엔라이트Robert D. Enright는 용서는 선택이며 과
정으로 4 단계를 포함한다고 설명한다. 1단계: 분노 발견하기 단계 (고통에
정직하기). 2단계: 용서하기로 결심하는 단계 (과거로부터 돌아서기, 미래를
바라보기, 용서의 길을 선택하기). 3단계: 용서하기 위한 작업을 시도하는
단계 (구체적인 행동을 취한다). 4단계: 감정적 감옥에서 해방되는 단계 (용
서할 수 없음, 비통함, 복수심, 분노 등에서 해방되기).Enright, 「용서는 선택이다」, 89-226
용서가 과정임을 인식하게 되면, 그 과정의 어려움에서도 견디고 나아가
결국 용서의 사람으로 변화될 수 있다. M의 사례에서 그가 힘들었던 것은
용서를 선포했으나 용서의 능력이 자신에게서 나타나지 않고, 계속 그 속
에 분노의 감정이 남아있다는 사실을 발견했기 때문이다. 용서의 전문가는
없다. 그러나 용서는 과정이며 기술이기 때문에 적절한 지침을 따라가면
용서가 점점 쉬워지고, 용서의 복을 누릴 수 있다. 용서의 삶을 살다가 실
패한 것 같을 때에라도 다음과 같은 사실을 기억하며 다시 시작해야 한다.

만일 용서하고자 한다면, 비록 오늘 용서하고 내일 미워하다가 그 다음날 다시 용서하게 될지라도, 당신은 용서하는 사람이다. 우리들 대부분은 용서의 전문가가 아니다. 그러므로 때로는 형편없는 짓도 한다. 그게 어떻단 말인가? 용서의 게임에서는 아무도 전문가가 될 수 없다. 우리는 모두 시작하는 사람들이다.Smedes, *Forgive and Forget*, 233

나가는 말

그리스도인은 용서의 능력을 개발하고 유지해야만 한다. 그렇지 않으면 복수심과 분노가 우리를 과거 속에 들러붙어 있게 만든다.Sell, 『아직도 아물지 않은 마음의 상처』, 134 용서하지 않고 사는 것은 불행한 삶이다. 또한 용서받지 못한 삶은 고통 뿐이다.

용서는 그리스도인에게 가장 핵심적인 요소일 뿐 아니라 목회상담의 핵심이다. 하나님의 용서를 경험하지 않고는 하나님의 자녀가 될 수 없다. 십자가상에서의 예수님의 죽음을 통해 죄에서 해방되지 않고는 용서의 능력을 맛볼 수가 없다. 성령님의 내주하심에 순종하여 용서를 선포하고 시행하지 않고는 용서의 축복을 누릴 수 없다. 목회상담은 바로 이런 '용서'를 통해 하나님과 화해하고, 자신과 화해하고, 가족과 이웃, 세상과의 화해를 이루어 가도록 돕는 과정이다.

6장

영성훈련으로서의 화해 목회

들어가는 말

필자는 영성을 "최고의 가치와 의미를 두는 것을 추구하고 닮아가는 개인의 초월적 및 실존적 삶"이라 정의한다. 초월적이라 함은 인간의 위^{수직}^{적}, 창조주를 인식하는 삶이고, 실존적이라 함은 위의 부르심에 따라^{수평적} 자신과 가족과 이웃과 더불어 살아가는 삶을 의미한다. 이것을 기독교 신앙과 연결하면 최고의 가치와 의미를 두는 것을 추구한다는 것은 하나님의 임재하심을 느끼며 하나님 닮은 성품을 추구하는 것으로 볼 수 있다. 따라서 기독교 영성훈련이라 함은 "하나님의 임재 가운데 하나님 닮은 성품이 자신의 삶에 미치는 선한 영향력을 일상생활$^{가정, 이웃, 직장}$에서 확장해 가는 훈련 과정"이라 할 수 있다. 요약하면 수직적으로 하나님과의 화해, 수평적으로 자신과 이웃과의 화해로 볼 수 있다. 그렇다면 질문은 하나님의 임재를 어떻게 아는지, 하나님 닮은 성품이 훈련으로 가능한 것인지, 또한 어떻게 영성훈련과 화해가 연관이 있는 것인지 일 것이다. [성경에는 화해$^{reconcilia-}$^{tion}, 화목, 화평, 평화^{peace} 등의 용어가 교환적으로 사용되어진다. 원어나 번역에 따라 단어의 의미 차이가 있지만 화해의 결과로 화평과 평화를 이룬

다고 볼 때 본 글에서는 특별한 구별없이 성경의 번역들을 사용할 것이다.]

I. 영성훈련과 공동체

　　하나님의 임재를 추구하는 구도자의 삶은 개인적인 훈련을 요구한다. 침묵 기도, 금욕 생활, 하나님의 말씀을 진지하게 읽고 묵상하고 실천하는 거룩한 독서^{렉시오 디비나}, 성경 묵상에 근거한 반추기도 등을 통한 하나님 체험 등을 훈련한다. 수도원 전통에 따라 기도, 노동, 그리고 렉시오 디비나 등을 영성훈련의 기초로 삼았는데, 때로는 수도원에 머물러 있는 구도자의 개인적 영성훈련에 불과하다는 비판도 있었다. 그럼에도 마음으로 성경을 읽는 '깊은 말씀 묵상'과 마음으로 하나님의 음성을 듣기 위한 '침묵 기도'는 신앙인에게는 필수적인 것이다.

　　그런데, 기독교 신앙훈련에는 개인적 영성훈련과 더불어서 공동체 영성훈련이 병행되어야 한다. 종교개혁자 마틴 루터^{Martin Luther}는 에르푸르트에 있는 어거스틴파 수도원에서의 수행생활^{경건훈련과정}을 통하여 사제로 서품을 받고 교수로서 성경강의를 하다가 95개 조항의 반박문을 발표하였다. 후에 "혐오스러운 이단자"로 지목되고 쫓기게 되었을 때에 바르트부르크성에서 독일어 성경 번역에 몰입하여 완성하였다. 윌리엄 틴데일^{William Tyndale}, 얀 후스^{Jan Hus}, 마틴 루터, 장 깔뱅^{Jean Calvin}, 울리히 쯔빙글리^{Ulrich Zwingli} 등 종교개혁자들의 한결같은 영성은 '성경 사랑' 곧 자국 백성들을 위해 모국어로 성경을 번역하는 일과, '성경의 진리에서 떠난 교황과 가톨릭 교회에 대한 저항'으로 표현되었다. 비록 종교개혁자들 사이에서도 유아세례와 성만찬 등 신학적 문제에 대한 논쟁이 있었고, 때로는 서로를 비난하기도 했고 때로는 전쟁도 했으며, 결국에는 교파로 나뉘어 결별하였다. 그런데,

그러한 논쟁과 결별은 '무엇이 성경적인가'를 밝히는 일에 대한 열정으로부터 기인한 것이었다. 개인의 성경사랑은 민족^{이웃}사랑으로, 그리고 교회 공동체의 일상생활과 헌신의 영역에서 그 변화를 가져왔다.

하나님의 임재는 개인적으로 구도자의 자세와 영성훈련을 필요로 한다. 이는 행위보다는 존재에 대한 추구이며, 하나님의 임재를 체험하며 그분과 동행하는 삶이다. 하나님과 동행하는 삶에서 비롯되는 하나님을 닮은 성품은 개인의 삶뿐 아니라 공동체와의 관계 속에서도 나타나야 한다. 영성훈련은 개인적인 기도와 말씀 묵상, 일^{노동}에서 뿐만 아니라 일상에서의 만남과 관계, 가족과 이웃을 대하는 태도에서도 자연스럽게 드러나야 한다. 이러한 공동체와 관계에서 영성의 핵심은 분쟁과 갈등이 아닌 화해와 평화의 공동체, 즉 샬롬을 이루는 것이다. 그렇다면 영성훈련을 통해 어떻게 공동체와 이웃과의 화해를 이룰 수 있으며, 동시에 영성훈련에서 화해는 어떤 역할을 하는가? 기독교인으로서 "화해"를 분명히 이해하려면 먼저 화해의 주체로서의 삼위 하나님을 알아야만 한다.

II. 화해의 삼위 하나님

1. 화해를 시작하신 성부 하나님

하나님께서는 죄인들이 회개하고 돌아오기를 기다리시며 오래 참으신다. 하나님은 아들 예수로 화목제물을 세우신 것은 "… 이는 하나님께서 길이 참으시는 중에 전에 지은 죄를 간과하심으로 자기의 의로우심을 나타내려 하심"^{롬 3:25}이다. 성부 하나님은 화해를 시작하신 분이시다. 탕자의 비유에서 유산을 미리 받아 집을 떠난 자식이 돌아오기를 문 밖에 나와 기다리시며, 결국 다 탕진하고 돌아오는 아들을 용납하고 받아주는 그 아버지는 바로 화해의 하나님 아버지를 상징한다고 볼 수 있다[눅 15:11-32]. 범죄한 아담을 찾아가셔서 "네가 어디 있느냐"[창 3:9]고 부르시는 하나님은 화해의 하나님이시다. 왜냐하면 화해는 먼저 다가가는 것이기 때문이다.

2. 화해를 성취하신 성자 하나님

예수님께서는 원수된 것을 십자가로 소멸하고 "또 십자가로 이 둘을 한 몸으로 하나님과 화목"[엡 2:16]하게 하셨다. 그 결과 "그의 십자가의 피로 화평을 이루사 만물 곧 땅에 있는 것들이나 하늘에 있는 것들이 그로 말미암아 자기와 화목하게 되기를 기뻐하심이라"[골 1:20]고 성경은 기록한다. 예수님께서는 화해[화목]의 십자가를 지셨고, 십자가상에서 화해를 성취하신 "세상 죄를 지고 가시는 하나님의 어린 양"[요 1:29]으로서의 성자 하나님이시다. 우리가 하나님과 원수되었을 때에 "그의 아들의 죽으심으로 말미암아 하나님과 화목"하게 되었고 "화목하게 된 자로서는 더욱 그의 살아나심으로 말미암아 구원"[롬 5:10]을 받게 되었다. 성부 하나님께서는 성자 하나님, 그리스도 안에서 우리와 화해하셨다. 그러므로 성경은 "사랑은 여기 있으니 우리가 하나님을 사랑한 것이 아니요 하나님이 우리를 사랑하사 우리 죄를 속하기 위하여 화목 제물로 그 아들을 보내셨음이라"[요일 4:10]고 말씀한다. 하나님의 사랑은 성자 예수님의 화목제물이 되심으로 우리에게 전달되었고 화해를 성취하셨다.

3. 화해의 삶을 가능케 하시는 성령 하나님

성령 하나님께서는 하나님의 백성이 화해의 삶을 살기를 원하시며 화해를 가능케 하신다. 초대교회에서 사도 베드로는 "너희가 회개하여 각각 예수 그리스도의 이름으로 세례를 받고 죄 사함을 얻으라 그리하면 성령을 선물로 받으리니"행 2:38 라고 선언한다. 하나님과 화해케 되는 것회개하고 죄사함 받음은 성령을 선물로 받는 전제 조건이기도 하지만, 동시에 성령의 선물을 받은 증거가 섬김과 화해의 삶을 가능케 하신다는 의미도 된다. 로마서 12장에 보면 믿음의 분량대로, 즉 성령께서 주신 선물은사에 따라 섬기되, "할 수 있거든 너희로서는 모든 사람과 더불어 화목하라"롬 12:18고 말씀한다. 성령 하나님께서는 화해의 삶을 살아내도록 요구하시고 인도하신다.

4. 화해의 3요소

화해에는 3가지 측면이 있다. 첫째는 죄인으로서의 인간은 하나님과의 화해고후 5:20가 필요한 존재이며 이것은 회개하고 용서를 구해야한다. 잠언기자는 "사람의 행위가 여호와를 기쁘시게 하면 그 사람의 원수라도 그와 더불어 화목하게 하시느니라"잠 16:7고 말씀한다. 진정한 화해는 하나님과의 화해로부터 시작된다는 뜻이다. 그 다음 하나님의 죄용서와 십자가를 통한 화해에 근거하여 죄인이고 흠투성이인 자신을 수용하고 자신과 화해해야 한다. 성삼위 화해의 하나님께서 나와 화해하셨다는 것은 먼저 내 자신의 불의와 죄에도 불구하고 하나님께서 용납하셨다는 것을 전제로 한다. 그런데 때로 자기 자신에 대해서 끊임없이 정죄하고 죄책감과 후회 속에 사는 사람들이 있다. 하나님의 화해의 초청에 응답한 그리스도인은 하나님께서 자신을 용납해 주셨음을 믿음으로 고백하는 것이다. 비록 다른 사람에게 악을 행하고 상처를 주었더라도 하나님께서 용서하시고 화해를 시작하셨기 때문에 이제 나도 내 자신과 화해하여 자신을 자책하거나 무가치하게 여기지 않고 이웃을 향한 화해의 손길을 내미는 화해의 사신이 되는 것이다. 셋째로 죄사함받고 하나님과 화해한 새로운 내가 가족과 이웃, 자연과 사회를 향하여 화해자로서 다가가는 것이다. 이처럼 화해는 하나님과의 화해, 자신과의 화해, 이웃과의 화해를 포함한다.

하나님과의 화해는 죄의 용서를 구하는 것이며, 내 자신과의 화해는 하나님께서 십자가에서 이루신 예수 그리스도의 화해의 사역에 근거하여 자신을 용서하고 수용하는 것이며, 가족 및 이웃과의 화해의 명령은 성령 하나님의 조명하심에 따라 가해자일 경우는 죄책감에만 머물러있지 않고 피해자에게 용서를 구하고 화해를 요청하며, 피해자일 경우는 가해자에 대한 분노 대신에 화해의 요청에 응답하는 것이다. 그러나 순서는 하나님과의 화해로부터 시작된다.

III. 일상생활에서 화해를 위한 영성훈련

성삼위 하나님께서는 화해를 기뻐하시고, 회해의 삶을 살도록 인도하신다. 뿐만 아니라 그리스도인은 화해^{화목}의 직분을 맡은 자들이며 화해하게 하는 말씀을 부탁받는 사명자들이다고후 5:8-19. 그런데 화해는 결코 쉬운 일이 아니다. 그렇기에 잠언 기자는 "노엽게 한 형제와 화목하기가 견고한 성을 취하기보다 어려운즉 이러한 다툼은 산성 문빗장 같으니라"잠 18:19고 표현한다. 그렇다면 화해의 사신으로 그 화해의 직분을 감당하기 위한 영성훈련은 어떻게 해야할까? 그것은 화해자의 모델이신 예수님을 바라보는 것으로부터 시작된다.

1. 화해의 모델이신 예수님을 묵상하기

예수님은 하나님과 화목하게 하시며, 세상을 하나님과 화목하게 하셨다고후 5:18-20. 그것은 예수님의 십자가엡 2:16, 골 1:20-22, 곧 육체의 죽음을 통하여 하나님과 인간의 화평을 이루게 하셨는데 하나님과 원수된 것 죄을 십자가에서 소멸하셨기 때문이다. 또한 우리만을 위함이 아니라 온 세상의 죄를 위함이요요일 2:2 하늘과 땅의 모든 만물들이 예수님과 화목하게 되는 것을 기뻐하신다골 1:20.

그렇기에 영성훈련은 화해의 모델이신 예수님의 십자가를 묵상하는 것으로부터 시작되어야 한다. 예수님을 묵상한다는 것은 십자가를 떠나서는 불가능하다. 히브리서 기자는 "믿음의 주요 또 온전하게 하시는 이인 예수를 바라보자 그는 그 앞에 있는 기쁨을 위하여 십자가를 참으사 부끄러움을 개의치 아니하시더니 하나님 보좌 우편에 앉으셨느니라"히 12:2고 말씀한다. 영성생활의 핵심인 하나님 닮음은 화해의 기쁨과 성취를 위해 십자가를 참으시고 결국은 승리하여 하나님 보좌 우편에 앉으신 예수님을 바라보는 것이다. 예수님의 십자가에서 죽으심에 대한 묵상은 "그의 육체의 죽음으로 말미암아 화목하게 하사 너희를 거룩하고 흠 없고 책망할 것이 없는 자"골 1:22로 하나님 앞에 서게 하는 것이다. 십자가의 영성 훈련은 하나님 닮음의 구별된 삶인 거룩함과, 순결함의 흠없음과, 온전함의 책망받을 것이 없는 하나님의 사람을 가능케 한다.

2. 화해의 말씀인 성경을 묵상하며 기도하기

그리스도인은 화목하게 하는 말씀을 부탁받은 존재들이다고후 5:19. 하나님의 말씀은 화목하게 하는 말씀이다. 말씀에 대한 묵상은 화해로 이끈다. 디모데후서 3장에서 바울 사도는 말세에 고통하는 때를 설명한다. 자기 사랑, 돈 사랑, 쾌락 사랑, 경건 모양 사랑이 만연하여 감사치도 않고, 무정하며 원통함을 풀지 않는 등 말세의 특징을 경고하면서 이러한 것에서 돌아서라고 권면한다. 이어서 디모데는 어려서부터 성경을 알았고, 그 성경의 말씀이 구원에 이르는 지혜와 하나님의 사람으로 온전하게 하며 모든 선한 일을 행할 능력을 갖추게 한다고 강조한다딤후 3:15-17. 하나님 닮음을 실천하는 것, 감사하고 원통함을 풀고 화해로 나아가게 하는 것은 하나님의 말씀을 알게 되어 구원에 이르는 지혜와 선한 일을 행할 수 있는 능력을 갖출 때 가능하다. 디모데에게 들려주었던 그 말씀은 바울 사도에게 이미 화해의 열매로 증거된 것이었다. 디모데에게 "마가를 데리고 오라 그가 나의 일에 유익"딤후 4:11 하다며 그를 그리워한다. 그런데 바울은 마가 때문에 선교 동역자요 멘토였던 바나바와 결별을 하게 된다. 왜냐하면 바나바와 바울이 제1차 전도 여행 중 선교지에서 중도 탈락한 마가 때문에 서로 심히 다투어 피차 갈라섰던 일이 있었기 때문이다행 14:39. 선교사의 본질과 부르심의 헌신에 대한 이해가 각기 달라서 갈등하며 따로 선교를 하게 되었지만, 바울의 노년의 모습은 이미 마가를 용납하고 화해했음을 알 수 있다. 하나님의 말씀이 무정하고 원통함을 풀도록 바울 사도에게도 역사하셨다.

성경은 "소금은 좋은 것이로되 만일 소금이 그 맛을 잃으면 무엇으로 이를 짜게 하리요 너희 속에 소금을 두고 서로 화목하라"막 9:50고 말씀한다. "너희 속에 소금을 두고"have salt in yourselves라는 말씀은 그리스도인 자신이, 내면이 부패하지 않도록 유지하여야 화해를 이루어갈 수 있다는 말씀이다. 그렇다면 정결하고 부패하지 않은 마음의 상태를 유지하고 화해를 향해 가기 위해서는 하나님의 말씀 속에 머물러 있어야 한다. 예수님께서는 "너희가 내 안에 거하고 내 말이 너희 안에 거하면 무엇이든지 원하는 대로 구하라 그리하면 이루리라"요 15:7고 말씀하셨다. 그리스도인의 마음이 주님의 말씀 안에 거하면서 기도할 때에 화해를 이루게 하실 것이라고 적용할 수 있다.

3. '화해하라'는 명령에 순종하기로 결단하기

예수 그리스도의 십자가를 통해서 하나님과 화해를 이룬 하나님의 사람에게는 화목하게 하는 직분이 주어졌고, 가까이 있는 사람들과 화해를 이루는 삶을 살라는 명령을 받았다. 성경은 "사랑 안에서 가장 귀히 여기며 너희끼리 화목하라"살전 5:13, "할 수 있거든 너희로서는 모든 사람과 더불어 화목하라"롬 12:18고 말씀한다. 또한 "모든 사람과 더불어 화평함과 거룩함을 따르라 이것이 없이는 아무도 주를 보지 못하리라"히 12:14고 경고한다. 더불어 화평함을 이루지 못하는 것은 주님 앞에 설 수 없는 이유이기도 하다. 결국 "화목하라"는 하나님의 명령이다.

그런데 화해는 자연스러운 것이 아님으로 의지적인 결단과 말씀에 대한 순종의 마음이 있어야 한다. 화해할 것인가 아닌가는 선택의 사안이 아니라 '화해하라'는 명령에 순종할 것인가 아닌가의 결단의 문제이다. 예수님께서는 다음과 같이 가르치셨다.

> 형제에게 (분)노하는 자마다 심판을 받게 되고 형제를 대하여 라가라 하는 자는 공회에 잡혀가게 되고 미련한 놈이라 하는 자는 지옥 불에 들어가게 되리라. 그러므로 예물을 제단에 드리려다가 거기서 네 형제에게 원망들을 만한 일이 있는 것이 생각나거든 예물을 제단 앞에 두고 먼저 가서 형제와 화목하고 그 후에 와서 예물을 드리라마 5:22-24

즉 형제에게 분노하고 욕을 함으로 원망들을 만한 일이 있을 수 있지만, 그것이 생각날 때 마다, 성령님께서 깨우쳐 주실 때 마다, 예배를 드리는 거룩한 의식에 앞서 먼저 화목하는 것이 하나님의 뜻이며 먼저 순종해야할 일이다. 화해의 행동을 시작하려면 '화해하라'는 하나님의 명령에 순종하기로 결단해야 한다.

탕자는 아버지의 유산을 미리 받아 다 탕진하여 배고픔과 궁핍 가운데 빠진다. 그러나 자신의 불효와 한심한 선택을 후회하고 한탄만 하지 않는다. 그러한 상황에서도 오히려 아버지와 함께 있었을 때의 풍요와 아버지의 사랑을 기억한다. 그리고 "이에 스스로 돌이켜 이르되 내 아버지에게 양식이 풍족한 품꾼이 얼마나 많은가 … 내가 일어나 아버지께 가서 이르기를 아버지 내가 하늘과 아버지께 죄를 지었사오니…"눅 15:17-18라고 말하리라 결심한다. 그는 아버지를 만나기 전에 이미 자신의 잘못을 스스로 돌이키며 아버지의 용서하심을 믿고 바라며 아버지께로 나아온다. 탕자가 과거의 죄와 불의함을 기억하면 낙심할 수 밖에 없지만 오히려 소망이 있는 것은 하나님의 인자와 긍휼이 무궁하심으로 진멸되지 아니할 것애 3:19-21임을 먼저 신뢰하고 죄의 고백의 말을 예비하고 아버지께 나아가 용서를 구한다. 이처럼 화해의 자리로 나아가겠다는 결단을 할 때 화해의 기적이 이루어진다.

4. '화해하라'는 명령에 서서히 참여하기

화해를 선택하고 그 명령에 순종하려고 해도 일순간에 화해를 완성할 수 있는 것은 아니다. 영성훈련이 하나님의 성품을 닮아가는 일생의 과업이듯이 화해 또한 서서히 완성되어져 가는 과정이다. 오래 전 일이지만 유명한 코리 텐 붐Corrie Ten Boom 여사의 일화가 있다. 그녀는 언니 베스와 함께 제2차 세계대전 중에 유대인을 숨겨주었다는 이유로 나치 수용소에 갇혔고 언니는 고문과 학대로 수용소에서 죽었다. 겨우 살아난 그녀는 전쟁 후 전도자가 되어 용서의 복음을 전했다. 그런데 독일에서 집회 후에 악수를 나누고 있는데 자기에게 다가와 손을 내민 한 노인이 있었다. 그는 수용소에서 악명 높았던 간수였다. 그녀의 몸은 굳었고 손은 뻣뻣해 졌지만 그 짧은 순간에도 기도하면서 '다가가고 용서하라'는 하나님의 명령에 순종하여 손을 내밀었다. 그리고 그를 용서하며 안아주었다. 그녀는 그 순간이 예수 그리스도의 십자가의 사랑과 용서를 실천할 수 있었던 기쁨의 순간이었다고 고백한다.

가해자가 잘못을 인정하고 화해의 손을 내미는 것도 힘들지만, 피해자로서 그 가해자의 내민 손을 붙잡는 것은 더욱 힘든 일이다. 이러한 화해는 순간이기도 하지만 화해의 마음과 용서의 마음은 서서히 진행되는 하나의 과정이다. 만약에 코리 텐 붐 여사가 용서의 복음을 전하고 있지 않았다면, 언니를 죽음으로 몰고 갔던 그 악한 간수가 손을 내밀지도 않았을 것이다. 또한 그 내민 손을 붐 여사는 결코 붙잡을 일도 없었을 것이다. 화해의 명령에 순종하려면 적은 것부터 순종하며 화해의 몸짓을 시작해야 한다.

에버렛 워딩턴 Everett L. Worthington Jr. 은 『용서와 화해』라는 책에서 화해를 "신뢰가 손상된 관계에 신뢰를 회복하는 것"이라고 정의한다. 그는 용서하고도 화해하지 않을 수도 있고, 화해하고도 용서하지 않을 수 있다고 주장한다. 예를 들면 상처를 준 아버지를 용서할 수 있지만 이미 돌아가셨다면 화해의 길은 없다. 또한 신뢰가 깨어졌을 때 화해할 수 있지만 매번 시시비비를 가려서 용서하고 용서를 구하지 않을 수도 있다. 그는 용서와 화해의 차이점을 화해란 두 사람 이상이, 감정보다는 행동으로, 개인보다는 관계 속에서, 화해의 다리를 통과하면서 이루어가는 것으로 보았다. 화해의 길은 두 사람이 각자의 입장에서 화해하기로 결단하고, 가해에 대해 대화하고, 이전의 피해와 부정적 기대에서 관계를 해독하고, 나아가 관계에의 헌신이라는 쌍방향의 단계가 서로 다가와 한 가운데서 만날 때, 곧 화해의 다리가 연결될 때 진정한 화해가 이루어진다고 워딩톤은 보았다. 이러한 화해의 다리를 건너서 화해를 이루는 것은 과정이며 단계가 있기 때문에 서서히 진행될 뿐 아니라 시간을 필요로 한다.

5. "화해하라"는 명령을 이루기 위한 감정 다스리기

화해하는 것에 가장 큰 장벽은 두 가지 통제되지 않는 감정과 연관이 있다. 첫째는 우울감정이다. 우울은 자신의 내부를 향하고 화해로 나아가기를 막는 내적 장애물이다. 우울은 영혼의 감기이지만 방치하면 폐렴처럼 치명적인 질병이 된다. 우울은 슬프고 불행한 감정이 지속되는 상태인데 그 에너지는 자신을 향한다. 우울증의 원인은 생물학적 설명으로 충분한 것 같지만 자신과의 화해를 이루지 못한 상태를 간과하지 말아야 한다. 우울한 감정은 자신의 부족함, 죄성, 연약함, 무의미함, 무기력이 너무 커서 하나님의 위대하심, 역사하심, 인도하심, 내가 약할 때 강하신 하나님과의 화해에 큰 장벽이 된다.

엘리야는 갈멜산에서 바알 선지자와 아세라 선지자 850명과 겨룰 때 하나님께서 하늘에서 불을 내리셔서 살아계신 참 신이심을 보여주셨다. 영적 승리에 도취해 있을 때 아합왕의 아내 이세벨이 엘리야의 생명을 취하겠다는 전갈을 보내왔고 그는 생명을 부지하기 위하여 광야로 도망한다. 죽음의 두려움, 무력감 속에서 엘리야는 자포자기하여 "여호와여 넉넉하오니 지금 내 생명을 취하옵소서 나는 내 열조보다 낫지 못하니이다"^{왕상} ^{19:4}라고 중얼거린다. 또한 엘리야는 아무도 자기와 동조하지 않고 혼자라는 생각에 빠져들었다. 우울증의 특징 중에 하나는 혼자라고 생각하는 것이다. 엘리야는 "오직 나만 남았거늘 저희가 내 생명을 찾아 취하려 하나이다"^{왕상 19:10}라고 고백한다. 혼자라는 두려움이 엘리야의 삶에의 의지를 빼앗아갔고 하나님의 화해의 초청에 맞서고 있다. 하나님께서는 엘리야를 회복시키시면서 바알에게 무릎 꿇지 않고 입맞추지 아니한 자들을 이스라엘 가운데에 칠천 명을 남길 것^{왕상 19:18}이라고 약속하신다. 혼자가 아니라 하나님과 함께하는 동역자, 믿음의 동지들, 신앙의 공동체가 있음을 기억할 때 우울을 극복하고 화해의 사명자 역할을 감당할 수 있다. 따라서 일상생활에서 화해를 위한 감정 다루기는 우울에 오래 머무르지 않는 영성훈련을 필요로 한다. 바울 사도는 디모데에게 경건을 위한 연단과 경건훈련의 유익을 설명하면서 어리다고 업신여김을 받지 말고 "읽는 것과 권하는 것과 가르치는 것에 전념하라"^{딤전 4:13}고 권면한다. 허탄한 삶과 거짓 신화가 판치는 우울한 현실에서 화해의 말씀을 묵상하고, 화해의 말씀을 전하고, 화해의 말씀을 가르치는 것에 집중하는 화해자의 삶을 살라는 것이다.

또 하나 화해의 장벽은 분노 감정이다. 이 사회는 점점 더 일상화된 분노의 삶으로 변해가고 있고 분노조절 장애자들이 늘어가고 있는 실정이다. 동시에 사람들은 분노에 길들여져 가고 있다. 공공연히 '목소리 큰 자가 이긴다'고 말한다. 분노의 에너지가 지배하는 삶 가운데 영혼은 점점 피폐해지고 관계는 파괴된다. 분노 감정은 원인을 남의 탓으로 돌리는 외부지향적이며 화해할 수 없는 상처와 고통을 주는 행동적 장애이다.

사랑은 성내지 않으며 악한 것을 생각하지 않는다^{고전 13:5}. 사랑은 '오래 참고'에서 이 단어의 헬라어는 "분노로부터 멀리 떨어져 있음"을 뜻한다. 분노를 다스리기 위한 영성훈련은 오래 참음, 즉 분노에서 멀리 떨어져 있는 상태^{마음과 생각}를 유지하는 것이고 하나님 닮은 사랑의 마음을 실천하는 것이다. 왜냐하면 분노는 관계에서 죄를 짓도록 하는 발화점이 되기도 하고 분을 오래품고 있으면 마귀가 공격할 수 있는 틈을 허용하기 때문이다. 그러므로 성경은 "분을 내어도 죄를 짓지 말며 해가 지도록 분을 품지 말고 마귀에게 틈을 주지 말라"엡 4:26-27고 말씀한다. 분노 감정 그 자체는 죄가 아닐 수 있지만 화해를 막고 관계를 깨뜨리고, 공동체를 파괴하는 부정적 에너지로 사용될 가능성이 매우 높다. 분노에는 대상이 있고 그 대상에게 분노 감정이 표출되기 때문에 화해에 가장 큰 장애물이 된다는 점이 문제이다. 따라서 분노 감정을 다스리는 영성훈련은 화해의 첫걸음이 될 수 있다. 분노 다스리기는 침묵의 영성을 필요로 한다. 잠언서에서 반복되어 언급되는 '미련'은 말 또는 입과 연관이 있다. 미련한 자는 미련한 것을 쏟고잠 15:2, 사연을 다 듣기 전에 대답하는 자는 미련하여 욕을 당하고잠 18:13, "미련한 자의 입술은 다툼을 일으키고 그의 입은 매를 자청"잠 18:6 한다. 분노의 감정을 쏟아내기 전에 침묵의 훈련이야말로 훗날 이웃과의 화해를 향한 주춧돌을 놓는 것이다.

나가는 말

성삼위 하나님께서는 피조물인 인간과의 화해를 기뻐하시고, 화해의 삶을 살도록 초청하신다. 그리스도인은 화해/화목의 직분을 맡은 자이며 화해하게 하는 말씀을 부탁받는 사명자이다고후 5:8-19. 따라서 일상생활에서 화해를 위한 영성훈련은 그리스도인에게는 필수적이다. 화해를 위한 영성훈련은 화해의 모델이신 예수님의 십자가를 묵상하고, 화해의 말씀인 성경을 묵상하며 기도하며, '화해하라'는 명령에 순종하기로 결단하고 참여하면서, 화해의 장애물인 우울과 분노의 감정을 다스리는 훈련을 포함한다. 특별히 화해의 단계는 두 당사자가 자신의 입장에서 화해의 다리를 놓아

서로 연결되어야 한다. 그 과정은 화해하기로 결단하고, 고통을 준 것에 대해 대화하고, 부정적인 영향력을 해독하므로 서로에게 헌신하는 것을 두려워하지 않는 데까지 진행되어야 한다. 이 모든 과정을 통해서 비로소 화해를 이룰 수 있다.

그리스도인은 화해의 능력을 개발하고 화해의 직분자가 되어야 한다. 그렇지 않으면 개인적 구원에 머물러 화해의 복음을 전하라는 주님의 명령을 제한하게 된다. 고린도 교인들에게 쓴 편지에서 사도 바울은 부부 지간에 신앙적으로 갈등이 있더라도 함께 살기를 원한다면 배우자를 버리지 말라고 권면한다. 그 이유는 하나님은 화평 중에서^{고전 7:15} 우리를 부르셨기 때문입니다. 산상수훈에서 예수님께서는 "화평하게 하는 자는 복이 있나니 그들이 하나님의 아들이라 일컬음을 받을 것"^{마 5:9}이라고 말씀하신다. 즉 화해의 역할을 감당하는 자의 복은 하나님의 아들, 즉 하나님 닮은 하나님의 자녀라고 불려지게 된다. 이것이 얼마나 큰 축복인가?

7장
감사 목회 (예수님에게서 배우는 감사)

들어가는 말

구약에서 '감사'라는 단어가 첫 등장하는 곳은 레위기이다. 레위기 7장 12-15절에 "그것 화목제물을 감사함으로 드리려면"[12], "화목제의 감사제물"[14], "감사함으로 드리는 화목제물의 고기"[15] 등 하나님께 드리는 화목제물의 규례를 설명하면서 '감사'라는 용어가 사용되었다. 다윗은 아삽과 그의 형제를 세워 먼저 여호와께 감사 대상 16:7하였고, 시편 기자는 "감사의 제사"시 50:14, 23; 56:12를 강조한다. 솔로몬도 번제와 감사의 제물 왕상 3:15; 9:25, 감사제물의 기름 왕상 8:64을 드렸다. 구약에서의 감사는 받은 은혜를 기억하며 하나님께 올려드리는 감사의 제물, 감사의 제사, 감사의 예배로부터 시작되었음을 알 수 있다.

우리 조상들은 감사를 '고맙다'는 말로 표현하였다. 그 뜻은 "남이 베풀어준 호의나 도움 따위에 마음이 즐겁고 흐뭇하다"는 것이다. 그런데 형용사 '고맙다'의 어원인 '고마'는 신神 또는 존경尊敬을 뜻하며, 동사형 '고마하다'는 '공경하다'라는 의미라고 한다. 따라서 우리 조상들의 감사도 인간 이상의 초월적 존재에 대한 경외심의 표현이 그 어원에 담겨있다고 볼 수 있다. 기독교인이든 아니든 인간이라면 초월적 존재에 대해 경외심을 갖고 있고, 때에 따라 조물주^{하나님}께 감사하는 마음으로 공경과 고마움을 돌려드리는 것은 어쩌면 당연한 일이다.

사복음서에 보면 예수님의 감사는 하나님을 향한 경배와 기쁨의 표현이었고 제자들에게 가르치실 때 자연스럽게 감사의 기도와 내용이 등장한다. 예수님의 감사의 사건은 신약 성경에서는 네 번 나타난다.

I. 대화 속에 감사의 가르침

첫 번째는 예수님께서 대화와 가르침 가운데 하나님을 향해 자연스럽게 감사를 표현한다. 마태복음과 누가복음에 보면 예수님께서는 행하신 일에 대해 알지 못하는 세대, 권능을 가장 많이 행하신 고을에서도 회개하지 않는 모습을 책망하셨다. 그리고 하나님의 뜻이 지혜롭고 슬기있는 자들에게는 숨기시고 어린 아이들에게 나타내심을 예수님은 감사하신다. "천지의 주재이신 아버지여 … 감사하나이다"^{마 11:25-27; 눅 10:21-22}라고 말씀하신다. 하나님 나라에 대한 비밀을 스스로 똑똑한 체 하는 사람들에게는 감추시고 약하고 힘없는 어린 아이들에게 드러내셨기에 예수님은 하나님께 감사하신다. 표준새번역은 "그 때에 예수께서 대답하여 이렇게 아뢰었다. '하늘과 땅의 주재자이신 아버지, 이 일을 지혜 있고 똑똑한 사람에게는 감추시고, 철부지 어린 아이들에게는 드러내 주셨으니, 감사합니다. 그렇습니다. 아버지, 이것이 아버지의 은혜로우신 뜻입니다'."^{마 11:25-26}라고 번역하였다. 또한 메시지 성경은 이렇게 의역하였다. "갑자기 예수께서 기도하셨다. '하늘과 땅의 주인이신 아버지 감사합니다. 아버지께서는 아버지의 길을 똑똑하고 다 아는 체하는 사람들에게는 숨기시고 평범한 사람들에게는 분명히 밝히셨습니다. 그렇습니다. 아버지, 아버지께서는 이렇게 일하시는 것을 좋아하십니다'."마 11:25-26. 예수님의 감사 기도라기보다는 자연스럽게 표현된 하나님을 향한 감탄과 감사였다. 감사는 하나님의 은혜로우신 뜻을 발견할 때 가능하다. 평범한 자, 약한 자, 어리석은 자, 죄인들을 찾아오신 예수님 자신을 계시하시며 깨닫게 하시는 분이 바로 하늘과 땅을 다스리시는 하나님이시기에 하나님께 감사할 수 있다. 예수님의 감사에서 발견할 수 있는 첫째 교훈은 일상에서 발견하는 하나님의 다스리심에 감사하는 것이다. 진정한 감사는 일상에서 발견하는 반전의 경이로움과 감탄을 하나님께 자연스럽게 표현하는 것이다.

이것을 감사의 생활에 적용한다면 반전의 감사이다. 하나님께서 지혜로운 자들에게 숨기시고 어린아이들에게 하나님의 뜻을 나타내신 것을 감사하셨듯이, 하나님의 다스리심과 세상의 방법과 다름을 기억해야 한다. 하나님의 부르심은 육체를 따라 지혜로운 자나 능력있는 자나, 문벌 좋은 자가 아니고 세상의 미련한 것들, 약한 것들, 천한 것들과 멸시받는 것들을 택하사 있는 것들을 부끄럽게 하시고 자랑치 못하게 하신다고전 1:26-29. 인간의 조건에 의해 하나님께서 좌우되시는 것이 아니라 하나님의 선택하심으로 자랑할 수 없는 사람들을 택하셔서 일하신다. 그렇기에 우리는 우리의 연약함과 부끄러움에도 불구하고 깨닫게 하시고 말씀을 성취해 가시는 반전의 하나님을 기억하며 반점의 감사를 해야 한다. 연약함에도 불구하고, 미련함에도 불구하고 하나님의 통치하심을 신뢰하여 드리는 반전의 감사 기도이다.

II. 음식과 기적의 감사 기도(축사)

둘째는, 보리떡 일곱 개와 작은 생선 두 마리로 사천 명을 먹이실 때 예수님께서는 축사^{감사기도} 하셨다^{마 15:36}. 또한 오천 명을 먹이실 때도 ^{사복음서에} 모두 기록되어 있는데 "하늘을 우러러 축사"^{마 14:19; 막 6:41; 눅 9:16; 요 6:11} 하셨다. 예수님께서 감사기도하시고 나눌 때 굶주린 사천 명을 먹이신 기적이 일어났고, 오병이어를 손에 들고 하늘을 우러러 쳐다보시고 그것들을 '축사'^{눅 9:16} 하실 때 놀라운 일이 일어났다. 이 구절을 공동번역 성경은 "예수께서는 빵 다섯 개와 물고기 두 마리를 손에 들고 하늘을 우러러 감사의 기도를 드리신 뒤에"로 번역하였다. 영어 성경은 감사^{'thank', NIV} 또는 축복^{'bless', KJV}으로 번역을 하였다. 이것은 이적이나 기적이 일어나기 위해서 먼저 감사기도를 해야 한다는 것이 아니다. 음식을 앞에 두고 복을 빌고 기도하는 것은 전통이거나 의례적인 것이 아니라 생명의 유지를 위해 필요^{먹을 것}를 제공하시는 하나님을 인정하는 고백의 기도이다.

바울 사도는 디모데에게 "… 음식물은 하나님이 지으신 바니 믿는 자들과 진리를 아는 자들이 감사함으로 받을 것이니라. 하나님께서 지으신 모든 것이 선하매 감사함으로 받으면 버릴 것"^{딤전 4:3-4}이 없다고 가르친다. 물론 이 말씀은 결혼이나 음식물을 폐하고 금하는 것에 대한 가르침이지만, 율법이나 규례보다 음식물과 모든 것에 감사함으로 받아야할 것을 강조한 것이다. 따라서 성도는 "무엇을 하든지 말에나 일에나 다 주 예수의 이름으로 하고 그를 힘입어 하나님 아버지께 감사"^{골 3:17}해야 한다. 그것은 날마다의 삶 속에 영혼의 굶주림 뿐 아니라 일상의 배고픔을 채워주시는 하나님께 감사하는 삶이다. 예수님께서 가르쳐주신 기도에서 "오늘날 일용할 양식"을 포함시키신 것은 식사할 때만이라도 하나님을 기억하고 구하고 감사하라는 것이다. 예수님의 감사의 모델 두 번째에서 배울 수 있는 것은 먹을 것을 날마다 공급해 주시는 은혜를 기억하며 식탁에서 하는 감사이다.

에릭 엔스트롬Eric Enstrom이라는 사진 작가가 1918년, 미네소타의 보베이라는 탄광촌의 한 작업실에 신발 흙털개를 팔러 온 찰스 윌덴Charles Wilden이란 사람의 실제 사진을 찍은 기도하는 노인의 작품이 있다. 원래는 흑백과 어두운 진한 갈색Sepia 사진으로 현상되었는데 훗날 그의 딸이 유화로 그렸고 '기도하는 노인'이란 제목으로 세계적으로 널리 알려졌다. 원제는 'grace' '식전의 감사기도'이며 기도하는 조지 뮬러George Müller로 잘못 알려져 있다. 식탁 앞에서 기도하는 노인의 그림에는 빵과 수프, 그 옆에 오래된 투박한 성경과 안경, 그리고 손을 모으고 기도하는 노인의 모습이 담겨져 있다. 엔스트롬이 이 기도하는 노인을 보았을 때 이런 생각이 들었다고 한다. "이 노인은 세상의 재물은 많이 갖지는 못했지만 다른 사람들보다 많은 것을 가졌다. 왜냐하면 그는 감사하는 마음을 가졌기 때문이다."This man doesn't have much of earthly goods, but he has more than most people because he has a thankful heart.

일용할 양식을 앞에 두고 감사하는 것이야 말로 그리스도인의 가장 기본적인 기도 태도이다. 날마다의 삶 가운데 고난과 어려움 속에서도 육

[그림 1] Eric Enstrom, "Grace"

에 필요한 양식을 주시는 하나님께 감사하는 태도는 그리스도인이 꼭 배워야할 기도의 자세이다. 그런데 예수님께서 음식물을 앞에 두고 기도하신 것은 그 음식을 가지고 와서 바친 사람과 그것을 나눌 때 함께 허기를 채울 배고픈 사람들과, 그것 때문에 드러날 하나님의 영광 때문에 기도하셨다. 그리스도인의 감사의 태도는 식탁 앞에서 하나님께서 주신 것을 감사하며 나눔의 삶을 살겠다고 다짐하는 감사의 기도로부터 시작된다.

이것을 감사 생활에 적용한다면 음식에 대한 감사 이다. 살면서 하루에 세끼의 음식이 필요하고, 적어도 세 번의 식탁 앞에 기도가 가능하다. 아굴은 그의 잠언에서 "나를 가난하게도 마옵시고 부하게도 마옵시고 오직 필요한 양식으로 나를 먹이시옵소서. 혹 내가 배불러서 하나님을 모른다 여호와가 누구냐 할까 하오며 혹 내가 가난하여 도둑질하고 내 하나님의 이름을 욕되게 할까 두려워함이니이다"잠 30:8-9라고 기도한다. "오직 필요한 양식"은 매 끼마다의 감사 기도이다. 다이어트와 살찔 것에 대한 두려움을 갖고 살지만 세상에는 훨씬 더 많은 사람이 배고픔과 기아에서 허덕이고 있다. 아니 멀리 아프리카가 아니라 바로 수십 킬러 떨어진 북한의 동포들 역시 생존의 싸움에서 고통을 받고 있다. 예수님께서 사천명을 먹이신 후에 7광주리가 남았고마 15:32-39, 오천명을 먹이신 후에는 12광주리가 남았다고 성경은 기록한다마 14:13-21. 예수님의 나눔을 통한 베푸심은 모자람이 없을 뿐 아니라 남았고, 그 남은 것은 나눔을 위해 사용하라는 예수님의 뜻이 담긴 것은 아닐까?

III. 부활의 감사의 기도

셋째는, 예수님께서 죽은 나사로를 살리시기 전에 하신 감사의 기도에서 배울 수 있다. "예수께서 이르시되 내 말이 네가 믿으면 하나님의 영광을 보리라 하지 아니하였느냐 하시니 돌을 옮겨 놓으니 예수께서 눈을 들어 우러러 보시고 이르시되 아버지여 내 말을 들으신 것을 감사하나이다"요 11:41. 예수님은 하나님께서 기도를 들으시고 응답하시는 분이신 줄 알고 믿고 감사하셨다. 나아가 죽은 나사로를 무덤에서 불러내시기 전에 하나님의 영광이 드러날 것을 아시고, 미리 하나님께 감사하는 기도였다. 예수님의 감사는 기도를 들어주시고 응답해 주실 것에 대한 감사이며, 기도의 결과에 대한 하나님의 신실하신 응답에 대한 감사였다. 즉 예수님의 감사에서 배울 수 있는 것은 하나님께서 응답해 주실 것에 대한 미리하는 감사이다. '기도의 아버지', '고아들의 아버지'로 불리는 조지 뮬러는 먹을 것이 없을 때에도 주신 줄로 믿고 감사기도를 먼저 하였다. 뮬러는 몇 명의 고아로 시작해서 2,000여명이 넘는 고아들을 정부의 도움이나 부자의 거액 후원도 없이 매일 먹을 양식을 기도로 구했고, 기도의 응답으로 먹였다. 뮬러에게는 날마다 영적 투쟁이요 전쟁이었지만 고아들을 굶게 한 적이 없었던 것은 하나님께서 응답해 주실 것을 신뢰하고 드리는 미리 감사의 기도가 있었기 때문이다.

이것을 감사생활에 적용한다면 응답하실 줄 믿고 미리하는 감사이다. 예수님께서 저주를 받아 말라버린 무화과를 보면서 제자들에게 가르침을 주실 때에 "내가 너희에게 말하노니 무엇이든지 기도하고 구하는 것은 받은 줄로 믿으라 그리하면 너희에게 그대로 되리라"막 11:24고 말씀하신다. 기도하고 구할 때는 미리 받은 줄로 믿고 감사하며 구하여야 한다는 것이다. 예수님은 하나님께서 기도를 들으시고 응답하시는 분이신 줄 알고 믿고 미리 감사하셨다. 이것은 단순히 우리의 기도가 응답받아서가 아니라 하나님의 영광, 하나님의 거룩하심이 드러날 것이기 때문에 미리 감사하는 것이다.

Ⅳ. 성만찬의 감사

넷째는, 예수님께서 성만찬을 베푸실 때에 감사하셨다. 마태와 마가는 "예수께서 떡을 가지사 축복하시고… 잔을 가지사 감사기도"^{마 14:26-27; 막 14:22-23} 하셨다 기록하고, 누가는 "떡을 가져 감사기도 하시고"^{눅 22:19} 또 "잔도 그와 같이 ^{감사기도}"^{눅 22:20} 하였다고 기록한다. 성만찬을 베푸시면서 하신 예수님의 감사기도는 제자들을 위한 예수님의 살과 피를 먹고 마시는 것을 상징한 것이다. 요한복음에서 오병이어 이적을 행하신 후에 예수님의 가르침은 예수님의 몸을 분명하게 설명한다. 예수님께서는 자신을 생명의 떡, 하늘에서 내려온 살아있는 떡이라 하시며, "사람이 이 떡을 먹으면 영생하리라 내가 줄 떡은 곧 세상의 생명을 위한 내 살이니라"^{요 6:51}고 말씀하셨다. 유대인들 가운데 어떻게 자기 살을 우리에게 주어 먹겠느냐 하며 서로 다툼이 일어날 때에 예수님께서는 분명하게 그 뜻을 가르쳐 주셨다. "내가 진실로 진실로 너희에게 이르노니 인자의 살을 먹지 아니하고 인자의 피를 마시지 아니하면 너희 속에 생명이 없느니라. 내 살을 먹고 내 피를 마시는 자는 영생을 가졌고 마지막 날에 내가 그를 다시 살리리니 내 살은 참된 양식이요 내 피는 참된 음료로다. 내 살을 먹고 내 피를 마시는 자는 내 안에 거하고 나도 그의 안에 거하나니, 살아 계신 아버지께서 나를 보내시매 내가 아버지로 말미암아 사는 것 같이 나를 먹는 그 사람도 나로 말미암아 살리라. 이것은 하늘에서 내려온 떡이니 조상들이 먹고도 죽은 그것과 같지 아니하여 이 떡을 먹는 자는 영원히 살리라"^{요 6:53-58}.

성만찬은 예수님의 살과 피를 먹고 마심으로, 곧 그리스도안에 거하므로 그리스도의 생명을 얻게 되며, 그리스도와 하나가 되며 공동체가 하나를 이루는 것이다. 그것을 알려주시기 위해 예수님께서는 성만찬을 베푸시며 감사의 기도를 하신다. 성만찬을 베푸시며 하신 예수님의 감사기도는 그리스도와 하나됨과 새생명 얻게됨을 기뻐하는 것이며, 우리의 감사 기도는 성만찬에 참여할 때 마다 예수님을 기념하고 "주의 죽으심을 그가 오실 때 까지 전하는 것"고전 11:26을 다짐하는 것이다.

이것을 감사 생활에 적용한다면 예수님 안에 거하는 동행함과 예수님과 하나됨의 감사이다. 그렇기에 예수님은 제자들에게 "너희가 내 안에 거하고 내 말이 너희 안에 거하면 무엇이든지 원하는 대로 구하라 그리하면 이루리라. 너희가 열매를 많이 맺으면 내 아버지께서 영광을 받으실 것이요 너희는 내 제자가 되리라"요 15:7-8고 가르치신다. 예수님과 하나가 되고, 예수님과 동행하며 살 때 예수님의 참 제자가 되며 기도의 응답을 받으므로 하나님의 영광을 드러내는 많은 열매를 맺게 될 것이라고 말씀한다. 예수님과 하나되는 것은 그리스도의 죽으심과 살아나심, 다시 오심을 기념하는 성만찬의 의미를 바로 알아야 가능하고, 이 성만찬의 상징인 예수님과 하나될 때 참 생명이 그 안에 살아서 감사의 인생을 살 수 있다.

나가는 말

복음서에 기록된 4가지 예수님의 감사기도는 일상에서 하나님의 다스리심과 하나님의 뜻을 가르쳐 주심에 대한 자연스러운 감사, 하나님께서 배고픈 이들을 먹이실 것을 바라보며 일용한 양식을 공급해 주시는 그 은혜에 대한 감사, 죽은 자를 살리실 것을 믿으며 앞서 하나님께 드리는 영광의 감사, 미리하는 감사, 그리고 성만찬을 통해 그리스도와 하나됨을 기뻐하며 기념하는 감사기도로 요약할 수 있다. 예수님의 감사는 하나님을 향한 반전의 기쁨 표현, 베풀어 주심의 감사, 응답을 이미 받은 것과 하나님의 영광을 드러내실 것에 대한 믿음의 감사, 그리고 예수님 안에서 생활함의 생명을 누리는 감사의 기도이며 영광의 찬송이었다. 그러나 예수님의 감사 모범을 배우는 것은 결코 쉬운 일이 아니다.

예수님께서는 열 명의 나병환자를 불쌍히 여기시사, "제사장에게 가서 너희 몸을 보이라"고 하셨는데, 이는 제사장이 치료여부를 판정하였기 때문이다눅 17:11-19. 그들이 예수님의 말씀에 따라 제사장에게 가던 도중에 깨끗하게 되었음을 발견한다. 그러나 사마리아인 한 사람만이 돌아와서 예수님의 발아래 엎드리어 감사하였다. 이 때 예수님께서는 "열 사람이 다 깨끗함을 받지 아니하였느냐 그 아홉은 어디 있느냐? 이 이방인 외에는 하나님께 영광을 돌리러 돌아온 자가 없느냐 하시고 그에게 이르시되 일어나 가라 네 믿음이 너를 구원하였느니라"눅 17:17-19고 하셨다. 예수님께 치유함을 입은 사람의 마땅한 자세는 감사하는 것이며, 하나님께 영광을 돌리는, 즉 하나님께서 고쳐주셨음을 증언하는 것은 온전한 구원에 이르게 하는 당연한 믿음이라고 말씀하셨다. 예수님께서는 열 명을 고쳐 주셨지만 감사한 사람은 단 한 명, 멸시 당하던 사마리아인 한 사람 뿐이었다. 이것은 산술적으로 보면 1/10 만이 감사하는 삶을 산다고 볼 수도 있다. 탈무드에 "하나님은 감사치 않는 사람에게 내릴 벌을 만드시지 않았다. 왜냐하면 그러한 사람은 벌써 불행이라는 벌을 받고 있기 때문이다"라는 말이 있다. 감사를 잃은 삶은 이미 불행의 삶을 살고 있는 것이며 벌을 받고 있는 삶과 마찬가지이다. 예수님의 감사 생활에서 감사를 배워야 한다. 예수님께서 감사하며 감사의 기도의 삶을 사셨다면 우리에게는 너무도 당연하고 마땅한 일이 아닌가?

8장
정신건강 돌봄 목회

들어가는 말

2008년 논현동의 한 고시원에 방화를 하고 화재 경보를 듣고 도피하던 사람들을 무차별 흉기로 찌른 사건이 있었다. 정모씨는 6명을 살해하고 7명에게 상해를 입혔는데, "배만 보고 찔렀다"고 하여 듣는 이들을 놀라게 하였다. 그는 사회적 외톨이였으며 "사회가 자기를 무시한다"며 생면부지의 사람들을 향하여 "묻지마 살인"을 저질렀다. 한편 유명 연예인들의 잇따른 자살 소식으로 사회가 침울해지고, 주가 폭락과 투자 실패를 사과하며 생을 마감한 자산운용사 대표도 있으며, 더욱 충격적인 것은 카드 빚으로 아내와 딸을 살해한 40대 가장이 2년 전 자신의 부모마저 살해했다는 사실이 드러나 사회를 경악케 했다.

이러한 사건들은 사람들이 얼마나 정신적으로 건강하지 못한가를 보여주는 조그마한 예일 뿐이다. 이번 장에서는 한국인들의 정신건강 실태와 어떻게 목회상담적으로 정신건강에 도움을 줄 수 있는 지를 살펴보고자 한다.

I. 정신건강의 정의와 실태

1. 정신건강의 정의

사실 건강이란 주로 신체적으로 질병이나 장애가 없는 것을 의미한다. 그런데 정신건강은 신체적인 것 뿐 아니라 정신적, 사회적으로 안녕의 상태, 즉 전인적인 건강을 뜻한다. 정신 건강이란 따라서 의학적 개념 뿐 아니라 정신적, 사회적 개념을 포함한다고 볼 수 있다. 그러므로 건강의 개념은 신체적, 심리적, 정신적, 영적, 그리고 사회적, 도덕적인 면에서 조화와 균형을 유지하는 것이다. 이러한 균형과 조화가 깨어진 상태를 건강치 못한 상태로 볼 수 있다.

세계보건기구WHO는 정신건강의 개념으로, 개인이 자신의 능력을 깨닫고 삶에서 발생하는 정상적 범위의 스트레스를 대처할 수 있으며, 생산적으로 일을 하여 결실을 맺을 수 있고, 개인이 속한 사회에 기여할 수 있는 안녕의 상태라고 정의 하였다. 즉 정신건강은 자기 자신의 능력 인식과 자기 스트레스 관리, 다른 사람과의 관계 형성과 관계 관리 능력의 두 측면을 가지고 있다. 정신건강을 간단히 정의한다면 어떤 일을 얼마나 잘 해낼 수 있느냐는 것 능력과, 다른 사람과 얼마나 잘 지낼 수 있느냐는 것관계에 대해 마음에 편안함을 느끼는 정도라고 할 수 있다. 심리적, 정신적 문제로 고통받는 사람들은 자신의 충동이나 욕구의 통제나 자기 관리의 실패와 다른 사람과의 관계 형성의 어려움으로 인해 균형을 잃고 스트레스 상황에서 일탈된 사고나 자해적 행동을 하는 것을 쉽게 발견할 수 있다.

2. 정신 건강 실태

목회데이터 연구소^{2024.08}에서 보건복지부 국립정신건강센터의 "2024년 국민 정신건강 지식 및 태도 조사"의 자료를 분석하여 발표하였다. 이에 따르면 국민 4명 중 3명^{74%}이 지난 1년간 정신건강 문제를 경험하였고 그 중에 가장 많은 정신건강 유형은 '스트레스'와 우울감이라고 밝혔다. 스트레스의 원인으로는 '경제적 문제'가 51%로 가장 많이 응답을 하였고 소득이 낮을수록 우울감이 더 높았다. 또한 정신건강 문제 경험자의 56%가 이로 인해 일상생활에서 제약을 받고 있으며, 73%는 이러한 정신적 문제를 그 누구에게도 도움을 청하거나 치료를 받지 않았다고 답하였다. 도움을 요청한 사람들 중에 가장 많이 도움을 청한 대상자는 '가족 및 친지^{49%}', '정신과 의사/간호사^{44%}', 그리고 '친구/이웃^{41%}' 순이었다. 의외로 '종교인'에게 도움을 요청한 비율은 8%에 불과했지만 '도움이 됐다'는 비율은 80%로 나타나 도움을 청한 종교인들 중에는 큰 도움을 받은 것을 알 수 있다.

정신장애 평생유병률^{평생동안 알코올 사용장애, 니코틴 사용장애, 우울장애, 불안장애 중 어느 하나에라도 이환된 적이 있는 사람의 분율}이 국민의 27.8%^{보건복지부 국가정신건강현황 주요지표, 2023}라는 것은 우리 주위에 잠재적으로 정신적 증상이나 문제를 가지고 사는 사람들이 많이 있다는 것이며, 그 중에 내 자신도 예외일 수 없다는 경고의 신호이기도 하다.

II. 정신건강과 목회상담적 도움

1. 정신건강과 다양한 요인

정신질환은 신체질환처럼 직선적 원인-결과 관계로만 볼 수가 없다, 왜냐하면 다양한 원인들이 서로 연결되어 있으며, 유전적생리적인 원인 뿐 아니라 개인의 심리적 기초, 가족 환경과 대인 관계 등 복합적인 요인이 작용하기 때문이다. 따라서 정신건강 역시 다양한 요인들을 함께 살펴보아야 한다. 건강과 불건강 또는 정상과 이상의 분류는 보통 통계적, 임상적 그리고 사회문화적 관점에서 구별한다. 즉 통계적으로 정상분포내에 있는가, 임상적으로 의미있는 증상을 나타내고 있는가, 그리고 사회문화적으로 수용되는 적합한 행동양식인가 등의 질문에 따라 판단을 하게 된다.

기독교인을 포함해서 사람들은 실제의 자기real self와 되어야 하는 이상적 자기ideal self의 괴리가 클수록 건강하지 못하다고 볼 수 있다. 또한 낮은 자존감, 해결되지 않은 분노, 친밀감에 대한 두려움, 잘못된 성적 행위 등은 부적절한 대인관계로 진행되는 경우가 허다할 뿐 아니라 모든 것을 자기가 해야만 한다고 생각하는 메시아 컴플렉스Messiah complex도 정신건강에 악영향을 미칠 수 있다. 따라서 하워드 클라인벨은 정신건강 뿐 아니라 전인건강을 제안한다. 그는 전인건강의 7가지 영역을 분류하고, 건강을 파악하는 질문을 다음과 같이 제시한다.Clinebell, 『전인건강』

1. 영적 생활(영성): 영적 교제 속에 건강을 유지하고 있는가?
2. 마음/인격(을 북돋아 주는 일): 아직 개발하지 못한 지적/정신적 자원을 개발하고 있는가?
3. 몸(육체)(몸의 생기 회복): 육체적 건강을 위해 적절한 자기 관리를 하고

있는가

4. 사랑(친밀한 인간관계): 내가 맺는 인간관계에서 사랑을 풍요롭게 나누
   고 있는가?

5. 일(직업): 나의 일은 참 의미가 있고 만족과 자존감의 원천이 되고 있는
   가?

6. 놀이(시간사용): 피곤함에서 나를 재충전 시켜주는 균형 잡힌 놀이와
   웃음이 있는가?

7. 세계(지구 치유): 주위의 자연환경과 사회적 상황의 치유를 돕고 있는
   가?

클라인벨이 말하는 7가지 영역에서의 전인건강은 정신건강과 분리
할 수 없는데, 그 키워드는 영적 교제, 지적 자원 개발, 사랑관계, 의미 추
구, 놀이와 웃음, 돌봄과 도움 등으로 볼 수 있다.

2. 목회상담적 제안

필자는 목회상담을 "교회와 신앙이라는 목회적 차원에서 목회자/상
담자가 교인/내담자의 영적, 인지적, 정서적, 감정적, 행동적인 내적 문제, 그리고 자신, 가족, 타인,
또는 하나님과의 관계적 문제를 성경적 진리 및 권위와 기독교적 세계관을 가지
고 다양한 상담적 이론과 실제적 기법들을 사용하여 해결하려는 모든 과
정"으로 정의한다. 위에서 언급한 정신 건강의 정도는 어떤 일을 잘 해 낼
수 있느냐는 자기 능력 평가와 자기 인식에 달려있다. 또한 다른 사람들과
건강한 인간관계를 맺으며 살아가는 관계 능력과 사회적 인식이 필수적이
다. 이러한 것들을 고려할 때, 기독교인들은 정신건강이 취약한 사람들을
목회상담의 정의에 따라 어떻게 도울 수 있을까?

첫째는, 성경과 신앙에 근거하여 하나님을 신뢰하고 사람을 신뢰하도록 도와야 한다. 기독교인들은 문제가 생겨도 잘 인정하지 않거나 스스로 해결하려는 의지가 강하다. 그러나 도움을 받고 상담을 받는 것은 하나님의 전능성을 손상시키는 것이 아니다. 기독교 상담자 게리 콜린스는 "하나님은 광대하시며 우리의 필요를 채워주실 수 있다. 상담하러 가는 일은 진리를 거부하는 것이 아니다. 성경과 우리의 교훈은 하나님이 하실 수 있고, 하시며, 능력있고 섬세한 상담자들을 통하여 일을 하신다는 풍부한 증거들을 제시하고 있다" Collins, 「왜 그리스도인이 상담을 받아야 하는가?」, 29고 말한다. 따라서 의심과 불신이 하나님과 사람에 대한 신뢰와 희망을 앗아가지 못하도록 교회와 사역자들은 하나님의 진리의 말씀을 가르쳐야 한다. 이러한 영적 갈급함이 채워질 때 정신건강을 유지할 수 있다.

둘째는, 배움 등 지적 활동을 통해서 뇌기능이 활발히 활동하도록 도와야 한다(인지). 나이가 들수록 기억력이 감퇴하고 지적 능력이나 감각 능력이 저하된다. 이러한 점들은 노화를 가속화시키고 동시에 삶의 질을 저하시킨다. 따라서 성경읽기, 찬송가 가사 외우기 등은 물론, 퍼즐, 서예, 또한 하고 싶었으나 못했던 것들을 배워가는 지적 자원 개발 등이 정신건강에 도움을 준다.

셋째는, 사랑의 관계를 만들고 더 친밀한 관계로 성장하는데 투자하도록 돕는다(정서, 관계). 클라인벨은 "당신 삶의 중심이 얼마나 사랑과 건강한 영성으로 통합되고 힘을 얻고 있는가 하는 정도만큼 당신은 전인성 혹은 전인건강을 누린다"고 말한다. 즉 전인건강의 핵심은 사랑이다. 자기사랑을 통해 건강한 자아상과 다른 사람과의 친밀한 관계를 만들어가는 사람이 전인적인 건강함을 만들어가는 사람이다. 따라서 다양한 친구들을 만나고, 소꿉친구나 동창 등 옛친구들과 우정을 쌓아가며 자원봉사나 섬김을 통해 사랑을 실천하는 것이 정신을 건강하게 만들어 줄 것이다. 사회활동에 참가하고 있는 노인 연구에서 사회활동 참여가 혈중 콜레스테롤이나 혈압을 떨어뜨리는 데 효과적이라는 것이다.

넷째로, 의미 추구로 방향을 전환해야 한다(행동, 영성). 업무, 실적, 과업 등에 초점을 맞추며 그 스트레스로 인하여 정신건강을 잃어버리는 사람들이 많다. 그러나 인생은 청년기와 중년기를 거치면서 "성공추구"가 아니라 "의미추구"로 전환되어져야 하고 그렇지 않을 경우에 우울증이 더 커질 수 있다. 따라서 할 수 없어 하는 일, 생계를 위해 하기 싫은데 억지로 하는 일이 아니라 해야만 하는 일인데 오히려 즐겁기도 하고 가정경제에 보탬이 될 수 있다면 정신건강에 큰 도움을 줄 것이다.

다섯째, 놀이와 웃음의 삶을 선택해야 한다(정서, 행동). 웃음치료가 유행했던 때가 있다. 웃음은 면역세포 활동을 활성화시켜 감염에 대한 저항력을 높여주고 스트레스 호르몬인 코르티솔 수치를 감소시킨다고 알려져 있다. 통증완화 효과에 우울증과 불안감을 완화시키기도 하고 사람들과의 관계에서 소통을 원활하게 한다고 알려져 있다. 또한 놀이를 통해서 대인관계에서 상호작용을 배우고 감정적 발달에 큰 영향을 미친다는 것은 강조할 필요가 없다. 한 실험 연구에서는 장난감을 가지고 논 쥐가 그렇지 않은 쥐에 비해 뇌의 크기가 약 10% 정도 활성화되었다는 결과도 있다. 왜냐하면 경험을 많이 할수록 뇌의 커지기 때문이다. 놀이와 웃음을 통하여 뇌의 기능 뿐 아니라 전인 건강이 월등히 좋아질 수 있음을 시사하는 것이다.

여섯째, 돌봄과 도움은 동전과 양면과 같으므로 다른 사람을 돌봄으로 도움을 받아 정신건강을 유지해야 한다(관계, 기독교 세계관). 오래 전이지만 골프선수 최경주는 미국 PGA에서 몇 차례 우승을 하고 나서, 한 인터뷰에서 "열심히 일하면 주위에 돕는 사람이 있게 됩니다"『빛과 소금』, 2007년 7월라는 통찰력 있는 말을 했다. 그는 선수로서, 한 개인으로서의 성공은 자신의 열심 있는 노력만으로 되는 것이 아니라는 인식과 열심히 일하는 사람에게는 사람들이 모여들어 그를 도와주어서 불가능도 가능하다는 말을 하고 있다. 자기를 돕고 남을 돕는 것은 불가분의 관계가 있고 그것을 통해 인간은 심리적, 정신적 건강성을 계속 키워갈 수 있다. 록펠러^{John D. Rockefeller}는 55세 때에 불면증, 혈액병, 위궤양 등으로 죽음이 임박한 줄 알고 베푸는 것을 배우며 도움의 활동을 시작했다. 그런데 그것을 통해 실제적으로 12개월 안에 기적적인 치유를 받아 건강을 되찾고 35년을 건강하게 살았다고 전해진다. 그는 도움을 베풀고 주는 것을 배우고 실천함으로 남은 여생을 신체적 건강 뿐 아니라 전인 건강을 누릴 수 있었다.

나가는 말

개인적으로, 가족적으로, 사회적으로 정신건강 때문에 고통을 받는 이들이 계속 늘어나고 있다. 정신질환 평생유병율도 4명 중 1명 이상으로 늘어가고 있다. 정신건강을 유지하기 위해서는 6가지를 잘 적용해야 한다: 하나님을 신뢰하고 사람을 신뢰해야 한다. 지적 활동을 통해 뇌의 기능을 활성화시켜야 한다. 사랑의 관계를 쌓고 친밀한 관계가 계속 성장하도록 열정과 시간을 투자해야 한다. 점점 인생의 후반전으로 갈수록 의미추구로 방향을 전환해야 한다. 놀이와 웃음을 순간순간 선택하며 살아가도록 한다. 어려운 사람들을 돌봄으로 스스로 도움을 받을 수 있도록 성장해야 한다.

성경은 "범사에 너희에게 모본을 보였노니 곧 이같이 수고하여 약한 사람들을 돕고 또 주 예수의 친히 말씀하신 바 주는 것이 받는 것보다 복이 있다 하심을 기억하여야 할지니라"^{행 20:35}고 말씀한다. 교회와 사역자들

은 예수님의 말씀과 바울 사도의 모본을 따라 건강치 못한, 약한 사람들을
돕는 것이 복이 있음을 기억하며 실천해야 할 것이다.

9장

이단과 목회

들어가는 말

지난 2008년 4월 9일 총선에서 전국 245개 전 지역구에 후보를 낸 (평화통일)가정당은 일명 통일교^{세계평화통일가정연합}에서 지원한 것임을 대부분은 사람은 알고 있다. 정당 지지율이 1.05%^{후보자 기호와 정당 기호의 차이로 예상지지율에 훨씬 못미쳤} ^{다고 억울해 하는데}에 불과했지만 공식적으로 통일교를 홍보하는데 정치를 적극 활용한 것으로 보여진다. 이처럼 기독교가 아닌 단체들의 포교 방법이 적극적이고 전략적인데 비해 이에 대처하는 기독교의 대응은 매우 미온적인 것이 사실이다. 게다가 이단들의 법적인 고발, 고소들이 늘어가면서 성도나 개교회의 측면 보다는 좀 더 큰 틀, 교단 또는 범기독교적 단체에서의 체계적 대응이 필요한 시기이기도 하다. 이번 장에서는 이단 집단에 대한 거시적인 대응을 소개하고, 미시적으로 이단에 빠진 사람들을 어떻게 목회 상담적으로 도울 수 있는지 살펴보고자 한다.

I. 이단에 대한 거시적 (예방적) 대등

필자는 20여년 상담기간 동안 많은 사람들을 만났는데, 그 중에 시한부 종말론, 여호와의 증인, 대순진리회, 하나님의 교회, 신천지 등에 빠져서 가족이 어려움을 겪는 사례를 종종 보아 왔다. 그런데 이단에 빠진 이들의 대부분은 기독교와 무관했던 사람들이 아니고 교회를 다녔거나, 또는 성경을 배우려는 열심을 가졌던 사람들이라는 점에서 놀라지 않을 수 없다. 또한 개인적으로, 가족적으로 갈등이나 경제적 어려움을 겪으면서 이단의 공동체 생활로 도피했다가 빠지는 경우도 있다. 그렇다면 예방적 차원에서 이단에 어떻게 대처해야 할까?

1. 성경 말씀과 믿음의 교리를 가르쳐야 한다

문제가 발생한 후에 상담하고 치료하는 것에는 많은 에너지와 시간이 요구된다. 따라서 다른 문제와 마찬가지로 이단 상담에 있어서도 문제해결 상담 보다는 예방과 교육적 접근이 더 효과적이고 효율성도 높다.

기독교인들이 이단과의 접촉 또는 교회 침투로 피해를 보기 전에 목회자들은 교인들을 보호하고 지키는 것은 예방 사역이다. 그렇게 하기 위해서는 이단이 어떤 집단들이고 그들의 교리적인 오류가 무엇인지를 지적하는 것도 중요하겠지만 더 중요한 것은 우리가 믿는 기독교의 바른 교리와 신앙을 가르쳐야 한다. 왜냐하면 신천지의 '무료 성경연구원'이나 대학캠퍼스 내에서 다양한 문화적 단체예) 기타 동아리, 풍선아트 동아리, 수화연구, 영어회화 …로 위장하여 학생들과 접촉하며 계획적 포교 활동을 하고 있기 때문이다. 성경은 "근신하라 깨어라 너희 대적 마귀가 우는 사자 같이 두루 다니며 삼킬 자를 찾나니"벧전 5:8라고 경고한다.

목회자는 설교와 성경공부, 제자훈련, OT 모임이나 소그룹 등에서 하나님의 말씀과 교리가 체계적으로 가르쳐질 수 있도록 단기적, 장기적 목회 계획을 가지고 있어야 한다. 그리고 교회의 직분자나 리더가 되기 위한 필수 과정으로 "이단에 대한 분별과 대처" 등의 기본적인 훈련과정을 포함시켜야 한다. 물론 작은 교회에서는 목회자 혼자 이 모든 것을 할 수는 없기 때문에 지역 연합회, 노회, 이단 사이비 상담소 등과 연계하여 진행할 수 있다.

2. 이단, 사이비 종교의 분별

스티븐 아터번Stephen Arterburn과 잭 펠톤Jack Felton은 그들의 책『해로운 믿음』에서 세상에는 건강한 신앙과 해로운 신앙이 공존한다고 주장한다. 그 이유는 좋은 것은 언제나 중독성이 있기 때문이고 따라서 종교 지도자들에 의해 학대받을 수 있고 종교의 중독성이 있다는 것을 지적한다. 기존 종교에서도 중독의 악영향이 있지만 이단 종교에서는 그 폐해는 치명적이라고 볼 수 있다. 그들은 해로운 믿음 체계의 10가지 규칙을 다음과 같이 제시한다: Arterburn and Felton, 『해로운 믿음』, 307

1. 지도자는 항상 통제하고 있어야만 한다.
2. 문제가 발생하면, 즉각적으로 비난받아야할 죄인을 색출하여 희생양을 삼는다.
3. 절대로 잘못을 범하지 말라.
4. 절대로 어떤 상황의 진실을 적나라하게 들추어내지 말라.
5. 긍정적인 것이 아니라면 절대로 감정을 솔직히 표현하지 말라.
6. 아무 것도 묻지 말아라. 특히 곤란한 질문이라면 더욱 그렇다.

7. 자기 역할을 벗어나는 일은 어떤 것도 하지 말라.

8. 누구도 믿지 말아라.

9. 조직에 돈을 바치는 것보다 더 중요한 것은 없다.

10. 어떤 대가를 치르더라도 조직이나 가정의 의미를 지켜라.

이러한 규칙들은 강도intensity와 빈도frequency의 차이가 있을 수 있지만 이단 사이비로 갈수록 더 확연하게 들어난다. 또한 이런 해로운 믿음 체계 안에 있는 사람일 수록 이단의 유혹에 넘어갈 수 있는 경향성이 높을 것임은 당연하다. 따라서 믿음에 대한 점검을 해 보면 속해 있는 집단이 이단성이 있는지, 학대하는 관계인지, 그리고 그 집단에 희생하게 하는지 아니면 하나님과 진리에 헌신하게 하는지를 분별할 수 있다.

3. 교회다운 교회로서의 치유 공동체 회복

상담자로서 느끼는 필자의 고민은 상담은 찾아오라는 한계를 갖고 있다는 것이다. 그러나 교회는 아픈 자, 마음 상한 자, 상처받은 자를 찾아갈 수 있는 특권을 갖고 있다. 본래 우리 믿음의 선조들은 심방을 중요시했다. 심방尋訪은 "찾을 심"을 사용하여 찾아가 방문한다는 뜻이다. 이제는 심방의 개념이나 방법이 보완되어야 하지만 예수님 처럼 교회다운 교회는 의지를 가지고 잃어버린 영혼들을 찾아가는 교회여야 하는 것은 분명하다. 교회가 아픈 자들을 찾아갈 때, 이단들이 활동할 수 있는 영역이 좁혀질 것이기 때문이다. 교회가 찾아가지 않으면 매력있는 모습으로 이단들이 찾아가 교회를 대신한다.

상담 영역에서는 자조그룹self-help, 지지 그룹support, 12단계 모임 등 다양한 도움을 제공하는 모임들이 활발하게 진행되고 있다. 비슷한 문제를 갖고 있는 사람들이 스스로 문제를 해결하기 위해 서로 협력하는 것이다. 이 것은 인간이 자신의 문제를 스스로 해결할 수 없다는 것을 인정하는 것부터 치유가 일어남을 보여준다. 그런데 그 일을 교회가 감당하지 못하면 이단들이 활개를 친다. 상처받은 사람들에게 접근하여 그들이 진정한 사랑의 공동체인 듯 위장한다. 그러므로 교회는 본래 사역의 고유 영역인 돌봄과 치유에 관심을 가져야 한다. 따라서 교회는 일대일, 소그룹, 멘토링mentoring, 성경공부, 구역, 선교회, 전도회 어떤 모임이든지 영혼을 돌보는 일에 최우선적 관심을 두어야 한다.

가정은 붕괴되고, 자살자가 늘어나고, 이단 종파에 빠져서 개인과 가정이 파괴되고, 상담소를 찾는 사람들이 계속 증가하는 것은 돌보아 달라고 외치는 처절한 울부짖음이다. 그러므로 교회다운 교회는 성도들이 기꺼이 돌봄을 나눌 수 있도록 배움과 훈련을 통해서 지역사회와 삶의 현장으로 나아가야 한다.

II. 이단에 빠진 사람(가족)들을 위한 목회상담적 접근

일단 이단이나 사이비 집단에 들어가게 되면 탈출하기가 쉽지가 않다. 그 이유는 무엇보다도 이단과의 싸움은 영적 전쟁이기 때문이다. 대부분 이단에 빠져드는 사람들은 이단집단인지 알지 못하고 그들이 베푸는 호의나 도움을 받다가 그 모임에 참여하고 집중적으로 교화 과정을 겪으면서 이단집단에 물들게 된다.

일반적으로 이단에 빠져들게 되는 5가지 교화 단계가 있다.Stamm, 「사이비종교」, 131 1단계는 포섭을 하고, 2단계에서는 구원론으로 이단 집단에 입문하게 하고, 제 3단계에서 집단과 결속을 시키고, 4번째 단계에서는 주위환경으로부터 소외되고 고립되게 하고, 마지막은 구원론을 재 강화하는 단계이다. 이러한 주기 cycle 로 일단 들어가면 빨리 진행이 되어 불과 몇주 만에 다른 사람 처럼 보이고 가족들이나 교우들과 이질감을 보이게 되면서 비판적이 된다. 그렇다면 어떻게 대처해야할까?

1. 이단에 빠진 기간을 점검하고 정보를 수집하라

이단에 빠진 가족이 한 명이라도 있으면 온 가족이 혼란에 빠진다. 가족들은 무엇보다 가족이 이단집단과 접촉하게 된 기간을 파악해야 한다. 왜냐하면 이단에 빠진 첫 몇 주 안에는 그 집단에서 돌아서게 하는 성공률이 매우 높기 때문이다. 그리고 이단 집단에 대한 정보를 수집해야 한다. 가능하면 그 집단에 가입했다가 탈퇴하거나, 이단에 빠진 가족들을 구출하기 위해 모이는 모임, 이단 상담소 등을 통해서 적절한 대처 방안을 모색해야 한다. 가족과 만나는 것을 방해하겠지만 초기에는 면담에 응하기 때문에 "언제든지 면담 후 그 집단으로 돌아갈 수 있다"고 하여 거부감을 줄이면서 만남을 시도한다. 이단 상담가들에 의하면 처음부터 그 이단 집단의 전문가 또는 탈퇴한 사람을 대동하여 논쟁하는 것 보다는 필요한 정보를 나누고, 아직 혼돈 중에 있기 때문에 양쪽의 정보를 비교해 보는 것에 대한 제안을 하고, 마지막에 전문가가 설득하는 것이 효과적이라고 말한다. 이단에 관한 좋은 책자가 있다면 읽도록 하는 것도 도움이 될 수 있다.
반면에 이단 집단에 오래 머무를수록 가족이나 친구들과 격리되기 때문에 더욱 탈퇴시키기가 힘들어질 수 있다. 따라서 가족들은 더욱 영적으로 깨어있고 단단히 무장을 해야 한다. 왜냐하면 이단과의 싸움은 기나긴 영적 전쟁이 될 가능성이 높기 때문이다. 또한 강제적 탈퇴 방법이나 고소 고발 등 법적인 수단은 별로 도움이 되지 않는 것으로 알려져 있다.

2. 이단에 빠진 가족/자녀에게 분노 표현을 자제하며 사랑으로
   인내해야 한다

위고 슈탐^{Hugo Stamm}은 부모들이 이단에 빠진 자녀에게 분노감정을 자제해야 한다고 조언한다:

> 하지만 영적착취집단과 대결하여 자식을 위험에서 구해낼 계획을 세우고 구체적인 행동으로 옮기려 할 때 격하게 반응하는 부모는 집단에 도움을 주는 결과를 낳는다. 부모의 그런 태도는 대립국면을 심화시킬 뿐만 아니라 도리어 자식을 사이비 종교의 품안으로 몰아넣는 셈이 된다. 집단에 대한 부모의 비난이 격렬하면 격렬 할수록 집단의 소속원이 된 자녀의 방어태세 역시 강화된다.^{Stamm, 『사이비 종교』, 180}

이단 집단을 공격하면 오히려 이단 집단에 동조하거나 부모와의 관계를 완전히 끊을 수 있다. 따라서 정서적으로 격한 반응이나 감정적 대응은 자제하여야 한다. 이단에 빠진 가족 역시 정서적 메마름과 영혼의 피폐함을 경험하는 과정을 지나가고 있기 때문이다. 때로는 신체적 증상들이 나타날 수도 있고, 오랜 기간 정체성 혼동으로 어려움을 겪을 수 있다. 슈탐은 "사이비 종교를 체험한 정신적 충격은 자아를 파괴 한다"^{Stamm, 『사이비 종교』, 243}고 경고한다. 따라서 가족들은 이단에 빠진 자녀나 가족을 환자로 보고 접근하여야 한다.

이단이라는 병에 중독되어서 환자가 되었다고 바라본다면 사랑하면서 인내할 수 있다. 언젠가는 그가 영혼이 피폐해지고 스스로 낙심할 때 돌아올 수 있는 피난처가 가족이며 교회이다. 이단에 빠진 가족을 위하여 인내하며 기도하며 끊임없이 사랑하고 있음을 알려주어야 할 것이다.

나가는 말

한 영혼을 귀하게 여기고 말씀으로 양육하고 돌보며 사랑하는 교회 공동체가 되고 가정이 될 때 이단은 발 붙일 곳이 없게 된다. 에베소 교회^행 18:19; 19:6-7는 거짓교사와 미신이 성행하던 곳이 였지만 오히려 부흥한 이유가 있다. 그것은 바울 사도가 3년 동안 밤낮 쉬지 않고 눈물을 흘리며 세우고 가르친 교회이기 때문이다: "그러므로 너희가 일깨워 내가 3년이나 밤낮 쉬지 않고 눈물로 각 사람을 훈계하던 것을 기억하라"^{행 20:31}. 비록 이단으로부터 가족을 구출하는 것은 험하고 힘든 길이지만 가족들이 눈물로 말씀을 붙잡고 견뎌내며 성령께서 개입하시기를 구해야 할 것이다.

10 장
경제문제와 목회

들어가는 말

코로나19가 막 끝나가던 때에 장신대 미스바 광장에서 옛 제자를 만났다. 학부 때부터 신대원까지 필자가 개설한 6과목을 수강했다는 그 제자는 자기가 쓴 책이라며 "생존경제학"_{김연기, 『택배 기사가 된 목사의 생존경제학』}을 주고 갔다. 장신대를 졸업하고 서른 두 살에 목사 안수를 받고 부목사를 하다가 사진 작가가 되었다가 결국은 택배기사를 했다고 한다. 기초생활보장 수급자 처지였던 그는 4년간 택배기사로 일하며 경제적 자립과 더불어 정신적 성장을 경험하였고, 꼭 후배들에게 생존 경제를 나누고 싶다고 생각을 피력하였다. 평생 목사로 이중직은 꿈도 꾸지 않았을텐데 가정 경제가 막다른 골목에 다다르자 생존을 위해 택배 취직을 하였다.

성도들이나 목회자나 가정 문제에서 돈이 차지하는 비율이 가장 높다. 심지어 가정 문제는 돈문제라고 까지 말한다. 싱글은 싱글대로, 부부는 부부대로, 돈걱정에 스트레스를 받는다. 인생역전을 위해서 월급으로는 할 수 없어 주식 투자와 비트코인에 기웃거린다. 은퇴자들은 건강도 좋지 않은데 연금으로만 살 수 없다고 재투자나 이직을 통해 가족의 경제를, 자신의 노후를 해결하겠다고 동분서주한다. 젊은 부부들은 육아 부담과 경제적 부담으로, 학령기 자녀를 둔 부부는 자녀 교육비와 집장만 때문에 갈등이 증폭된다. 결혼을 앞둔 자녀들 때문에 은퇴를 앞둔 부모들은 재정부담이 늘어나고, 노부모를 간병하고 돌보느라 병원비 마련에 애가 탄다. 어떤 세대도, 어떤 가정도 돈으로부터 자유롭기가 쉽지 않다. 돈을 관리하는 것 때문에 부부가 갈등하고, 재정상황이 악화되고 대출로 인한 문제로 파국을 맞는다. 그렇다면 돈이 충분하고 재정상황이 좋아지면 가정의 문제는 해결될까? 러한 가정들을 보면서 어떻게 목회해야 할 지를 고민하지 않을 수 없다.

I. 가정 파탄은 돈이 문제가 아니라 배금 사상(가치관)이 문제

가정 경제가 부부관계나 자녀양육이나 부모돌봄에 꼭 필요한 요소이기는 하지만 그것 때문에 사람들의 마음을 병들게 하고 있는 것은 배금拜金 사상이다. 사회적으로 황금만능주의가 팽배하여 사람들은 돈만 있으면 자기 욕구를 충족시킬 수 있고 행복할 수 있다고 믿는다. 돈만 있으면 모든 것이 해결될 수 있다고 생각한다. 오늘의 행복은 경제력에 달려있다고 하는 신념과 가치가 가족관계와 인간관계를 "나-당신"I-Thou의 인격적 관계가 아닌 "나-그것"의 실용적 관계로 변질시키고 있다. 또한 자신만의 더 나은 삶과 쾌락을 위해서는 가족과 결별하는 것까지 서슴지 않는다. 때로는 가족이 자신의 행복과 쾌락 충족에 장애물이 된다고 여긴다. 성경은 "말세에 고통하는 때가 이르러 사람들이 자기를 사랑하며 돈을 사랑하며…"딤후 3:1-2 라고 말씀한다. 인간의 핵심 문제는 자기만의 유익을 구하는 이기적 자기 사랑과 그것을 유지하기 위해서는 재물이 가장 중요하다는 가치관인 "돈 사랑"이며, 이것은 말세에 고통하는 때에 일어날 현상이라고 성경은 이미 오래전에 경고하였다.

II. 그렇다면 어떻게

1. 인지적 가치 변화: 돈 사랑에서 생명 사랑으로

우리는 돈에 대한 가치의 기준을 성경의 원리에서 찾아야 한다. 성경은 사람들은 두 주인^{돈이나 하나님이나} 중 하나를 섬긴다면서 "너희가 하나님과 재물을 겸하여 섬기지 못하느니라"^{마 6:24}고 말씀한다. 따라서 부부와 가정이 경제적인 면에서 성경적 가치관을 갖고 있을 때 부정적 영향력을 최소화할 수 있다. 아나니아와 삽비라 부부는 헌금을 조금해서 문제가 된 것이 아니라 재물에 대한 욕심으로 성령을 속이고 초대 교회에 순수성을 손상시켰기 때문에 비극적 결과를 맞았다^{행 5:1-11}. 신앙적인 좋은 행위를 하면서도 물질 때문에 넘어지는 사람들이 종종 있다. 따라서 금전적인 면에서 완전히 자유로울 수는 없지만 적어도 부부가 재물에 대한 일치된 사고를 가져야 한다.

한번은 재정문제 때문에 크게 싸우고 이혼 이야기가 오가면서 상담을 요청한 한 부부가 있었다. 남편은 열악한 농촌에서 평생 목회를 한 목사의 장남으로 직업은 공인회계사였고, 아내는 유복한 평신도 가정에서 자라난 인텔리 여성이었다. 이 부부는 세금을 포함한 수입 총액에서 십일조를 해야 할 지, 아니면 세금을 제한 수입을 총액으로 보고 십일조를 해야 할지를 가지고 부딪쳤다. 재정 사용에 관해서, 또한 누가 재정을 관리할 것인지에 관해서 계속적으로 갈등을 했다. 남편은 경제적 어려움을 겪었던 어린 시절 때문인지 어느 정도 살만함에도 불구하고 매사에 인색했고, 특별히 돈이 연관되면 매우 민감하게 반응을 하였다. 반면에 아내는 좀 손해 보더라도 남에게 베풀고, 교회에도 헌금을 많이 하려하고, 그러다 보니 남편에게 규모없이 살림한다며 질책을 듣곤 하였다. 명절에 부모님께 인사드리고 선물^{용돈}을 얼마나 할 것인지도 의견이 달랐고, 아이들에게 용돈을 얼마나 주어야 하는지에 있어서도 서로 주장이 달랐다. 남편은 아내가 일을 해서 돈을 벌어 오는 것을 좋아했고, 아내는 남편 수입 가지고도 충분히 살 수 있고, 아이들 키우는데 에너지가 많이 들어가는 시기인데 자신이 일을 하기를 원한다며 남편을 이해하지 못했다.

이러한 예는 약간의 차이가 있으나 많은 부부들에게서 쉽게 들을 수 있는 이야기이다. 사실 수입이 얼마나 많고 적으냐의 여부보다는 재물에 대한 부부의 태도와 가치관이 훨씬 더 부부관계에 영향을 미친다. 이 부부는 신앙생활 뿐 아니라 가정 경제에 대해서 함께 공부해야 한다.

첫째, 재물 보다는 생명 중심의 성경적 가치관을 배워야 한다. 성경은 "돈을 사랑함이 일만 악의 뿌리"^{딤전 6:10}고 경고한다. 또한 "사람이 만일 온 천하를 얻고도 제 목숨을 잃으면 무엇이 유익하리요, 사람이 무엇을 주고 제 목숨을 바꾸겠느냐."^{마 17:26}고 말씀한다. 이 말씀은 생명 사랑은 온천하를 얻는 것^{재물 사랑}과 바꿀 수 없는 가치가 있다는 것이다.

둘째, 가진 재물에 대해 만족함을 배워야 한다. 성경은 "자족하는 마음이 있으면… 우리가 먹을 것과 입을 것이 있은 즉 족한 줄로 알 것이니라"^{딤전 6:6-8}고 말씀한다. 가진 것에 감사하며 스스로 족한 줄 알아야 한다는 것이다. 이것은 부부 또는 가족들이 재물의 많고 적음이 아니라 그 재물에 대한 태도가 더 중요함을 가르쳐 준다. 필자가 부모 세미나를 할 때 종종 부모들로 "용돈 사용"과 "용돈을 얼마나 주어야 하느냐"라는 질문을 받곤 한다. 이것은 실제로 돈 때문에 아이들과 많은 갈등이 일어나고 있음을 보여주는 것이다. 이미 사회에서는 성인들을 위한 재정 세미나와 어린이, 청소년들을 위한 경제 교실, 경제 캠프, 어린이 경제신문 등 다양한 교육 프로그램과 정보들을 제공하는데 반해서, 교회에서는 성도들을 위한 재정관리나 경제 교실 등 성경적 재물관을 가르치는 것에 소홀한 경향이 있다. 어쩌면 영적인 부분을 강조하느라 가장 영적이지 않은 것 같은 재물을 무시해 왔는지도 모른다. 이제라도 재물에 대한 바른 가치관과 성경적 원리를 가르치고 배울 수 있도록 교회가 나서야 한다.

셋째, 돈에 대한 성경의 원칙을 포함하는 커뮤니케이션을 배워야 한다. 어쩌면 이 부부는 경제 문제가 아니라 경제관과 가치관의 차이를 나눌 수 있는 대화 능력이 없기 때문에 문제일 수 있다. 부부관계 및 커플 관계를 검사하여 상담에 활용하는 Prepare & Enrich 검사는 11가지 측면에서 커플의 강점과 성장영역을 찾아낸다. 그런데 그 중에 반드시 다루는 것이 의사소통 방법과 예산계획 수립이다. 즉 재정 영역에 대한 부분은 그 검사 결과와 상관없이 예산^{수입과} ^{지출}의 가계부를 만들고 의견을 나누도록 상담에 포함하고 있다. 또한 워크북을 통해 부부가 재정에 관한 주제를 서로 의사소통할 수 있도록 돕는다. 다시 말하면 부부관계의 질은 경제 문제가 매우 중요하며, 부부간의 차이를 어떻게 서로 나눌 수 있는지 대화의 능력에 달려있음을 시사한다.

2. 영성적 변화: 자기사랑에서 가족/이웃사랑으로

오래 전이지만 한 충격적인 사건이 잊혀지질 않는다. 그 사건의 기사 제목은 "패륜아 마저 감싼… 아! 아버지"였다. 그 사건의 진상은 이렇다.

하나뿐인 아들의 흉기에 찔려 숨져 가던 아버지가 역시 그로 인해 상처를 입은 두 명의 누이에게 "절대로 동생이 범인이라고 말하지 마라…"는 말을 남겼고, 이로 인해 부모를 살해한 패륜아는 사형에서 목숨을 구해 낼 수 있었다… 복면을 쓴 괴한이 이 씨를 향해 무자비하게 흉기를 휘둘렀던 것. 그러나 이 씨는 그가 자신의 아들이라는 사실을 단번에 알아챘다. 이 씨는 아들을 향해 "왜 그래, 이 녀석아"라며 말렸지만, 어머니와 누나 2명을 생명보험에 가입시키고 보험금을 타내기 위해 범행을 저지르기로 작정한 아들의 흉기는 잔혹하기만 했다. 아버지를 흉기로 찌른 아들은 비명을 듣고 나온 달려 나온 어머니에게마저 난폭하게 흉기를 휘둘러 끝내 숨지게 하고 말았다. 이어 잠에서 깬 누나 2명마저 흉기로 찔러 중상을 입혔다. 중상을 입은 아버지 이 씨는 구급차로 옮겨지기 직전 두 딸에게 "절대 너희 동생이 범인이라고 말하지 말라"고 신신당부했다. 범행 후 도망친 아들 걱정 때문이었다. 물론 그는 병원 응급실에서도 범인에 대해 묻는 경찰의 물음에 고개만 가로저었다. 이 씨는 그렇게 버티다가 끝내 눈을 감고 말았다. 물론 아들 이 씨는 범행 3시간 뒤 친구 집에서 놀다 온 것처럼 하고는 태연히 아버지가 있는 병원을 찾았다가 경찰에 붙잡혔다. 그런데 이 사건의 재판을 맡은 수원지법 형사11부가 존속살해 및 살인미수 혐의로 구속 기소된 이 씨에게 사형 대신 무기징역을 선고한 것이다. 지난 25일 재판부는 판결문에서 "경제적 곤경을 이유로 부모를 무참히 살해한 피고에 대해 극형의 선고가 불가피하지만 죽어 가면서도 피고의 범행을 덮어 주려 한 아버지의 사랑, 피고가 뒤늦게 참회한 점 등을 참작해 무기징역을 선고한다"고 그 이유를 설명했다.「인터넷 노컷 뉴스」, 2008.02.07.

돈 때문에 부모와 형제들을 죽음으로 몰고 가려한 아들과 죽어가면서도 자식의 죄를 감싸고 숨기려고 한 아버지의 자식을 향한 변함없는 사랑에 우리는 눈시울을 적실 수 밖에 없다. 이것은 여전히 인간의 문제해결의 핵심은 진정한 사랑임을 보여준다. 가족간에 사랑, 이웃을 향한 사랑을 회복해야 인간의 돈사랑에서 해방될 수 있다. 창기와 함께 아버지의 재물을 말아먹은 탕자눅 15:30와 같은우리를 문밖에 나와 기다리는 아버지 하나님의 심정과 사랑을 회복할 때에야 현대인들은 재물의 노예에서 해방될 수 있다. 이것은 진정한 하나님의 사랑을 경험이 선행되어야 함을 가르쳐준다.

나가는 말

건강한 가정과 부부는 "돈 사랑"에서 "생명 사랑"으로, 이기적 "자기 사랑"에서 "가족 사랑," "이웃 사랑"으로 변화될 때 가능하다. 인간됨과 인격보다는 인간을 자원으로 보고 돈으로 환산하는 이 세대의 교육, 가치, 문화, 사회 등 뿌리 깊은 황금 만능 주의에 굴복하지 않고, 생명의 존엄성을 계속 강조해야 한다. 그리고 생명 중시 사상은 사회나 학교에서도 배울 수 있겠지만 가정에서 부모와의 관계에서 자녀들이 배우기 때문에 본래 하나님께서 의도하신 가정의 모습으로 돌아가야 한다. 왜냐하면 가정의 조직은 창세기 1-3장에 기록된 것처럼 하나님의 아이디어Idea이고 하나님께서 시작하셨기 때문이다. 따라서 가장 중요한 것은 하나님께서 우리를 있는 모습 그대로 용납하시고 친밀한 교제를 나누시는 사랑과 언약의 관계를 맺었듯이, 부부와 가족이 언약공동체로서의 친밀한 관계사랑공동체를 만들어가야 한다.

11장
임상목회교육의 현황

들어가는 말

우리나라에서의 임상목회교육은 그 역사와 발전 속도로 보면 아직 걸음마 단계에 있다고 해도 과언이 아니다. 그렇지만 목회자들을 향한 임상목회교육의 필요성과 상담목회에 대한 요구는 점점 늘어나고 있다. 목회상담이 상담적 차원에서 문제에 대한 교육적, 예방적 접근과 함께 문제 해결 중심을 추구한다면, 임상목회는 목회적 차원에서 임상환경에서 위기에 직면한 사람들을 돌보는 사역을 지향한다. 왜냐하면 다양한 중독과 질병들로 인한 증상들, 급증하는 자살율, 증가하는 가족 붕괴와 해체 등으로 인해서 고통받는 사람들을 도울 수 있는 '임상적 도움망'Clinical Care Networking이 절실하게 요구되기 때문이다.

그런데 임상적 도움망으로 잘 활용될 수 있는 기관이 교회이며, 비교적 준비된 사람들이 신학생과 목회자들, 잘 훈련된 평신도 지도자들이라 할 수 있다. 문제는 목회자들이 신학교육 과정 가운데 임상교육을 통해서 효과적이면서 전문적으로 도울 수 있도록 준비되느냐에 달려있다. 또한 교회가 그 임상목회를 잘 감당할 수 있도록 어떻게 지원할 것인가가 중요하다.

이번 장에서는 한국임상목회 교육의 발전과정과 현황, 나아가 앞으로의 전망 등을 다루려고 한다. [이후로는 Clinical Pastoral Education는 임상목회교육^{목회임상교육으로 번역한 글들도 있지만}으로 번역하고, 약자로 CPE로 표시할 것이며, 한국임상목회교육협회는 KCPEA로, 미국 임상목회교육협회는 ACPE로 표기할 것이다].

I. 한국 임상목회교육의 발전

1. 임상목회교육의 정의

1953년 미국 "목회임상교육전국협의회"^{National Conference of Clinical Pastoral Education}에서는 CPE를 다음과 같이 정의하고 있다. "CPE란 신학도나 목사로 하여금 병원, 교도소, 또는 다른 임상기관과 같은 적절한 쎈터에서 교차전문적인 지도자와 협력해서 자격을 갖춘 원목감독의 개인적인 감독 아래서 이론과 실천의 통합적인 프로그램으로 인간관계를 통해서 패스토랄 캐어^{pastoral care}를 학습하는 기회이다"^{이기춘, 「한국적 목회신학의 탐구」, 71}. 그런데 원목감독체제에 비중을 두고 인간관계훈련에 치중했기 때문에 협소한 정의가 되었고, 1968년도 CPE의 의미를 보완하여 포괄적으로 규정하고 있는데, 그 내용을 요약하면 다음과 같다.

> CPE는 학생이 사람들과 책임있는 관계를 맺는 상황속에서 훈련받은 목사의 지도감독 아래서 목회의 기술을 배우는 신학교육의 방법이다. … CPE는 학습자로 하여금 하나님과 인간과 더욱 원숙한 관계속으로 들어갈 수 있는 분위기를 제공해 준다. …CPE는 이 경험을 목사에 의해서 감

독하도록 한다. … CPE는 기능적인 미니스티를 지원하는 다원적인 훈련 센터unltidisplinary center에서 실시한다.이기춘, 『한국적 목회신학의 탐구』, 71-73

이러한 정의에 의하면 임상목회교육의 핵심은 지도감독자원목, 학습자신학도, 학습내용목회적 돌봄, 그리고 학습방법이론과 실천으로 통합적인 프로그램으로서의 인간관계 등으로 볼 수 있다. 이러한 규정에 따라 후에 임상목회교육 내용이 전개된다.

2. 한국 임상목회교육의 역사

미국에서는 일반적으로 1920년대에 임상목회교육이 시작된 것으로 본다. 심상권은 "1920년부터 1924년 사이에 자신이 정신병원에 입원했었던 안톤 보이슨Anton T. Boisen 목사가 기존의 목회 심방이 별로 도움이 되지 못했던 것에 착안해서 임상목회 교육을 시작한 것이 현대 목회상담학의 모태적 바탕이 형성되었다"심상권, "현대 목회상담학의 오늘과 내일," 372고 말한다. 당시 보이슨은 인간의 정신적인 병은 내면 깊은 곳에 자리한 갈등을 해결해야 한다고 생각했고, 1924년 워체스터 주립병원에서 채플린으로 일하면서, 1925년 4명의 신학생이 보이슨이 주관하는 임상목회훈련 프로그램에 등록함으로써 오늘날의 임상목회 교육CPE이 시작된 것으로 본다.박노권, "임상교육에 대한 분석" 미국 임상목회교육 협회에 홈페이지에는 1925년부터 학교 교실 뿐 아니라 임상적 돌봄이 필요한 사역 현장에서 신학교육의 한 형태로서 임상목회교육이 시작된 것으로 본다.미국 임상목회 교육 홈페이지, http://www.acpe.edu 그렇게 보면 미국 임상목회교육은 100년의 역사를 가지고 발전해 왔다고 볼 수 있다. 처음에는 병원을 중심으로 주로 임상목회교육이 실시되었지만 이제는 다양한 영역으로 확대되어 가고 있다. 즉 대학이나 아동 또는 퇴역군인을 돌보는 건강 연관 기관이나 병원, 호스피스 기관, 정신과 기관 또는 커뮤니티 돌봄 기관, 직장, 노인 또는 재활 센터, 그리고 회중과 교회 교구 등을 포함한다. 1967년도에 네 개의 미국 CPE 단체가 합쳐져서 오늘의 ACPE 에 이르고 있다.

　　반면에 우리나라에서는 1960년대 후반 세브란스병원을 중심으로 시작된 것으로 보기도 하고,심상권, "현대 목회상담의 오늘과 내일." 373 또는 1970년대에 소개된 것으로 본다.임상목회교육협회 홈페이지, http://kcpe.or.kr/kcpe/ 한국목회상담협회 홈페이지에는 1971년 최초의 목회임상교육Clinical pastoral Education을 실시했다고 기록하고 있다. 1982년에 각 신학대학교의 목회상담학 교수들을 중심으로 한국목회상담협회가 창립되어 부분적으로 임상목회교육을 다루기 시작했고, 2001년도 3월에 신학교육과 목회, 교회를 새롭게 하는 임상목회에 관한 실질적인 정보공유와 연합실천운동을 위해서 한국임상목회교육협회 KCPEA가 분립하여 창립되었다.

II. 한국 임상목회교육(Clinical pastoral education)의 현황

　　미국 임상목회교육협회ACPE는 2,600여 회원 중에 CPE 교육기관으로 승인된 약 350개 기관과 공인받은 약 600여 명의 CPE 슈퍼바이저supervisor로 구성되어 있다. 여기에는 신학적인 탁월성을 추구하는 113개 신학교육기관과 ACPE와 협력관계partners인 23개 단체가 참여하고 있다. 또한 500여 명의 임상 멤버clinical members 등이 있다. 1967년 협회로 다시 구성된 이래로 150,000 units의 CPE가 약 65,000여 명에게 미국 국내외에서 진행되었고, 매년 약 7,000 units의 CPE가 다양한 문화와 소수 민족 중에 실시되고 있다.http://www.acpe.edu/

　　우리나라에서는 2001년도에 한국임상목회교육협회가 활동을 시작하였으나 그후 체계적으로 진행되지 않고 있고, 홈페이지도 업데이트 되지 않는 등 실제 활동은 미약한 것으로 보인다.http://www.kcpea.org/ 가톨릭, 성공회, 개신교 그 외에 여러 병원 원목 등 110여명이 창립시에 참여하였으나 회원들의 계속적인 교육이나 연합활동이 지속적으로 되어지지 않고 있다. 당시 KCPEA는 사업계획으로 병원을 중심으로 각 지역사회와 연계하고, CPE교육을 위한 감독자 양성을 추진하며 전문성을 향상하기 위하여 회원자격을 감독회원, 전문회원, 임상회원, 일반회원으로 구분하여 자격증을 수여하는 것 등을 추구하였다. 또한 각 기관의 CPE 교육을 활성화하며, 각 기관이 개별적으로 시행하고 있는 CPE 교육에 방향과 대안, 체계적인 교육과정을 통합하여 기초임상목회교육 기준Basic CPE Standard을 설정하고, 한국적인 상황과 정서에 맞는 CPE 교육을 지향하고자 하였다. 한국 임상목회교육협회는 창립과 함께 자체 연수를 통하여 의욕적으로 시작했으나 활발하게 활동하고 있지는 못하다.

현재 CPE 과목을 대학원 목회상담과정에 개설하는 학교로는 장신대, 연세대, 이화여대, 감신대, 서울신대 등 상담전공 과정이 있는 대부분 신학대학들이다. 또한 최초로 CPE를 시작한 것으로 알려진 세브란스 병원현재 세브란스 CPE의 1 Unit은 총 400시간의 수업 및 실습으로 구성되며 매년 2 Units 과정을 개설하고 있다과 감신대 부설 목회상담센터영성심리치료센터, 대한예수교장로회 통합총회 선교부 등에서 여러 병원들과 연계하여 CPE 교육과 훈련을 시행하고 있다. 특별 예장통합총회 국내선교부는 제90회기 부터 임상목회교육CPE에 관심을 가지고 선교의 전문화와 특성화를 위하여 힘쓰고 있고, 2008년도에는 고려대 안암병원, 신촌 세브란스병원, 대구 동산의료원, 충남대 병원 등에서 임상목회교육을 실시할 예정이다.

임상목회교육과 연관된 이론과 실천 서적이 몇권 출판되었다. 이기춘전 감신대 교수은 『목회임상교육의 원리와 실제』1999를 출판하였고, 김기복전 연세대 교목은 임상목회 교육과 임상목회, 그리고 대화록 및 평가서 작성 등을 체계적으로 정리하여 『임상목회교육의 이론과 실제』2003를 출간하였다. 또한 오성춘전 장신대 교수 등은 『임상목회 가이드 북』2006을 편집하여 임상목회교육에 관한 기초 이론과 실제를 종합적으로 다루었다.

CPE 과정이 첫선을 보인지 50여 년이 지났고 관심이 늘어가고 있지만 상담 경험과 훈련을 쌓으면서 상담 수퍼비전을 받을 만한 병원, 기관이나 임상목회상담 전문가가 부족하기 때문에 아직 CPE 과정이나 훈련이 제대로 정착되지 못하고 있는 실정이다.

III. 한국 임상목회교육의 전망

1. 목회(상담)의 현장의 변화와 전망

필자는 장신대에서 전임 교수를 하면서 사회적 측면과 교회적 측면에서 목회 현장의 변화를 예측한 적이 있다.홍인종, "목회상담의 동향과 전망" 우선 사회적 측면에서 상담분야의 변화를 5가지로 요약하였다: 1. 사회가 복잡 다양해져 가면서 상담에 대한 요구가 점점 늘어날 것이다; 2. 따라서 전문 상담자에 대한 인식이 확장될 것이다; 3. 동성애에 대한 거부감이 점점 약화될 것이다전략은 인권 강조; 4. 통일 시대를 대비할 때 남북간의 가족/문화적인 이질감 극복이 상담의 새로운 과제일 것이다; 5. 국제결혼 및 다문화 가정이 증가하면서 이에 대한 관심이 고조될 것이다.

또한 교회적 측면에서 목회 상담의 전망을 다음 4가지로 정리하였다: 1. 다양한 문제에 대한 접근으로 상담 사역 또는 가정 사역에 대한 관심이 고조될 것이며 신학교 내에 상담대학원이 개설될 것이다; 2. 당분간 교회내에 상담 사역자나 상담소를 세우는 경향이 늘어날 것이다; 3. 세분화된 상담 목회 또는 가정 목회가 강조될 것이다. 따라서 장애인 상담, 여성상담, 동성애자 상담 또는 에이즈 상담, 목회자 가정 상담, 아동 상동, 청소년 상담 등으로 나누어질 것이다; 4. 상담만능을 주장하는 상담에 대한 맹신주의자들과 상담무용을 주장하는 극단적 보수주의자들의 논쟁이 심화될 것이다. 즉 "예수 그리스도 외에 다른 무엇이 필요하겠는가?"고 반문하는 '극단적 환원주의'와 "하나님께서 주신 이성만 가지고도 충분히 문제를 해결할 수 있지 않은가?"로 응수하는 '극단적 이성주의' 사이에 논쟁이 일어날 것이다.

시간이 지나고 보니, 이러한 필자의 생각이 어느 정도 현재 상황과 일치하는 것도 있지만 간과한 것이 있다. 하나는 사회로부터 교회^{기독교}에 대한 엄청난 비판과 공격이고, 다른 하나는 신학교와 교회내에서 목회상담이나 임상목회에 대한 보다 전문적이고 체계적인 상담훈련이나 임상교육에 대한 요구와 필요성이다.

기독교에 대한 사회의 비판과 기독교의 책임이라는 측면에서 보면 임상목회교육은 더욱 중요하게 된다. 소외된 자, 고통받는 자, 그리고 위기에 처해 있는 사람들을 목회적 차원에서 돌보는 방법과 돌보는 사역은 아무리 강조해도 지나치지 않을 뿐 아니라 그러한 돌봄의 사역이 바로 기독교가 사회적 책임의 일익을 담당해야하는 소중한 영역이기 때문이다.

2. 목회상담과 임상목회교육

임상목회교육이 1960년대부터 세브란스 병원을 중심으로 해서 진행되어 온 것이 사실이지만 아직도 상담 경험을 쌓고 적절한 임상 감독을 제공하거나 받을 수 있는 기관이나 병원은 별로 많지 않은 실정이다. 그렇기에 얼마 전까지만 해도 목회 상담을 전공했으나 실제로 임상 경험을 쌓을 수 있는 기회가 없어서 이론적 공부만 하고 졸업을 했던 목회자들이 있다. 이제는 한국목회상담협회의 자격증 제도에서도 심도있게 임상이 강조되고 있고, 2001년도에는 한국임상목회협회가 발족되었다. 하지만 임상목회 교육의 전망이 그렇게 밝지만은 않다. 왜냐하면 목회자들이 목회 현장에서 전통적 목회에만 전념할 수 밖에 없는 현실에서 임상목회를 전문화하고 특성화하기가 쉽지 않기 때문이다. 물론 모든 목회자가 전문적인 상담이나 임상목회교육과 훈련을 받아야 할 필요는 없다. 이기춘은 목회자가 전문적 임상 교육을 받고 전문적 상담만 하는 것은 목회가 결여되어 있기 때문에 목회상담의 효과를 별로 기대할 수 없다고 본다.

> 목회상담은 어디까지나 교역의 한 형태다. 궁극적 문제를 함께 논의하는 대화의 목회다. 이 대화에서 궁극적 의미를 드러내 주는 매체는 복음이다. 서양에서는 목회 상담가들이 가족상담이나 심리치료의 자격증을 획득한 후, 목회나 교회의 울타리를 벗어나 상담소를 개설하고 전적으로 유료상담을 하는 경우가 있다. 그러나 목회 상담은 목회라는 차원 곧 말씀을 선포하고 성찬과 세례를 베풀며 회중의 삶 속에 참여하는 차원 없이는 그 의미가 절감될 수 밖에 없다.이기춘, 『한국적 목회신학의 탐구』, 90

이 말은 보편적 목회 상담자의 역할을 하는 목회자들에게 적용되는 것으로 볼 수 있다. 일반 목회자들은 신학교육 과정에서 임상목회의 기본적 교육과 훈련을 받아야 한다. 이 교육과 훈련을 통해 교회 사역에서 좀 더 교육적, 예방적 접근으로 잠재적 내담자를 찾아내고, 특별히 병과 죽음의 두려움 가운데 있는 성도들을 효과적으로 돌볼 수 있게 준비되어야 한다. 나아가 전문적인 임상목회를 중요한 사역으로 알고 준비하는 목회자들은 돌봄의 적절성과 효율성을 높이기 위해 적절한 기간 동안의 실제적 임상 훈련과 경험을 쌓는 것은 필수적이라고 본다.

3. 임상목회교육의 방향성

현재 신학교의 목회자 양성 과정인 M.Div학위 과정은 과거 수백 명씩 등록하던 때와 달리 신학지망생들이 급격히 감소하고 있다. 과거에는 많은 학생들로 인해 대규모 이론 중심의 교실 수업을 진행했으나, 이러한 교육만으로는 목회자로서 필요한 인간적 성장과 목회적 전문성을 갖추기에 부족한 것이 사실이다. 이제는 신학생이 줄어드는 것이 어쩌면 신학교에 이론과 실천을 균형있게 교육할 수 있는 시기이며 기회이기도 하다. 신학교는 목회자 양성 과정 만이라도 임상목회교육을 교육과정속에 포함하여 목회후보생들이 실제적이고 균형있는 목회준비를 할 수 있도록 하여야 한다. 임상목회 교육의 방향성을 살펴보면 아래와 같다.

1) 신학과 임상목회교육

실천신학의 한분야인 목회를 위해서 신학적 이해가 있어야 하고, 그 중 임상 목회를 위해서 목회상담에 대한 이해와 임상목회 교육과 훈련이 있어야 한다. 따라서 임상목회에 대한 목회신학과 실천적 차원에서 목회상담학의 지혜로운 균형이 필요하다. 존 찰스 윈John Charles Wynn은 다음과 같이 말한다:

치료(상담)를 함에 있어서 우리는 목회자인 동시에 신학자이다. 우리는 신학을 하면서 치료사로 활동할 기회를 가진다. 우리는 치료를 할 때 신학자로서 우리가 하는 일에 확신을 가진다. 우리가 상담가로서 우리의 일을 완수하려다가 신학적으로 길을 잃게 되었다면 우리는 표지판을 무시하고 잘못된 길로 간 것이다. 마치 내담자의 치료가 전적으로 우리에게 달린 것처럼 그들을 구원하는 일로 우리가 분투할 때가 바로 그러한 때이다. 다시 한번 우리의 직분이 무엇인가 생각하고 우리가 이 길을 선택한 것이 아니라 선택을 받았다는 사실을 기억해야 할 때가 되었다. 즉 사람들의 삶의 의미를 찾는 것은 우리들의 책임이 아니며 하나님이 우리를 그 가운데 세우셨고 천국과 세상에 있는 그의 전 가족에게 화해의 사랑을 주셨다는 것이다._{Wynn, 『가족치료와 목회사역』, 261–62}

그의 이러한 지적은 신학과 임상목회를 포함하는 목회상담에서 신학적 전제와 우선 순위를 잃어버리지 말라는 것이다. 목회자는 전문적 상담가나 치료자이기 전에 맡겨주신 목회의 직분을 위임받은 목회자이어야 하며, 따라서 건강한 신학의 인도를 받아야 한다는 것이다. 목회적 차원에서의 임상목회는 그러므로 영성적 차원을 간과하지 말아야 한다. 안석모는 "영성과 목회상담"이란 글에서 심리와 상담의 범위를 포함하는 좀 더 포괄적 개념으로서의 영성을 강조하면서 임상목회^{목회 상담}에서의 영성 추구에 대해서 설명한다:

현대 목회 상담이 관심하는 영성은 단순히 "심리"의 문제가 아니다. 그 심리상의 심층의미에 관한 문제만도 아니다. 여기서 말하는 영성은 인생이 무엇이고 그것을 어떻게 살아야만 하느냐는 행위와 규범의 문제까지도 포함하는 것이다. 따라서 여기서의 영성은 실제적 변화^{전통적 언어로는 회개와 중생}를 포함하는 그 무엇이다. 상담이 죄, 회개, 중생 같은 기독교의 근본 교리까지를 포함하게 될 때, 그것이 가질 수 있는 비상담적 요소나 위험성에 관한 논의는 별도의 지면을 요구한다. 다만 분명한 것은, 상담은 상담적 구조와 과정을 거쳐 위와 같은 요소들이 내담자의 삶 속에 그대로 녹아 실제로 혈화血化 내지는 육화肉化되도록 하는 고도의 기술이요, 기도祈禱라고 지적하는 것으로 만족하기를 바란다. … 현대적 영성이 해석학적 사건이라고 정의될 때, 그렇다면 목회상담에서 영성의 추구는 무엇을 목표로 하느냐는 점이다. 문제 중심, 문제해결 중심의 상담이 진단과 처치에 그 관심을 두었다면 영성, 즉 해석학적 사건에 관심을 두는 상담은 "해석학적 변화"hermeneutical transformation에 그 중점을 둔다.안석모, "영성과 목회상담," 242-43

이러한 접근은 목회상담은 영성, 즉 신학적 이해를 통해 해석과 설명을 제공하는 상담에 중점을 둔다고 강조한다. 목회상담이 인간의 다양한 문제들에 대한 해결을 추구한다면, 임상목회는 특별히 병원 등 임상현장에서 위기에 처한 사람들을 목회적 차원에서 돌보는 것이기 임상적 돌봄에 더 관심을 갖는다. 그러나 임상목회나 목회상담이나 신학적 훈련을 반드시 전제로 하고 있다. 미국 임상목회교육의 선구자로 알려진 보이센은 인간은 살아있는 문서로서 그 자체로서 고유한 가치를 갖고 있으며 목회자의 신학적 언어가 인간의 구체적인 경험자료와 만나야함을 강조한다.Gerkin, 『살아있는 인간문서』, 45-47 그런 의미에서 거킨은 다음과 같이 주장한다:

목회상담자의 역할은 어려움을 당한 사람을 재건하도록 해석해주고 안내해 주는 것이다. 이렇게 되면 신학적이지는 않더라도 매우 심오한 종교적 특색을 띠게 된다. 의미를 구조화하는 작업의 중심에는 언제나 신앙과 궁극적인 목적의 물음이 있기 때문이다. 전통적인 종교의 기능은 삶을 궁극적으로, 의미있는 단일한 시각으로 통합하는 것이다. 목회상담의 기능 및 그 권위와 역할은 이와 같은 해석적 과제에 있어야 한다.Gerkin, 『살아있는 인간문이와 같은 주장은 목회자는 반드시 신학적 전문가는 아니더라도 살아있는 문서로서의 인간 경험을 신앙과 의미를 포괄하는 통합적 언어로 재해석할 수 있도록 준비되어져야 한다는 것을 뜻한다. 따라서 신학을 공부하는 목회자로서 목회상담이든 아니면 임상목회이든 특별한 목회 영역에서 활동하기 위해서는 신학적 훈련과 인간이해를 포함하는 임상목회교육을 함께 병행해 가는, 균형을 유지해야 할 것이다.

2) 의학과 임상목회교육

박상진은 "임상목회의 요청: 의학으로부터의 통찰"이라는 글에서 의료와 목회는 인간에 관심을 가지고 인간을 변화시키는 일을 담당하며 실천을 중요시하기 때문에 매우 유사한 특성을 가지고 있다고 말한다. 그렇기에 "목회자 양성과정으로서 신학교육은 의료인 양성 과정으로서 의학교육으로부터 많은 통찰을 얻을 수 있다"고 주장한다.

> 의학은 기본적으로 기초의학과 임상의학으로 분류되어진다. 기초의학은 임상의학의 기초가 될 뿐만 아니라 인체에 관한 연구를 하는 분야로서 동식물학과 같은 생명과학과 생명체에 미치는 물질의 영향에 관한 과학과 넓게 연계되어 독자적 영역을 이루고 있다. 임상의학은 앓는 사람을 직접 대상으로 하는 진단학이고 치료학이며 예방학이다. ⋯ 의학에 있어서 기초의학의 발달은 매우 중요한 비중을 차지하는데 기초의학의 발달이 임상의학의 발달의 원동력이 된다고 할 수 있다. 그러나 임상의학은 철저히 치료의 전문성과 효과성에 초점을 두는 방식으로 분류되고 있어서, 임상

의학의 각 분야의 발전은 바로 그 임상 실제의 효과를 증진시키는 영향을 미치게 된다.

　의학의 분류방식과 의학교육의 커리큘럼을 목회학^{신학}과 목회자 양성과 정인 신학교육의 커리큘럼에 적용해보면 목회학^{목회를 위한 학문으로서 신학}은 기초목회학^{기초신학}과 임상목회학^{임상신학}으로 분류될 수 있다. 기초목회학은 목회현상과 신앙에 대한 학문적인 설명에 관심을 갖고 있다면, 임상목회학은 목회현장에서의 실천에 관심을 갖고 있다. 기초목회학에는 성서신학, 조직신학, 역사신학, 그리고 인간과 사회와 문화를 이해하는 사회과학이 포함될 수 있겠고, 임상목회학은 목회 실제의 변화를 추구하는 분야로서 목회실천 현장의 주제와 대상별 탐구가 포함될 수 있을 것이다. 만약 이렇게 신학^{목회자 양성을 강조한다는 의미에서는 목회학}을 기초목회학과 임상목회학으로 나누어 생각한다면, 종전까지의 신학교육은 상당부분 기초목회학에 많은 비중을 두었다고 할 수 있고, 그러면서도 목회를 지향하는 기초학문이라기보다는 학문 자체를 추구하는 경향성이 있었음을 부인할 수 없다. 이제는 임상신학 또는 임상목회에 강조점을 두면서도 기초신학^{목회학}의 중요성을 전혀 손상시키지 않는 대안적 신학교육의 커리큘럼의 모색이 필요하다.^{박상진, 『신학교육의 혁신』, 제11장}

　이러한 그의 지적은 의학 분야에서 임상목회에 대한 많은 통찰력을 얻을 수 있음을 보여준다. 과거에는 기초 목회학에 많은 비중을 두었으나, 이제는 임상신학과 임상목회에 대한 중요성이 점점 증가하면서 신학교육의 커리큘럼에도 변화가 필요해졌다. 따라서 앞으로의 임상목회교육은 신학교육의 핵심 과정으로서 강조될 뿐만 아니라 병원이나 학교, 교회에서 임상 교육이나 훈련이 좀 더 체계적으로 전문적인 교육고 훈련이 이루어져야 할 것이다.

3) 임상목회교육과 커리큘럼

미국 CPE 과정은 '개인적인 지도감독', '상담축어록의 기록', '동료와의 인간관계', '사례연구', '인간관계' 등의 방법으로 4단계 교육을 전개한다._{이기춘, 「한국적 목회신학의 탐구」, 73-75} 기초과정인 I 단계의 교육목표는 다음과 같다: 1) 인간적·목양적 정체성 추구, 2) 목회적 돌봄의 차원 이해, 3) 목회적 기능 습득, 4) 타 전문 훈련과의 관계 이해, 5) 경험의 신학적 사고 능력 함양, 6) 대인관계 기술 개발, 7) 성장·학습·관계·대화에 대한 태도와 가치 형성, 8) 삶에 대한 전개 능력, 9) 자신과 타인이 인식하는 범주 안에서 경험과 지식을 통합하는 능력 배양이다. II 단계는 I 단계의 교육목표를 심화하며, III 단계는 센터의 책임과 교회·기관에서의 행정적 관계 발전을 추가한다. IV 단계는 감독자 후보생을 위한 과정으로, 감독에 필요한 전문적 훈련을 교육목표로 한다.

필자가 한국목회상담협회 임상위원장²⁰⁰⁰⁻²⁰⁰¹을 맡았을 때, 임상목회의 훈련 시행지침^{서식서 등}과 기본적 방향설정에 대해 고민했던 적이 있었다. 그 후 한국 목회상담협회에서는 임상차원에서 네 가지를 고려하고 있다:

첫째는 상담에 있어서 목회적 차원과 기독교 신앙의 독특성을 인정하여, 상담 기관뿐 아니라 병원, 학교, 교회 심방 등을 임상 시간과 연결할 수 있도록 추진하고 있습니다. 둘째는 임상적 경험을 쌓을 수 있는 상담 기관과 임상 감독을 할 수 있는 분들을 심사하여 임상 실습을 받을 수 있는 기회를 더욱 많이 제공하는데 노력하고 있습니다. 셋째는 임상의 효율성에 비추어 교육 분석, 임상 인턴, 임상 실습 등을 체계적으로 경험할 수 있도록 추진하고 있습니다. 넷째는 이러한 임상 실습과 임상 감독의 과정을 통해서 훈련된 상담자로 준비되도록 돕는 것에 초점을 맞추고 있습니

다. http://www.kcpea.org/

이러한 방향성을 고려할 때, 신학교와 협회, 교회와 교단이 해야 할 일들이 분명해진다. 신학교에서는 임상목회 과목을 신대원M.Div. 과정과 목회상담전공Th.M. 과정에 적어도 선택과목으로 배정하여 신학생들과 목회자들이 관심을 가지고 배울 수 있도록 해야 한다장신대는 신대원 과정에 격년으로 과목을 개설하고 있다. 또한 신학교 임상목회 연관 학문 교수들과 실제 임상목회를 하고 있는 원목들과 함께 임상목회를 체계적으로 경험할 수 있도록 해야 한다교육분석이나 임상인턴십 제도 등. 교실에서의 이론적인 배움뿐 아니라 실제적 돌봄을 배울 수 있도록 병원, 학교, 교회나 특수 기관들과의 연계작업도 필요하다. 아울러 현재 진행 중인 민간교도소 설립과 때를 맞추어 교도소나 늘어나는 노인 인구에 따른 양로원 등의 임상목회교육도 준비해야 할 것이다.

특별히 이러한 일을 위해서는 교단적 차원에서 소속 기관들학교, 병원의 교목, 원목, 기관목회자들과 함께 실제적 임상목회를 경험할 수 있도록 하되, 교단인증자격증 제도가 아닌 임상목회시간 인증 제도를 도입하는 것도 고려해 볼 수 있다. 현재 임상목회협회가 비활동적이기 때문에 필요한 도움을 받기는 쉽지 않지만, 현재 활발히 활동하고 있는 세브란스 병원, 목회상담센터감리교 등을 모델링하는 것도 한 가지 방법이 될 수 있다.

그러나 임상목회교육의 핵심은 훈련된, 전문적인 수퍼바이저supervisor를 키우고 발굴해내는 것이다. 현재 교단적으로 오랜 기간 임상목회병원에 헌신해온 분들과 교단신학교 내에 임상목회 지도와 감독을 할 수 있는 전문가들의 명단을 만들고, 함께 네트워킹networking을 정례화하여 임상목회의 틀을 체계화시켜가는 것이 병행되어야 할 것이다.

현재 상담분야와 연계해서 한국적인 상황과 정서에 맞는 기본적인 임상목회교육 기준Basic CPE Standard을 만드는 것도 과제이다. 현재 목회상담협회에서는 임상목회훈련 1 Unit으로 집단수퍼비전 50시간을 인정하고, 1unit은 200시간 이상 기준으로 한다. 세브란스 임상목회교육과정의 1 Unit은 총 400시간의 수업 및 실습으로 구성된다.

CPE 프로그램은 목회적 돌봄의 자세와 상담 원리와 기술들을 심도 있게 훈련할 수 있도록 기본적인 상담이론의 교육 및 실제적 임상훈련, 목회적 돌봄 및 상담을 위한 신학적 반추 능력과 훈련, 위기에 처한 사람들에 대한 돌봄 및 임상 경험, 임상목회자로서의 정체성 형성, 그리고 소그룹 경험과 지도감독을 통한 자기 분석 및 성장 등을 포함해야 한다. 이것을 위해서 임상목회 커리큘럼에는 이론 뿐 아니라 환자방문, 대화록 작성 및 반성, 감독자와의 면담 등이 필수적 요소이다.

김기복은 『임상목회교육의 이론과 실제』에서 간단한 임상목회교육에 대한 설명 후에 목회적 차원에서 전인 치유, 신앙과 치유를, 상담적 측면에서 대화의 기술 등을 다룬 후, 대화록 작성 및 평가에 관한 내용을 소개한다. 예장통합총회 국내선교부에서 발행한 『임상목회교육 가이드북』에서는 임상목회교육의 기초, 이론, 실제로 나누어서 소개하고 있다. 그 내용 중에는 환자의 심리이해와 호스피스의 이해, 애도 반응 등을 포함하고 있고, 임상목회교육의 실제에서 돌봄의 행위 규범, 과제작성지침, 성서속에 임상목회, 기도, 그리고 의학용어와 임상목회와 연관된 참고문헌 등을 제시하고 있다.

위에서 살펴본 것을 요약하면 다음과 같다. 첫째, 임상목회교육은 신학, 심리학, 의학 등 다양한 학문과 교류하는 동시에, 목회적 차원에서의 신학적 반추 능력과 기도, 성경, 성례 등 신앙영성적 자원을 활용할 수 있도록 훈련하는 과정을 포함해야 한다. 둘째, 임상목회교육은 임상 도움망을 형성하는 것이 중요하기 때문에 교단, 신학교, 교회, 병원, 교도소 등 연관된 기관들이 임상 실습과 지도를 할 수 있도록 정보를 공유하고 긴밀한 관계를 유지할 수 있도록 해야 한다. 셋째, 보다 실제적인 임상목회교육을 위해 교단적으로 인증제도를 도입하여 목회자들에게 인센티브incentive를 주어야 한다. 또한 전문가 자격을 추구하는 목회자들을 위하여 목회상담협회나 임상목회협회의 임상훈련 시간을 충족시킬 수 있도록 훈련시간과 병원기관, 감독자들을 확보해야 한다. 넷째, 임상목회교육이 특수목회가 아닌 일반목회의 중요한 영역임을 인식할 수 있도록 하면서도 전문성을 확보하기 위해서 임상목회 감독자들을 교단적으로 발굴하고 양성하는 것이 필요하다. 전문가는 단기간에 양성될 수 없기 때문에 보다 장기적인 계획과 지원이 따라야 할 것이다. 다섯째, 임상목회사례 발표 등을 정례화하여 신학생들과 목회자들이 실제 임상 훈련 교육에 대한 관심과 필요를 갖도록 해야한다.

나가는 말

이기춘은 목회를 부성적 목회와 모성적 목회로 나누면서 말씀의 선포와 행정적 관리는 일종의 부성적, 예언자적 목회인 반면에 상담목회는 일종의 모성적, 제사장적 목회라고 본다. 그는 인간의 궁극적 관심사들을 대화하는 상담목회의 필요성을 강조하면서 다음과 같이 말한다:

그러나 서구식 산업구조와 사회기능으로 변모되어 가는 오늘의 다원화된 현실 속에서 인간의 고뇌와 갈등, 죄책감과 좌절감, 상실감과 각종 스트레스로부터 오는 상처를 치유하는 목회적 과제는 점점 그 중요성이 여러 방면에서 점증되고 있다. 이러한 문제들에 대처하기 위해서 서구에서 개발되고 실험된 상담의 이론들과 기법, 그리고 이를 목회적 차원에서 정립

한 목회 상담의 원리와 실천방법이 한국적 풍토와 문화적 유산, 한국인의 의식구조나 가치와 어울리게 상황화 작업을 시도할 때 상담 목회는 견고한 뿌리를 내리게 될 것이다. 이기춘. "한국 교회와 상담목회의 실천방향." 95

목회적 차원에서의 상담원리와 기법의 훈련, 한국적 문화와 의식구조에 대한 고려, 그리고 임상목회교육을 통한 임상훈련 등이 체계적으로 되어질 때 목회자들의 임상목회와 상담목회는 자리잡게 될 것이다.

목회자가 위기에 처한 사람들을 효과적으로 돌볼 수 있으려면 적절한 임상목회교육과 훈련을 받아야 한다. 그렇기에 좋은 임상목회자는 하루 아침에 되어지지 않는다. 단순히 또는 단기간에 학교에서 학위 과정이나 교육과정을 수료했다고 되어지는 것도 아니다. 목회자들이 상담 이론이나 기법들을 신학적으로 평가하여 활용할 수 있는 통찰력을 배양해야 한다. 동시에 임상목회에 대한 계속적인 임상 교육과 훈련을 통해 실제적인 경험을 쌓아야 한다. 따라서 목회자, 교단, 신학교, 병원, 그리고 임상목회와 연관된 협회 등이 서로 노력하여 목회적으로 필요한 임상교육과 임상 실제들을 체계적으로 제공해 주어야 하며, 또한 이러한 과정을 통해 한국적 모델과 이론적 개발을 할 수 있도록 협조체계를 갖추어야 한다.

성경은 "형제들아 사람이 만일 무슨 범죄한 일이 드러나거든 신령한 너희는 온유한 심령으로 그러한 자를 바로잡고 너 자신을 살펴보아 너도 시험을 받을까 두려워하라. 너희가 짐을 서로 지라 그리하여 그리스도의 법을 성취하라" 갈 6:1-2 고 말씀한다. 도움을 청하는, 위기에 처한 사람들의 짐을 함께 져 주는 것은 예수 그리스도의 사랑의 법을 실천하는 것이다. 목회자들은 돌봄이 필요한 이들을 하나님께서 주신 말씀과 기도, 상담 이론과 임상목회교육을 지혜롭게 사용할 수 있도록 하나님의 도우심을 구해야 할 것이다.

12장

채플린 (군목/형목/경목) 제도와 목회

들어가는 말

개신교인인 이승만의 집권으로 기독교에 호의적인 채플린 제도가 대한민국건국 초기부터 시작되었다. 약간씩 차이는 있으나 형목제도는 1945년 12월에, 군목제도는 1950년 9월에 설립되었는데 정식공무원자격까지 부여하는 등 혜택으로 비추어졌고, 경목제도는 1966년 창립되어 1969년 내무부 내규로 정착되었다. 이번 장에서는 채플린 제도[군목/형목^{교목}/경목]를 간단하게 살펴보고, 군대, 교도소, 경찰서^{유치장}에서 선교에 종사하는 채플린들의 실태와 현황, 그리고 사역지에서의 채플린의 필요성과 추후 사역의 방향성에 대해서 살펴보고자 한다.

I. 채플린 (군목/형목/경목) 제도의 간단한 역사와 현황

자료에 따르면 이승만 정부는 형목제도, 군목제도, 경목제도를 도입했으며, 중앙방송을 통한 전도, 일요일의 공휴일화, 주일 선거의 반대 수용

등 기독교에 대한 특혜를 부여하는 제도를 시행했다. 이에 기독교회는 이승만 정권을 적극적으로 후원했다는 일설이 있다. 한편, 타종교의 견제와 도전도 있었다. 이후 천주교인인 장면 정권은 형목제도를 폐지했고, 박정희 정권은 군목제도를 타종교에도 개방했다. 이처럼 기독교 채플린 제도는 정권 교체와 최고 통치자의 종교적 배경에 따라 부침을 거듭해 왔다.

1. 군목제도

최초의 군종목사는 해군의 정달빈 목사로, 1948년에 그가 군종 업무를 처음 시작했다.^{한국군목회, 『대한민국 군종목사 67년사』} 공식적인 군목제도는 1950년 9월에 이승만 대통령의 특명으로 제정되었으며, 이때 무보수 촉탁의 군목을 모집하기 시작했다. 성결교 양석봉 목사 등 50여 명의 목사들이 대구에서 3개월 간의 훈련을 받은 후 각 사단에 배치되었다. 초기에는 군번도 없는 무보수 촉탁으로서 여러 어려움을 겪었으나, 약 2년 후 문관으로 승격되어 정식 보급과 봉급을 받게 되었다. 2007년 기준으로 전체 군종장교 255명 가운데 예장통합 군목은 64명, 민간 전담 교역자 약 330여명 중 공식 군선교교역자는 95명이다.^{『기독공보』 2597호, 2007년 2월 17일} 2015년도에 여성 군종 목사 2명이 탄생하였으나, 2023년 예장통합총회 통계자료에는 교단 군종목사 수가 67명으로 집계되었다.^{총회, "교세현황"} 한 때는 군종목사 지원자 경쟁률이 5:1을 넘기도 했지만 최근²⁰²⁵ 기독교 방송^{CBS}에는 군목에 지원하라는 광고가 나올 정도로 세상이 변하였다.

2. 형목제도/교정 선교 — 세진회

국내 교도소선교는 일제강점기 때 투옥된 기독교인 독립운동가들이

다른 수감자들을 전도하면서 시작된 것으로 보인다. 이후 1945년 11월에 열린 조선기독교남부대회에서 '형목'을 파견하기로 결정했고, 당시 기독교에 호의적이었던 제1공화국 관계자들이 이것을 적극 허용하면서, 1945년에 형목제도가 공식도입됐다. 이에 장로교 목사 13명과 감리교 목사 8명이 전국 교도소에 형목, 곧 교무과장으로 임명됐으며, 서울형무소 초대 교무과장은 유상봉 목사였다. 형목제도의 창설에 따라 당시 법무부 내에도 형정과가 설치됐고, 초대 형정과장으로 1948년에 김창덕 목사가 취임했다. 그러나 1961년 5·16 군사 쿠테타 이후 형목제도가 폐지되었고, 1983년부터 현재까지는 기독교 지도자들이 불교, 천주교와 함께 종교위원의 일부로 위촉받아 활동하고 있다. 2005년 교정 종교위원의 총원은 1881명[개신교 933명, 불교 608명, 천주교 313명, 원불교 27명]이고, 2020년 보고서에는 종교위원의 종교별 구성에서 기독교가 874명, 불교가 614명, 천주교가 341명, 원불교가 35명으로 나타난다. [윤종우, "상주종교위원제도의 도입고찰"]

3. 경목제도

경찰 선교 역사는 감리교의 조선일 목사로부터 시작되었다. 그는 1960년부터 부평 경찰전문학교에서 목회활동을 하며 경찰서 내의 유치장을 방문하여 전도하였다. 기록에 따르면 1965년 5월, 감리교에서 2명과 성결교에서 1명의 목사가 서울시경에 파송되어 선교활동을 시작하였다. 1966년에는 서울시경과 경북, 충남의 경찰국에 경목제도가 정식으로 도입되었으며, 1968년에는 서울시경에 '경목실'이 설치되었다. 1969년에는 서울 중부경찰서 관내에 경찰교회가 설립되었다. 1960년부터 경목제도가 실시되었으니, 현재 경목제도는 도입된지 60여 년이 되었다.

1966년에 김득황 장로가 내무부 차관 재임시 경목제도가 창설되었다. 1966년 5월 21일 서울시장의 명의로 서울시경 경목 18명이 위촉되었다[김창인, 조향록, 조동혁, 최중애, 김영모, 박창현, 정인상, 김형표, 조승군, 한재호, 노기원, 곽실영, 윤성렬, 한기모, 이재은, 이문복, 황대준, 주병하]. 1969년 6월 20일 내무부 치안본부는 경찰위촉 목사 운영 규정을 전국적으로 하달하여 정식 경목 위촉을 실시하게 되었다. 1972년 3월 21일 '치안본부 경무 130-144호'와 1974년 1월 14일 '교경협의회 조직 활용 공문'이 시달되어, 전국 각 경찰서 단위 협의회와 18개 교단 대표로 구성된 교경중앙협의회가 조직되어 활동하였다. 1968년 1월 4일에는 서울특별시 경찰국 경목실이 개설되었고, 1981년 1월 7일에는 치안본부 경목실이 개설되는 등 전국 시도 단위 경목실이 개설되었으며, 경목들이 상주하면서 경찰선교가 활발하게 진행되었다. 우리나라에만 있는 특별한 경목제도는 2019년 기준으로 약 5,200여 명의 경목이 지역별로 활동하는 것으로 알려져 있다.『Good News』, 2019.12.05.

II. 채플린 제도와 군/경찰/교도소 선교의 특성화와 필요성

1. 군선교

군선교는 한 때 매년 200,000만 명이 군대에서 세례를 받는 것으로 알려져 있다. 1999년 21만 명이 넘었던 진중세례 수는 2003년을 고비로 계속 주는 추세이며 2006년도는 2005년도에 비해 7,542명이나 줄은 15만 4,808명이었다. 입대자수가 37만여 명에서 34만여 명으로 약 10%정도 줄어들어 진중세례자수가 적어질 수 밖에 없는 현실이지만 그러나 이전에 비하면 세례자 수는 거의 25%가 줄어들었다. 또한 군종병과 폐지와 군무원제도로의 전환 등에 관한 연구와 김영삼 정권 때 2025년까지 군종장교의 파송 비율을 종교별 2:1:1^{기독교:천주교:불교}로 조정하겠다는 기본 방침의 진행으로 기독교의 군선교가 점점 위축되는 추세이다. 한국기독교군선교연합회에 의하면 2023년에 군장병 3만9천명이 세례를 받았다.^{「기독일보」, 2024.03.07.}

2. 교정 선교/ 교정 시설에 교목矯牧

2024년 현재 교정시설은 민영포함 교도소 포함 41개소, 구치소 12개 기관, 지소 3개 기관 등 모두 포함해서 전국적으로 56개이고, 재소자는 약 6만여 명에 이른다.^{법무부, "전국교정기관 안내"} 하지만 이들에게 복음을 전하는 초교파적 교정선교 전문기관들은 많지 않은 실정이다. 기독교세진회, 한국기독교 교정복지선교회, 오네시모선교회, 한국기독교청소년 선교회, 담안 선교회 등의 선교단체들이 재소자들의 교화를 위해 교정기관 순회예배, 성경공부와 제자훈련, 정신교육, 영성훈련, 신앙상담 등의 사역을 펼치고 있다. 주요 사역을 요약하면 다음과 같다.

1. 복음 전파. 성경 만권 보내기 운동. 신앙 서적, 편지 보내기
2. 재소자 가족 돕기: 의식주
3. 교도관의 자질 향상 및 교육: 전국 교정 시설에 교도관
4. 교도소 사역자 자질 향상 및 교육, 정보 공유 — 현재 340여개 단체가 교정시설에서 사역
5. 보호 관찰제도의 확대 실시: 청소년 교정 등. 제도의 활용화 연구
6. 교정 전문 교육기관이 없음
7. 재소자들을 중심으로 검정고시반을 운영하며 영어와 수학 등의 학습 지도

8. 출소자들을 위한 사역

9. 국내 최초의 기독교 민영교도소, 소망 교도소^{2008년 경기도 여주군 북내면 외룡리 개소}

통계에 따르면 6만 명의 재소자 중, 65%인 3만 5천 명이 재범자들이며, 재범자의 27%는 4범 이상의 누범자이다. 반면에 "출소 후 선교회나 교회 등을 통해 최소한의 도움이라도 제공받은 사람들의 재범률은 5% 이하"로 알려져 있다. 따라서 교정선교야 말로 사회에 선한 영향력을 미치게 하는 긍정적 사역이며, 재소자 자신과 그 가족 뿐 아니라 지역사회와 사회복지를 이루는 요소이기도 하다.

김일수는 "기독교적 교정은 죄에 대한 응보나 억압, 감시가 아니라 죄에 대한 내면적 속죄를 통한 죄책감으로부터의 해방과 자유의 획득이고 현대적인 교육형이념과 재사회화 프로그램과 그 이념적인 궤를 같이 하는 것"이라고 정의한다. 앞으로 민영 교도소가 개소되면 교정 선교에 대한 더 많은 관심과 지원이 필요하리라 보여진다.

3. 경찰 선교

경찰들은 업무상 주일에도 교회에 갈 수 없는 환경이다. 따라서 경찰 선교에 대한 전략이 필요하다. 예수교대한성결교의 경찰선교 역사는 1967년 부터이고, 대한예수교장로회^{합동}는 20년 전부터 경찰선교를 체계화시켜 경목부를 교단선교부 산하에 두고 있다. 또한 매년 전국의 경목들이 모여 사역을 위한 세미나를 진행하며, 전경세례식도 진행한다. 통합 교단의 경찰선교는 수도권 지역에서는 활발히 진행되고 있지만 좀 더 체계적인 전략을 세울 필요가 있다. 현재 경찰선교의 영역은 다음과 같다: 첫째, 전경 신자화 운동. 둘째, 경찰학교 훈련생 선교. 셋째, 경찰선교후원회^{2002년 9월 창단}

를 통한 1) 경목 파송 2) 체계적 성경공부 및 제자훈련 3) 신우회 조직.

III. 채플린 제도의 활성화를 위한 제안

모든 선교의 기본은 복음 전파와 구원사역이다. 그러나 그것을 위해서 다양한 각 선교 영역에 맡는 접근과 대안이 필요하다

1. 군선교

군선교는 선교의 효과성에 비추어 볼 때 여전히 황금어장이라 볼 수 있다. 군목의 비중이 매우 크지만 동시에 민간 목회자, 지역교회와의 연계, 군 목회자의 상담역량 강화 등이 준비되어야 한다. 그 방향성과 고려해야 할 점은 다음과 같다. 첫째, 민간 목회자의 필요성^{군제대후 군목 또는 군무관 등이 지원 가능}. 둘째, 전문 상담자의 필요성^{군대내 적응 문제, 자살자 등}. 셋째, 군사회복지사/기본권 전문상담관과 군상담사. 넷째 군종의 후속 교육과 훈련.

2. 교정선교

범죄는 예방이 가장 중요하지만 초범자들이라 할지라도 교정 교육 등을 통해서 재범율을 저하시킬 수 있다는 면에서 필요한 사역이다. 따라서 형목 또는 교정위원 등의 훈련과 양성을 통해서 교정선교가 활성화 되어야 하고, 효과적 교정 선교가 되기 위해서는 지역별 유관기관이나 교회의 연합 사역이 요구된다. 그 방향성과 고려해야할 점은 다음과 같다. 첫째, 재범율의 저하. 둘째, 교정 전문가 교육 및 교도관등의 후원 및 교육^{임상}

교정심리사, 교정상담심리사. 셋째, 보호관찰대상자청소년 등 지지 및 돌봄. 넷째, 향후 발전 방향으로서 민간교도소에서의 영성 훈련 등 다양한 교정교육과 재활교육.

3. 경찰선교

경찰 선교는 현존하는 경목제도를 활용해야 한다. 또한 경찰학교에서 경찰양성 교육 과정에 있는 훈련생들을 위한 선교전략도 필요하고, 경찰내에 유치소나 보호관찰제도하에 있는 사람들을 선교하는 것도 범죄율 저하에 도움이 될 것이다. 그 방향성과 고려해야할 점은 다음과 같다. 첫째, 범죄율의 저하. 둘째, 가정폭력, 청소년 등 보호관찰제도 활용. 셋째, 위기 상담과 지역 연계망 확충.

4. 교육과 훈련

이러한 특수영역 선교를 위해서는 전문성과 특수성 vs. 일반성과 용이성이라는 두 측면이 고려되어야 한다. 여기에 종사하는 사람들은 선교영역에 대한 특수성을 이해하고 그에 필요한 전문적 사역 이해와 훈련이 있어야 한다. 동시에 그들은 쉽게 접근하고 도움을 청할 수 있는 용이성과 도움이 필요한 사람들에 대한 목회적 열정을 갖고 있어야 한다. 따라서 이러한 사역들이 효과적이기 위해서는 신학교와 교단차원에서 다음과 같은 것들을 준비해야한다. 첫째, 신학교에서의 훈련임상목회. 둘째, 총회, 노회 차원에서의 교육과 훈련 또는 지역 배당 및 전략적 접근. 셋째, 교육과 훈련은 다른 기관목회상담협회, 건강가정지원센터, 가폭, 성폭 등과 공조. 넷째, 사역 방향은 기존 단체와 연계예) 아버지학교→교도소, 공무원, 어머니학교→여자재소자. 다섯째, 정부 정책과 연계군대. 결혼이민자, 아이돌봄이, 조손가정 … 연계된 군대/경찰/재소자. **여섯째, 개교회, 지역교회에서의 돌봄 사역 훈련**재소자 가족, 군인 가족, 경찰 가족, 교도자 가족.

나가는 말

필요가 있는 곳에 사역이 있다. 마찬가지로 필요가 있기에 정책과 제도가 따라온다. 군대와 경찰서와 교도소는 연관된 사람들이 늘 긴장감 속에 도움을 필요로 한다. 또한 그들의 가족 역시 많은 지지와 돌봄이 필요하다. 그렇기에 다양한 정책이 시도되고, 정부에서도 다양한 제도 등을 세우고 있다. 교회가 제공할 수 있는 것은 물질적인 것도 있겠지만 특별히 심리적 안정과 지지와 돌봄이 핵심적인 것이다. 따라서 이제는 특수 사역에 준비된 사역자와 목회자를 교육하고 키워가야한다. 이것을 위해서 신학교는 신학교육에 반영하고, 교단총회에서는 좀 더 적극적으로 대안을 제시하고 프로그램을 개발해야할 것이다. 특수 사역에 준비된 사역자와 전문적인 헌신된 사역자가 많을수록 선교의 효과성이 더욱 높아질 것이다.

13장

여성과 목회상담

들어가는 말

노무현 정부에서는 야당의 여성 대표, 여성 국무 총리, 일정 비율의 여성 공천 및 비례대표후보 추천, 그리고 새 정권의 여성 인수위원장 등 정치계 여성 파워에 엄청난 변화가 일어났다. 또한 미국여자골프[LPGA]에서는 한국 여성들이 우승을 비롯해 탑 텐[top ten]에 4-5명씩 입상을 하는 등 한국 여성 돌풍은 계속 되고 있다. 기업 및 금융 분야에서는 여성 CEO와 은행장들이 늘어나고 있고, 사관학교 입학생 및 졸업생들 가운데도 여성 장교들이 두각을 나타내고 있다. 교육 분야에서는 1970년 29.1%였던 초등학교 여교사 비율이 77%[2022]을 넘었을 뿐 아니라 중학교와 고등학교에도 여성 교사의 비율이 계속 늘어나고 있다. 문화계에서도 여성의 영향력이 점점 확대되고 있다. 이처럼 한국 여성들은 다양한 분야에서 점점 그 지경을 넓혀가고 있는데 비해서 유독 교회에서는 여성들의 변화가 더딘 듯하다. 역사적으로 보면 교회가 세상을 계몽하고 선도하던 역할을 했었는데, 언제부턴가 그 역할을 잃어가면서 이제는 세상의 변화에 가장 둔감하게 반응하는, 때로는 시대에 뒤떨어진 집단으로 매도되기 까지 한다. 그렇다면 교회

교인의 60-70%를 차지하는 여성들은 어떤 생각을 갖고 있을까? 그리고 교회에서 여성들이 진정으로 원하는 것은 무엇일까?

I. 교회내에서의 여성

교회에서 여성들이 하는 일 가운데 제일 먼저 생각나는 일은 청소봉사와 식당봉사가 주류였다. 그러나 코로나19 위기 전부터 주일 식당 봉사자가 없어서 점심 식사를 못하는 교회들이 늘어났다. 여성의 역할이 바뀌고 있고, 특별히 젊은 세대에게는 집에서도 하지 않는 음식을 교회까지 와서 해야하는가 의문을 품을 수 밖에 없다. 이렇듯 교회여성들의 고착된 역할과 육체적으로 오랜 시간을 요구하는 봉사활동이나 능동적 참여가 아닌 수동적 참석 위주의 교회 활동을 주로 해왔다는데 어려움이 있다. 이것은 여성 교역자가 늘어나는 현실에서도 비슷한 현상이다. 교역자의 역할과 사역 영역이 다양함에도 여성 사역자의 주된 사역은 교육부에서 영아부 또는 유아부 사역 등에 한정되어 있다. 또한 장년 목회일 경우에도 주로 기도회 인도나 심방만을 담당하고 있는 실정이다. 물론 이러한 사역이 다른 사역에 비해서 열등하다는 것은 결코 아니다. 그러나 여교역자들의 한쪽으로 편중된 사역은 교회적으로 볼 때 별로 건강하다고 볼 수는 없을 것이다. 그렇다면 이러한 현실에 대해서 여성 교인들은 어떻게 생각하고 있을까?

1. 여성 교인들의 불만은 늘어가고 있는가?

교육받은 여성일수록 교회에서 전통적으로 행해지는 교회 활동에 대해 불만족 정도가 높아진다고 볼 수 있다. 비록 장로나 목사로서 임직을 받는 여성이 늘어나고 있따고는 하지만 능력을 가진 여성들이 교회의 중요한 일에 종사하지 못하고 평이한 교회 활동에는 무관심한 여성 성도들이 늘어가고 있따. 교육받은 여성일수록 전통적 역할을 기피하고 좀더 자신의 능력을 교환할 수 있는 활동에 참여하기를 원하지만 그러한 기회를 교회에서 제공해 주지 못하는데 불만을 갖게 된다.

이것은 여성의 교육 기회가 계속 늘어나는 추세에서 교회가 변화하지 않는다면 여성들의 불만이 늘어날 것임을 시사한다. 그 결과는 여성 교인들의 교회 출석의 감소와 궁극적으로는 전도와 교회성장에도 부정적 영향을 미치게 될 것이다.

2. 교회에서의 여성 갈등

교회에서 변화를 경험하고 새로운 삶을 시작하는 사람이 많이 있다. 그러나 일단 교회의 제도속에 들어온 후 신앙생활을 하면서 불평 불만을 갖게 되는 경우가 종종 있다. 그것은 세상은 변화하고 있는데 교회는 경직되어 있고, 여기서 파생된 갈등은 다시 교회 공동체에 영향을 미친다. 이러한 갈등은 여성 대 여성 갈등과 남성 대 여성 갈등으로 나누어 볼 수 있다.

1) 여성대 여성의 갈등

"여성의 적은 여성이다"라는 말이 있다. 아마도 여성해방론자들이 그 운동을 진행해 가면서 정작 넘어야 할 대상은 편견속에 잡힌 여성들이라는 의미일지 모른다. 교회에서의 불만은 때론 여성과 여성간의 갈등을 양산한다. 여성들이 오랫동안 그들의 의식 세계를 지배해 온 여성에 대한 편견이나 고정관념으로 인해 여성 스스로를 비하하게 되고 여성갈등을 부추기기도 한다. 이러한 까닭에 김양희는 다음과 같이 말한다.

이러한 상황에서 여성은 스스로를 비하하게 되기 때문에 여성들이 오히려 여성지도자를 배척하고 존경하지 않는 기현상奇現象이 일어날 수 밖에 없게 되는 것이다. 여성 지도자로 모시는 일에 반대의 입장을 가지게 될 것이며, 이미 여성을 지도자로 가지고 있는 집단에서는 그 지도자에게 협조하지 않음으로써 집단 운영에 어려움을 가져다 줄 것이다. 물론 이것은 더 강조할 필요도 없이 사회에서의 여성의 낮은 지위와 직접적으로 관련되어 있다고 할 수 있다.김양희, "여성 리더십의 특질"

교회 공동체에서 여성간의 갈등은 세대간의 문화적 단층화에 따른 것이 더 많다고 볼 수 있다. 즉 각 세대마다 그들만이 공유하는 문화와 가치가 분리되어 세대간의 대화나 교류가 어렵고 결국 문화적 단절과 괴리가 세대간에 갈등을 심화시킨다는 것이다. 교회에서 여성대 여성의 갈등은 여전히 남성 중심과 비슷한 구조로서의 변화를 추구하는 세대와 근본적 변화를 원하는 세대간의 문화적 단층화에 뿌리를 두고 있다.

2) 남성중심교회에서의 여성 대 남성 갈등

여성이 경험하는 교회내 갈등은 남성 중심 가부장적 교회에서 남성과의 갈등이다. 교회 여성들은 교회에서 섬기고 돌보는 역할을 주로 하였지만, 반면에 역사적으로는 피해자로서 여성으로 여성 차별과 심지어는 학대까지도 신학적으로 정당화했던 때가 있었다. 이러한 가부장적 교회 제도와 차별 및 지배 관계는 때로는 남성 목회자의 여성도 성추행이나 가정에서의 학대나 폭력 등을 조장하는 것지지하지는 않았더라도에 교묘히 사용되기도 하였다. 성차별적 신학이나 교회제도 하에서 피해자로서의 여성은 남성 중심의 교회 문화나 제도에서 상처받고 고통을 받아온 것이 사실이다. 그러므로 여성들의 불만과 갈등은 교회내에 차별적인 구조에서 받는 고통이나 활동의 제약 등과 연관이 있다.

II. 교회내의 여성 갈등 이해와 해결을 위한 변화

1. 교회 체계와 갈등에 대한 대처방식

위에서 언급한 교회내에서 여성들의 불만과 갈등을 이해하는데 가족체계이론으로부터 도움을 받을 수 있다. 교회를 체계 이론적 관점에서 본다면 교회 구성원 모두 여성과 남성, 그리고 각 세대를 포함하는, 상호관련된 부분으로 구성된 전체이다. 그럼에도 불구하고 여성과 남성, 세대와 세대가 혼합되어 각각의 특성이 없어지는 것이 아니라 구성원간에 구분되는 경계와 교회 안과 교회 밖을 구분하는 경계를 가지고 있는 체계이다. 또한 교회는 환경에서 체계로 들어오는 자극이나 정보 투입과 체계에서 환경으로 나가는 산출에 대해 끊임없이 반응하면서 그 자체가 작동할 수 있도록 규칙에 의해 지배되는 체계이다. 문제는 버지니아 새티어^{Virginia Satir}가 "역기능적인 가족은 역기능적인 규칙을 따른다"^{Satir, Conjoint Family Therapy}고 했듯이, 교회의 규칙 역시 — 그것이 신학적이거나 성경적이거나 전통적이거나 무엇에 근거했다고 주장하든지 — 역기능적이 되면 구성원들에게 고통을 야기하고 성장과 성숙을 둔화시키는 역기능적 규칙을 따르는 집단이 된다는 것이다.

여성의 불평과 교회내 세대간, 그리고 남성과 여성간에 갈등이 커져

간다는 것은 교회내에 기능이 제대로 작동하지 못하다는 증거이다. 또한 역기능적인 규칙, 예를 들면 '여성은 교회에서 잠잠해야 한다'는 것이 성경적인 확신이든, 아니면 남성우월적인 문화의 산물이든 그로 인해 고통받는 사람들이 늘어간다면 그것은 교회가 역기능적임을 보여주는 것이다.

그렇다면 갈등 문제의 해결을 위한 교회 체계의 변화는 어떻게 일어날 수 있을까? 체계이론에서는 인과론적이고 기계론적 모델이 아닌 4가지 순환 역할을 제시한다Baswick & Blaswick. 첫째는 단순 순환simple feedback으로 외부로부터의 변화에 대해 체계가 순환하여 반응하는 것이다. 즉 세상에서의 여성의 역할이나 위치가 교회체계 내에 영향을 미치고 그것에 대해 교회가 어떻게 반응하느냐가 순환한다는 것이다. 둘째는 인공적 통제 또는 자동제어cybernetic control로 교회 체계가 규칙을 유지하는데 사용하는 행동으로 체계의 균형을 위해 교회내에 반응 중에 조정기제를 강조한다. 즉 교회에서 개개인의 구성원에게 기대하는 행동이 어떠한 것인지를 규정하는 규칙이 있는데 그것을 넘어서면 [인내 한계tolerance limits] 교회 체계내의 반작용counteraction이 나온다. 이전에는 여성들이 숙명적으로 받아드리던 것이 그것이 한계에 이르게 되면 반작용으로 새로운 규칙을 요구하게 된다. 셋째는 체계가 상황에 대처할 수 있는 새로운 반응 양식을 창조하거나 발생시키는 수 있는 적응성을 형태 발생morphogenesis이라 한다. 교회 체계가 균형으로 유지할 수 없다면 갈등이나 불만을 해소할 수 있는 새로운 적응, 즉 규칙의 변화를 만들어야 한다. 넷째는 새로운 반응이 불가능하거나 기존에 가지고 있던 어떤 양식으로도 아무런 효과가 없다고 판단될 때는 재적응reorientation이 일어나는데 그것은 교회의 전체 목표를 바꾸는 것이다. 따라서 갈등 해결이 단순히 새로운 반응 모색이 아니라 억압적인 구조나 남성우월적인 사고체계의 큰 틀에 변화를 요구한다. 교회 내에 여성의 불만과 상처, 갈등이 있다면, 이는 여성 자체의 문제가 아니라 교회 체계의 역기능이 가장 취약한 구성원에게 나타난 증상일 뿐이다.

2. 여성이 원하는 교회의 변화는 "우리"가 원하는 변화

여성의 불만은 곧 인간의 불만이며 교회 내에 갈등이 있다면 그것은 여성의 갈등이 아니라 인간 전체의 갈등이며 아픔이다. 예수님께서 "무엇이든지 남에게 대접을 받고자 하는 대로 너희도 남을 대접하라"[마 7:12]고 말씀하신 황금율을 교회에 적용한다면, 교회 안팎에서 여성을 포함한 모든 인간이 진정으로 원하는 것은 존중받는 것이라고 할 수 있다. 물론 이 말은 여성과 남성이 근본적으로 같다는 의미가 아니라 하나님의 창조원리인 "하나님의 형상을 닮은" 남성과 여성은 그 존중됨이 같다는 것이다. 이 말은 캐롤 타브리스가 "세상을 대립물로 이루어진 것으로 보고 싶어하는 유혹에 저항해야 한다"는 말과 맥을 같이한다. 즉 이것이냐 저것이냐의 이분법적 대립 질문[이성적인가 감정적인가, 옳은가 그른가, 본성인가 양육인가, 마음인가 환경인가, 남성적인가 여성적인가?]에서 어느 한 쪽을 그들로 간주하지 않는 우리의 관계, 우리의 일, 우리의 아이들 우리의 지구, 우리의 교회를 건강하게 하려면 "우리는 우리에 대하여 무엇을 해야하는가?"라는 질문으로 대치되어야 한다.[Tavris, 『여성과 남성이 다르지도 똑같지도 않은 이유』, 371-72] 그렇다면 교회에서 여성이 원하는 변화, 인간으로서의 존중은 체계이론에서는 위에서 언급한 네 가지 단계에서 변화를 요구한다.

1) 단순 순환 단계: 갈등의 연속

여성들에게 여성적이기만을 요구하는 것은 여성들을 무기력하게 만들 위험성이 있다. 왜냐하면 남성들이 정의하는 방식으로 여성들은 일을 해야하기 때문이다. 따라서 지금까지 교회에서 전통적으로 받아드려오던 방식으로 다시 순환feedback을 한다면 거기에는 남녀의 차별, 남녀의 우월과 열등 대립, 그리고 계속해서 여성의 실망감은 커져만 갈 것이다. 왜냐하면 여성의 입장에서는 어떻게 해도 이길 수 없는 상황no-win situation이 될 것이기 때문이다. 예를 들어 여성의 도덕발달과 연관해서 캐롤 길리건은 설명한다: "그러나 다른 사람들의 필요에 대한 감수성이나 보살핌 등 전통적으로 여성적 '덕성'으로 규정되었던 바로 그 특성들 때문에 여성들이 도덕 발달에서 열등한 것으로 여겨진다는 이 사실에 바로 역설이 있는 것이다."Gilligan, 『심리 이론과 여성의 발달』, 39 이것은 보살핌 또는 감수성과 같은 여성적 특성으로 여겨지는 역할만을 하도록 요구할 때 오히려 그것은 여성의 열등함을 증명하는데 사용될 수 있다는 것이다. 따라서 전통을 앞세워 단순히 '지금까지 해왔으니 계속 그렇게 하자' 라고 하는 것은 긍정적 순환으로 결국 여성의 존중성을 계속 병들게 할 것이며 남성의 파멸로 이끌 것이다. 여성들의 불만과 갈등은 우리인간의 관계가 교회내에서 조차 이렇게 계속 되어져서는 안된다는 몸부림으로 보아야 한다.

2) 자동 제어 단계: 현상 유지에서 새로운 변화로

교회내에서 여성들의 갈등과 불만은 여성적이라고 요구받는 수동적 삶에서 벗어나길 원한다. 변화를 향한 외침이 같은 여성에 의해 제어될 때 좌절을 느낀다. 여성의 요구는 남성들의 어리석음을 여성들이 반복하자는 것여성중심의 교회체계이 아니다. 남녀의 구별은 있으나 차별이 되어서는 안된다는 것이다. 성경은 "유대 사람이나 그리스 사람이나, 종이나 자유인이나, 남자나 여자나 차별이 없습니다. 그것은 여러분이 그리스도 예수 안에서 다 하나이기 때문입니다"갈 3:28, 표준새번역라고 말한다. 가부장적이고 남성우월적인 교회 체계와 규칙, 제도로부터 새로운 균형으로 성장해 가기 위해 불균형의 과정이 현재 여성들이 불만이요 갈등이다. 그러므로 여성에게 필요한 것은 변화의 가능성과 소망을 발견하는 것이다.

3) 새로운 반응 창조 단계: 제도에서 공동체로

이광순은 여자 교인의 수적 성장과 비율의 증대가 두 가지 측면에서 남성 중심의 교회에 체제에 압력을 가하게 되었다고 주장한다:

하나는 다수를 차지하고 있는 여자 교인들을 효율적으로 양육하고 관리할 필요가 생겼으며, 다른 하나는 여자 교인들이 교회에서 봉사할 수 있는 장을 마련해 줄 필요가 생겼다. 이 두가지 필요를 충족시키면서도 남성 중심의 교회 체제에 손상을 주지 않는 방법은 여자들이 교회 활동에는 참여하면서도 교회 운영에는 관여하지 못하도록 하는 구조를 만드는 것이었다. 그것이 바로 교회의 직급을 성별로 분리해서 두 개의 직급제도로 조직하는 것이었다. 말하자면 남성 중심의 교회 체제에서 기존하고 있는 직급은 집사와 장로인데, 이것과는 별도로 여자 교인들을 위해 권찰, 서리집사, 권사로 서열화된 직급제도를 만드는 것이었다. 세계 어느 교회에서도 전례가 없는 서리 집사제를 일찍이 한국 교회에 정착시킨 것은 이러한 직급제도의 성별 분리의 시초라고 할 수 있다.이광순, "교회 여성의 지위와 역할," 135-36

유교적 가부장적 사회에서 기형적으로 타협한 교회제도와 여성차별의 형태에서 이제는 여성과 남성이 함께 하나님 앞에서 존엄성을 확인할 수 있도록 교회 활동의 참여와 제도의 변화가 요구된다. 이것은 여성의 해방일 뿐 아니라 남성과 여성이 함께 하나님의 형상을 찾아가는 건강한 공동체의 회복을 요구하는 것이다.

4) 재적응 단계: "우리" 관점에서 하나님의 관점으로

결코 여성적인 것이 열등한 것은 아니다. 오히려 최근의 관점은 여성성의 강조이다. 실제로 포스트 모던의 특징 중 하나는 여성성이다. 우리^{남성과 여성}는 소위 남성성으로 위장한 지능, 합리, 과학, 경제성장 등을 추구하다가 또 다른 인간의 한면을 잃어버렸다. 카리스마있는 지도력만을 추구하다 한계에 봉착하자 '감성의 리더십'에 대한 관심이 고조되었다. 이끄는 지도자, 군림하는 지도자를 강조하다 잃어버렸던 섬기는 지도력^{servant leadership}에 관심을 갖게 되었다. 폴 투르니에^{Tournier, 「여성, 그대의 사명은」, 170}는 고대 이래로 남성이 여자를 지배하고 객관성^{사물의 과학 기술} 및 힘과 같은 남성적인 원리가 강조되던 역사에서 인격 감각^{여성적인 원리}에 관심을 돌려 "하나님의 형상"으로서 제자리를 찾아가도록 하는 것이 여성의 사명이라고 언급한다. 즉 하나님의 형상으로 인간^{남성과 여성}이 회복되기 위해서는 남성들은 잃어버린 여성적 원리들을 회복해야 하고 여성들은 남성들의 잘못된 전철을 밟지 말아야 한다는 것이다. 문제는 사회에서, 교회에서 그리고 가정에서 여성의 불만과 갈등의 불균형에서 새로운 균형을 찾아가는 것은 쉽지 않다는 것이다.

나가는 말

교회 내에서 여성이 묵종^{默從}을 한다면 교회 체계는 현재의 틀을 계속 유지할 것이다. 그러나 교회내 여성의 불평과 갈등이 새로운 변화와 적응을 요구하고 있다. 그것은 엄청난 제도의 변화나 혁명적 전환을 요구하는 것이 아니다. 여성과 남성이 하나님의 형상을 찾아 하나님 앞에서의 인간의 존귀함을 함께 누리자는 것이다.

　　교회 체계에 불만이 있는 사람들은 교회 틀을 깨고 나가 또 다른 새로운 체계를 만들거나 다른 체계로 귀속한다. 그 이유는 교회체계 내에서 희망을 발견할 수 없기 때문이다. 그러나 예수님께서 "나는 이 반석 위에다가 내 교회를 세우겠다. 죽음의 세력이 그것을 이기지 못할 것이다"^마 16:18, 표준새번역라고 말씀하셨다. 교회는 예수님의 성품을 닮은 예수님의 교회요 그 교회는 반드시 세워질 것이다. 따라서 인간의 오염과 죄가 주님의 교회를 방해하지 않도록, 고통받는 여성이나 소외되는 사람이 없도록 끊임없이 정화하고 교정하고 개혁하는 작업이 계속되어져야 한다. 그것은 우리만의 관점이나 세상에서 요구하는 평등과 공평의 원칙만이 아니라 하나님의 관점에서 요구하시는 "우리 안에 하나님의 형상 회복"과 "하나됨"의 공동체를 이루어가기 위한 것이다.

14 장
성경과 다문화 목회

들어가는 말

국내 운동 경기에서 다양한 외국 선수들이 축구, 농구, 배구, 야구를 하며 활약하고 있다. 전철에서도 쉽게 외국인들을 마주치며, TV 프로그램에서는 외국인들이 유창한 한국어로 대화하는 모습이 놀라움을 자아낸다. 게다가 한류의 확산으로 한국 문화가 지구촌과 활발히 교류하는 새로운 현상이 나타나고 있다.

이러한 변화를 반영하는 황석영의 소설 『바리데기』가 베스트셀러가 된 바 있다. 이 소설은 북한을 탈출해 중국을 거쳐 영국 런던에 정착한 탈북 소녀 '바리'의 여정과, 그 과정에서 만나고 헤어지는 다양한 인종들의 이야기를 다룬다. 작가는 현시대의 특징이 "안주와 정착"이 아닌 "이주와 이동"에 있다고 강조한다. 이는 과거 서구 사회나 북미 등 선진국의 전유물이었던 다인종, 다문화 현상이 이제는 우리나라를 포함한 전 세계적 흐름이 되었음을 보여준다.

이처럼 최근 몇 년간 단일민족과 혈통을 강조하던 시대에서 "다문화"가 주요 이슈로 부상했다. 많은 사람들이 해외로 이민을 떠나는 한편,

국내에는 결혼이민자와 다문화 가정, 외국인 근로자들이 증가하고 있다. 하지만 한국이 이러한 변화의 중심에 있음에도, 우리는 여전히 다른 문화와 인종을 대하는 데 어색함과 어려움을 겪고 있다.

　이번 장에서는 다문화 가정의 변화 추세와 성경의 다문화 관점을 살펴보고, 다문화 사회에서 그리스도인들이 어떻게 살아가야 할지 고찰하고자 한다.

I. 다문화 사회로의 변화

　어렸을 적에 우리는 단일민족이라 배웠고, 피부색이 다른 사람을 소위 '혼혈', '튀기'라고 불렀던 적이 있다. 이러한 '우리' 의식은 단결심과 민족의식을 고취시키면서 나라가 위기에 처할 때 단합된 힘으로 슬기롭게 극복하는 원동력이 되었다. 반면에 '우리'를 강조하다 보면 '다른' 것에 대한 '배타성'이 강화되어 더불어 살아가는데 큰 장애가 되기도 한다.

　부모와 자녀로 구성된 핵가족 체계가 일반적이었으나 이제는 다양한 형태의 가족이 등장하였다. 이혼 및 재혼 가족, 혼합 가족, 한 부모 가족, 싱글 맘, 무자녀 부부, 조손 가족, 기러기 가족 등 다양한 형태의 가족 구조와 더불어 다문화 부부 및 가족 등이 늘어나는 추세인데, 사회에서는 여전히 전통적인 핵가족 구조로만 가족을 이해하다 보니 차별과 갈등이 종종 발생한다.

　다문화 사회의 특성 중에 하나는 다문화 가정이다. 초기에는 결혼이민자라 하여 한국 남성과 외국 여성^{주로 동남아}의 결혼을 지칭하였으나 이제는 다문화 가정이라하여 외국인과 한국인이 결혼을 통해 이룬 가정을 다문화 가정이라 부르고 있다. 다문화가족 지원법에 의하면 다문화 가정이란 한국인과 결혼이민자 및 귀화 인지에 의한 한국 국적 취득자로 이루어진 가족의 구성원을 의미한다.

1. 다문화 가정

통계적으로 보면 국제결혼 가정의 비율은 1990년 1.2%에서 2005년 13.6%까지 증가했다가, 2007년에는 11.1%^{통계청}로 감소했다. 다문화 결혼은 전체 혼인 중 차지하는 비율이 코로나19 시기인 2021년에 7.2%로 최저를 기록했으나, 2023년에는 10.6%[20,431건]를 기록했다. 국내에 거주하는 이방인 가정이 증가하는 한편, 해외의 한국인 디아스포라도 증가하고 있다. 외교부 2021년 통계에 따르면 전 세계 193개국에 732만 5,143명의 재외동포가 거주하고 있으며, 약 5,000여 개의 해외 한인교회가 있다^{코로나 팬데믹 기간인 2020년 1월부터 2023년 2월까지 약 1,000여 개 교회가 감소한 것으로 추산됨}.

디아스포라로 살아가는 한국계 2-3세와 국내 한국인들의 결합까지 포함하면 이 수치는 더욱 증가할 것이다. 유럽과 북미의 입양인들, 미국·일본·남미의 한인 이민 2-3세, 중국의 조선족, 재일교포, 탈북자^{새터민} 등 다양한 한국계 주민들도 다문화 가정에 포함되기 때문이다. 여기에 많은 외국인 근로자들과 그 가족들의 유입으로 한국은 이제 복합문화 사회가 되었다. 이에 유엔 인종차별철폐위원회^{CERD, 2007}는 한국 사회의 다민족적 성격을 인정하고, '단일민족국가'라는 이미지를 극복해야 한다고 지적했다.

정부는 다문화 가정의 중요성을 인식하여 2007년부터 다문화가족지원센터^{구 결혼이민자가족지원센터}를 설립하고 다양한 프로그램과 서비스를 제공하고 있다. 반면 교회는 외국인 근로자 선교회나 이주여성 인권센터 등이 있음에도 아직 다문화에 대한 준비가 부족한 실정이다. 현재 다문화 가정 지원 단체들은 주로 한국어 교육을 통한 언어적 장벽 해소에 중점을 두고 있으며, 예절·음식·전통 등 다양한 한국 문화 체험 기회도 제공하고 있다.

2. 다문화 가정의 어두운 면

다문화 가정이 증가하는 가운데 부부 적응과 자녀 양육의 어려움으로 이혼율도 함께 상승하고 있다. 우리나라 전체 이혼율은 2003년을 기점으로 감소 추세를 보이고 있으나, 다문화 부부의 이혼율은 증가하여 2007년에는 전체 이혼의 7.1%를 차지했다. 다문화 가정의 이혼 건수는 2012년 13,701건을 기록한 후 점차 감소하여 코로나19 시기인 2020년에는 8,685건으로 줄었다. 그러나 다문화 가정의 높은 이혼율, 짧은 동거 기간, 결혼 연령 차이한국인 남성과 동남아 여성, 한국 영주권을 취득을 위한 위장 결혼, 재혼 형태의 국제결혼 등은 여전히 중요한 사회적 문제로 남아있다. 한편 다문화 가정의 출생아 비율은 지속적으로 증가하여 현재 전체 출생아 100명 중 6명16,421명을 차지한다. 이는 국내 전체 출생률 감소로 인한 상대적 수치 상승이기도 하지만, 동시에 우리 사회에서 다문화 가정의 역할이 더욱 중요해지고 있음을 보여준다.

II. 성경 속에 다문화 사람들

1. 하나님께서 사용하신 다중 문화 인물들

성경 속에 최초의 이민자는 아브라함의 아버지 데라로 볼 수 있다창 11:31. 그는 오늘날의 이란 지역인 '갈대아 우르'에서 지금의 터키 지역인 '하란'으로 이주했고, 하나님께서는 아브라함에게 "… 너는 너의 고향과 친척과 아버지의 집을 떠나 내가 네게 보여 줄 땅으로 가라"^{창 12:1}고 말씀하신다. 아브라함은 아내 사라와 조카 롯과 함께 하란을 떠나 가나안으로 이주했다. 그곳에서 태어난 약속의 아들 이삭은 이민 3세대에 해당한다.

후에 아브라함은 자기 집 모든 소유를 맡은 늙은 종에게 "가나안 족속의 딸 중에서 내 아들을 위하여 아내를 택하지 말고 내 고향 내 족속에게로 가서 내 아들 이삭을 위하여 아내를 택하라"^{창 24:3-4}고 부탁한다. 현대로 보면 이민 2세인 이삭이 본국에서 배우자 리브가를 결혼 초청한 셈이다. 그들 사이에서 태어난 에서와 야곱은 형제 갈등으로 인해 야곱이 역이민을 하여 외삼촌 라반의 집으로 가서 결혼한다. 야곱의 아들 요셉은 해외 노동자처럼 팔려가 애굽에 정착하게 된다. 이후 요셉을 통해 아버지 야곱과 형제들의 애굽 가족 초청 이민이 이루어진다^{창 37-50장}. 그들의 자손들은 400여 년간 애굽에서 이민 생활을 하며 정착하지만, 2등 민족으로 전락하여 고역과 차별 속에 신음하며 살아가게 된다^{출 1장}. 이는 이민과 다문화의 관점에서 성경을 해석한 타당한 설명이다.

히브리인 모세는 민족차별 정책 속에서 애굽 왕궁의 공주에게 입양되어 이중 문화와 언어를 습득했고, 이는 후일 히브리 민족의 대탈출을 이끄는 토대가 되었다. 이스라엘 민족은 가나안 정착과 사사시대를 거쳐 왕정 시대를 열었으나, 북 이스라엘과 남 유다로 분열되었다. 이후 바벨론 포로기와 유배를 겪으며 다양한 문화 교류가 일어났다. 10대에 바벨론으로 잡혀간 다니엘과 그의 친구들은 우상숭배적 문화와 음식을 거부하고 신앙을 지키면서도 주류 사회의 고위 관직에 오른 성공적인 1.5세 이민자였다. 또한 다양한 직종의 포로들 중에서 에스라, 느헤미야와 같이 여러 문화와 언어를 접한 하나님의 사람들이 성벽 재건과 회개 운동을 이끌었음을 성경은 기록하고 있다.

중간기를 지나 예수님 시대에는 로마의 혼혈 정책으로 인한 사마리아인들에 대한 차별이 심했다. 예수님도 태어나자마자 헤롯의 박해를 피해 애굽에서 어린 시절을 보냈으며, 신약 성경에 아람어와 헬라어가 등장하는 것으로 보아 당시는 다중 언어를 사용하던 시대였다. 다소 출신 바울은 유대인 중의 유대인이면서도[행 21:38-39] 태생적 로마 시민권자로서[행 22:28], 유대인들에게는 히브리어로[행 22:2], 로마인들에게는 헬라어로 복음을 전했다. 이처럼 하나님의 사람들은 다양한 문화와 언어에 노출되었고, 이러한 문화적 체험과 언어 능력은 하나님 나라 확장과 복음 전파의 중요한 기반이 되었다.

히브리서 11장[믿음장]에 등장하는 믿음의 선열들도 다중 문화의 삶을 살았다. 히브리서 기자는 11장 13-15절에서 "… 땅에서는 외국인과 나그네임을 증언하였으니 그들이 이같이 말하는 것은 자기들이 본향 찾는 자임을 나타냄이라. 그들이 나온 바 본향을 생각하였더라면 돌아갈 기회가 있었으려니와"라고 기록한다. 믿음으로 살아간 하나님의 사람들은 이 땅에서 이민자와 외국인처럼 살았으며, 이는 하늘나라 시민으로서의 정체성을 잃지 않았음을 보여준다.

결국 믿음의 사람들은 다문화를 경험했을 뿐 아니라, 이 땅에서 외국인과 나그네로 살면서 본향을 찾아가는 순례자들이었다. 따라서 오늘날 그리스도인들은 이민자들과 다문화 가정에 대해 무관심할 수 없다.

2. 성경에서 다문화에 대한 부정적 시각

성경에는 혼합 문화에 대한 경계와 적극적 대처를 요구하는 내용이 있어, 다문화 결혼에 대한 부정적 인식이 존재하는 것이 사실이다. 아브라함은 아들 이삭의 배우자를 찾을 때[창 24장] 노종에게 본토로 돌아가 배우자를 찾으라고 부탁한다. 리브가는 아들 이삭에게 "내가 헷 사람의 딸들로 말미암아 내 삶이 싫어졌거늘 야곱이 만일 이 땅의 딸들 곧 그들과 같은 헷 사람의 딸들 중에서 아내를 맞으면 내 삶이 내게 무슨 재미가 있으리이까"창 27:46라고 말하고, 이삭은 야곱에게 가나안 사람의 딸들 중에서 아내를 맞이하지 말고 외삼촌 라반의 집에서 아내를 맞이하라고 축복한다창 28:1. 이삭과 리브가는 아들 에서가 헷 족속의 딸들을 아내로 맞이한 것을 근심했다창 26:34-35. 사사 삼손은 블레셋 여인들을 좋아하다가 결국 들릴라의 유혹에 빠져 중대한 위기를 겪는다. 이러한 사례들은 타민족과의 결혼에 대한 배타성이 아닌, 우상 숭배의 위험성 때문이었다. 하나님께서는 이스라엘 백성들이 차지할 땅에 들어갈 때 하지 말아야 할 것 중 결혼을 언급하신다. "그들과 혼인하지도 말지니 네 딸들을 그들의 아들에게 주지 말 것이요 그들의 딸도 네 며느리로 삼지 말 것은 그가 네 아들을 유혹하여 그가 여호와를 떠나고 다른 신들을 섬기게 하므로…"신 7:1-4. 즉 이스라엘 백성들이 신앙의 혼합주의에 빠져 신실하신 하나님을 떠나지 않도록 경계하신 것이다.

예수님의 족보에 오른 네 여인은 모두 특별한 배경을 가졌다. 다말은 가나안 여인이고창 38:11, 라합은 여리고 사람이며수 2:6, 룻은 모압 여인이었다룻 1:14. 그리고 헷 사람 우리야의 아내삼하 11-12장는 헷 사람이거나 헷 사람과 결혼한 유대인이었다. 다말은 시아버지와 관계를 맺었고창 38장, 라합은 창기였으며히 11:31, 룻은 남편과 사별 후 재혼했고룻 4장, 우리야의 아내는 간음과 재혼을 했다삼하 11-12장.

그럼에도 이들이 예수님의 족보에 이름을 올린 것은 라합의 고백["여호와께서 이 땅을 너희에게 주신 줄을 내가 아노라"수 2:9]과 룻의 고백["어머니의 하나님이 나의 하나님"룻 1:16]에서 보듯이, 하나님을 향한 신앙 고백이 인종적 편견이나 결혼보다 더 중요함을 보여준다. 라합은 이스라엘의 하나님을 신뢰했고, 룻은 나오미의 하나님을 자신의 하나님이라 고백함으로써 하나님의 백성이 되었다.

바울 사도는 로마서에서 돌감람나무인 이방인들이 참감람나무인 예수님께 접붙임^{입양}되었다고 말한다^{11장}. 또한 우리가 종의 영이 아닌 양자의 영을 받은 성도라고 표현한다^{롬 8:15}. 즉 그리스도인은 본래 가족을 떠나 새로운 가족에 입양되어 새로운 문화와 언어를 배우는 하늘 시민권을 가진 양자라는 것이다. 따라서 양자됨을 이해하지 못하면 진정한 그리스도인이 될 수 없다.

그러므로 예수님께서는 "누가 내 어머니이며 내 동생들이냐 하시고 … 누구든지 하늘에 계신 내 아버지의 뜻대로 하는 자가 내 형제요 자매요 어머니이니라"^{마 12:48-50}고 말씀하신다. 이는 혈연관계나 인종, 문화보다 하나님의 뜻을 행하는 예수 그리스도에 대한 신앙고백이 더 중요하다는 것을 가르쳐 준다.

3. 다문화에 대한 원리

유대 땅을 넘어서 복음이 전파될 때 이방인 백부장 고넬료에게 베드로를 보내신 하나님의 방법은 독특했다. 하나님께서는 하늘의 보자기 환상을 통해 베드로가 가진 '속되고 거룩하지 못한 것'에 대한 편견을 깨뜨리셨다^{행 10장}. 복음이 유대민족을 넘어 인류를 위한 구원의 메시지가 된 것은, 이처럼 인종적 편견을 뛰어넘어 복음의 공동체로 초청하신 하나님의 뜻에 근거한다. 지금까지의 내용을 바탕으로 성경이 제시하는 다문화 결혼과 가정에 대한 이해, 그리고 부부 관계의 일반적 원리를 다음과 같이 요약할 수 있다.

첫째로 성경은 하나님께서 구원사역을 이루실 때 다문화 경험이 풍부한 인물들을 사용하셨음을 보여준다. 둘째로 성경은 다문화 결혼이 아닌, 우상 숭배자와의 결혼에 대해 단호히 반대한다. 셋째로 일반 부부와 가정에 적용되는 원리는 다문화 부부와 가정에도 동일하게 적용된다. 넷째로 건강한 부부와 가정을 유지하는 데 중요한 요소인 의사소통communication에서 다문화, 다중 언어 가정은 더욱 체계적인 배움과 도움이 필요하다. 다섯째로 다문화 가정은 한국인과 다른 인종의 결혼에 의한 가정제한적 의미만이 아니라, 다양한 문화의 가정들한국 가정과 다른 민족 가정이 함께 사는 것까지 포함하는 확대된 의미로 사용해야 한다. 마지막으로 문화를 넘어cross-cultural 사역한 하나님의 사람들을 통해 복음이 전파되었음을 기억하며, 그리스도인들은 간間 문화intercultural에 대해 더욱 포용적인 자세를 가져야 한다.

한번은 필자가 3시간 동안 다문화 부부 세미나를 인도했다. 강의와 워크숍을 진행했는데, 끝나고 보니 목이 쉴 정도였다. 나중에 생각해보니 의사소통이 원활하지 않아 자신도 모르게 목소리를 점점 높였기 때문이었다. 영어나 한자를 사용하고 천천히 말해도 의사소통이 되지 않는 순간들이 있었다. 20여 부부 중에는 베트남, 중국, 인도네시아, 네팔, 필리핀, 우즈베키스탄, 일본 등 다양한 언어를 사용하는 사람들이 있었고, 각자의 한국어 이해 수준이 달랐음에도 한국말로 강의를 들어야 했기 때문이다. 이런 상황은 아마도 각 가정에서도 비슷하게 일어나고 있을 것이다. 이처럼 다문화 가정의 핵심적인 과제는 언어 소통에 있음을 알 수 있다.

나가는 말

복음은 서쪽으로 전파되어 이동해 왔고, 언젠가 "back to Jerusalem" 하는 때가 오리라 생각한다. 단순히 복음의 전파 경로가 지리적으로 서진西進해 왔다는 것 뿐 아니라 복음이 거부되고, 훼손된 곳이면 장소나 지역과 상관없이 복음이 필요하다는 의미이다. 복음이 전파될 수 있었던 것은 민족주의나 인종과 문화를 뛰어넘어 예수 그리스도의 주되심과 하나님의 구원 계획에 대한 믿음 때문이었다. 성경은 그리스도인들을 나그네와 행인, 외국인과 같은 사람들이라고 말한다. 그렇기에 고향을 떠나 새로운 문화와 땅에서 새로운 언어를 익히며 살아가는 결혼 이민자들과 외국인들에 대한 다중문화적 삶을 더욱 더 잘 이해할 수 있는 사람들이다. 왜냐하면 그리스도인은 결국 돌아갈 본향을 준비하며 오늘 이 땅에서의 나그네와 외국인의 삶을 사는 사람들이기 때문이다. 그러나 다문화와 다인종이 함께 어울려 사는 것은 결코 쉬운 일이 아니다. 우리는 익숙한 것에 안주하고, 다른 것에 대해 차별하며, 배타적이 되는 것이 오히려 자연스럽다. 따라서 변해가는 다문화 사회에서 다문화 가정들과 함께 세대간의 차이, 남녀간의 차이, 그리고 문화간의 차이를 우열이 아니라 보완의 관점에서 배우려는 자세를 견지할 때 우리는 복음 중심, 하나님 중심의 더불어 살아가는 삶의 신비함을 누리는 복과 특권을 갖게 될 것이다.

3부

코로나 이후 전천후 사계절 목회

1장

리더로서의 전천후 목회자 감정관리

들어가는 말

리더leader와 리더십leadership의 핵심 개념은 '관계'와 '영향력'이다. 리더는 가정이나 사회, 기업조직이나 교회에서 관계를 통해 집단 구성원에게 영향력을 미치는 사람이다. 따라서 리더의 리더십은 다른 사람의 감정, 생각이나 행동, 신념 또는 가치관에 영향을 미치는 관계로서 조직이나 집단에 결정적이며 때론 치명적인 역할을 한다. 그렇기에 리더의 마음 건강, 무엇보다 리더의 감정관리는 개인의 차원을 넘어 조직과 집단, 공동체의 질을 결정하는 공공성을 갖는다고 볼 수 있다. 그런 의미에서 코로나19 이후 급격한 변화로 흔들리고 있는 교회에 지도자, 리더목사와 장로, 제직과 임원 등의 감정관리는 아무리 강조해도 부족함이 없다.

I. 리더와 감정

감정의 사전적 의미는 '어떤 특정한 외부 자극에 의해 유발되는 반응'으로 주관적인 체험이며 중요 개념은 외부 자극과 내부 반응이다. 인간은 외부 자극을 통제하고 조절할 수는 없으나 그것에 의해 유발되는 내부 반응^{감각적 상태}, 즉 생리적이고, 인지적이고, 행동적이고, 또한 영적인 반응은 인식하고 관리할 수 있다. 감정관리는 감정의 인식과 이해를 통해 감정이 부정적인 영향을 미치지 않도록 조절하고 통제하는 것이다. 하버드 대학 임상심리학 박사인 대니얼 골먼^{Daniel Goleman}은 감성지능^{EQ: Emotional Intelligence}을 설명하면서 5가지 구성 요소로 나눈다. 자기감정 인식, 자기감정 통제, 자기동기 부여, 타인 감정 인식^{감정이입}, 대인관계 관리^{사회적 기술} 등이다.^{Goleman, 『EQ 감성지능』} 리더의 감정관리는 자신의 감정을 인식하고 통제하고 스스로에게 동기를 부여하는 것으로부터 시작된다. 그것이 가능해야 그 다음에 팔로워와 감정이입^{타인의 관계 관리}이 가능하고 대인관계를 통해 선한 영향력을 미칠 수 있게 된다. 이처럼 리더는 자신의 감정관리가 관계와 선한 영향력의 전제 조건이다.

II. 다윗의 예

이스라엘의 위대한 지도자 다윗의 범죄 과정은 리더의 감정관리가 얼마나 중요한지를 잘 보여준다. 다윗은 골리앗을 무너뜨린 영웅적 지도자이자 전쟁터에서 승승장구하며 영토를 확장한 위대한 왕이었다. 그러나 암몬 족속과의 전쟁 때에 다윗은 직접 출정하지 않고 요압과 그 부하들, 이스라엘 전 군대를 보냈다. 성경은 "다윗은 예루살렘에 그대로 있더라"^{삼하 11:1}

라고 기록한다.

다윗의 감정 상태를 성경은 정확히 묘사하지 않지만, 계속되는 전쟁의 피로도나 중년기의 위기, 전쟁에 대한 두려움과 스트레스로 인해 그의 신체적, 감정적 변화가 일어난 것이 분명하다. 다윗이 저녁에 침상에서 일어나 왕궁 옥상을 거닐었다는 것에서 이를 알 수 있다[삼하 11:2상]. 군대가 전쟁터에서 싸우는 동안 다윗은 낮잠을 자고 저녁에 일어나는 등, 그의 일상이 뒤바뀌어 있었다.

낮잠을 잤기에 저녁에는 잠이 오지 않았고, 다윗은 옥상을 거닐다가 심히 아름다운 여인이 목욕하는 것을 보게 되었다[삼하 11:2b]. 욕정에 사로잡힌 다윗은 전령을 보내 그 여인의 신원을 알아보고, 데려와 동침했다[삼하 11:3]. 여인이 임신했다는 소식을 듣자, 다윗은 죄를 감추고자 그녀의 남편인 충신 우리야를 전쟁터에서 불러 아내와 함께 있게 했다. 그러나 우리야는 부하들이 전쟁터에 있는데 어찌 혼자 집에서 처와 함께 지내겠느냐며, 부하들과 함께 왕궁 문에서 잠을 잤다.

다윗은 결국 술수를 써서 상관 요압에게 맹렬한 전투에서 우리야를 선봉에 세운 뒤 뒤로 물러나 그를 죽게 하라는 편지를 우리야의 손에 들려 보냈다. 위대한 왕 다윗은 자신의 범죄를 숨기고자 충신을 죽음으로 내몰았다. 이 모든 과정에서 그의 영성과 이성이 제대로 작동했다면 어느 단계에서든 멈추고 돌아설 수 있었을 것이다. 하지만 다윗은 자신의 감정 상태를 제대로 인식하지 못한 결과, 자기 파괴의 길을 걸었다.

III. 리더와 감정관리

1. 감정 인식과 이해

감정관리의 첫 번째 단계는 자신의 감정 인식과 이해이다. 다윗은 리더로서 자신의 감정 상태를 인식하고 이해했어야 한다. 다윗은 암몬과의 전쟁이 찾아온 외부 환경을 통제할 수 없었다. 그러나 늘 전쟁에 나서던 왕으로서 다윗은 왜 자신이 예루살렘에 머물러 있고 싶은지를 스스로 묻고 파악해야 했다. 그가 중년기가 되어 체력적 한계를 느끼며 무기력해졌는지, 계속되는 전쟁에 의욕을 상실했는지, 혹은 전쟁과 죽음에 대한 두려움이 있는지 감정을 인식해야 건강한 이해에 기초한 내부 반응을 할 수 있었다. 스트레스가 늘어날수록 밤잠을 이루지 못하고, 깊은 잠을 잘 수 없어 낮에는 비몽사몽으로 악순환이 된다. 외부 자극에 대한 신체적 반응뿐 아니라, 시야가 좁아지는 터널 비전^{tunnel vision}으로 빛이 비추는 출구만을 향해 질주하는^{다윗의 경우 욕망을 채우고 범죄를 숨기기 위한} 사고와 행동이 뒤따른다. 다윗이 목욕하는 아름다운 여인을 보았을 때 느낀 욕망은 막을 수 없었을지 모르나, 이후 의도적으로 그녀의 신원을 알아보고 데려오게 하는 부정적 선택을 거듭함으로써 결국 동침하며 범죄에 이르게 된다. 왕의 권력으로 부하의 아내도 빼앗을 수 있다는 인지적 오류는 결국 충신의 아내를 빼앗고 충신을 죽이도록 사주하는 악행으로 걷잡을 수 없이 발전한다.

2. 감정 조절과 통제

감정관리의 두 번째 단계는 감정 조절과 통제이다. 다윗은 자신의 신체적 반응과 심리적 변화에 둔감하였고 성적 욕망을 어떻게 조절하고 통제하는지를 배우지 못했다. 스트레스를 줄이는 방법, 깊게 심호흡 하기, 유혹이 왔을 때 '주의 돌리기 전략'다른 생각하기, 생각 멈추기 - stop 전략, 감정을 유발하는 외부 자극에 대한 새로운 관점/시각으로 보기예] 예수님이라면 어떻게 이해하셨을까? 등을 통해서 감정을 조절하며 통제할 수 있다. 리더가 감정을 조절하는 것을 배우고 자신만의 루틴과 습관을 만들 수 있어야 감정 조절이 수월해지며 선한 영향력을 미칠 수 있다.

나가는 말

리더가 자기 감정을 인식하고 이해하지 못하면 감정의 부정적 영향을 조절하는 데 실패하여, 결국 자기 자신을 파괴할 뿐 아니라 공동체 전체를 파멸로 이끈다. 자기 감정 인식은 자기 관찰에서 시작된다. 어떤 상황에서 어떤 감정을 느끼고 어떻게 반응하는지를 스스로 파악하는 자기 객관화 훈련이 필요하다. 그 감정이 무엇인지 인정하고, 그때 어떻게 표현하고 행동하는지를 스스로 살펴보아야 한다. 그러한 감정을 이해할 때에야 비로소 파괴적이거나 부정적이 아닌, 발전적이고 긍정적인 감정 반응과 표현이 가능하다. 필요하다면 신뢰할 만한 멘토에게 객관적 도움을 요청할 수 있다.

골먼은 이렇게 말한다. "사람들에게 지능을 통해 자신의 감정을 조율하고 돌봄의 범위를 확장하도록 가르침으로써 우리는 조직을 내부에서 외부로 변화시키고 세상에 긍정적인 변화를 가져올 수 있다." 이것은 교회와 교회의 리더에게도 그대로 적용되는 말이다.

2장
사계절 전천후 목회 1 : 봄과 같은 목회

들어가는 말

코로나19 기간 동안 죽음의 위협과 사회적 격리는 인간의 삶을 완전히 뒤바꾸어 놓았다. 누군가는 그 기간을 리셋reset해서 삭제해 버리고 다시 시작할 수 있다면 좋겠다고 한다. 코로나19로 인해서 가족을 잃고, 질병을 얻고, 경제적 타격과 직장을 잃어버리는 등 견뎌내기 힘든 고통의 시간을 보냈기에 잊고 싶은 기억이다.

코로나 시대는 노멀nomal에서 뉴노멀new normal로, 대면에서 비대면으로, 공중 예배에서 소그룹과 가정으로, 직장 출근에서 재택근무로, 직접 참여와 접촉에서 소극적 소통으로 전환되는 엄청난 변화를 가져왔다. 헌금은 온라인 이체로 오히려 헌금 총액은 늘었다는 교회도 있지만 대부분 교회는 출석율과 함께 헌금도 급감하였다. 비활동과 교회 프로그램의 축소로 인해 지출이 줄어 재정이 일시적으로 좋아진 것 같은 착시현상도 있다. 코로나19로 인한 팬데믹은 끝났지만 여전히 주위에 감염자가 계속 발생하고 있다. 교회가 이전 출석율의 70% 정도를 회복했다고 하지만, 실제로는 소리 소문도 없이 사라지거나 문을 닫은 작은 교회들이 부지기수이다. 목회데이터연구소가 발표한 '3040세대 신앙과 라이프스타일' 보고서에 따르면 코로나 이후 현장 예배를 이탈한 3040세대 절반 이상인 58%가 '다시 교회로 돌아가고 싶다'고 답했다._{목회데이터연구소, 「넘버즈」 233호} 팬데믹 기간인 2021년도에 발표된 목회데이터 연구소의 한 통계에 의하면 예배를 중단하거나 문을 닫은 교회가 전체 교회의 16.4%로 약 1만 교회에 이른다고 한다. 엔데믹이라고는 하지만 문을 닫는 소형 교회는 계속 증가한다고 볼 수 있다. 국세청 자료에 따르면 개신교 단체 가운데 과세 대상은 2020년 41,619개 _{2020.04.}에서 2022년 37,100개_{2022.03}로 2년 전 보다 10.9%_{4,519개} 줄었다.「국민일보」, 2022.09.15.

어떤 목회자들은 팬데믹 기간 중 사회적 격리로 인해 예배 제한과 모임의 위축으로 교회와 목회가 회복 불가능한 상태가 되었고 치명적 손상을 입었다고 한탄한다. 또한 포스트코로나가 되었지만 코로나 이전으로 돌아갈 희망도 가능성도 없다며 목회의 방향을 잃었다고 말하는 목회자도 있다. "모이질 않는다", "모임이 힘들다", "공동체성이 떨어졌다", "3040세대가 교회를 떠났다", "저출산으로 아이들은 없고 교회는 점점 고령화 되어 간다" 등등…. 부정적 소식은 목회 현장과 교회의 암울한 미래를 보여준다. 이러한 목회 현실을 바라보며 그렇다면 목회자는 어떻게 변화에 대응하고 목회를 준비해야 하는지, 어떻게 교회의 건강성을 유지할 수 있는지가 중요해 질 수 밖에 없다.

본 글에서는 코로나와 함께 급변하는 목회 현장을 직시하면서 변하지 않는 목회의 본질은 무엇이고, 포스트 코로나 이후 개인, 가정, 사회 변화에 따라 교회와 목회는 어떻게 대응해야 하는지를 살펴보고자 한다.

I. 포스트코로나와 변화

코로나19로 인해 개인 신앙적 측면에서의 변화는 '플로팅'Floating, 붕 떠있는 기독교인이 증가하였다는 점이다. 코로나19로 인해 등록 교회에 나가지 않고 온라인을 통해 다른 교회들의 예배 실황에 참여하여 설교를 듣는 교인이 늘어났다. 동시에 외로움도 가정적, 사회적 중요 이슈이다. 일반 국민들이 느끼는 외로움 비율이 55%인데 기독교인들이 다소 낮지만 그럼에도 46%나 된다.지용근 외, 『한국교회 트렌드 2024』 『트렌드 코리아 2024』에서는 10가지 트렌드를 예측했는데 그 중에 분초사회, 육각형 인간, 도파밍, 요즘 남편 없는 결혼육아 등 가사노동 분담, 돌봄 경제배려, 정서, 관계장애가 없더라도 누구나 보살핌을 받을 수 있고, 가족이 아니더라도 누구든 돌볼 수 있는 시대 등을 제시했다.김난도 외, 『트렌드 코리아 2024』 도파밍은 도파민과 파밍의 합성어로 게이머가 '파밍'farming하듯 사람들이 '재미'를 모은다는 의미이고, 도파민Dopamine은 새롭고 재미있는 것을 경험할 때 분비되는 신경전달 물질이다.

사회적 측면에서의 주요 변화는 코로나19 이전부터 나타난 탈종교화현상의 심화이다. 특히 30-40대 세대에서 두드러지며, 한국 사회 전반적으로 무신론적 경향이 높아지고 있다. 갤럽이 61개국 성인 57,768명한국인 1,035명 포함을 대상으로 '종교적 성향과 실재에 대한 인식 설문조사'를 실시했다. 조사 결과, "신은 있다"는 응답이 61개국 평균 72%인 반면, 한국 응답자는 41%에 그쳤다. 한국인의 종교적 성향은 설문대상국 평균보다 현저히 낮았는데, 종교적 실재를 믿느냐는 질문에 사후세계 35%, 천국 30%, 지옥 29%만이 믿는다고 답했다. 자신이 종교적인 사람인가라는 질문에도 36%만이 그렇다고 답했다전체 평균 62%. 특히 주목할 만한 점은 무신론자라고 답한 한국인 비율34%, 평균 10%이 종교적이지 않다는 응답자 비율27%, 평균 24%보다 더 높았다는 것이다.『인터넷 공감언론 뉴시스』, 2023.04.14. 이러한 현상은 영적이지만 종교적이지 않은 사람들^{SBNR - Spiritual but not religious}이 증가하고 있음을 보여준다.

코로나19가 개인의 일상을 바꾸었지만 가정에 미친 순기능도 있다. 가정의 소중함에 대한 인식과 가족 결속력을 강화하는 계기를 마련해 주었다. 팬데믹 중에는 가족이 함께하는 시간이 길어지면서 가사일 분담 등 가족역할에 대한 조정과 가족 대화의 시간도 길어졌다. 가족이 위기를 겪으며 가족의 응원과 지원, 격려가 코로나로 인한 우울, 불안 등 정서적 건강과 퇴직과 이직 등의 사회직업 생활에서 겪는 경제적 건강 등을 극복하는데 커다란 버팀목이 되었다는 것도 알 수 있다. 반면에 코로나 이전부터 가족 갈등이나 가족 문제를 겪고 있던 가정은 함께하는 시간이 길어지며 오히려 가정폭력이나 가족 갈등이 증가하기도 하고, 이혼율도 높아지는 경향이 있었다. 팬데믹 이후 개인과 가족에 대한 변화와 트랜드를 살펴보면서 필자는 3040 세대의 특징을 중심으로 고려해야 할 목회적 방향을 다음과 같이 정리하였다.

1. 영적이지만 종교적인 교회가 되지 않으려면 전통적인 형식을 탈피하되 교회의 본질을 붙잡아서 교회가 환대의 장소가 되어야 한다.
2. 교회^{종교}활동 보다 봉사활동, 사회 공헌 활동 등 의미 지향을 한다면 교회 자체 봉사보다는 이웃과 함께하고 외로운 사람들을 돌보는 돌봄 목회에 관심을 기울여야 한다.
3. 이웃과 사회에 대한 책임을 수행과 인간에 대한 사랑과 관심에서 시작하지 않는 전도^{교회등록, 교인수 증가}이 목적 처럼 비춰지면 복음의 진정성이 손상된다.
4. 지구생태계와 환경문제에 참여하는 교회 공동체가 되기 위해서는 기독시민으로서 거룩한 불편함^{예] 일회용품 안쓰기 등}을 능동적으로 감수하는 행동을 취해야 한다.

5. 교회에 당회나 제직회 뿐 아니라 전 세대가 참여하고 협력하는 의사결 정 체제를 통해 공공참여와 소통을 도입해야 한다.

6. 직장, 가사 및 육아, 노인 부모 세대에 대한 부담 등으로 스트레스를 받 을 때 신앙이 도움이 되고 교회가 지지해 줄 수 있는 가정중심적 가치 문화를 제공하고 부모교육이나 자녀양육을 위한 교육을 제공한다.

7. 신앙과 함께 관심사를 나눌 수 있는 소그룹이나 공동체를 스스로 만들 어 갈 수 있도록 돕는다.

홍인종, "신학자가 제시하는 30-40 세대목회"

II. 목회의 본질

코로나와 포스트 코로나, 팬데믹과 엔데믹, 상황과 환경은 끊임없이 변한다. 그러나 교회와 목회는 변하는 것과 변하지 않는 것이 있다. 알파와 오메가이신 예수님이 전에도 계셨고, 이제도 계시며, 장래에 오실 전능하신 하나님이심은 변치 않는 진리이다. "주 하나님이 이르시되 나는 알파와 오메가라 이제도 있고 전에도 있었고 장차 올 자요 전능한 자라 하시더라"계 1:8. 그러므로 "예수 그리스도는 어제나 오늘이나 영원토록 동일"히 13:8 하시다. 또한 예수님은 "나는 아브라함의 하나님이요 이삭의 하나님이요 야곱의 하나님이로라 하신 것을 읽어 보지 못하였느냐 하나님은 죽은 자의 하나님이 아니요 산 자의 하나님"마 22:32이라고 말씀하신다. 말라기 선지자는 하나님은 변하지 아니하는 하나님말 3:6이라고 선포한다. 심지어 이방인인 다리오 왕도 다니엘의 하나님에 대하여 다음과 같이 증언한다.

그는 살아계시는 하나님이시요 영원히 변하지 않으실 이시며 그의 나라는 멸망하지 아니할 것이요 그의 권세는 무궁할 것이며 그는 구원도 하시며 건져내기도 하시며 하늘에서든지 땅에서든지 이적과 기사를 행하시는 이로서 다니엘을 구원하여 사자의 입에서 벗어나게 하셨음이라. 단 6:26-27

살아계시고 동일하시고 전능하시며 영원하신 삼위 하나님은 변하지 아니하시는 본질이다. 변치 않는 본질의 하나님이시다.

교회 역시 본질적으로 변하지 않는다. 예수님께서 베드로에게 이 반석 위에, 즉 "주는 그리스도시요 살아계신 하나님의 아들"이라는 신앙고백 위에, "내 교회", 예수님 닮은 예수님의 소유된 교회를 세울 것이라 말씀하셨다. 예수님의 교회는 예수님께 속한, 예수님을 주로 그리스도로 고백하는 사람, 사람들이다. 교회의 본질은 영원하다. 반면에 개혁교회의 모토인 "개혁된 교회는 항상 개혁되어야 한다"는 말은 계속 교회가 변화된다는 뜻이 아니다. 진리의 말씀에 세워진 주님의 교회, 성도는 개혁된 상태에 머무르는 것이 아니라 변화하는 세상 속에서 끊임없이 말씀에 따라 마음이 항상 새롭게 개혁되어 살아야 한다는 뜻이다. 예수님의 교회의 본질은 변하지 않고 영원하지만 성도를 교회답게 하는 목회는 끊임없이 진리의 말씀에 따라 순종하는 길을 걷도록 돕는 것이다.

목회의 본질은 하나님의 백성, 하나님의 양무리를 어떻게 돌보느냐 하는 것이다. 목자장이신 예수님의 모범을 따라 목사/목자들은 "양으로 생명을 얻게 하고 더 풍성히 얻게"요 10:10하는 목회, 주님의 양을 먹이고, 양을 돌보는요 21:5-7 목회를 해야 한다. 따라서 목회의 본질은 주님의 양을 목양하는 것이다. 목회와 목양의 본질은 변하지 않지만, 변화하는 시대에 따라, 문화에 따라 흔들리는 사람들에게 다가가는 목회와 목양의 방법은 특성에 맞게 새로워져야 한다. 어떻게 복음을 전하고, 어떻게 성도로서 일상의 삶에서 믿음으로 살아가도록 도전해야 할지, 꼴을 먹이는 목양과 목회는 변화해야 한다. 그러므로 목자의 자세는 하나님의 뜻을 따라 자원함으로 하나님의 양무리를 쳐야 하며 더러운 이득을 위해 하지 말고 양무리의 본이 되어야 한다. 이에 대해 베드로전서는 다음과 같이 기록한다:

> 너희 중에 있는 하나님의 양 무리를 치되 억지로 하지 말고 하나님의 뜻을 따라 자원함으로 하며 더러운 이득을 위하여 하지 말고 기꺼이 하며 맡은 자들에게 주장하는 자세를 하지 말고 양 무리의 본이 되라. 그리하면 목자장이 나타나실 때에 시들지 아니하는 영광의 관을 얻으리라.^{벧전}
> 5:2-4

마치 강도 만난 사람과도 같이, 코로나19로 인해 좌절과 고통과 무관심 속에 있는 사람들에게 목회자가 생명의 양식으로 먹이고 돌보는 목회를 감당하려면 어떻게 해야할까? 필자는 이러한 때에 지향해야 할 목회는 사계절 전천후全天候, 온전할 전, 하늘 천, 기후 후 목회라 명명한다. 사계절이란 자연과 인생에 계절의 변화가 있고 특성이 있듯이 세대에 따라, 성별에 따라, 인종에 따라 각각 특징이 있다는 것을 뜻한다. 인생과 목회 현장의 계절적 특성에 따라 변화하는 적합한 목회 방법이 제시되어야 한다. 동시에 전천후란 "어떠한 기상 조건에도 제 기능을 다할 수 있음"을 뜻한다. 전천후 목회란 어떤 환경의 변화나 조건에도 불구하고 언제나 목회적 기능을 해내는 것을 의미한다. 따라서 "4계절 전천후 목회"란 각 시대와 세대의 변화와 특성에 민감하게 반응하며 다가가는 사계절 특성적 목회와 어떤 환경, 시대, 세대, 성별, 종족과 상관없이 언제나 제대로 기능할 수 있도록 하는 변치 않는 본질 목회를 일컫는 필자의 신조어이다.

인생의 4계절이 있듯 목회에도 4계절이 있다. 그렇다고 4계절 목회는 자연의 계절 처럼 순차적으로 오는 것은 아니다. 개 교회의 역사와 성도의 신앙 성숙도, 목회자의 인생 주기에 따라 각각 다를 뿐 아니라 혼재되어 있기 때문이다. 따라서 사계절 목회는 계절적 특성을 상징적으로 대표하는 봄, 여름, 가을, 겨울이 팬데믹 이후에 직면한 성도와 교회의 변화에 따라 계절적 특성이 강조되는 접근이 필요하다는 뜻이다. 필자는 4계절 목회를 교회력과 절기에 비추어 이렇게 정의해 보았다.

봄과 같은 목회는 사순절과 부활절 절기와 맞물려서 고난과 소망, 시작의 목회 기간이다. 눈물로 씨뿌리는 목회이다.

여름과 같은 목회는 여름성경학교와 각종 수련회를 통한 말씀과 훈련, 영성의 목회 기간이다. 땀흘려 가꾸는 목회이다.

가을과 같은 목회는 추수감사절과 말씀 사경회의 감사와 추수, 열매의 목회 기간이다. 인내로 열매맺는 목회이다.

겨울과 같은 목회는 대림절과 크리스마스, 송년과 신년의 기쁨과 결단, 결산의 목회 기간이다. 기쁨으로 추수하는 목회이다.

코로나 팬데믹 이후의 회복하는 목회는 사계절의 목회가 모두 필요하다. 사계절 목회는 봄 다음에 여름이 오고, 여름에서 가을, 겨울로 계절이 순차적으로 진행되지 않는다. 목회는 동시적으로 4계절 목회가 요구된다. 그러나 작금의 변화를 고려하면 팬데믹 이후 다시 시작하는 목회, 봄과 같은 목회부터 시작해야 한다. 신앙의 근간이 흔들리고, 모임이 와해 되어가며, 함께하는 공적 예배의 기쁨을 잃어가고 있다. 지금 가장 필요한 목회는 마치 종교 개혁자의 심정으로, 처음부터 다시 시작하는 목회, 씨뿌리는 목회, 봄과 같은 목회이다.

III. 사계절 전천후 목회 1 : 봄과 같은 목회

봄은 시작의 계절이다. 봄은 추위와 고난을 뚫고 다시 새순이 돋아 꽃을 피우는 희망의 계절이다. 포스트 코로나에 이제 봄과 같은 목회를 다시 시작해야 한다.

1. 눈물의 목회

첫째, 봄과 같은 목회는 씨를 뿌리는 눈물의 목회이다. 사람들은 외롭고 마음은 얼어붙어 있고, 피리를 불어도 도무지 춤을 추지 않는다. 그래서 다시 시작하는 목회여야 하며, 봄과 같이 얼은 마음을 녹이는 따뜻함을 주는 목회여야 한다. 지금은 모든 세대를 마치 초신자 처럼, 다시 신앙의 걸음마를 하는 것처럼 돌보며, 그 필요에 민감한 목회가 절실한 때이다. 신앙생활에서 쉽게 열매를 맺는 속성 재배는 없다. 지금 당장 열매를 거두지 못할지라도 다음 세대에 가서는 반드시 열매를 맺는다는 믿음으로 오늘 눈물로 씨를 뿌리는 목회가 봄과 같은 목회이다. 시편 기자는 "눈물을 흘리며 씨를 뿌리는 자는 기쁨으로 거두리로다. 울며 씨를 뿌리러 나가는 자는 반드시 기쁨으로 그 곡식 단을 가지고 돌아오리로다"시 126:5-6고 노래한다.

씨를 뿌리는 목회는 한 영혼을 귀하게 여기는 맞춤 목회이다. 영혼을 살리기 위해서 눈물을 흘리며 씨를 뿌리며 열매를 기다리는 기다림의 목회이다. 신앙의 본질과 교회와 기독교인의 정체성을 세워갈 수 있는 성경공부와 신앙고백교리과 예배를 제공해야 한다. 교회를 떠나간 세대, 소위 교회에 나가지 않는 가나안 교인, 교회 생활과 목회 지도자들에게 실망하여 낙심한 사람들, 어렸을 적에 교회에 다녔거나 부모 따라 신앙생활을 하다 멈추고 있는 잠재적 기독교인들의 개인적 특성과 관심과 영적 상태에 따라, 일대일 맞춤의 만남의 장을 만들고, 복음의 씨를 뿌리는 목회이다.

2. 환대하는 목회

둘째, 봄과 같은 목회는 따뜻함으로 환대하는 목회이다. 외로움, 굳은 마음, 얼어붙은 마음을 녹이는 것은 따뜻함이다. 반려동물로 외로움을 달래며 혼자 사는 사람들에게 교회 공동체나 소그룹이 따뜻함과 환대를 제공할 수 있어야 한다. 바울 사도는 "즐거워하는 자들과 함께 즐거워하고 우는 자들과 함께 울라"롬 12:15고 한다. 전도서 기자는 "또 두 사람이 함께 누우면 따뜻하거니와 한 사람이면 어찌 따뜻하랴"전 4:11고 묻는다. 목회는 함께 하는 따뜻함이 있어야 수고함의 좋은 상을 얻고, 함께 함으로 넘어질 때 붙들어 줄 수 있고, 함께 할 때 세상과의 싸움에 맞설 수 있다전 4:10-12. 따뜻한 환대의 목회를 통해 돌봄을 경험하고, 위로하는 소그룹을 통해 관심을 나누고, 함께하는 공동체를 통해 일상생활에서 실천적 지혜를 목회가 제공해 주고 교회에서 배울 수 있어야 한다.

사도 바울은 로마서 12장에서 하나님의 뜻을 분별하는 영적 새 생활을 설명하면서 교회는 그리스도안에서 한 몸이 되어 서로 지체가 되었다고 강조한다. 그리고 우리에게 주신 은혜대로 받은 각각의 은사로 서로 지체를 섬기라고 권면한다. 그리고 '어떻게' 새 생활을 해나가야 하는지에 대해서 다음과 같이 요약을 한다.

중심으로부터 사랑하십시오. 사랑하는 척하지 마십시오. 악은 필사적으로 피하십시오. 선은 필사적으로 붙드십시오. 깊이 사랑하는 좋은 친구들이 되십시오. 기꺼이 서로를 위한 조연이 되어 주십시오. 지쳐 나가떨어지지 않도록 하십시오. 늘 힘과 열정이 가득한 사람이 되십시오. 언제든 기쁘게 주님을 섬길 준비를 갖춘 종이 되십시오. 힘든 시기에도 주저앉지 마십시오. 그럴수록 더욱 열심히 기도하십시오. 도움이 필요한 그리스도 인들을 도우십시오. 정성껏 환대하십시오.롬 12:9-13, 메시지 성경

개인적으로 낙심치 않고 기도하며 자신을 돌보는 일 뿐 아니라 도움이 필요한 다른 사람을 돕고 정성껏 적극적으로 환대하라고 한다. 봄과 같은 목회는 환대의 목회다. 사회적 격리로 접촉을 경계하고 질병을 전파하는 것 같아 만남을 차단하고, 잘못된 가르침, 이단들의 출몰로 "이단 출입 금지"를 교회 입구에 붙여 놓으면서 환대의 마음을 잃어버린 것에서 다시 되찾아야 한다.

3. 부활의 목회

셋째, 봄과 같은 목회는 성도로 꿈을 꾸게 하는 부활의 목회이다. 하나님의 영이 함께하는 곳에 각 세대 마다 꿈을 꾸며 이상을 보며 예언을 하게 된다. 요엘 선지나는 이렇게 예언하였다. "그 후에 내가 내 영을 만민에게 부어 주리니 너희 자녀들이 장래 일을 말할 것이며 너희 늙은이는 꿈을 꾸며 너희 젊은이는 이상을 볼 것이며"욜 2:8. 요엘서의 이 말씀은 수백년이 지나 베드로가 성령이 충만하여 다시 선포행 2:17-18하고, 그 꿈은 부활하신 예수님을 통해 "누구든지 주의 이름을 부르는 자는 구원"행 2:21을 얻는다는 말씀욜 2:32으로 성취된다. 무신론자는 늘어나지만 죽음의 공포는 더 크게 느끼는 세대에게 봄과 같은 목회는 팬데믹 기간의 고난과 죽음을 넘어 엔데믹으로, 회복과 부활의 목회로 나아가야 한다. 죽음의 삶, 절망의 삶, 무의미로 방향을 잃은 삶에서, 생명의 삶, 희망의 삶, 그리고 삶의 의미와 목적 및 방향을 발견하도록 돕는 목회여야 한다.

나가는 말

찬송가 32장^{만유의 주재} 2절 가사는 다음과 같다.

> 화려한 동산
> 무성한 저 수목
> 다 아름답고 묘하나
> 순전한 예수 더 아름다워
> 봄 같은 기쁨 주시네

화려한 동산과 수목의 빼어남 보다 더 뛰어나고 순전하신 예수님께서 봄 같은 기쁨을 주신다. 고난을 받고 십자가에서 죽으셨으나 사망 권세를 이기시고 부활하사 우리에게 소망이 되신 예수님 자신이 바로 봄 같은 기쁨이시다. 예수님께서는 씨뿌리는 자의 비유에서 길가, 돌밭, 가시떨기, 좋은 땅에 씨가 뿌려졌다는 것은 아무나 천국의 말씀을 듣고 깨닫는 것이 아니라고 설명해 주신다. 씨뿌리는 눈물의 목회는 천국 복음의 말씀을 보고 들을 수 있어야 한다. "그러나 너희 눈은 봄으로, 너희 귀는 들음으로 복이 있도다"^{마 13:16}. 우리 눈이 슬픈 목회 현장과 죽어가는 영혼을, 세대를 똑바로 바라보고, 천국 소망의 말씀을, 복된 소식을 들을 수 있도록 목회자는 봄과 같은 목회를 다시 시작해야 한다.

첫째, 봄과 같은 목회는 씨를 뿌리는 눈물의 목회이다.
둘째, 봄과 같은 목회는 따뜻함으로 환대하는 목회이다.
셋째, 봄과 같은 목회는 꿈을 꾸게 하는 부활의 목회이다.

3장
사계절 전천후 목회 2 : 여름과 같은 목회

들어가는 말

『제철 행복』이란 에세이에서 김신지 작가는 행복이 멀리 있는 게 아니라 제철에 있는 거라고 말한다. 사계절을 "봄, 봄비에 깨어나는 계절", "여름, 햇볕에 자라나는 계절", "가을, 이슬에 여물어가는 계절", "겨울, 눈을 덮고 잠드는 계절"이라고 표현한다. 제철은 각 계절에 따라 다른 옷을 입고 계절에 맞는 색깔과 고유한 멋과 맛이 있다. 사전적 의미로 "제철"이란 '옷. 음식 같은 것의 알맞은 시절'이란 뜻으로 사실 음식은 제철 음식이 최고다. 제철 과일이 그렇고, 제철 생선이, 제철 나물이 그렇다. 제철에 맞는 여행일수록 풍광에 압도되고, 제철에 피는 꽃이 계절의 향기를 뿜어낸다. '철들다'는 제 철을 알고 사는 사람이고, '철부지'는 때를 알지 못하는 상태이다. 김 작가는 "'철들다'라는 말은 바로 이 절기, 계절을 알고 사는 것을 뜻했다. '철부지'는 지금이 어느 때인지를 알지 못하니知 어리석다는 의미. 때를 알아야 하는 건 때를 놓치면 안 되는 일이 있기 때문이다. 씨 뿌릴 시기를 놓치면 한 해 농사는 어긋나고, 꽃을 피우지 않은 나무에겐 열매가 맺히지 않는 것처럼, 결국 철이 든다는 건 지금이 어떤 계절인지를 알고 제때

해야 할 일을 하면 산다는 것"이라 말한다. 결국 사계절 전천후 목회는 제철 목회와 같은 맥락이다. 계절을 잘 알아야 하고, 모든 계절, 모든 때에는 의미가 있고 해야할 일이 있음을 먼저 파악해야 한다. 그래서 전도서 기자는 때에 대하여 이렇게 말한다.

> 1. 범사에 기한이 있고 천하 만사가 다 때가 있나니 2. 날 때가 있고 죽을 때가 있으며 심을 때가 있고 심은 것을 뽑을 때가 있으며 3. 죽일 때가 있고 치료할 때가 있으며 헐 때가 있고 세울 때가 있으며 4. 울 때가 있고 웃을 때가 있으며 슬퍼할 때가 있고 춤출 때가 있으며 … 8. 사랑할 때가 있고 미워할 때가 있으며 전쟁할 때가 있고 평화할 때가 있느니라. 9. 일하는 자가 그의 수고로 말미암아 무슨 이익이 있으랴 10. 하나님이 인생들에게 노고를 주사 애쓰게 하신 것을 내가 보았노라 11. 하나님이 모든 것을 지으시되 때를 따라 아름답게 하셨고 또 사람들에게는 영원을 사모하는 마음을 주셨느니라 그러나 하나님이 하시는 일의 시종을 사람으로 측량할 수 없게 하셨도다.^{전 3:1-11}

　제 때를 알아야, 제철 목회 및 4계절 전천후 목회를 감당할 수 있다. 인생의 4계절이 있듯 목회에도 4계절이 있다. 두 번째 여름과 같은 목회이다. 교회력과 절기에 비추어 여름과 같은 목회는 여름성경학교와 각종 수련회를 통한 말씀과 훈련, 영성의 목회 기간이다. 가꾸는 목회이다. 코로나 팬데믹 이후로 목회의 회복은 변화의 시기와 때를 알아 적절하게 대응하는 제철 목회, 사계절 목회를 요구하고 있다. 작금의 변화를 고려하면서 햇볕에 자라나는 계절 목회, 가꾸는 목회, 여름과 같은 목회를 살펴보려고 한다.

I. 여름과 같은 목회

여름과 같은 목회는 성도와 교회가 자라나도록 가꾸는 목회이다. 그런데 예수님 시대나 지금이나, 특히나 코로나 팬데믹을 지나면서 비대면, 영상, 유튜브 예배에 익숙한 성도들과 일명 가나안교회에 출석하지 않는 성도들이 늘어나면서 목회는 피리를 불어도 춤을 추지 않는 세대가 대상이다. 세례 요한은 감옥에 갇혀서 예수님께서 행하시는 일들을 듣고 제자를 보내어 '당신이 메시야냐'고 묻는다. 이 때에 예수님은 "맹인이 보며 못 걷는 사람이 걸으며 나병환자가 깨끗함을 받으며 못 듣는 자가 들으며 죽은 자가 살아나며 가난한 자에게 복음이 전파된다"마 11:5고 말씀하시며, "누구든지 나로 말미암아 실족하지 아니하는 자는 복이 있도다"마 11:6 하셨다. 그리고 이어서 선지자 세례 요한을 보기 위해 광야로 나갔던 무리들이, 이제는 메시야로서 예수님이 오셨는데 무반응일 뿐 아니라 오히려 거부하고 귀신들렸다 하는 것에 대해 이렇게 꾸짖으신다. "이 세대를 무엇으로 비유할까 비유하건대 아이들이 장터에 앉아 제 동무를 불러 이르되 우리가 너희를 향하여 피리를 불어도 너희가 춤추지 않고 우리가 슬피 울어도 너희가 가슴을 치지 아니하였다 함과 같도다"마 11:16-17.

지금 시대는 예수님의 시대 보다도 더 악하며 더 무감동, 더 무반응의 시대일 뿐만 아니라 반기독교 정서가 팽배한 사회라고 해도 과언이 아니다. 춤춰야 할 때 춤추지 않고, 슬피울며 가슴을 쳐야 할 때 무표정으로 있는 형국이다. 영적 관심을 분산시키고, 영적 욕구보다 세상의 쾌락과 즐거움에 맹목적으로 끌려가는 세대이다. 좋은 말씀은 유튜브에 널려있고, 개인적 묵상과 영성을 일깨우는 글들과 책들이 넘쳐나지만 동시에 직접 자신이 땀을 흘리고 김을 매고 수고하며 행동하지 않은 채 신앙의 열매만을 구하는 허무한 착각의 삶이다. 여름과 같은 목회는 이와같은 목회 현장에 대한 이해가 전제되며, 여름과 같은 목회의 현장은 피리를 불어도 춤을 추지 않는 세대와의 싸움이다. 예수님께서 세상의 끝에 징조를 말씀하시면서 "무화과 나무의 비유를 배우라 그 가지가 연하여지고 잎사귀를 내면 여름이 가까운 줄을 아나니"^{마 24:32; 막 13:28; 눅 21:30}라고 말씀 하셨다. 싹이 나면 여름이 가까운 줄을 자연히 아는 것처럼 "일월성신에는 징조"^{눅 21:25}가 있다고 주님께서 가르쳐 주신다. 때를 따라 성장하는 나무를 보면서 계절의 특성을 알 듯이 세상의 징조를 통해 심판의 때를 알아야 목회적 대처를 할 수 있다. 따라서 여름과 같은 목회는 예수님의 말씀에 따라 무화과 나무에게서 배워야 한다.

1. 땀흘리는 목회

첫째, 여름과 같은 목회, 무화과 나무에서 배우는 목회는 가꾸어 자라나게 하는 땀흘리는 목회이다. 목회의 대상과 목회 현장의 변화를 알고 이에 따라 그 시기에 맞게, 묵묵히 땀흘리며 가꾸는 목회이다. 냉랭함에는 열정을 불사르는 뜨거움으로, 불같은 더위에는 이것을 식힐 수 있는 얼음 냉수 같은 목회이다. 시대와 세대의 변화를 직시하면서 어떻게 해서든지 하나님의 진리의 말씀을 배우고 체험하는 기쁨과 기회에 반응할 수 있도록 성도를 돌봐야 한다.

통계적으로 보면 3040 세대는 다른 세대에 비해서 종교인 자체 비율이 현저하게 감소하고 탈종교화 경향이 높아지고 있다. 이러한 현상은 코로나19 팬데믹이 가속화시켰다고 볼 수 있다. 이 세대는 가사 및 육아, 직장과 일상생활에서 스트레스를 많이 받고 있고, 이러한 스트레스가 현장예배 보다 온라인 예배나 신앙 자체에 대한 관심을 약화시키고 있다. 또한 성경 말씀이나 교회가 사회생활이나 가정생활, 직장생활에 적합한 지침을 주지 못한다고 생각한다. 그렇기에 교회를 떠나거나 출석을 하지 않는다는 것이 종교적 행사나 의례를 떠난 것이지 영적인 것에 대한 관심 조차 잃어버린 것은 아니다. 여름과 같은 목회는 어떻게 영적 돌봄과 가르침을 각 세대와 교인의 필요에 맞게 제공하고, 신앙을 돌아보고 영성을 가꾸며 자라나게 할 수 있도록 마중물을 제공하는 목회에 초점을 맞춰야 한다. 교회종교 활동 보다 봉사 활동, 사회 공헌 활동 등 의미 지향에 관심을 가진 세대를 향한 목회는 교회 활동에 대한 헌신이나 봉사 보다는 직면한 가정생활과 육아 등 자녀 양육에 도움을 주면서 이웃과 소외된 사람들과 함께 하기 위한 영적, 공동체적 성장과 자라감에 성경 교육과 인격적 만남이 있는 목회가 되어야 한다. 이에 대해 히브리서 기자는 다음과 같이 말한다.

> 때가 오래 되었으므로 너희가 마땅히 선생이 되었을 터인데 너희가 다시 하나님의 말씀의 초보에 대하여 누구에게서 가르침을 받아야 할 처지이니 단단한 음식은 못 먹고 젖이나 먹어야 할 자가 되었도다. 이는 젖을 먹는 자마다 어린 아이니 의의 말씀을 경험하지 못한 자요 단단한 음식은 장성한 자의 것이니 그들은 지각을 사용함으로 연단을 받아 선악을 분별하는 자들이니라.히 5:12-14

성도들을 보며 젖을 먹어야 할 단계인지 단단한 음식을 먹을 수 있는지, 의의 말씀을 경험하지 못한 어린 아이 같은 상태는 아닌지, 지각을 사용함으로 선악을 분별하는 장성한 사람인지에 따라 말씀의 초보부터 다시 시작해야할지를 파악하고 이에 맞게 목회적 돌봄을 제공해야 한다.

아굴라와 브리스가 부부는 고린도에서 바울 사도를 만나 1년 6개월 동안 말씀을 배우고 훈련을 받으며 함께 생업을 하며 동역을 한다. 그러다가 아볼로를 만난다. 이들 부부는 열정만으로 성경을 부분적으로 전하는 아볼로를 보고 자기집으로 초청하여 말씀을 가르치는 모습을 사도행전은 다음과 같이 기술한다.

> 알렉산드리아에서 난 아볼로라 하는 유대인이 에베소에 이르니 이 사람은 언변이 좋고 성경에 능통한 자라. 그가 일찍이 주의 도를 배워 열심으로 예수에 관한 것을 자세히 말하며 가르치나 요한의 세례만 알 따름이라. 그가 회당에서 담대히 말하기 시작하거늘 브리스길라와 아굴라가 듣고 데려다가 하나님의 도를 더 정확하게 풀어 이르더라. 행 18:24-26

부부가 한 마음이 되어 신앙에 열정은 있으나 말씀에 체계적 훈련이 부족한 아볼로를 자기집으로 초청하여 복음의 진수를 가르치고 교제하며 식사하고 삶을 나눈다. 동역하는 브리스가와 아굴라 부부는 집을 열어서 이웃을 환대하며 성경과 삶을 나눔으로 섬긴다. 후에 바울 사도는 자신은 심었고 아볼로는 물을 주었다며 "우리는 하나님의 동역자들"고전 3:9이라 한다. 아볼로가 진정한 복음 전도자로, 가르치는 사역자와 동역자로 성장하는데는 브리스가와 아굴라 부부의 가르침과 섬김이 있었다. 이처럼 여름과 같은 목회는 성도의 수준을 파악하여 신앙에 자라나고 가꾸도록 가르치는 목회이다.

최근 5-6월 중에 필자가 방문한 몇몇 교회들은 평일인 수요일 저녁과 주일 오후 집회의 한계를 보면서 필요에 따라 모이는 금요 집회를 접목한 기도회를 통해 3040 세대의 꾸준한 참석과 뜨거운 기도의 열기를 보고 체험할 수 있었다. 세대의 필요에 따라 때로는 부모교육, 때로는 가정생활, 마음 가꾸기 등 실제적인 주제의 말씀 집회와 찬양과 뜨거운 기도로 영적 각성을 도모하고 영적 갈증을 해갈하는 여름같은 목회를 통해 개인과 가정의 신앙적 필요를 채워주고 있다. 책읽기 모임, 학부모 성장 모임, 성경

필사 또는 읽기 모임, 자기 성장 모임 등 주중에 다양한 소그룹 형태의 모임을 통하여 성도들의 영적 각성, 신앙적 열망과 필요를 채워주는 사역 등도 가능하다. 물론 수련회로 신앙의 도전을 주는 기독교 역사적 유적지 탐방이나 쉼의 공간과 시간을 제공하기도 하고, 간단하게 힐링 걷기나 지역 도서관 방문 및 대담 등 교회 구성원들의 욕구에 맞는 교육과 신앙적 성장 환경을 제공하므로 피리를 불며 춤을 출 수 있도록 성도를 돌보는 교회들이 늘어가고 있다.

그럼에도 여름과 같은 목회의 핵심 사역은 말씀의 갈증을 해갈토록 집중하는 가르침이 기본이다. 땀보다 열매만을 추구하는 시대에 목회적 땀 흘림을 통해 심겨진 말씀의 씨앗이 자라나도록 해야 한다. "홍수에 마실 물이 없다"는 말이 있다. 여름 가뭄에 마실 물이 없어 고통이지만 동시에 홍수에도 마실 물이 없어 괴롭긴 마찬가지다. 물이 없어 마실 물이 없는거나 물은 넘쳐나지만 정작 마실 수 있는 물이 없는 것은 똑 같은 고통이다. 아모스 선지자 때에 북 이스라엘 왕국은 최고의 번영을 누리며 모든 것이 잘 되어 간다고 생각하며 하나님에게서 멀어졌다. 그 때 아모스는 이스라엘에게 이렇게 경고한다. "주 여호와의 말씀이니라 보라 날이 이를지라 내가 기근을 땅에 보내리니 양식이 없어 주림이 아니며 물이 없어 갈함이 아니요 여호와의 말씀을 듣지 못한 기갈이라"암 8:11. 여름과 같은 목회는 무더위 속에 구슬땀을 흘리며 일하듯이 어떻게 하면 하나님의 말씀에 대한 관심과 흥미와 열정을 불러일으키는 땀의 목회를 요구한다.

2. 개미에서 배우는 예비하는 목회

둘째, 여름 같은 목회는 개미에서 배우는 목회로 가꾸고 자라게 하는, 추수를 준비하고 예비하는 목회이다. 잠언 기자는 게으른 자들과 비교하며 개미가 하는 것을 보며 지혜를 얻으라 말씀한다. "게으른 자여 개미에게 가서 그가 하는 것을 보고 지혜를 얻으라. 개미는 두령도 없고 감독자도 없고 통치자도 없으되 먹을 것을 여름 동안에 예비하며 추수 때에 양식을 모으느니라"잠 6:6-8.

개미는 감독자도 없는데 게으름을 피우지 않고 부지런히 일을 한다. 잠언 기자는 개미에게서 배워야 할 것은 개미는 먹을 것을 여름 동안 예비하여 추수 때를 준비한다고 말한다. 여기서 게으름이라는 것은 단순히 빈둥거리며 일을 하기 싫어한다는 의미도 있지만 동시에 자신에게 관심이 없는 것, 다시말하면 자신이 좋아하는 것에만 반응하며 다른 것에는 무활동, 무관심으로 일관한다는 것과 같다. 그렇기에 게으른 자는 "그 손을 그릇에 넣고도 입으로 올리기를 괴로워하느니라"잠 25:15고 말씀한다. 먹을 것을 손에 잡아도 다른 것에 관심을 가지고 입으로 가져가지 않는다. 젊은 세대들이나 3040 세대, 5060을 포함해서 은퇴를 맞는 세대에 이르기 까지 게으르게 사는 사람은 거의 없다. 모두 열심히 살고 "노오오력"하며 살고 있다. 그럼에도 불구하고 자신의 관심사에만 집중하면서 영적인 것을 준비하고 미래를 대비하는 일에 게으른 사람들이 있다. 개미에게 배운다는 것은 비록 개미는 힘이 없지만 "먹을 것을 여름에 준비하는 개미"잠 30:25이기에 가꾸고 자라나는 여름같은 목회는 추수를 준비하고 예비하는 준비의 목회이다. 가꾸는 것보다 추수를 원하는 시대에 개미같은 목회는 추수하는 미래를 바라보며 감독자가 없어도 스스로 부지런히 자기 훈련에 매진하는 것이 여름같은 목회이다.

예수님은 씨뿌리는 사람의 비유마 13:3-9, 18-23에서 뿌려진 씨앗말씀이 길가, 돌짝밭, 가시덤불 땅, 좋은 땅에 각각 떨어졌다고 말씀한다. 그리고 그 비유를 이렇게 해석하신다.

18. 이제 너희는 씨 뿌리는 사람의 비유가 내포한 뜻을 들어보아라. 19. 누구든지 하늘 나라에 관한 말씀을 듣고도 깨닫지 못할 때에는 악한 자가 와서 그 마음에 뿌려진 말씀을 빼앗아 간다. 길바닥에 떨어졌다는 것은 바로 이런 사람을 두고 하는 말이다. 20. 또 돌밭에 떨어졌다는 것은 그 말씀을 듣고 곧 기꺼이 받아들이기는 하지만 21. 그 마음속에 뿌리가 내리지 않아 오래 가지 못하는 사람을 두고 하는 말이다. 그런 사람은 그 말씀 때문에 환난이나 박해가 닥쳐오면 곧 넘어지고 만다. 22. 또 가시덤불에 떨어졌다는 것은 말씀을 듣기는 하였지만 세상 걱정과 재물의 유혹이 말씀을 억눌러 열매를 맺지 못하는 사람을 두고 하는 말이다. 23. 그러나 좋은 땅에 떨어졌다는 것은 그 말씀을 듣고 잘 깨닫는 사람을 두고 하는 말이다. 그 사람은 백 배 혹은 육십 배 혹은 삼십 배의 열매를 맺는다.^{공동번}

^{역, 마 13:18-23}

개미에게서 배우는 예비하고 준비하는 목회는 뿌려진 씨앗^{말씀}이 길가, 돌짝밭, 가시덤불 땅, 좋은 땅인지 파악하여, 훗날 추수 때를 위해 성도들이 각 수준에서 자라나도록 돌보는 목회이다. 충성된 사역자는 무더위에 얼음 냉수와 같다. 잠언 25장 13절에 "충성된 사자는 그를 보낸 이에게 마치 추수하는 날에 얼음 냉수 같아서 능히 그 주인의 마음을 시원하게 하느니라"고 말씀한다. 여기서 "추수하는 날"의 시기는 보리와 밀을 추수하는 이스라엘의 5, 6월로 이 때가 가장 무더울 때, 여름의 계절이다. "얼음 냉수"라고 번역된 말은 원어상으로는 '눈의 냉기'라는 뜻으로 무더위 속에 눈의 차가운 냉기와 같다는 의미이다. 초여름 더위에 얼음 냉수 같은 여름 목회는 일^{직장}과 삶의 균형인 워라밸^{work and life balance}을 추구하면서도 안정적인 직장생활과 가정생활을 병행하기를 원하는 세대를 흔들어서 신앙의 열정을 불러 일으키는 목회이다. 개 교회 구성원과 세대에 필요한 맞춤형 접

근을 통해 당장의 열매와 추수를 기대할 수는 없지만 훗날에 거두는 때를 준비하며 오늘의 삶을 가꾸고, 가정을 일구도록 돕는 자기 훈련 공동체와 소그룹에 초점을 맞추어야 한다.

코로나 팬데믹 이전과 이후의 변화는 뉴노멀, 옛 기준에서 새 기준을 요구하지만 성경에서 가르쳐주는 본래 신앙의 원리는 올드 노멀이 아니라 언제나 노멀 Always normal을 제시하고 있다. 사람을 창조하신 하나님의 말씀은 오늘도 유효하며 성경은 사람의 목적과 피조물의 사명을 가르쳐 준다. 그런데 코로나 팬데믹 이후 한 슬픈 통계는 성경적 삶의 현실성 인식인데 기독청년들의 40%는 "성경말씀을 지키며 살면 이 사회에서 성공할 수 없다", 62%는 "성경 말씀을 지키며 사는 사람은 내 주위에 별로 없다" 라고 답을 했다. 하나님의 말씀과 삶의 괴리를 좁혀서 마음을 시원케 하고 미래를 향하여 나아갈 수 있도록 자기 훈련을 돕는 목회가 여름과 같은 목회이다.

나가는 말

지금의 4계절은 여름과 가을이 점점 짧아지고 있다고 하여 '봄, 여어어어어름, 가을, 겨어어어어울'이라고 말한다. 사람은 이 땅에서 계절 속에 살아간다. 성경은 말씀한다. "땅이 있을 동안에는 심음과 거둠과 추위와 더위와 여름과 겨울과 낮과 밤이 쉬지 아니하리라"창 8:22. 인생에 4계절이 있듯, 목회의 4계절이 있는 것은 당연한 것이다. 그런데 추위와 더위, 여름과 겨울이 반복되는 것은 자연적 이치일 수 있지만 엉거주춤한 상태에 머물고 있는 것은 신앙의 퇴보이다. 창조의 근본이신 주님께서 요한계시록의 7교회 중에 라오디게아 교회에 대한 맞춤 책망은 "내가 네 행위를 아노니

네가 차지도 아니하고 뜨겁지도 아니하도다 네가 차든지 뜨겁든지 하기를
원하노라 네가 이같이 미지근하여 뜨겁지도 아니하고 차지도 아니하니 내
입에서 너를 토하여 버리리라"계 3:15-16는 경고이다. 차든지 뜨겁든지에 따
라 여름 목회의 접근이 달라져야 하는데 미지근하여 뜨겁지도 차지도 아
니하면 토해낼 것이라 경고한다.

야구 베이스는 1루를 지나야 2루로 가고, 2루를 거쳐 3루를 지나 홈
베이스로 돌아와야 점수열매를 얻는다. 목회는 야구 베이스와 같은 목회가
아니다. 봄 다음에 여름이 오고, 여름에서 가을, 겨울로 순차적이어야 할
필요도 없고, 또 그렇게 진행되지도 않는다. 열대성 기후, 한겨울 한파만
있는 북극, 동토의 땅이 있듯이 다양한 토양에서도 버티고 살아내는 전천
후 목회로 나아가야 한다. 지금은 여름과 같은 목회가 필요한 시기이다.

여름하면 어렸을 적 힘차게 불렀던 "여름성경학교 교가"가 생각난다.

1. 흰구름 뭉게뭉게 피는 하늘에, 아침해 명랑하게 솟아오른다
   손에 손을 마주잡은 우리 어린이, 발걸음 가벼웁게 찾아가는 길
2. 매아미 매암 매암 숲에서 울면, 우리도 랄라라라 노래부르자
   배우는 시간시간 너무 재밌어, 웃음이 얼굴마다 넘쳐흐른다
   〈후렴〉 즐거운 여름학교 하나님의 집, 아- 진리의 성경말씀 배우러 가자

   유영희 작사, 박재훈 작곡, 1950년대

이전의 여름성경학교 시대로 돌아갈 수는 없다. 그러나 그 때의 열정
과 뜨거움은 되찾아야 한다. 여름같은 목회는 진리의 성경말씀을 집중적으
로 배우는 즐거운 여름학교, 하나님의 집, 배우는 시간시간 재밌고 웃음이
얼굴마다 넘쳐 흐르도록 다시 땀 흘리는 무화과 나무에게서 배우는 목회
이다. 또한 여름과 같은 목회는 감독자가 있든 없든 개미가 먹을 것을 여름

동안 예비하여 추수 때를 대비하는 개미에게서 배우는 목회이다. 말씀으로 무장하여 자기 절제와 훈련을 통해 환난날과 어려움의 때를 준비하는 목회이다.

4장
사계절 전천후 목회 3 : 가을과 같은 목회

들어가는 말

2024년 여름의 폭염은 가히 살인적이었다. 달력은 이미 가을이고, 더위가 서서히 줄어든다는 처서處暑가 지난지 벌써 한달이 넘었지만 무더위는 멈출 줄 모른다. 사계절 목회를 이야기하는데 봄과 가을이 점점 줄어들고 여름과 겨울이 점점 길어지는 형국이다. 온난화 현상으로 기온이 올라가면서 계절의 구분도 분명치 않고 지역 과실도 점점 특색이 바뀌고 있다. 그럼에도 불구하고 드디어 아침 저녁 선선한 바람이 불어온다. 그래도 가을은 가을이다.

인격 의학을 주창했던 폴 투르니에1898-1986는 그의 책 『인생 사계절』에서 이렇게 말한다. "인생의 모든 계절은 저마다 의미가 있다. 지난간 계절을 반추하며 쓸쓸해 하거나 절망하지 말자. 지금 다가온 계절에 충실해야 성숙한 삶을 살 수 있다. 인생은 우리 앞에 놓인 선물이다!" 오래 전에 쓰여진 책이지만 투르니에는 인생을 자연의 사계절 변화에 비유한다. 어린 시절을 꽃피는 봄으로, 청장년을 성장하는 활동의 시기인 여름으로, 노년을 열매 맺고 거두는 가을의 시기로, 그리고 생의 마지막 죽음의 계절로 겨울을 묘사하고 있다. 그러나 이러한 계절의 시기는 순차적인 계절의 시간만 있는 것이 아니라 낙엽 지는 가을에도 새싹이 돋아나는 봄날을 맞을 수 있다고 주장한다. "이제사 인생을 네 계절로 나눈 구별기가 퇴색한 것이 분명합니다. 우리들은 이제 전 인생을 한 눈으로 보게 됐으며, 그것도 부활을 포함해서 전 인생을 보게 된 것입니다. 우리들은 어린 시절에 '순종'을 배워 하나님을 알 수도 있고, 장년 시대의 '활동'하던 한복판에서 하나님을 알기도 하며, 노년의 명상적인 휴식 속에서도 하나님을 알게 되는 것입니다. 하나님 인식은 어느 연령의 계단에서도 똑같이 가능한 것입니다."

이런 의미에서 투르니에의 인생 사계절은 필자의 사계절 전천후 목회와 맥을 같이 한다 해도 과언이 아니다. 필자는 위기를 만난 한국교회가 지향해야 할 목회는 사계절 전천후全天候 목회라 명명한다. 사계절이란 자연과 인생에 계절의 변화가 있고 특성이 있듯이 사계절 목회란 인생주기에 따라, 세대에 따라, 성별에 따라, 인종에 따라, 문화에 따라 각각 고유한 특성이 있음을 인식하는 목회이다. 동시에 전천후란 "어떠한 기상 조건에도 제 기능을 다할 수 있음"이라는 뜻으로, 전천후 목회란 어떤 환경의 변화나 조건에도 불구하고 언제나 목회적 기능을 해내는 것을 의미한다. 따라서 "4계절 전천후 목회"란 인생의 사계절 뿐 아니라 각 시대와 세대의 변화와 특성에 민감하게 반응하며 다가가는 목회와 어떤 환경, 생애주기, 시대, 세대, 성별, 종족, 문화와 상관없이 언제나 제대로 기능할 수 있는 변치 않는 본질 목회를 일컫는 필자의 신조어이다. 인생의 4계절이 있듯 목회에도 4계절이 있다. 교회력과 절기에 따른 가을과 같은 목회는 추수감사절과 말씀 사경회의 감사와 추수, 열매의 목회 기간이다. 열매맺는 목회이다.

I. 사계절 전천후 목회 3 : 가을과 같은 목회

예수님께서는 자신을 시험하며 하늘로부터 오는 표적을 보여달라는 바리새인들과 서기관들을 향하여 "아침에 하늘이 붉고 흐리면 오늘은 날이 궂겠다 하나니 너희가 날씨는 분별할 줄 알면서 시대의 표적은 분별할 수 없느냐"마 16:3고 힐책하셨다. 이어서 그들을 향해 악하고 음란한 세대가 표적을 구한다 지적하시며 시대를 읽지 못하고, 계절을 분별하지 못한다고 말씀하셨다. 예수님께서 당시 지도자들을 향하여 하신 말씀에 비추어 보면 오늘날 목회자들, 교회지도자들은 시대와 계절의 변화에 민감하게 목회와 목양에 임하는지 스스로 돌아보아야 한다.

포스크 코로나 시대를 지나면서 변화의 특징 가운데 하나는 '홈코노미'로 집에서 온라인으로 모든 경제활동과 소비를 해결하는 것이다. 집이 단순히 주거 공간이 아니라 휴식, 문화 심지어는 레저까지 할 수 있는 새로운 공간으로 바뀌고 있다. 또한 4차 산업혁명과 함께 '에듀테크' 시대로 빅데이터, 인공지능AI, 온라인 수업과 등교, 재택근무 등 가상의 공간을 활용한 다양한 현장학습과 비대면 활동이 일상화되고 있다. 이에 따라 집에 머물고, 가상공간에서 뛰놀고, 필요한 것들을 구하고 새로운 정보를 찾아다니는 디지털 노마드 세대에게 예배과 성경공부, 교회활동과 섬김 등 기존의 교회모임과 교육은 계속해서 위축될 수 밖에 없다. 반면에 가족이나 공동체를 떠나 1인 가구로, 비대면으로 홀로 살아가는 사람들이 늘어날수록 심리정서적 문제를 겪고 자살, 고독사 등 사회적 병리현상도 늘어난다. 사람에게 필요한 것은 가족과 공동체의 대체물이나 대안이 아니라 실제로 소통과 만남이 있는 친밀한 교제와 공동체이다. 이러한 필요를 제공해 줄 수 있는 곳이 교회이며 교회 공동체이다. 가을과 같은 목회는 추수감사절과 말씀 사경회또는 교회 창립 기념일도 가을인 교회가 많다, 감사와 결실, 추수를 기다리는 목회의 기간이다. 따라서 가을과 같은 목회는 열매맺는 목회이다. 영성이 깊어지는 계절에 믿음 생활을 돌아보며 신앙의 열매가 맺혀지도록 이끄는 목회의 중심에는 교회 공동체가 있다.

1. 공동체 목회

가을과 같은 목회의 첫 번째 특징은 하나님의 은혜를 기억하는 공동체 목회이다. 신앙공동체로서 교회의 역사를 기억하고, 신앙의 유산을 기억하고, 지난 계절에 흘린 땀과 수고를 기억하며 그 어려움을 견뎌오게 하신 하나님의 은혜를 기억하도록 돕는 목회여야 한다. 가정에서 결혼기념일이나 자녀들의 출생과 성장 과정을 담은 사진첩과 기록을 보며 기억하고 기념하듯이, 유아세례를 받고, 입교를 하고, 신앙고백을 하고, 결혼예식을 하고 임직을 받고, 지내온 신앙의 여정을 돌아보며 하나님의 은혜를 기억하는 절기이다.

열매맺는 목회의 핵심은 심은 대로 거두는 원리이지만 하나님의 은혜가 먼저 있어야 함을 기억해야 한다. 우리의 믿음의 결단에 앞서 불가항력적인 하나님의 부르심과 은혜가 있었다는 것을 고백하는 것과 마찬가지다. 예레미야 선지자는 이렇게 말한다. "또 너희 마음으로 우리에게 이른 비와 늦은 비를 때를 따라 주시며 우리를 위하여 추수 기한을 정하시는 우리 하나님 여호와를 경외하자 말하지도 아니하니"렘 5:24. 이 말씀을 현대인의 성경은 이렇게 번역하였다. "내가 너희에게 때를 따라 가을비와 봄비를 내려 주고 추수하는 계절을 주었으나 너희는 나를 존중하거나 두려워하지 않았다." 하나님께서 때를 따라, 정해진 때에 이른 비와 늦은 비를 주지 않으시면 파종할 수도 없고 추수할 수도 없다. 가을과 같은 목회는 하나님의 은혜로 목양하는 것임을 다시금 떠올리고 기억하는 시기이다. 봄에 씨앗을 뿌리고 여름 뙤약볕과 폭풍우를 견뎌내고 자라서 결실하여야 열매맺는 가을을 맞는다. 그런데 무더운 여름을 견뎌냈을지라도 추수를 앞두고 내려야 할 비가 내리지 않거나 오지 말아야 할 태풍이 몰려와서 한해의 농작물과 과실을 망치는 경우가 종종 있다. 이처럼 농부가 가을에 수확을 거두려면 하나님께서 은혜를 베푸셔서 늦은 비와 이른 비를 때에 따라 내려주셔야 한다.

가을과 같은 목회는 베풀어주신 하나님의 은혜를 기억하고 재경험할 수 있도록 말씀 사경회도, 가을 기도회도, 그리고 가을 신앙 강좌도 준비되어야 한다. 어떤 교회에서는 '앙코르 결혼식'을 통해 결혼의 의미를 되새기며 재현하기도 한다. 유대교에서는 행동을 책임질 나이인 13세에 성인식인 '바르 비츠바'를 행하고 축하하는 행사를 갖는다. 그런데 많은 유대인들이 성인식 후 70년 부터 새롭게 시작하는 영적 각성의 시기로 여기고 토라 연구와 전통을 준수하는 것에 재헌신함을 표현하며 83세에 두번째 바르 미츠바를 축하한다. 교회 공동체가 '세례언약 재확인 예식'reaffirmation of baptismal covenant을 통해서 세례를 받았을 때 서약을 재현하고 주님과의 언약을 기억하며, 신앙의 정체성을 회복하도록 도울 수 있다. 가을과 같은 목회는 공동체가 함께 신앙고백을 기억하고, 말씀 연구에 새롭게 재헌신하고 의미를 찾아가도록 기회를 제공하는 시기이다.

2. 감사하는 목회

가을과 같은 목회의 두 번째 특징은 감사에 집중하는 목회이다. 이스라엘의 계절은 사계절이 뚜렷한 지역과는 매우 다르다. 성경에서 말하는 이른 비와 늦은 비, 가을비와 봄비는 우리나라의 사계절과는 다른 특성을 보인다. 우리나라가 봄·여름·가을·겨울의 농번기 순서를 가진다면, 이스라엘은 가을·겨울·봄·여름의 순서로 이해할 수 있다. 성경에서 말하는 이른 비는 태양력으로는 봄처럼 보이지만 실제로는 가을에 내리는 비이며, 늦은 비는 가을처럼 보이나 봄비를 가리킨다.

출애굽기 34장 22절을 번역할 때 개역한글은 "칠칠절 곧 맥추의 초실절을 지키고 가을에는 수장절을 지키라"고 하였는데, 개역개정에서는 "칠칠절 곧 맥추의 초실절을 지키고 세말에는 수장절을 지키라"로 번역하였다. 이스라엘의 칠칠절^{맥추절, 오순절}은 보리 추수가 끝나고 밀 추수가 시작될 때 새로운 곡식에 감사하는 봄 절기로, 양력 5-6월 사이의 추수감사절기에 해당한다. 수장절^{초막절, 추수절}은 곡식을 창고에 저장하는 절기로 양력 10월 하순경, 즉 가을에 해당한다.

하나님께서 베풀어주신 은혜에 감사하는 이 절기들 중 맥추절은 첫 열매를 거둘 때의 절기이며, 수장절은 마지막 추수를 마치고 수확물을 저장하는 절기이다. 이스라엘 절기에서 수장절에 대하여 레위기 23장은 이렇게 기록한다.

> 여호와께서 모세에게 말씀하여 이르시되 이스라엘 자손에게 말하여 이르라 일곱째 달 열닷샛날은 초막절이니 여호와를 위하여 이레 동안 지킬 것이라. 첫날에는 성회로 모일지니 너희는 아무 노동도 하지 말지며 이레 동안에 너희는 여호와께 화제를 드릴 것이요 여덟째 날에도 너희는 성회로 모여서 여호와께 화제를 드릴지니 이는 거룩한 대회라 너희는 어떤 노동도 하지 말지니라.^{레 23:33-36}

초막절의 핵심은 출애굽하여 초막에서 거주했던 광야 생활을 기억하면서 이제 가나안 땅에 들어와 거주하며 농사를 짓고 소출을 얻게 되는 모든 것이 하나님의 은혜이기에 그 수장절 기간에는 어떤 노동도 하지 말라고 말씀한다. 왜냐하면 추수한 것을 저장할 수 있는 복은 인간의 노동으로만 결실이 맺어져서 수확한 것이 아니기 때문이다. 오히려 하나님의 은혜 때문이기에 그것을 기억하며 감사하라는 의미이다.

이처럼 가을과 같은 목회는 교회를 지켜주시고 성도들을 돌보게 하신 하나님의 은혜에 감사하는 것에 초점을 맞춰야 한다. 비단 가을에 한가위가 있고 추수감사절이 있어서 뿐 아니라, 농부의 심정으로 한 해에 거둘 것이 있다는 것은 전적인 하나님의 은혜, 늦은 비와 이른 비를 때마다 내려주셨기 때문임을 기억하며 감사하는 목회이다. 감사를 묵상하며 전광 목사는 그의 책 『평생감사』에서 사계절 감사와 전천후 감사를 제시한다. 그는 봄 감사는 '가슴속에서 피어오르는 아지랑이 같은 것', 여름 감사는 '뜨거운 태양빛 가운데 불어오는 시원한 바람 같은 것', 가을 감사는 '톡 터질 것 같은 열매의 풍성함 같은 것', 그리고 겨울 감사는 '사뿐히 내려앉는 깨끗한 눈꽃 같은 것'으로 사계절 감사를 묘사한다.

나아가 그는 다윗의 감사를 전천후 감사라고 명명한다. 그 이유는 다윗이 왕의 신분에서 종의 위치로 내려간 상황에서도 겸손한 마음 자세로 감사의 용량을 무한대로 넓혀서 전천후 감사의 사람이 되었기 때문이다. 결국 다윗은 하나님으로부터 "내 마음에 합한 사람"행 13:22이라는 인정을 받는다. 추석과 감사절이 있는 가을에는 다양한 방식으로 감사를 표현할 수 있도록 교회 공동체가 함께 해야 한다.

3. 배움의 목회

가을과 같은 목회의 세 번째 특징은 영성을 돌아보며 하나님을 깊이 있게 알아가는 배움의 목회 절기이다. 호세아서는 "그러므로 우리가 여호와를 알자 힘써 여호와를 알자 그의 나타나심은 새벽 빛 같이 어김없나니 비와 같이, 땅을 적시는 늦은 비와 같이 우리에게 임하시리라 하니라"호 6:3 고 말씀한다. 새번역 성경은 이렇게 번역하였다. "우리가 주님을 알자. 애써 주님을 알자. 새벽마다 여명이 오듯이 주님께서도 그처럼 어김없이 오시고, 해마다 쏟아지는 가을비처럼 오시고, 땅을 적시는 봄비처럼 오신다."호 6:3 호세아 선지자는 이른 비와 늦은 비, 봄비와 가을비 처럼, 새벽의 여명, 동틀 때에 새벽빛 처럼 어김없이 찾아오시는 하나님을 알아가고 힘써 알자고 외친다. 가을은 추수를 위해 돌보시고 베푸시고 때마다 일마다 찾아오셔서 함께 하시는 하나님을 알아가기에 최적화된 목회의 절기이다. 하나님을 알아갈 수 있도록 신앙과 영성에 집중하는 목회의 시기이다. 추수감사절 뿐 아니라 종교개혁 주간10월말을 맞으며 신학강좌나 믿음생활을 새롭게 하는 신학강좌, 세대 맞춤형 집회, 기도회 등을 연례적으로 운영하는 교회들이 늘어가고 있다.

가을은 믿음의 성숙함과 열매를 사모하는 사람들에게 홀로 묵상하고 기도하도록 도전을 줄 수 있는 계절이기도 하다. 공동체가 함께 영성을 돌아보는 것 뿐 아니라 신앙의 홀로서기를 할 수 있어야 한다. 엘리야는 열정적으로 사역하며 우상숭배자들과 대결하여 승리하고, 하나님의 기적을 경험하며 성공적 목회를 하고 있었다. 그의 인생에 가장 활동적인 여름 목회 시기이다. 그런데 이러한 엄청난 일들이 놀랍게 펼쳐질 때 엘리야가 하나님과 깊은 친밀한 관계로 나아간 것이 아니다. 그의 야망과 기대가 무너지고, 이세벨이 자신의 생명을 찾는다는 것을 알고 두려움 가운데 도망하여 숨었을 때, 차라리 죽는게 낫다는 생각이 들 때 하나님의 음성을 듣는다. 엘리야는 자신만 홀로 남았다며 우울해졌을 때 하나님께서 다가오신다. "또 지진 후에 불이 있으나 불 가운데도 여호와께서 계시지 아니하더니 불 후에 세미한 소리가 있는지라. 엘리야가 듣고 겉옷으로 얼굴을 가리우고 나가 굴 어귀에 서매 소리가 있어 저에게 임하여 가라사대 엘리야야 네가 어찌하여 여기 있느냐 저가 대답하되 내가 만군의 하나님 여호와를 위하여 열심이 특심하오니 이는 이스라엘 자손이 주의 언약을 버리고 주의 단을 헐며 칼로 주의 선지자들을 죽였음이오며 오직 나만 남았거늘 저희가 내 생명을 찾아 취하려 하나이다"^{왕상 19:12-14}. 하나님께서는 분주한 사역의 현장에서가 아니라 홀로 좌절의 동굴 속에 숨었을 때에 세미한 음성으로 말씀하신다. 또 그와 뜻을 같이하는 믿음의 사람들이 칠천명이 남아 있음을 알려주시며 독려하신다^{롬 11:3-5}. 엘리야는 낙심하여 동굴속에 홀로 있다가 하나님의 세미한 음성을 들은 것처럼 열매맺는 가을 목회는 조용한 묵상과 거룩한 독서, 개인 기도를 할 수 있는 기도원이나 수도원 등을 찾아서 지친 영혼을 어루만지며 하나님께 집중하는 목회 기회를 만들어야 한다.

4. 격려하는 목회

가을 같은 목회의 네번째 특징은 소외되고 혼자 되어 외로워하는 이들을 찾아 돌보고 격려하는 목회여야 한다. 가을에는 계절 탓도 있지만 한가위나 감사절이 있어서 가족이 모이고 공동체가 함께 기뻐하는 절기이기에 오히려 외로움으로 괴로워하거나 고통받는 사람들이 있다. 19세 이상 2,000명을 대상으로 2023년 1월에 조사한 통계를 보면, 외로움 지수에 따라 중고도 이상 외로움을 겪는, 의료적 치료가 필요한 수준의 비율이 26.5%이다. 즉 외로움으로 치료를 받아야 하는 국민이 1/4이 넘는다는 뜻이다. 또한 '외로움으로 관심이 생긴 종교' 질문에 중고도^{28.3%}, 고단계^{5.7%}에서 기독교에 대한 관심이 가장 높았다. 무종교인의 14%^{150명}는 외로울 때 종교에 관심이 생긴 경험이 있었다고 답했다. '외로움에 대처하는 방법'에 종교유무와 상관없이 취미활동^{52%}, 게임오락활동^{33-36%}, 운동신체활동 ^{30-31%}, 친목모임^{20-27%}, 혼자 식사 또는 음주^{24-28%} 등의 순서인데, 종교가 있는 사람들 중에 종교활동을 한다고 응답한 사람은 22.5%였다. 종교의 유무가 외로움에 대처하는 중요한 대안임을 알 수 있다.『국민일보』, 2023.02.01.

목회데이터연구소 통계에 의하면 일반 국민 54.6%가 외로움을 느끼는데 기독교인도 46.2%가 외로움을 느낀다고 응답하였고 주일예배나 소그룹에 참여하는 기독교인일수록 외로움도 덜 느낀다는 결과도 있다.목회데이터 연구소, 「넘버즈」 219호 3040 세대를 포함해서 기독교인이든 아니든 외로움으로부터 안전하지 않다. 외로움은 우울증이나 자살과도 밀접하게 연관이 있다. 외로움은 모든 세대에게 만연된 질병으로 계절과 절기에 영향을 받는다. 가을은 감사와 기쁨과 열매와 추수와 가족의 계절이지만 반면에 불평, 슬픔, 결핍, 무연고 등으로 함께 할 수 가족이나 공동체가 없어 홀로라고 느끼는 사람들에게는 괴로움과 고통의 시기이기도 하다. 외로움의 문제에 가장 최적화된 공동체와 소그룹이 있고, 찬양과 예배를 함께 할 수 있는 유일한 곳이 교회이다. 이제는 퇴색해져 버린 교회 중고등부의 문학의 밤이나 연극축제, 작은 음악회 등이 가을에 열렸다. 가을의 계절과 풍광은 음유 시인이 되게 하고, 책을 가까이 하고, 감성적이 되고, 뒤를 돌아보게 한다. 나이가 들어가며 인생의 가을을 맞는 사람들 중에는 문화센터 교육프로그램이나 까페, 동아리 활동 중에 인문학 서적 읽기, 합창하기, 시 쓰기, 요리하기, 여행 문화 탐방 등 삶의 의미와 흥미를 동시에 추구하는 모임에서 활발하게 활동하고 있다는 말을 종종 듣는다. 김현승 시인의 '가을에는 기도하게 하소서' 시를 읊으며 마음과 영성을 돌아보는 가을의 계절에 옛것의 아름다운 기억을 되새기며, 소외되고 외로운 사람들에게 신앙의 레트로 목회를 디자인하고 찾아야 할 영혼들에게 가까이 다가가는 열매맺는 목회를 꿈꿔야 한다.

바울은 그의 인생에 겨울의 문턱에 서 있었다. 그래서 영적으로 낳은 아들 디모데에게 '너는 어서 속히 내게로 오라'[9], '너는 겨울 전에 오라'[21]

딤후 4: 9-21고 한다. 바울 사도는 인생의 겨울 문턱에서 싱싱한 여름을 살고 있는 디모데에게 이 편지를 썼다. 데마는 믿음을 배반하고 세상을 사랑하여 바울을 버리고 떠나갔다. 뿐만 아니라 함께 하던 다른 사역자들도 각각 사명을 따라 흩어졌다. 결국은 의사인 누가만 바울과 함께 있다고 디모데에게 하소연 하듯이 말한다. 말년의 바울에게 함께 해 줄 공동체와 격려하며 힘이 되어 줄 믿음의 가족이 있어야 한다. 물론 바울 사도는 함께 했던 제자들이 그를 버렸을지라도 "주께서 내 곁에 서서 나에게 힘을 주심은"[17]이라고 말한다. 주님께서 바울에게 힘을 주셔서 그의 사명, 즉 이방인들에게 복음을 전하게 하도록 사자의 입에서 건져주셨다고 고백한다. 바울 사도는 주님께서 힘주시고 곁에서 지지해 주시지만 그럼에도 믿음의 형제와 공동체가 그리웠고 따라서 디모데에게 속히 오라고 부탁을 한다.

지금까지 가을과 같은 목회, 열매맺는 목회를 살펴보았다. 가을과 같은 목회는 하나님의 은혜를 기억하는 공동체 목회, 한가위와 추수 절기에 맞춘 감사하는 목회, 늦은 비와 이른 비를 내리시며 돌보시는 하나님을 깊은 영성으로 알아가는 목회, 그리고 종교개혁주간에 개혁자들의 믿음의 유산을 생각하면서 소외되고 외로운 이들을 찾아 돌보는 격려하는 목회이다.

나가는 말

딸이 초등학교 시절에 쓴, 아주 오래전 시가 있다. 제목은 '가을 아빠'이다.

가을이 되면 나뭇잎 색깔이 변한다.
노랑, 빨강, 하얀

봄이 아가라면

여름은 청소년

가을은 엄마 아빠

겨울은 할아버지 할머니

가을이 된 우리 아빠 머리 카락이 희끗 희끗

　사계절의 변화는 색의 변화이다. 계절의 맞는 자연색의 변화는 우리 목회도 외부 변화에 새롭게 대응하는 목회의 색깔을 요구한다. 가을은 아름다운 단풍에 황홀함을, 떨어지는 낙엽에 쓸쓸함을 느끼게 하는 변화의 계절이다. 계절이 인생의 전환기를 보여주듯이 목회의 전환기는 때의 중요성을 알려준다. 시편 기자는 "그들이 눈물 골짜기로 지나갈 때에 그 곳에 많은 샘이 있을 것이며 이른 비가 복을 채워 주나이다"시 84:6라고 노래한다. 새번역 성경은 "그들이 눈물의 골짜기를 지나갈 때에 그 곳을 샘이 되게 하며, 가을비가 우물을 가득 채워 줍니다"로 번역하였다. 살다 보면 눈물의 골짜기를 지나야 할 때가 있다. 그런데 하나님은 메마른 광야를 지날 때 그 곳에서 샘을 발견하게 하시고 꼭 필요한 가을비로 샘이 넘쳐나게 하신다. 그래서 그들은 주께 힘을 얻고 그 마음에 시온의 대로가 있는 자가 복이 있는 자이며 앞으로 더 나아갈 수 있다고 찬양한다시 84:5, 7. 가을과 같은 목회가 필요한 때는 바로 눈물의 골짜기를 걸으며 영혼이 피폐해질 때이다. 영혼이 허기지고 타는 목마름으로 괴로울 때 가을과 같은 목회가 요구된다. 또한 추수할 양식을 거두기에 앞서 가을비를 내려 주시는 하나님의 은혜를 기억하고 감사의 목소리로 예배를 올려드릴 때이다. 메마른 우물이 가득 채워지고 샘물이 넘쳐 추수하게 된 것을 감사하고, 때를 따라 도우시는 심오하신 하나님을 더 배우며, 외로운 이들을 찾아가 격려하는 열매 맺는 가을 목회를 회복할 때 우리 교회는 다시 살아날 것이다.

5장
사계절 전천후 목회 4 : 겨울과 같은 목회

들어가는 말

코로나19 이후 한국 교회가 당면한 가장 큰 위기는 탈교회화이다. 뿐만 아니라 탈종교화가 가속화되어 무종교인이 종교인을 크게 앞지르고 있다. 사회적으로는 혼자는 아니지만 외로운 사람들이 늘어가고not alone but lonely, 영적이지만 종교적이지 않은SBNR: Spiritual but not religious 사람들의 시대가 되었다. 반면에 이러한 현상들은 여전히 사람들은 진정한 만남과 함께하는 공동체를 그리워하고, 종교적 의식이나 윤리적 신앙 행위 이전에 영적인 목마름과 갈급함을 채워줄 진리를 갈구하고 있음을 보여준다. 교회력과 절기에 따른 겨울과 같은 목회는 대림절과 크리스마스, 송년과 신년의 기쁨과 결단, 결산의 목회 기간이다. 다시 시작하는 목회이다.

I. 사계절 전천후 목회 4 : 겨울과 같은 목회

계절적으로 보면 이스라엘은 아열대성과 지중해성 기후가 섞여 있어서 사계절이 아닌 겨울^{우기}과 여름^{건기}으로 나뉜다. 겨울인 우기가 되면 지중해성 기후의 영향이 커져서 비가 내린다. 히브리어로 겨울은 '호렙'으로 '범람하다', '넘쳐 흐르다'는 뜻을 가지고 있고, 헬라어로 겨울은 '헤이몬'으로 '비오는 계절', '나쁜 날씨'를 뜻하는 부정적 의미이다. 사계절이 뚜렷한 우리나라에서도 겨울 이미지는 앙상한 가지, 얼어붙은 길, 폭설, 강추위 등이 연상되는, 생명이 메마르고 위축되는 계절이다. 어쩌면 예고 없는 한파에 잔뜩 움츠러든 지금의 목회 현실과 비슷한 계절이다.

그런데 겨울이라는 단어는 본래 '겨시다'에서 유래되었다고 한다. 겨시다^{계시다}에 '겨'가 존재^{론在}를, '시'가 존칭을 나타내는 것으로 집에 있는 여성을 낮은 말로 겨집^{계집}이라 했듯이, 날씨가 추워지기 전 여문 곡식을 곳간 속에 쌓아놓고 집에서 편안히 쉰다는 뜻으로 '겨실'이 겨울의 어원으로 본다. 이처럼 겨울과 같은 목회는 열심히 일하고 추수한 후에 쉼과 휴식이 있는 목회이며, 교회적으로는 대림절과 성탄절과 신년이 있는 기다림과 소망과 새로운 시작의 목회 기간이다.

1. 기다림의 목회

겨울은 대림절의 기간이다. "그리스도의 오심을 기다리며 준비하는 기간"이란 뜻이다. 역사 속으로 오신 예수님의 초림과 언젠가 다시 오실 재림을 기다리는 기다림과 준비기간이 대림절의 의미이다. 대림절^{advent}은 '옴', '도착'을 의미하는 라틴어^{adventus}에서 유래되었다. 성경에 보면 하나님이 이스라엘을 회복하는 때를 기다리던 사람들이 있었다. 이스라엘 민족은 외세에 의해 계속 침략당하고 포로로 잡혀가고, 지배를 받던 삶에서 하나님의 위로, 즉 나라를 회복하고 구원하시기 위해서 메시아를 보내주실 것을 기다렸다. 그들 중에 시므온이라는 선지자가 있다. 당시 흔한 이름이었던 시므온에 대한 자세한 언급은 없지만 그 이름의 뜻은 '하나님이 ^{내 고통을} 들으셨다'이다. 메시야가 오시기 전까지 고통 가운데 살던 당시 사람들이 있었고 그 중에 시므온은 오랫동안 기다려왔다고 성경은 기록한다^{눅 2:25}. 예수님의 제자들은 예수님께서 승천하실 때 이스라엘의 회복의 때가 언제인지 물었다^{행 1:6}. 기다림이 너무 길어지면 기다림에 지쳐 포기하기 쉬운데 시므온은 그가 메시야를 보기 전에는 죽지 않으리라는 언약의 말씀^{눅 2:25}을 붙들고 기다리다가 성전에서 아기 예수를 만나게 된다. 겨울을 맞는 목회 현장은 어쩌면 기약 없는 고통의 기간이다. 동시에 그 고통을 들으시는 하나님이 계시고, 위로하시는 하나님이 일하고 계심을 신뢰해야 하는 때이기도 하다. 겨울 같은 목회는 절망과 고통의 시기를 견디고 지켜내는 기다림의 목회이다.

1) 기다림의 자기 목회

겨울 같은 기다림의 목회에는 두 가지 방향이 있다. 하나는 목회자가 쉬지 않고 달려오던 사역 중심의 삶에서 잠시 멈춰서 목회자 자신을 평가하고 재점검하는 기다림의 자기 목회이다. 목회자 자신을 위한 겨울 같은 목회는 목회자 스스로 사역을 평가해 줄 신뢰할 만한 성도나 목회자들의 피드백을 듣고 적합한 목회자가 되기 위해 조용히 자신을 돌아보는 시간을 갖는 것이다. 각종 모임과 연말 교회 행사로 겨울 절기를 보내며 새해를 맞다 보면, 그리고 그렇게 몇 해를 지나다 보면 목회 방향을 잃게 되어 급한 일만 하게 되는 기능적 목회자가 될 수 밖에 없다. 따라서 시급하지만 중요하지 않은 목회로부터 시급하지는 않지만 중요한 본질적 목회로 나아가고 있는지 다시 살펴보는 시기이다.

2) 목회 방향 재설정 목회

한편으로는 열매없는 목회 같아 무너지고, 변하지 않는 성도와 늘지 않는 교인으로 목회 방향이 흔들릴 때, 또한 자신의 열정이나 노력과 무관하게 일어나는 국가적, 사회적, 생태적 환경으로 무기력해질 때, 열심히 목회하는 것을 넘어 속도 보다 방향을 재점검하는 방향 재설정 목회이다. 생명력을 잃어버린 성도와 정체된 교회가 언젠가 그 생명을 꽃피울 것을 바라보며 일상의 사역을 계속하며 오래 참고 기다리는 목회이다. 성도의 신앙 여정에는 계절의 변화처럼 굴곡이 있음에도 불구하고, 겨울의 신앙은 비활동과 멈춤 속에 숨겨져 있는 생명의 피어남을 기대하며 품는 목회이다.

필자는 공부를 끝내 가던 유학 시절에 선배 목사님의 이민 개척교회에서 7년여 동안 동역의 경험이 있다. 그 목사님은 미국회사에서 일을 하다가 늦게 신학 공부를 하고 목회자가 된 후 45세에 개척하여 20년 후인 65세에 은퇴를 계획하였다. 개척 전에 기도하면서 20년 교회 장기 계획표를 세우셨다. 각 5년씩 정착기, 성장기, 성숙기, 추수기로 나누고 표어와 성경구절을 명시하고, 각각의 기에 구체적인 일년 계획을 세웠다. 예를 들면 개척 후 첫 정착기 5년 동안은 기경의 해, 씨뿌리는 해, 가꾸는 해, 열매의 해, 추수의 해로 정하고 표어와 성경 구절, 그리고 구체적인 목회 계획을 설정하였다. 매년 설교할 성경을 정하여 집중 강해를 하였는데, 첫 해에는 교회론이 명확한 에베소서부터 시작하였다. 필자는 초창기 7-8년을 함께

하면서 부목사로 새교우반을 담당할 때는 4주 과정으로 그중에 한 주는 담임 목사가 교회의 설립 목적과 장기 계획을 설명하고 기도하는 시간을 가졌다. 창립 10년 쯤에 교회를 떠나올 때는 일대일 전도로 시작한 개척교회의 교인이 300명에 이르렀고, 그 후 교회 건축을 하고, 장로 임직을 하고 그분의 목회계획대로 교회를 세우고 65세에 은퇴를 하셨는데, 은퇴할 때는 교인 600명이었다. 그 목사님은 끊임없이 장기 목회 20년 계획을 재점검하며 나아갔기에 비록 계획한 목회 궤도를 수정하는 시행착오가 다소 있기도 했지만 그럼에도 불구하고 전체 목회 방향은 흔들림이 없었다. 12월 첫 주가 되면 모임이나 행사 참여 또는 진행을 부교역자들에게 부탁하고 2주 동안 금식과 기도로 목회 방향을 재점검하셨던 분이었다. 겨울과 같은 목회는 목회자 자신과 목회 방향을 점검하고 섬기는 성도와 교회가 심겨진 씨앗이 자라나 꽃 피우고 열매를 맺기까지 인내로 기다리는 목회이다. 목회를 완주하기 위해서는 겨울과 같은 목회를 반드시 지나가야 한다.

II. 쉼과 휴식이 있는 안식하는 목회

분주한 교회 사역이 끊이지 않고 돌아가는 사역 중심의 교회들이 코로나19 시기에 비대면, 비접촉과 거리두기가 지속되면서 예배, 소그룹, 모임 등이 크게 위축 되었다. 포스트코로나 2년이 지나고 교회는 집회나 모임을 활성화하기 위해 노력하지만 목회자들은 코로나 이전의 70% 정도밖에 회복하지 못했다고 우려를 표명한다. 이전으로 돌아가는 것은 불가능하다며 낙담한다. 흡사 군대에서 맞는 겨울 혹한기 훈련처럼 냉혹한 현실 앞에서 겨울과 같은 목회는 추위를 극복하는 능력을 키우는 쉼과 휴식의 목회이다. 겨울은 일손을 멈추고 새로운 미래를 준비하는 시기이다.

또한 한 해를 정리하고 계산하는 때이기도 하다. 개인적 신앙의 단계에서는 주님 안에서 진정한 안식을 누리며 천국의 상급을 바라보는 절기이다. 인생의 사계절에 비추어 보면 겨울 계절을 지나가는 성도들이 늘어가고 있다. 이미 우리나라는 고령화ᵗᵒᵗᵃˡ 총인구 7%가 65세 이상 시대를 지나 고령사회 14%를 넘어, 2025년도에는 초고령화 사회²⁰%로 진입할 전망이다. 교회는 사회보다 고령화가 더 빨라서 10년 후에는 교회 출석자 중 절반이 60대 이상일 것으로 예측 된다. 따라서 인생의 겨울에 해당되는 성도들을 위한 겨울 같은 목회를 시작해야 한다. 인생의 겨울은 단지 죽음을 기다리는 시한부적인 삶이 아니다. 비록 건강은 약해져 가고 죽음의 그림자가 서서히 드리울지라도, 사망의 음침한 골짜기를 걸어간다고 느끼는 세대들에게도 하나님은 영원을 사모하는 마음을 주신다. 이에 대해 전도서는 이렇게 기록한다.

> 하나님이 모든 것을 지으시되 때를 따라 아름답게 하셨고 또 사람들에게는 영원을 사모하는 마음을 주셨느니라 그러나 하나님이 하시는 일의 시종을 사람으로 측량할 수 없게 하셨도다. 하나님께서 행하시는 모든 것은 영원히 있을 것이라 그 위에 더 할 수도 없고 그것에서 덜 할 수도 없나니 하나님이 이같이 행하심은 사람들이 그의 앞에서 경외하게 하려 하심인 줄을 내가 알았도다.전 3: 11-14

하나님은 모든 세대에게 영원을 사모하는 마음을 주셨지만 그렇다고 인생의 겨울을 지나는 성도들이 천국으로 이동하기 위한 대기자들로 노인대학, 죽음을 준비하는 기간이 전부인 것은 아니다. 또한 단순히 교회 고령화에 따른 우려와 방치의 목회 대상도 아니다. 나이가 들어가는 노년의 겨울 시기에는 의미를 추구하며 교회로 돌아오는 사람들이 오히려 늘어난다. 작금의 젊은 노년ᴺᵘ 시니어들은 과거의 노년과는 확연히 구별된다. 이것을 인식하지 못한 채 과거에만 집착하는 목회는 놀라운 사역의 기회를 놓치게 될 것이다. 이들은 질병과 퇴직과 사별로 상실을 경험하기 시작하면서 개인의 만족 보다 가족이나 이웃이나 생태에 관심이 늘고, 건강이 허락한다면 단순한 은퇴 여행 보다는 선교 여행을 더 선호한다. 질병, 가족해체, 경제적 양극화로 인하여 인생의 겨울을 혹독하게 맞는, 기본적인 돌봄이 필요한 목회 대상이 있는가 하면 사회적, 경제적, 가족적 지원을 받는 여유가 있는 목회 대상 모두를 위해 겨울 목회는 평생교육과 힐링과 쉼을 제공할 수 있어야 한다. 또한 이전에는 제자 훈련을 통해서 학교 교육식 신앙 성장을 해 왔다면, 이 시기에는 시간적 여유를 가지고 직접 성경 원어를 공부하고 성경을 스스로 연구하려는 욕구가 늘어나 신학교에 정식 등록하여 학업을 이어가기도 한다.

따라서 겨울과 같은 목회는 단순히 무활동의 시기로 쉼과 휴식을 제공하는 것만이 전부가 아니다. 나이가 들면서 인생의 겨울 문턱에 있는 사람들에게 새로운 즐거움과 의미를 찾을 수 있도록 기독교의 핵심인 예수 그리스도가 이 땅에 오심을 다시금 되새기도록 기회를 제공해야 한다. 급변하는 사회에서 적극적인 자기 계발을 위해 필요한 정보와 문명의 이기를 배우도록 독려하고 노화되는 신체적인 특성을 고려한 스트레칭, 관절과 근력 운동, 유연성 운동 등을 통해 경직된 근육의 긴장을 완화시키는 시니어로빅seniorobic 등에 관심을 갖도록 도와야 한다. 겨울과 같은 목회는 동호회 및 친교 모임을 뛰어넘는 목적 지향적 소그룹과 커뮤니티를 교회가 제공함으로 인생의 겨울을 맞는 성도들에게 배움의 기쁨과 성장을 스스로 경험하도록 돕는 것이다. 이미 지자체나 사회에서는 홀로된 이들을 위한 시니어 커플 매칭, 시니어 합창단, 시니어포털 사이트 활용 등 다양한 정보와 서비스를 제공하고 있다. 교회는 이런 것들을 자연스럽게 경험할 수 있는 커뮤니티와 인력과 인프라가 이미 구축되어 있다. 4계절에 따라 색깔이 변하듯 대림절 4주 동안 각각의 주제와 촛불, 성탄 이브의 찬양대 칸타타와 아이들의 성탄 공연, 성탄절의 유아 세례와 불우 이웃 돌아보기 등을 창조적인 사역으로 개발하며 겨울이란 휴식의 계절에 삶과 영적 의미를 찾을 수 있는 최적의 때이다.

겨울은 방학과 설날이 있는 기간이다. 인생의 겨울 계절은 은퇴 후에 모든 것을 내려놓고 쉼과 편안함, 안식에 만족하거나 신앙생활의 휴지기나 무활동을 의미하지 않는다. 겨울의 시기를 지나는 성도들은 가족을 위해 희생하고 자녀들을 위해 헌신하던 이전의 삶에서 새롭게 자기 자신을 돌볼 수 있는 시기이다. 이 때가 천천히 의미 찾기에 나서는 출발점이 되어야 한다. 무엇보다도 시니어 성도들은 교회의 부흥과 긍정을 경험했던 세대로서 선교 열정으로 부흥의 불길이 타오르던 경험을 그리워하는 세대이기에 그들에게 쉼과 안식이 영적 의미와 삶의 가치와 연결되도록 도와야 한다.

III. 소망의 목회이며 다시 시작하는 목회

예수님이 탄생하시던 때에도 절망의 시기였다. 오늘날의 성탄절처럼 설렘과 낭만도 있지 않았다. 누가복음 2장 1-2절을 보면 "그 때에 가이사 아구스도가 영을 내려 천하로 다 호적하라 하였으니 이 호적은 구레뇨가 수리아 총독이 되었을 때에 처음한 것이라"고 기록되어 있다. 아구스도^{아우}구스투스 시대를 역사가들은 로마의 평화^{Pax Romana}라 부르는데, 실상은 잔인한 평화였다. 에돔인 헤롯 같은 악독한 자에게 권력을 주어서 로마에게 세금을 바치게 하였다. 로마에 맞서지 않고 할당량을 거두어 로마로 보내기만

하면 무슨 짓이든지 할 수 있었다. 헤롯은 호적을 통해 인구를 파악하고 세금과 세수를 정하고 거두기 위해 강제적 호적 등록을 시행했다. 이것 때문에 요셉과 임신 중인 마리아는 나사렛에서 150여 킬로나 떨어진 고향 작은 마을 베들레헴으로 돌아가야 했다. 나라를 빼앗기고 고통 속에 신음할 때에 예언의 말씀대로 아기 예수께서 자기 백성을 위해 이 땅에 태어나신다. 이처럼 겨울을 맞은 교회 환경은 움이나 싹은 보이지 않고, 싹이 돋아날 기미도 없는 척박한 목회 상태이다. 그런데 겨울 같은 목회는 그러한 목회 환경에서 하나님의 위로, 하나님의 약속이 이루어질 때를 바라보며 소망하는 목회이며 이에 다시 시작하는, 봄을 기다리는 목회이다.

범사에 기한이 있고 천하만사가 다 때가 있다^{전 3:1}. 전도서에서 '때'는 영어 성경에는 'season'이라고 표현한다. 'season'은 시기이기도 하고 계절이라는 의미도 있다. '봄, 여름, 가을, 겨울'의 계절이 순차적으로 오고 있는 것 같지만, 호주의 계절은 북반구의 계절과 반대로 나타나서 여름 ^{12월~2월}, 가을 ^{3월~5월}, 겨울 ^{6월~8월} 그리고 봄 ^{9월~11월}의 순서이다. 마찬가지로 목회를 언제 시작했고, 교회의 연혁이 얼마나 되었느냐에 따라 '여름 가을 겨울 봄'으로, 또 '가을 겨울 봄 여름'으로, 그리고 '겨울 봄 여름 가을'로 얼마든지 목회의 시작점이 다를 수 있다. 유대인은 저녁이 하루의 시작점이다. 그들의 시간 계산법은 아침이 꼭 시작점이 되어야 한다고 생각하지 않는다. 겨울이 시작점이 될 수 있다면 다시 시작할 수 있다. 마찬가지로 교회력의 시작도 겨울로 들어서는 대림절부터 시작한다. 겨울은 성탄절의 계절이며 신년, 새로운 해가 시작되는 시기이기도 하다. 기다림의 대림절 기간부터 시작하여 성탄절과 고난절과 부활절, 성령강림절로 이어진다.

욥기 38장에 보면 하나님께서 폭풍우 가운데 욥에게 말씀하신다. 하나님께서 우주 삼라만상을 만들고 운행하실 때 너는 어디 있었고, 네가 무엇을 아느냐고 대답하라 요구하신다. 22절에는 "네가 눈 곳간에 들어갔었느냐 우박 창고를 보았느냐"물으신다. 네가 눈 창고에 들어가 보았느냐는 욥을 향한 하나님의 질문은 그 눈 창고를 보며 창조주 하나님의 위대하심과 신비를, 능력과 섭리를 보아야 한다는 말씀이다. 비록 겨울은 생명이 죽은 것 같으나 그 뒤에 숨어 있는 생명의 호흡과 생명의 씨앗을 보는 것이 겨울과 같은 목회이다.

나가는 말

지금까지 겨울과 같은 목회를 살펴보았다. 겨울과 같은 목회는 목회자 자신과 성도를 향한 인내와 기다림의 목회, 나이 들어가는 성도들의 영원을 사모하는 마음을 돌보며 배움을 제공하며 천국을 준비하는 쉼과 휴식과 안식의 목회, 그리고 기다림의 소망이 이루어지고, 목회 재점검과 재평가를 통해 다시금 새롭게 시작하는 목회이다.

필자는 가을을 좋아하지만 비발디의 4계에서는 바이올린 협주곡 겨울을 가장 좋아한다. 1악장은 알레그로빠르고 경쾌하게 고통스러울 정도의 혹한과 눈보라에 너무 추워 이빨이 서로 부딪치는 소리와 발을 동동 구르는 듯한 장면을 생생하게 표현하고 있다. 그런데 2악장에서는 라르고느리게로 화롯가에서 조용하고 만족한 시간을 보내고 있음을 아름답고 정감 넘치는 선율로 표현한다. 마치 봄과 같은 느낌이다. 그리고 3악장에서는 또다시 알레그로로 얼음판 위를 걸으며 넘어지지 않으려고 조심조심 걷는 광경을 묘사하는 합창과 조금 지나서 온화한 느낌으로 봄이 가까워지고 있음을 암시하는 남풍을 그리고, 마지막은 다시 강함 음으로 "겨울에는 겨울의 기쁨을 가져다 준다"를 강조하며 피날레를 장식한다. 겨울에는 겨울의 기쁨이 있듯이, 겨울 목회에는 겨울 목회의 기쁨이 있다. 박노해 시인은 "겨울 사랑"이라는 시에서 겨울이 없다면 어떻게 될지에 대해 질문하며 답한다.

사랑하는 사람아
우리에게 겨울이 없다면
무엇으로 따뜻한 포옹이 가능하겠느냐
무엇으로 우리 서로 깊어질 수 있겠느냐

이 추운 떨림이 없다면
꽃은 무엇으로 피어나고
무슨 기운으로 향기를 낼 수 있겠느냐

눈보라 치는 겨울밤이 없다면
추워 떠는 자의 시린 마음을
무엇으로 헤아리고
내 언 몸을 녹이는 몇 평의 따뜻한 방을 고마워하고
자기를 벗어버린 희망 하나 커 나올 수 있겠느냐

아아 겨울이 온다
추운 겨울이 온다
떨리는 겨울 사랑이 온다.

추위에 떨게 하는 겨울이지만 동시에 가슴 떨리는 겨울 사랑이 있다. 자기를 벗어버린 희망 하나 키워서 나올 수 있는 겨울, 겨울과 같은 목회는 그 희망을, 그 소망을 키우는 시기이다. 겨울이 지나고 함께 일어나 다시 시작할 그 날을 바라보며 인내로 생명을 잉태하는 겨울과 같은 목회를 꿈꿔야 한다. 겨울과 같은 목회는 겨울이 지나 꽃이 피고 새가 노래하고 꽃을 피워 향기를 토하는 봄날을 기다리고 소망하며 일어나서 함께 나아갈 준비를 하는 목회의 최절정기이다. 솔로몬의 아가서 2장 말씀으로 '전천후 사계절 목회' 및 장로회신학대학교에서의 교수 사역을 마무리 하고자 한다.

> 나의 사랑하는 자가 내게 말하여 이르기를 나의 사랑, 내 어여쁜 자야 일어나서 함께 가자 겨울도 지나고 비도 그쳤고 지면에는 꽃이 피고 새가 노래할 때가 이르렀는데 비둘기의 소리가 우리 땅에 들리는구나 무화과나무에는 푸른 열매가 익었고 포도나무는 꽃을 피워 향기를 토하는구나 나의 사랑, 나의 어여쁜 자야 일어나서 함께 가자. 아 2:10-14

겨울도 지나고… 일어나서 함께 가자.

참고문헌

1부

1장.

목회데이터연구소(지용근 외). 『한국인의 종교 현황 2023』. 서울: 지앤컴리서치, 2023.

한국갤럽조사연구소. 『한국인의 종교 2021』. 서울: 도서출판 갤럽 코리아, 2021.

홍인종. "성장모델에서 생명모델로." 『교회와 신학』 (2007년 여름), 30-36.

Dent, Harry. *The Demographic Cliff: How to Survive and Prosper During the Great Deflation of 2014-2019*. 정윤미 역. 『2018 인구 절벽이 온다』. 서울: 청림출판, 2014.

Pritchard, Ray. *Beyond All You Could Ask or Think*. 김희수 역. 『생각을 뛰어넘는 기도』. 서울: 사랑플러스, 2006.

2장.

민경배. 『한국기독교회사』, 개정판. 서울: 대한기독교출판사, 1982.

이어령. 『디지로그(Digilog)』. 서울: 생각의 나무, 2006.

질병관리청. 『2021 청소년 건강행태 조사』. 2022.

통계청 통계개발원. 『아동·청소년 삶의 질 2022 보고서』. 2022년 12월.

3장.

김영우. 『영혼의 최면치료』. 서울: 나무심는사람, 2002.

이상복. 『기독교상담학 2』. 서울: 강남대학교출판부, 2006.

이어령. 『디지로그』. 서울: 생각의 나무, 2006.

홍인종. "소통과 목회상담."『교회와 신학』(2008년 가을호), 148-54.

Chandler, Cynthia K., Janice Miner Holden, and C. A. Kolander. "Counseling for Spiritual Wellness: Theory and Practice." *Journal of Counseling & Development* 71-2 (1992), 168-75.

Clinebell, Howard J. *Growth Counseling.* 이종헌 역.『성장 상담』. 서울: 성장상담연구소, 1994.

_____. *Well Being: A Personal Plan for Exploring and Enriching the Seven Dimensions of Life.* 이종헌, 오성춘 역.『전인 건강』. 서울: 한국장로교출판사, 1995.

Corey, Gerald. *Theory and Practice of Counseling and Psychotherapy*, 6th Edition. 조현춘, 조현재 역.『심리상담과 치료의 이론과 실제』, 제 6판. 서울: 시그마프레스, 2003.

Fitchett, George. *Assessing Spiritual Needs: A Guide for Caregivers.* 유영권 역.『영적 진단을 위한 지침』. 서울: 한국장로교출판사, 2001.

Koenig, Harold G. *Multidimensional Measurement of Religiousness/Spirituality for Use in Health Research.* Kalamazoo, MI: Fetzer Institute, 1999.

Kleinbell, Charlotte Holt. *Counseling for Liberation.* 이종헌 역.『해방을 위한 상담』. 서울: 성장상담연구소, 1993.

May, Gerald G. *Care of Mind/Care of Spirit.* 노종문 역.『영성 지도와 상담』. 서울: 한국기독학생회출판부, 2006.

McMinn, Mark R., and 채규만. *Psychology, Theology, and Spirituality in Christian Counseling.* 채규만 역.『심리학, 신학, 영성이 하나 된 기독교 상담』. 서울: 두란노서원, 2001.

Miller, William R., and Kathleen A. Jackson. *Practical Psychology for Pastors.* 제석봉, 천성문, 박충선 역.『목회자를 위한 상담심리학』. 서울: 학지사, 2009.

Peck, M. Scott. *People of the Lie: The Hope for Healing Human Evil.* 윤종석 역.『거짓의 사람들: 악의 심리학』. 서울: 두란노서원, 1997.

Richards, P. Scott, and Allen E. Bergin. *A Spiritual Strategy for Counseling and Psychotherapy.* Washington, DC: American Psychological Association, 1997.

Sperry, Len, and Edward P. Shafranske, eds. *Spiritually Oriented Psychotherapy.* Washington, DC: American Psychological Association, 2005.

"SUMMIT ON SPIRITUALITY." *Counseling Today* (December 1995).

Walsh, Froma, ed. *Spiritual Resources in Family Therapy.* New York: Guilford Press, 1999.

4장.

홍인종. "소통과 목회상담."『교회와 신학』(2008년 가을호), 148-54.

Scheele, Michael. *Gerüchte: Das unidentifizierte Monster, das mich zerstört.* 김수은 역.『소문, 나를 파괴하는 정체불명의 괴물』. 서울: 열대림, 2007.

5장.

이영순. "새벽에 쓰는 편지 (제 54신)." 2005년 1월 (미간행물)

Crabb, Larry. *Finding God.* 이길상 역.『당신의 문제에서 하나님을 발견하라』. 서울: 나침반, 1999.

_____, and Dan Allender. *The Safest Place on Earth.* 정동섭 역.『상담과 치유 공동체』. 서울: 요단출판사, 1999.

Frankl, Viktor E. *Man's Search for Meaning.* 김충선 역.『삶에 의미를 찾아서』. 서울: 청아출판사, 1995.

Frankl, Viktor E. *Man's Search for Meaning.* 이시형 역.『죽음의 수용소에서』. 서울: 홍익출판사, 2005.

_____, and Franz Kreuzer. *Im Anfang war der Sinn.* 김영철 역.『태초에 의미가 있었다』. 서울: 분도출판사, 2006.

Gawdat, Mo. *Solve for Happy.* 강주헌 역.『행복을 풀다』. 서울: 한국경제신문사, 2017.

6장.

1991년, 1997년, 2000년, 2006, 2012년, 2018년 통계청 자료

김인수. "미국 교회 대각성 운동과 한국 교회의 1907년 대부흥 운동과의 비교 연구- 유사점과 차이 점을 중심으로." 서원모 편.『20세기 개신교 신앙부흥과 평양 대각성 운동』. 서울: 장로회신학대학교출판부, 2006.

김태현.『사진으로 보는 여전도회전국연합회 80년사』. 서울: 전국연합회출판사업회, 2008.

박용규.『평양 대부흥운동』. 서울: 생명의 말씀사, 2000.

서창원.『살림의 신학』. 서울: 한들출판사, 2001.

이연옥.『여전도회학』. 서울: 대한 예수교 장로회 여전도회 전국 연합회, 1993.

_____.『대한예수교장로회 여전도회 100년사』. 서울: 대한예수교장로회 여전도회전국연합회 출판부, 1998.

_____.『교회 여성 지도자 1-8권』. 서울: 쿰란출판사, 1993-2010.

임희국. 『향유 가득한 옥합: 여성지도자, 이연옥』. 서울: 두란노, 2011.

정강길. 『화이트헤드와 새로운 민중신학 - 증보판』. 서울: 한국기독교연구소, 2006.

주선애. 『장로교 여성사』. 서울: 대한예수교 장로회 여전도회 전국연합회, 1979.

홍인종. "변화하는 가족과 여성." 여전도회전국연합회 편. 『널다리골을 넘어 세계로』. 서울: 한국장로교 출판사, 2017.

Elkind, David. *Ties that Stress: The New Family Imbalance*. 이동원, 김모란, 윤옥경 역. 『변화하는 가족』. 서울: 이화여대출판부, 1998.

Gilligan, Carol. *In a Different Voice: Psychological Theory and Women's Development*. 허란주 역. 『심리 이론과 여성의 발달』. 서울: 철학과 현실사, 1994.

Poling, James Newton, and Hee-Sun Kim. *Korean Resources for Pastoral Theology: Dance of Han, Jeong, and Salim*. Collegeville, MN: Liturgical Press, 2012.

Sell, Charles M. *Family Ministry*. 정동섭 역. 『가정사역』. 서울: 생명의말씀사, 1999

Tournier, Paul. *The Meaning of Persons*. 홍병룡 역. 『여성, 그대의 사명은: 인격 상실 시대에 여성은 무엇을 할 수 있는가?』. 서울: 한국기독학생회출판부, 1991.

Van Leeuwen, Mary Stewart, and Helen M. Sterk, eds. *After Eden: Facing the Challenge of Gender Reconciliation*. Grand Rapids: Wm. B. Eerdmans Publishing Co., 1993.

7장.

김이태. 『중심에 서는 신학: 김이태의 신학세계』. 서울: 장로회신학대학교출판부, 1994.

대한예수교 장로회 총회. "치유와 화해의 생명 공동체 10년." 신학문서 1.

박상진. "저출산, 고령화 시대의 교회교육."『기독교교육논총』제40집 (2014.12), 77-109.

박영숙, Jerome Glenn. 이영래 역. 『유엔 미래 보고서 2050』. 서울: 교보문고, 2016.

박준철. "변화와 지속: 종교개혁이 가정과 여성에 미친 영향 - 독일과 스위스를 중심으로." 한국서양사학회 편. 『서양의 가족과 성』. 서울: 당대, 2003.

박토마. "인공유산과 피임의 윤리적 문제."『현대의 성윤리』제110호 (1987년 3월), 77-109.

신원하. "빈약한 전통(箭筒, A Quiver of Few Arrows): 저출산에 대한 기독교 윤리적 단상." 미간행 주제발표논문. 『사랑의교회 생명윤리선교회 주최 제5회 생명윤리세미나』. 2006. 11. 21.

이동익. 『인간, 교회의 길: 요한 바오로 2세의 사회교리』. 서울: 성바오로, 1998.

이정숙. "칼뱅이 그린 목회: 어머니가 자식을 품듯이." 목회와신학 편집부 편. 『종교개혁과 칼뱅』. 서울: 두란노 아카데미, 2010, 238-250.

이종성. "한국신학의 과제." 『기독교사상』 통권 283호 (1982. 1), 45-50.

이현승, 김현진. 『늙어가는 대한민국, 저출산 고령화의 시한폭탄』. 서울: 삼성경제연구소, 2003.

전영수. 『인구충격의 미래한국: 인구감소가 불러올 10가지 트렌드』. 고양: 프롬북스, 2014.

최연실 외. 『한국가족을 말하다: 현상과 쟁점』. 서울: 하우, 2015.

최윤배. "칼뱅의 가정론." 목회와신학 편집부 편. 『종교개혁과 칼뱅』. 서울: 두란노 아카데미, 2010, 191-99.

_____. "바람직한 기독교 가정 - 개혁교회의 전통세서 본 하나님의 나라와 가정." 대한예수교장로회총회교육부 편. 『생명의 성령님이 역사하시는 하나님의 나라와 가정』. 서울: 한국장로교출판사, 2002, 293-314.

최윤식, 최현식. 『2020-2040: 한국교회 미래지도 2』. 서울: 생명의 말씀사, 2015.

하경택. 『정경적 관점에서 본 창세기 1 (1-12장)』. 서울: 장로회신학대학교 출판부, 2013.

한국서양사학회 편. 『서양의 가족과 성』. 서울: 당대, 2003.

落合惠美子. "가족주의의 역설: 동아시아 사회는 왜 지속불가능한가." 여성가족부 편. 『한·중·일 가족, 현재와 미래 심포지움』. 2011, 7-40

Bologne, Jean Claude. *Histoire du célibat et des célibataires.* 권지현 역. 『독신의 수난사』. 서울: 이마고, 2006.

Fuchs, Eduard. *Illustrierte Sittengeschichte vom Mittelalter bis zur Gegenwart: Renaissance.* 이기웅, 박종만 역. 『풍속의 역사 2』. 서울: 까치, 1986.

Kerr, Hugh T, ed. *A Compend of Luther's Theology.* 김영한 역. 『루터신학 개요』. 서울: 한국장로교출판사, 2007.

John Paul II. *Familiaris Consortio.* 오경환 역. 『교황 요한 바오로 2세의 권고: 가정 공동체』. 서울: 한국천주교중앙협의회, 1983.

Selderhuis, Herman J. *Calvin: A Pilgrim's Life.* 조승희 역. 『칼빈』. 서울: 대성닷컴, 2009.

Stjerna, Kirsi. *Women and the Reformation.* 박경수, 김영란 역. 『여성과 종교개혁』. 서울: 대한기독교서회, 2013.

Witte Jr., John. *From Sacrament to Contract: Marriage, Religion, and Law in the Western Tradition.* 정경화, 류금주 역. 『성례에서 계약으로: 서양 혼인법의 역사와 신학』. 서울: 대한기독교서회, 2006.

Catechism of the Catholic Church. 주교회의 교리교육위원회 역. 『가톨릭교회 교리서(개정판)』. 서울: 한국천주교중앙협의회, 2008.

8장.

신상목. "더 이상 볼 수 없지만, 나는 여전히 하나님을 봅니다. 시력 잃은 복음주의 신학자 제임스 패커." 『국민일보』. https://www.kmib.co.kr/article/view.asp?arcid=0923396436. [게시 2016.01.17.].

이어령. 『디지로그』. 서울: 생각의 나무, 2006.

Agronin, Marc. *The End of Old Age: Living a Longer, More Purposeful Life.* 신동숙 역. 『노인은 없다』. 서울: 한스미디어, 2019.

Frankl, Viktor E. *The Will to Meaning: Foundations and Applications of Logotherapy.* 강은영 역. 『빅터 프랭클의 심리의 발견』. 서울: 청아, 2017.

_____. *Man's Search for Meaning.* 이시형 역. 『빅터 프랭클의 죽음의 수용소에서』. 서울: 청아, 2005.

Packer, James I. *Knowing God.* 정옥배 역. 『하나님을 아는 지식』. 서울: IVP, 2012.

Redsand, Anna. *Viktor Frankl: A Life Worth Living.* 황의방 역. 『빅터 프랭클; 죽음의 수용소에서 삶의 의미를 찾다』. 서울: 두레, 2008.

Stevens, R. Paul. *Aging Matters: Finding Your Calling for the Rest of Your Life.* 박일귀 역. 『나이듦의 신학』. 서울: 도서출판 CUP, 2018.

「다일공동체 홈페이지」. http://www.dail.org/dail/. [2025.01.05. 접속].

9장.

우상규. "통계로 말해요, 통&톡 반려동물편." 『세계일보』. 2020.10.25.

박은주. "저출산 극복을 위한 선교적 과제: 출산과 재출산을 위한 살림의 신학." 『선교와 신학』 41 (2017.2), 339-66.

한국농촌경제연구원 통계. (2017, 2021).

홍인종. "변화하는 가족과 여성: 모성애 신학에서 살림의 신학으로." 미간행 주제발표논문. 『여전도회 계속교육원 30주년 기념 신학화 프로젝트』. 서울: 여전도회, 2014.

_____. "저출산 문제에 대한 목회상담적 대안." 미간행 주제발표논문. 『장신신

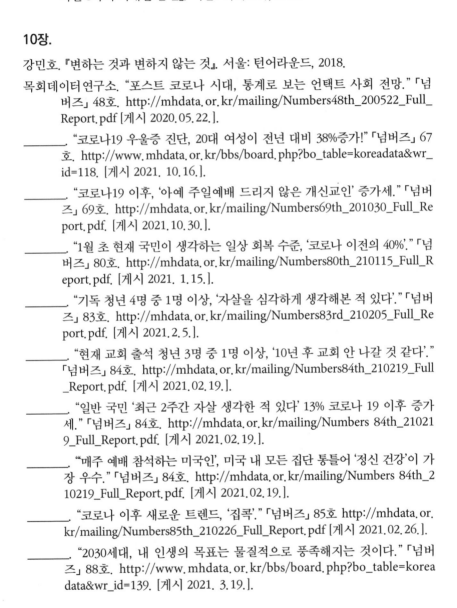

학강좌: 한국교회와 장신신학의 정체성 II』. 2016.10.11.

Guillen, Mauro F. *2030: How Today's Biggest Trends Will Collide and Reshape the Future of Everything*. 우진하 역. 『2030 축의 전환: 새로운 부와 힘을 탄생시킬 8가지 거대한 물결』. 서울: 리더스북, 2020.

10장.

강민호. 『변하는 것과 변하지 않는 것』. 서울: 턴어라운드, 2018.

목회데이터연구소. "포스트 코로나 시대, 통계로 보는 언택트 사회 전망." 「넘버즈」 48호. http://mhdata.or.kr/mailing/Numbers48th_200522_Full_Report.pdf [게시 2020.05.22.].

_____. "코로나19 우울증 진단, 20대 여성이 전년 대비 38%증가!" 「넘버즈」 67호. http://www.mhdata.or.kr/bbs/board.php?bo_table=koreadata&wr_id=118. [게시 2021.10.16.].

_____. "코로나19 이후, '아예 주일예배 드리지 않은 개신교인' 증가세." 「넘버즈」 69호. http://mhdata.or.kr/mailing/Numbers69th_201030_Full_Report.pdf. [게시 2021.10.30.].

_____. "1월 초 현재 국민이 생각하는 일상 회복 수준, '코로나 이전의 40%'." 「넘버즈」 80호. http://mhdata.or.kr/mailing/Numbers80th_210115_Full_Report.pdf. [게시 2021.1.15.].

_____. "기독 청년 4명 중 1명 이상, '자살을 심각하게 생각해본 적 있다'." 「넘버즈」 83호. http://mhdata.or.kr/mailing/Numbers83rd_210205_Full_Report.pdf. [게시 2021.2.5.].

_____. "현재 교회 출석 청년 3명 중 1명 이상, '10년 후 교회 안 나갈 것 같다'." 「넘버즈」 84호. http://mhdata.or.kr/mailing/Numbers84th_210219_Full_Report.pdf. [게시 2021.02.19.].

_____. "일반 국민 '최근 2주간 자살 생각한 적 있다' 13% 코로나 19 이후 증가세." 「넘버즈」 84호. http://mhdata.or.kr/mailing/Numbers 84th_210219_Full_Report.pdf. [게시 2021.02.19.].

_____. "매주 예배 참석하는 미국인', 미국 내 모든 집단 통틀어 '정신 건강'이 가장 우수." 「넘버즈」 84호. http://mhdata.or.kr/mailing/Numbers 84th_210219_Full_Report.pdf. [게시 2021.02.19.].

_____. "코로나 이후 새로운 트렌드, '집콕'." 「넘버즈」 85호 http://mhdata.or.kr/mailing/Numbers85th_210226_Full_Report.pdf [게시 2021.02.26.].

_____. "2030세대, 내 인생의 목표는 물질적으로 풍족해지는 것이다." 「넘버즈」 88호. http://www.mhdata.or.kr/bbs/board.php?bo_table=koreadata&wr_id=139. [게시 2021.3.19.].

_____. "코로나 19, 세계인의 종교적 신앙을 강화시켰다." 「넘버즈」 91호. http://mhdata.or.kr/mailing/Numbers91st_210416_Full_Report.pdf. [게시 2021.04.16.].

_____. "크리스천 부모, '자녀 신앙 교육 방법 배우고 싶다' 82%." 「넘버즈」 95호. http://mhdata.or.kr/mailing/Numbers95th_210514_Full_Report. pdf. [게시 2021.05.14.].

_____. "주일예배 드리는 자녀, 그렇지 않은 자녀보다 일상/신앙생활 모두 긍정적 지표가 높게 나타나." 「넘버즈」 96호. http://mhdata.or.kr/mailing/Numbers96th_210521_Full_Report.pdf. [게시 2021.05.21.].

박선영, 이재림. "소셜 빅데이터로 알아본 코비드 19와 가족생활: 토픽모델 접근." 「텍스톰」. https://blog.naver.com/textom/222354715648. [게시 2021.05.17.].

이연주. "결혼도 출산도 소멸 수준, 유일하게 늘어나는 것." 「더 비비드」. https://v.daum.net/v/6041d1c5cefd9a26edef20b8. [게시 2021.03.08.].

홍인종. "사회적 (물리적, 예방적) 거리두기와 심리적 거리두기." 『성서 마당』. 2020년 봄.

지동근. 『2020 통계로 보는 한국 사회 그리고 한국교회, vol. 2』. 서울: 목회데이타연구소, 2021.

Aronson, Louise. *Elderhood: Redefining Aging, Transforming Medicine, Reimagining Life*. 최가영 역. 『나이듦에 관하여』. 서울: 비잉, 2020.

Guillen, Mauro F. *2030: How Today's Biggest Trends Will Collide and Reshape the Future of Everything*. 우진하 역. 『2030 축의 전환』. 서울: 리더스북, 2020.

Litchfield, Bruce, et al. *Christian Counselling & Family Theraphy*. 정동섭 역. 『기독교 상담과 가족치료, 1권』. 서울: 예수전도단, 2002.

McGonical, Kelly. *The Upside of Stress*. 신애경 역. 『스트레스의 힘: 끊임없는 자극이 만드는 극적인 성장』. 서울: 21세기북스, 2020.

_____. *The Joy of Movement: How exercise helps us find happiness, hope connection, and courage*. 박미경 역. 『움직임의 힘: 운동은 어떻게 행복과 희망, 친밀감과 용기를 찾도록 돕는가』. 서울: 안드로메디안, 2020.

Smith, Emily Esfahani. *The Power of Meaning*. 김경영 역. 『어떻게 나답게 살 것인가』. 서울: RHK, 2019.

Toffler, Elvin. *Future Shock*. 장을병 역. 『미래의 충격』. 서울: 범우사, 1997.

Watson, Christie. *The Language of Kindness: A Nurses's Story*. 김혜림 역. 『돌봄의 언어』. 서울: 니케북스, 2021.

11장.

지용근 외. 『한국교회 트렌드 2024』. 서울: 목회데이터 연구소, 2023.

홍인종. "가족의 존속 가능성과 실천신학적 대응." 『성서마당』 제145호 (2023 봄), 38-49.

Crabb, Larry, and Dan B. Allender. *Hope When You're Hurting: Answers to Four Questions Hurting People Ask*. 정동섭 역. 『상담과 치유 공동체: 상처 입은 사람들이 던지는 4가지 질문에 대한 확실한 답변』. 서울: 요단, 1999.

「스데반 돌봄 사역」. www.stephen.or.kr. [2025.01.05. 접속].

2부

1장.

홍인종. "소망에 대한 목회상담학적 접근." 대한예수교장로회 총회교육부편. 『인류의 소망이신 예수 그리스도』. 서울: 한국장로교출판사, 1999.

_____. "목회상담은 희망의 상담이다." 『교회와 신학』 59 (2004 겨울), 128-34.

_____. "희망과 경건훈련." 『생명의 삶』. 2010년 10월호.

_____. 『절망보다는 희망이 더 쉽다』. 서울: 두란노, 2011.

Brister, C. W. *The Promise of Counseling*. 오성춘 역. 『현대인의 절망과 희망』. 서울: 홍성사, 1997.

Clinebell, Howard J. *Growth Counseling for Hope-Centered Wholeness*. 이종헌 역. 『성장상담: 통전적 인간실현을 위한 희망중심적 방법들』. 서울: 한국신학연구소, 1994.

Collins, Gary R. *Christian Counseling: A Comprehensive Guide*. 안보헌 역. 『기독교 상담의 성경적 기초』. 서울: 생명의 말씀사, 1993.

Crabb, Larry. *Finding God*. 이길상 역. 『당신의 문제에서 하나님을 발견하라』. 서울: 나침반사, 1999.

Lester, Andrew. *Hope in Pastoral Care and Counseling*. 신현복 역. 『희망의 목회상담』. 서울: 한국심리치료연구소, 1997.

Swindoll, Charles R. *Hope Again*. 이장우 역. 『희망, 그 아름다운 이름』. 서울: 요단출판사, 1997.

2장.

Crabb, Larry, and Dan Allender. *Encouragement: The Key to Caring.* 오현미, 이용복 공역. 『격려를 통한 상담』. 서울: 나침반, 1986.

Tripp, Paul David. *War of Words: Getting to the Heart of Your Communication Struggles.* 윤홍식 역. 『영혼을 살리는 말, 영혼을 죽이는 말』. 서울: 디모데, 2000.

3장.

이어령. 『디지로그』. 서울: 생각의 나무, 2006.

홍인종. "소통과 목회상담." 『교회와 신학』 74호 (2008년 가을), 148-54.

4장.

Beckwer, D. S., and R. J. Beckwer. *Family Therapy: A Systemic Integration.* 정혜정, 이형실 편역. 『가족치료: 체계론적 통합』. 서울: 하우, 1997.

Bowen, Murray. "The Role of the Family in the Genesis of Schizophrenia." *American Journal of Orthopsychiatry* 27-4 (1957), 827-35.

Dayringer, Richard L. *The Heart of Pastoral Counseling: Healing Through Relationship.* New York: Routledge, 1998.

_____. *The Heart of Pastoral Counseling: Healing Through Relationship.* 문희경 역. 『관계중심 목회상담』. 서울: 솔로몬, 2004.

Egan, Gerard. *The Skilled Helper: A Problem-Management and Opportunity-Development Approach to Helping.* 제석봉, 유계식, 박은영 공역. 『유능한 상담자: 상담의 문제대처적 접근』. 서울: 학지사, 1997.

Fromm-Reichman, Frieda. "Notes on the development of treatment of schizophrenics by psychoanalytic psychotherapy." *Psychiatry* 11-3 (1948), 263-273.

McGraw, Philip C. *Relationship rescue.* 나명화 역. 『관계회복』. 서울: 상상북스, 2003.

5장.

강부호. "용서상담을 위한 제 용서이론들에 관한 연구." 미간행 신학석사학위 논문, 장로회신학대학교, 1998.

Arnold, Johann Christoph. *The Lost art of forgiving.* 전병욱 역. 『용서: 잃어버린 기술』. 쉴터, 1999.

Balswick, Jack & Judieth. *The Family: A Christian Perspective on the contemporay home* (2nd Ed.) Grand Rapids, MI: Baker Books, 1999.

Enright, Robert D. *Forgiveness Is a Choice.* 채규만 역. 『용서는 선택이다』. 서울: 학지사, 2004.

Hurding, Roger. *The Tree of Healing.* 김예식 역. 『치유 나무』. 서울: 한국장로교 출판사, 2000.

McMinn, Mark R. *Psychology, Theology, and Spirituality in Christian Counseling.* 채규만 역. 『심리학, 신학, 영성이 하나 된 기독교 상담』. 서울: 두란노, 2001.

Seamands, David A. *Living with Your Dreams.* 이갑만 역. 『좌절된 꿈의 치유』. 서울: 두란노, 1994.

Sell, Charles L. *Helping Troubled People.* 정동섭, 최민희 공역. 『아직도 아물지 않은 마음의 상처』. 서울: 두란노, 1992.

Smedes, Lewis B. *Forgive and Forget: Healing the Hurts We Don't Deserve.* San Francisco, CA: Harper & Row, 1985.

Stanley, Charles. *Forgivenss.* 『용서: 하나님이 주신 최고의 선물』. 서울: 두란노, 2005.

Tournier, Paul. *Guilt and Grace.* 김경재 역. 『죄책과 은총』. 서울: 대한기독교서회, 1992.

6장.

홍인종. "목회상담은 용서상담이다." 『교회와 신학』 제62호 (2005 가을)

_____. "우울과 경건훈련." 『생명의 삶』 통권 38호 (2009. 12.)

_____. "거룩한 분노와 경건훈련." 『생명의 삶』 통권 44호 (2010. 06.)

_____. "용서와 경건훈련." 『생명의 삶』 통권 45호 (2010. 07.)

_____. "시론: 분노에서 오래 참음으로, 용서에서 사랑으로." 『성서 마당』 통권 113호 (2015 봄)

Worthington, Everette L. *Forgiving and Reconciling: Bridges to Wholeness and Hope.* 윤종석 역. 『용서와 화해』. 서울: IVP, 2006.

7장.

Enstrom, Eric. "Grace." https://gracebyenstrom.com/black-white-prints/. [접속 2025. 02. 05.].

8장.

목회데이터 연구소. "한국인의 정신건강: 우리 국민 4명 중 3명, 지난 1년간 정신건
　　　강문제 경험해!" 「넘버즈」 252호. http://mhdata. or. kr/mailing/Numbers
　　　252_240820_A_Part. pdf. [게시2024.08.20.].

보건복지부 국립정신건강센터. 「2024년 국민 정신건강 지식 및 태도 조사 결과보
　　　고서(2024.05.)」. https://www. ncmh. go. kr/ncmh/board/boardView.
　　　do? bn=newsView&fno=106&gubun_no=6&menu_cd=04_03_00_02&-
　　　no=9742 &pageIndex=1&search_content=&search_item. [게시
　　　2024.07.04.].

보건복지부 국립정신건강센터. 「국가정신건강현황 주요지표 2023」.

홍인종. "정신건강과 목회상담." 「교회와 신학」 제75호 (2008년 겨울호), 94-101.

Clinebell, Howard J. *Well Being: A Personal Plan for Exploring and Enriching the
　　　Seven Dimensions of Life*. 이종헌, 오성춘 공역. 서울: 성장상담연구소,
　　　1995.

Collins, Garry. *Can You Trust Psychology?*. 이종일 역. 「왜 그리스도인이 상담을
　　　받아야 하는가?」. 서울: 솔로몬, 1992.

9장.

최병규. 「이단 진단과 대응」. 서울: 은혜출판사, 2004.

_____. 「상담에서 본 이단의 모습」. 서울: 은혜출판사, 2006.

Arterburn, Stephen, and Jack Felton. *Toxic Faith*. 문희경 역. 「해로운 믿음」. 서
　　　울: 죠이선교회출판부, 2003.

Martin, Grant. *Good Things Can Be Addictive*. 임금선 역. 「좋은 것도 중독이 될
　　　수 있다」. 서울: 생명의 말씀사, 1994.

Stamm, Hugo. *Sekten: Die Psychogefahr*. 송순섭 역. 「사이비종교: 그 마력과 중
　　　독성에서 벗어나려면」. 서울: 홍성사, 1997.

10장.

김연기. 「택배 기사가 된 목사의 생존경제학」. 서울: 생명나무, 2023.

"부모살해 패륜아 사형대신 무기징역 선고." 「인터넷 노컷뉴스」. https://www.
　　　nocutne ws. co. kr/news/392127 [게시 2007.12.26.].

11장.

기독교사상 편집부 엮음. 『한국 교회를 위한 목회 상담학』. 서울: 대한기독교 서회, 1997.

김기복. 『임상목회교육의 이론과 실제』. 서울: 한들출판사. 2003.

박노권. "임상목회교육에 대한 분석." 『목원대학교 논문집』 37호 (1999. 10), 5-21.

박상진. 『신학교육의 혁신』. 서울: 쉼이있는 교육, 2021.

심상권. "현대 목회상담학의 오늘과 내일: 한국교회의 목회상담학 발전을 위한 비전." 한국실천신학회 편. 『실천신학 논단』. 서울: 대한기독교서회, 1995, 371-86.

안석모. "영성과 목회상담." 기독교사상 편집부 엮음. 『한국 교회를 위한 목회 상담학』. 서울: 대한기독교 서회, 1997, 231-44.

오성춘. "임상목회 교육(CPE) 감독자의 자질과 자격에 관한 연구." 『장신논단』 21 (2004. 6.), 257-80.

_____ 외. 『임상목회교육 가이드북』. 서울: 총회국내선교부, 2006.

이기춘. 『한국적 목회신학의 탐구: 양성적 목회 모형의 상황적 조명』. 서울: 감리 교신학대학출판부, 1989.

_____. "한국 교회와 상담목회의 실천방향." 기독교사상 편집부 엮음. 『한국 교회를 위한 목회 상담학』. 서울: 대한기독교 서회, 1997, 82-96.

_____ 외. 『목회임상교육의 원리와 실제』. 서울: 감리교목회상담센터 출판부, 1999.

이재훈. "한국 목회상담의 새로운 전망." 기독교사상 편집부 엮음. 『한국 교회를 위한 목회 상담학』. 서울: 대한기독교 서회, 1997, 55-70.

한국원목협회 편. 『병상을 두드리는 목회』 (전 2권). 서울: 두란노, 2002.

홍인종. "한국목회상담의 동향과 전망." 장신목회상담학회 발표 논문. 1999.

Gerkin, Charles. *The Living Human Document: Re-Visioning Pastoral Counseling in a Hermeneutical Mode*. 안석모 역. 『살아있는 인간문서: 해석학적 목회 상담학』. 서울: 한국심리치료연구소, 1998.

Wynn, John Charles. *Family Therapy in Pastoral Ministry*. 문희경 역. 『가족치료 와 목회사역』. 서울: 도서출판 솔로몬, 1998.

「미국임상목회교육협회 홈페이지」. http://www.acpe.edu/

「한국임상목회교육협회 홈페이지」. http://www.kcpea.org/

「한국목회상담협회 홈페이지」. http://www.kapc.or.kr/

12장.

강인철.『한국 기독교회와 국가・시민사회 (1945-1960)』. 서울: 한국기독교역사
　　연구소, 1996.

권오광. "개신교의 교정활동: 기독교 세진회를 중심으로." 미간행 논문.

김일수. "한국 기독교 교도소 모델과 이념적 기초."『은혜로』8 (1999), 14-15.

윤종우. "상주종교위원제도의 도입 고찰."『교정복지연구』제66호 (2020), 23-68.

이종윤. "미래의 교도소 선교 (빌 4:8-9)." 미간행 원고.

허명섭. "선교의 황금어장을 개척했던 양석봉 목사." 미간행 원고.

홍기영, 이병수, 박창현.『선교학 개론』. 서울: 대한기독교서회, 1998.

총회 국내선교부. "채플린제도연구 연구 심포지움." 2007. 3. 9.

한국군목회.『대한민국 군종목사 67년사』. 서울: 한들출판사, 2015.

한국기독교 군선교 연합회. "한국기독교 군선교 연합회 자료."

13장.

사미자. "교회여성 지도력 개발에 관한 고찰."『장신논단』17 (2001. 12), 427-44.

이광순. "교회여성의 지위와 역할."『장신논단』11 (1995), 130-53.

홍인종. "여교역자를 위한 상담목회."『장신논단』21 (2003. 12), 313-38.

Balswick, Jack & Judieth. *The Family: A Christian Perspective on the Contempo-
　　rary Home*. 황성철 역.『크리스챤 가정』. 서울: 두란노, 1995.

Gilligan, Carol. *In a Different Voice: Psychological Theory and Women's Develop-
　　ment*. 허란주 역.『심리 이론과 여성의 발달』. 서울: 철학과현실사, 1994.

Satir, Virginia. *Conjoint Family Therapy*. Palo Alto, CA: Science and Behavior
　　Books, 1967.

Tavris, Carol. *The Mismeasure of Woman: Why Women are Not the Better Sex,
　　the Inferior Sex, or the Opposite Sex*. 히스테리아 역.『여성과 남성이 다르
　　지도 똑같지도 않은 이유』. 서울: 또하나의문화, 1999.

14장.

김진영. "30년 뒤 기독교인 수 270만 명 감소 예상."『기독일보』2024. 09. 10.
　　https://www.christiandaily.co.kr/news/138802. [2025. 02. 05. 접속].

이미영. "팬데믹 충격 벗어나 현장 예배와 다음세대 회복."『기독신문』. 2023.
　　03. 07. https://www.kidok.com/news/articleView.html?idxno=218890.
　　[2025. 02. 05. 접속].

황석영. 『바리데기』. 파주: 창비, 2007.

3부

1장.

Goleman, Daniel. *Emotional Intelligence*. 한창호 역. 『EQ 감성지능』. 서울: 웅진 지식하우스, 2008.

_____, et al. *Primal Leadership: Realizing the Power of Emotional Intelligence*. 장석훈 역. 『감성의 리더십』. 서울: 청림출판, 2003.

2장.

김난도 외 9인. 『트렌드 코리아 2024』. 서울: 미래의 창, 2023.

목회데이터연구소. "코로나 이후 3040 교회 이탈자 58% 교회로 다시 돌아가고 싶다." 「넘버즈」 233호. http://mhdata.or.kr/mailing/Numbers233_240326 _A_Part.pdf. [2025.2.4. 접속].

서윤경. "혹독했던 거리두기… 매일 교회 6곳 문 닫았다." 『국민일보』 2022.09.15. https://www.kmib.co.kr/article/view.asp?arcid=0924263764. [2025.2. 4. 접속].

이수지. "신은 있다? 61개국 평균 72% 그렇다… 한국은?" 「공감언론 뉴시스」 2023. 04.14. https://www.newsis.com/view/NISX20230413_0002265675 [2025.2.4. 접속].

지용근 외 10인. 『한국교회 트렌드 2024』. 서울: 규장, 2023

홍인종. "뉴노멀 시대의 복음과 상담의 상관성과 전인회복" 장흥길, 홍인종 편 집. 『뉴노멀시대의 복음, 신앙, 교회』. 서울: 한국교회지도자센터, 2021, 340-68.

_____. "포스트 코로나 시대의 목회돌봄." 이상억 편집. 『포스트 코로나 시대 의 목회: 장신목회연구원 장로회신학대학교 개교 120주년 기념 목회자 세미나』. 서울: 장로회신학대학교출판부, 2021, 51-87.

_____. "신학자가 제시하는 30-40 세대목회." 『제17회 바른신학균형목회세미 나』. 서울: 한지터, 2023.

_____. "사계절 전천후 목회 1: 봄과 같은 목회." 『성서마당』 제149호 (2024 봄), 176-87.

3장.

김신지. 『제철 행복: 김신지 에세이』. 서울: 인풀루엔셜, 2024.

목회데이터연구소. 『코로나 시대, 기독 청년들의 신앙생활탐구: 2021 기독청년이 신앙과 교회인식 조사 세미나 자료집(2021.1.27.)』 서울: 목회데이터연구소, 2021.

홍인종. "사계절 전천후 목회 2: 여름과 같은 목회." 『성서마당』 제150호 (2024 여름), 180-92.

4장.

목회데이터연구소. "교회출석자 3명 중 1명 이상, '나는 교회에서 외롭다'!" 「넘버즈」 219호. http://mhdata.or.kr/mailing/Numbers219_231212_Full_Report.pdf. [게시 2023.12.12.].

서유경, 최기영, 유경진. "4명 중 1명 '중증의 고독'…종교인이 외로움 덜 탔다." 『국민일보』 2023.2.1. https://www.kmib.co.kr/article/view.asp?arcid=09242 85154. [2025.2.4. 접속].

전광. 『평생감사: 행복의 문을 여는 열쇠』. 서울: 생명의 말씀사, 2007.

지용근 외. 『한국교회 트렌드 2024』. 서울: 규장, 2023.

홍인종. "사계절 전천후 목회 3: 가을과 같은 목회." 『성서마당』 제151호 (2024 가을), 192-204.

Tournier, Paul. *Les Saisons de la Vie*. 박명준 역. 『인생 사계절』. 서울: 아바서원, 2018.

5장.

김도인 외. 『목회 트렌드 2025』. 서울: 글과 길, 2024.

지용근 외. 『한국교회 트렌드 2024』. 서울: 규장, 2023.

홍인종. "사계절 전천후 목회 4: 겨울과 같은 목회." 『성서마당』 제152호 (2024 겨울), 168-79.